U0933792

兴亡忽焉

从霸府政治到无愁天子

PROSPERITY OR DECLINE

Cong Bafuzhengzhi Dao Wuchoutianzi

张茂明 著

江苏凤凰文艺出版社
JIANGSU PHOENIX LITERATURE AND ART PUBLISHING

目 录

写在前面的话

两晋南北朝是中国政权割据最多、政权易手速度最快的朝代。大大小小的政权不断地从一个家族手里转移到另一个家族手里，然而这许许多多短命的家族政权都具备一个共性：一代创业，二代腐败，三代灭亡。孟子说："君子之泽，五世而斩；小人之泽，五世而斩。"什么原因呢？简单地说，就是政权私有化，权力过于集中。没有束缚，没有制约，往往从家族第一代起就普遍以强权为真理，相信强权万能，凭武力马上得天下又继续马上治天下；家族的第二代耳濡目染这样的一种人生观、价值观，必然会造成人格缺失，绝对权力的诱惑让他们为达目的不择手段，当取得绝对权力以后，个人欲望恶性膨胀，骄奢淫逸、腐败堕落层出不穷，各种矛盾和问题生根发芽；而家族第三代生活在祖荫里，所继承的一切看起来都是那么自然和应当，祖辈创业的艰辛在他们而言只是传说，"为所欲为"在他们看来并没有什么障碍，而恰好此时各种矛盾和危机全都爆发出来，一切已经无法收拾和挽回，终于走向覆灭与崩溃。"其兴也勃焉，其亡也忽焉"，这是家族政权的历史定数。北齐王朝从高欢的霸府政治算起，历三代六帝，只有短短二十八年，它的兴衰史具有极为深刻的典型特质。这段历史所透露出的信息足够让我们相信，家族政权的背后恐怕比我们的想象更加荒唐和残酷。

北齐的建立者是高洋，而这个王朝的开基之祖是高洋的父兄，高洋只是一个摘桃子的人，这与三国时期的东吴政权如出一辙，历史的相似常常让我们惊叹。

高洋的父亲高欢出生于一个汉族流配的军人家庭，祖上在北魏做过高官，爷爷高谧因罪被发配到北部边疆怀朔镇戍边。怀朔是北魏为了防卫北方少数民族政权而设立的六大军事重镇之一，最初的镇民由鲜卑或鲜卑化高车等贵族子弟和中原大族中精选的勇士组成，他们有一个共同的名称叫"良家子"，地位崇高，算是官宦子弟了。后来随着北魏首都内迁，这些官宦子弟渐渐成为朝廷的弃儿，弃儿队伍中陆续加入了一部分充军人士，所以怀朔的风俗以鲜卑、高车等少数民族为主。高欢在这样的环境里长大，说鲜卑语，穿鲜卑衣，吃胡饼，喝牛奶，生活习惯跟鲜卑人一样，以至自己以及自己的儿女们都不自觉地把自己看作了鲜卑人，与高欢比肩的另一个枭雄侯景就常常称高欢的大儿子高澄为鲜卑小儿。高欢的第一份职业是哨兵，初恋情人是大族韩家的女儿，但韩家看不起这个没钱没势的小兵，高欢的初恋以失败告终。后来，高欢娶了鲜卑豪强娄内干的女儿，家族血统中便有了鲜卑成分。高欢依靠岳父家的实力，结交各方豪杰，开始在那个混乱的年代探索属于自己的道路。

高欢的成长之路异常坎坷，在六镇大起义爆发后，他先后投奔过杜洛周、葛荣的起义军，最后选择了一代枭雄羯胡首领尔朱荣。由于高欢善于谋略，为人稳重大度，得到了尔朱荣的赏识并成为尔朱荣的得力干将。随着尔朱荣的连连胜利，高欢也完成了从平民到贵族的身份转化。

尔朱荣最后死于一场皇帝发动的谋杀，但皇帝随后又被尔朱荣的兄弟子侄们杀害，从此尔朱家族控制了朝廷政权。这些羯胡权贵生性残暴，贪赃枉法，成为天下之公敌。高欢审时度势，在掌握了六个镇十几万流民后，毅然脱离尔朱家族，举起了反对尔朱氏的大旗并取得了成功，从此高欢在尔朱荣部将中脱颖而出，一举成为北魏朝廷的第一权臣。他名义上拥戴魏朝，却坐拥晋阳遥控朝廷，开始了历史上著名的霸府政治。

高欢在政治上、军事上连连胜利的同时，私生活方面却给自己的孩子们树立了不好的榜样。他似乎天生对贵妇人有某种偏好，先后收纳了孝庄帝皇后大尔朱氏、节闵帝皇后小尔朱氏、魏广平王妃郑氏、任城王妃冯氏、城阳王妃李氏，以臣子之份娶先帝之后，哪里有什么君臣大义。建义之初，在攻下相州首府邺城后，听说相州长史游京之的女儿美貌乖巧，他便忙不迭地派人向游京之请求允婚，游京之不答应便去强抢，结果新婚之时老泰山被气死。更有意思的是，当他听说自己的初恋情人韩氏寡居在家时，赶紧让人把她迎了过来，颇有一种小人得志的暴发户心态。好色不是罪，但高欢的行为实在让人费解。同时高欢的后宫也不安稳，不时传出丑闻，在他回师南下洛阳的时候，被他指派的留守晋阳的弟弟高琛跟小尔朱氏私通，事发后被高欢活活打死。

高欢靠自己打下一片江山，在事业上他是成功的，但是在家庭教育上他是个失败的父亲，他对孩子们很严厉，动辄就以棍棒说话，结果把儿子们都培养成了残忍的角色。

家业还要传承下去，他的儿子们能守得住这份天大的家业吗？

高欢的继任者高澄更好色，这个长相英俊的少爷趁高欢不在家，跟父亲最宠爱的妃子郑氏勾搭，险些连累母亲娄氏一起被废。他还色胆包天，逼奸自己奶奶辈的高仲密妻李氏，引发了东西两国邙山大战，两败俱伤，唯一的成果就是李氏最终投入了高澄的怀抱。高欢死后，高澄娶了高欢的妃子蠕蠕公主，并生了一个女儿。史书依据蠕蠕的习俗和柔然的压力为辩解理由，所谓入乡随俗，蠕蠕公主既然嫁入魏朝，自当顺应魏俗，况且魏自汉化后早已废除了子蒸后母的不伦习俗，再说蠕蠕公主原本就是高欢打算为高澄娶的媳妇，至于高澄当时的心理我们就很难揣测了。没有了高欢约束的高澄更加肆无忌惮，名士薛寘随孝武帝入关，留下个美貌妻子元氏在东魏，不知怎的被高澄盯上了，就要强娶，可元氏死活不同意，高澄恼羞成怒就让人把她送到廷尉处治罪。后来，高澄遇见了被家族和夫家抛弃的皇族庶支元玉仪，居然一见倾心，专门在自己办公室旁边弄了个小屋藏娇，还请魏帝把她封为琅琊公主。元玉仪又推荐自己的姐姐元静仪，一对姐妹花都成了高澄的情人，为此高澄还给元静仪公公、丈夫加官晋爵。更有甚者，高澄猎色猎到弟媳妇身上，公然调戏高洋的老婆李祖娥。

高澄突然遇刺身亡，然后史上最荒唐、最淫乱、最残暴的高洋出场了，也许是压抑了太久，高洋的表现跟疯子没什么两样。他逼迫魏帝禅位，建立北齐王朝，成为这个“作死”的王朝的开国之君。之所以说这是一个“作死”的王朝，是因为这个王朝的皇室又残暴，又没有天理人伦，是中国历史上最变态最让人瞠目结舌的王朝，也可以说是中国历史上最黑暗的王朝。它一代一代的统治者穷兵黩武，高压统治，不仅仅视百姓如草芥，就是王公权贵也朝不保夕。前前后后蹦跶了二十八年，就把在当时鼎立的三国（北齐、北周、梁或陈）中占有的绝对优势折腾得荡然无存，直至亡国。它的灭亡不是“作”出来的吗？！

说它没有天理人伦，是因为高洋很聪明，刚当上皇帝的那几年文治武功都不错，打得周边政权只有防守的能力，王朝治理得也颇有建树。但后来，这位领导人纵酒过度，不知道是酒精中毒导致精神错乱，还是精神错乱导致酒精中毒，总之后来的行径基本不是正常人所为。为了报复哥哥，他不但抢了大哥高澄的财产，还把大嫂元氏强行霸占，母亲娄氏劝他，他竟然借着酒劲恫吓母亲，要把她嫁给野蛮的北地人，并把母亲连同胡床高高举起，弄得老太太浑身是伤。高洋兽性大发的时候，一切伦理道德统统抛在脑后，居然逼奸高欢的王妃大尔朱氏，大尔朱不从就被他杀了。更令人发指的是，为了报复高家的女人们，他竟然集合宗室的贵妇们在宫里开无遮拦裸体大会，让自己左右的卫士们强奸她们，自己一边欣赏一边杀人，自得其乐，宗室女子不论亲疏基本被他糟蹋了。高洋的一个妃子薛氏据说曾经是本家叔叔高岳的相好，高洋在欣赏美人的时候忽然想起高岳曾经跟美人有一腿，不禁妒火中烧，一刀砍下了薛美人的头颅，还把美人的胫骨剔出来做了一把琵琶，然后若无其事地大宴群臣，把美人脑袋放在酒桌上，一边欣赏，一边自弹自唱“佳人难得”。高洋杀戮成性，残忍地杀死了自己的几个弟弟，把元氏皇族成员几百人都杀掉扔进漳河，弄得老百姓都不敢再吃漳河的鱼了。他以杀人为乐，到后来一天不杀人就心痒难耐，宰相杨遵彦没办法，只好把死囚犯提出来安置在左右随时供他宰杀。

这个残忍的君主死后把皇位传给了儿子高殷，但没多久高殷就被叔叔高演篡位。高演是北齐诸帝唯一正常没有丑闻的皇帝，他有高洋的雄才大略却没有高洋的残暴不经，但遗憾的是他只当了一年皇帝便死于一场意外，于是另一个更没有人性的皇帝高湛来了。

高湛上台后不久就逼高洋的皇后李祖娥跟自己淫乱，并且以侄子的性命相威胁，李祖娥只得屈从并怀了孕。不知道是不是因为高洋开的性爱晚会上有高湛的老婆，大权在握的高湛一股脑儿把高洋的妃子王氏、彭氏、任氏统统拥入怀中。作为皇帝，找女人应该并不困难，为什么他们只对这些“老”女人感兴趣？还是报复心理在作怪？高湛的母亲死了,这个无情的东西依然在高台奏乐，宫女呈上孝服，被他扔到台下，连自己的宠臣和士开也看不下去来劝他，被他打了一顿。

北齐最后一个皇帝高纬说不上残暴和淫乱，却是个多情种子，宠爱妃子冯小怜，什么事也比不上逗小老婆高兴重要。古时候有个亡国之君烽火戏诸侯，这位后主有过之而无不及：前方将士拼命厮杀，该进攻了，他却让暂停，为的竟然是让还在梳妆打扮的美人赶过来看热闹，战机能等吗？所以北齐不灭亡，天理不容。后人诗曰：小怜玉体横陈夜，已报周师入晋阳。不久，高纬就以亡国之君的身份做了北周的俘虏，最后被杀，禽兽王朝北齐到了头。

高欢从一个镇兵白手起家到东魏的实际掌权者，儿子不思进取勉强守业，孙子荒唐败家终至国灭，北齐历史很好地诠释了那个“富贵传家，不过三代”的铁律。

在北齐历史中，草原遗俗和中原文化在这里相交和碰撞，胡化和汉化并行，充满了荒唐和悲剧、暴力和情色，让人觉得不可思议，让人不忍卒睹，却是一页我们抹不掉的历史。北齐算是中国民族发展史上的一段异样插曲。

北齐亡于北周，隋因之于北周，隋又亡于唐，自唐始，汉化的胡人已经彻底融入汉人中，胡汉分界已经赋予了新的含义。第一波入主中原的胡人大部分成为汉人的一分子，新的伦理逐渐形成，新的道德体系逐渐建立，一个新时代到来了。

读史不是总有快感，有时收获的是一声嗟叹，更多的收获是对于历史对于政治的深入思索。

还是从一次群体性暴力事件开始吧。

1. 从一次群体性暴力事件开始

公元519年2月（大魏神龟二年二月），北魏都城洛阳发生了一起群体性暴力事件，过程很暴力，结果很惨烈，导火索源自征西将军张彝的小儿子张仲瑀写给皇帝的一份报告。在这份报告里，张仲瑀请朝廷改革选官制度，排斥那些以战功起家的武人，不让他们担任上品清贵的职务。

原来，北魏是鲜卑人建立的政权，具有军政府的典型特征，官员选用的多是立有军功的鲜卑贵族子弟，他们大多文化水平低下，办事能力不强，却恃强凌弱，贪污成风。魏孝文帝迁都洛阳后推行汉化政策，对军政府进行了一系列的改革，任用了很多汉族知识分子，大大提高了魏朝的执政水平。然而汉人和胡人很难融合在一起，即使拓跋氏姓了元，纥骨氏改姓胡，独孤氏改成刘姓，即使胡人权贵们的籍贯变成了洛阳，即使孝文帝命令代北权贵们跟中原大族通婚，但文化落后的事实不是几条命令就能改变的，胡人和汉人仍然泾渭分明。

到了孝明帝执政期间，鲜卑贵族和汉官之间的矛盾日益尖锐。在这种形势下，汉人官吏张仲瑀怀着良好的愿望，请求朝廷在任命官员的时候进行考评选拔，特别是上品高官的任用不再参考军功。事情很简单，后果却很严重。这个方针基本就断绝了少数民族人士依靠战功飞黄腾达的机会，这下彻底激怒了那些充当皇家卫士的鲜卑贵族子弟们，他们到处张贴大字报搞串联，扬言要群起灭了张家。

张家父子久在朝廷任职，位高权重，竟然错误地估计了形势，把魏朝廷当作法治社会，以为这些武人们也就是发发牢骚、过过嘴瘾罢了，所以也没当回事。可是这些桀骜不驯的鲜卑武士却不是只会磨嘴皮子这么简单。到了约定的日子，上千名羽林军、虎贲军的官兵们集合起来，先砸了尚书省官署的大门，然后冲到征西将军府，纵火行凶，把张彝抓过来一阵痛殴。张彝的两个儿子翻墙而逃，但老大员外常侍张始均挂念老爹，又回来拜求大家放过老人，众人把他暴打一顿后扔进了火海，等后来收尸的时候只有头上的小钗可以辨认。五十九岁的老人哪经得起这个啊，没过两天，三朝元老张彝就死了。

按说天子脚下发生这么严重的暴乱，应该进行严肃处理以儆效尤，但事情没这么简单。这些士兵虽然职位不高，可出身基本是鲜卑贵族，背后有一大帮鲜卑高官做靠山，临朝听政的胡太后从保稳定、促和谐的大局出发，大事化小，小事化了，抓了八个没什么背景的羽林军士兵严加惩处，对其他人进行了大赦，既往不咎。这件事让汉人官员们非常心寒。

自始至终，有个来自边陲小镇的邮递员默默地旁观了事件的始末，然后回到家就开始疏散家财，结交八方豪杰，开始为自己的英雄事业打基础。因为，从这件事中，他敏锐地觉察到大魏要完蛋了，那么财产这些身外之物又哪里能保得住？与其到时泥沙俱下，不如早作打算，所谓不破不立嘛！

邮递员的名字叫高欢，一个历史上著名的权臣，一个南北朝时期的风云人物。但这时候，高欢的简历还很简单，个人资料也很单薄：

姓名：高欢

曾用名：贺六浑（高老爹给起的鲜卑名字，对外声称是自己的字）

籍贯：勃海郡蓨县（今河北景县南）

出生地：云中怀朔镇

职业：军中邮递员

据说，高欢祖上出自勃海高氏，当过大官，但在爷爷这一代犯了罪被流放到怀朔镇充军，父亲高树生不善于经营家业，所以基本家徒四壁。小贺六浑是个苦命孩子，母亲韩氏生下他后就走了，幸好有姐姐照顾他。姐夫尉景在镇上干狱警，大约工资也不高，所以日子过得很艰难。按照军籍制度，高欢长到参军的年龄就没有悬念地成了一名士兵，每天在城楼上站岗放哨。

应该说高欢同志职业道德观很强，就站岗这么枯燥的活，他也干得津津有味，每天往那一站，腰板挺直，显得整个人气宇轩昂。在这期间，高欢谈了一次不成功的恋爱，他爱上了韩家的女儿，但韩家人不愿意女儿嫁给一个小兵，这事就拉倒了。韩家人没有眼光，但不代表所有人都没有眼光。

上天是公平的，机会总是偏爱那些有准备的人。一个女人出现了，并成为高欢生命中的贵人，为高欢带来了命运的转折。

娄昭君，鲜卑豪强娄内干（这个名字有点怪，应该是鲜卑语的音译，娄氏原来姓匹娄）的女儿，聪明美丽加上家里的牛羊满山冈，镇上的豪门大户有钱人都托人来说媒，她却一个也没看上。正在大家猜测娄大小姐心目中的白马王子究竟是什么样的时候，娄小姐做出了一个让大家不愿意相信的举动，她竟然对站岗的士兵高欢一见倾心，把他看成自己一生所托的那个人，主动跟高欢谈起了恋爱。

对穷小子贺六浑来说，这无疑是天上掉馅饼的好事。可是，高兴之余他又犯难了：纵然人家姑娘家愿意嫁，可自己上哪弄那么多彩礼啊？原来，南北朝时期婚姻重门阀，重彩礼，门阀不高，更要多付钱物显示富贵。高欢是充军人的后代，门第自然不高，要是再拿不出彩礼，这门亲事就危险了。

要说这娄家姑娘还真不含糊，绝对一爱情至上者。没钱？不要紧，我还有些私房钱，你先拿着。就这样，贺六浑同志不但娶上了媳妇，还得到了一匹马作为嫁妆。有了马，他就不用整天电线杆子似的站岗了，按照军中的规矩，成了一名小队长。不久，高欢又得到了一个新的职位——军中邮递员，负责军镇同外界的通讯联络，在这个岗位上，他一干又是六年。邮递员这个职位是个锻炼人的岗位，要想长见识，就得走出去，外面的世界很精彩。就这样，高欢第一次离开了生他养他的地方，第一次见识了首都洛阳的奢华，第一次了解了这个同荒凉的边城不一样的世界。随着驿马的蹄声，一个英雄开始慢慢成长起来。

高欢在洛阳的落脚处是堂叔高翻家，高翻早死了，留下老婆山氏和儿子高岳一起生活。洛阳城发生那个群体性暴力事件的时候，高欢正好在洛阳。谁能想得到，这起事件最大的影响竟然是把一名邮递员刺激成了大魏的颠覆者。

之后，在怀朔镇逐渐形成了以高欢为中心的一个小圈子，成员有省事云中人司马子如、秀容人刘贵、中山人贾显智，户曹史孙腾，外兵史侯景、蔡俊；当然还有他的小舅子娄昭和两个连襟窦泰、段荣以及姐夫尉景。这伙人没事就聚在一起喝喝酒吹吹牛，偶尔一起出去打个猎什么的。别看现在他们只是些班长、办事员之类的小人物，所谓时势造英雄，用不了几年他们便成为一个大集团管理层的核心成员，成为主宰者。

乱世是英雄的舞台，大魏马上就要乱了。

2. 英雄上路

自秦朝以来，中原的汉人政权一直受到北方游牧民族的威胁，所以修建了长城用来阻挡北方骑兵的铁蹄。当拓跋鲜卑人建都平城进而逐鹿中原统一北方后，由游牧者转变为定居者，有了不动产的鲜卑政权大魏同样也受到了来自更北的游牧者柔然的侵扰。居无定所的民族抢有家底的民族，也算一种自然界的生存法则，毕竟活下来才是硬道理。

后来，大魏的领土延伸到长城外广大的草原地带，所以，成为内城的长城已经失去了屏障作用。为了保家卫国，大魏朝廷就在长城以北自东而西设立了怀荒、柔玄、抚冥、武川、怀朔、沃野六座军镇（今内蒙古一带）。北魏首都平城的安全有了保障。

六镇守军隶属军籍，由朝廷选拔中原大族和鲜卑贵族子弟充任，这些人地位显赫，待遇丰厚，获得提拔的机会很大，被称为“良家子”，所以一直以来，到六镇当兵是一种荣耀。

但是，世界上的事没有一成不变的，随着孝文帝迁都洛阳和推行汉化政策，六镇又成了惩罚罪犯充军发配的地方，北边六镇的战略地位急剧下降，原来的六镇贵族们逐渐成为朝廷的弃儿，失去了升迁的机会。没有了朝廷的特殊眷顾，加上柔然人不时地过来做客，弄得这些边镇守军日子过得很艰难，而在洛阳，同宗同族的兄弟们却当着高官过着锦衣玉食的好日子。人都有不患寡患不均的心理，加上镇将素质良莠不齐，把镇民们当成自己的奴隶，所以六镇人的不满情绪越来越严重，六镇慢慢变成了大魏朝的火药桶，随时都有爆炸的危险。

偏偏朝廷里说了算的人看不到这些。

就在洛阳武人们发动暴乱后的第四年，火药桶终于爆炸了，怀荒镇民变，镇将于景被害，紧接着沃野镇人破六韩拔陵造反，叛军随即攻陷武川、怀朔，六镇大起义全面爆发。这是对北朝历史影响深远的一次事件，大魏历史将从这里改写。武川、怀朔的英雄们都被卷了进去，英雄家族贺拔和宇文首先投入战斗，一代将星贺拔胜兄弟、于谨、独孤信、宇文泰都将从这里起步。但一直做着准备的高欢还没有弄出什么动静，目前他还不够级别。

第一批上台表演的基本是守卫六镇的鲜卑贵族，他们起点比较高，一出道就是高级军官，团营级干部，而像高欢这些充军家族的人作为默默无闻的士兵阶层，只要脚踏实地从零开始，历史就会给他们机会！

到了孝昌元年（公元 525 年），闹腾了两年多的破六韩拔陵日子开始不好过了，大魏和柔然居然在这个问题上达成了高度一致，柔然人答应出兵帮助平乱。

说起来很可笑，本来大魏朝设立边疆六镇就是防备柔然入侵的，现在却邀请人家来攻打六镇，攘外必先安内看来不是蒋公的专利。破六韩拔陵在国内外反动派的联合镇压下终于消停了，二十万六镇降卒悉数被迁徙到河北一带安置。这是个冒险的决定，因为六镇人的风气向来好勇斗狠，管理不到位很容易成为不安定因素，事实上也正是这个决定保留了革命火种，为接下来更猛烈的造反埋下了伏笔。

摁下葫芦起来瓢，几个月后柔玄镇人杜洛周又反了。这次，高欢终于忍不住了，于是跟尉景、段荣等投奔了杜洛周。在这里，他们遇到了曾经的好朋友蔡俊。

跟武川镇的牛人们不同的是，武川贺拔兄弟是被动卷入战乱的，而怀朔的高欢则是怀着建功立业出人头地的理想主动参与的。然而很遗憾，没多久，高欢就悲剧地发现，杜洛周充其量就是个志大才疏的草莽英雄，其胸襟、见识、管理水平都跟自己不在一个档次，跟着他混，成功的概率非常小，失败的可能却非常大。造反本身就是个高风险的事情，没有前途没有高收益还混什么混！怎么办？哥几个一合计，干脆一不做二不休，取而代之吧。

这是高欢发动的第一次政变，事实上，说政变有点抬举他，他们的级别还没有这么高。但哥几个搞阴谋的水平实在太低，也难怪，在此之前，他们不过是些小班长、小排长级别的，现在直接想推倒司令员，难度实在太大。毫无疑问，还没等他们开始行动就被发现了，他们以失败告终，不过没关系，泰山不是一天垒起的，失败是成功之母，他们必将成为集阴谋之大成的阴谋家。

鉴于将来还早，还得管当前。现在，摆在他们前面的路只剩下一条——逃跑。

大家都拖家带口的，逃跑也不是件容易的事，一行人老婆孩子齐上阵，骑着牛赶着羊，逃跑速度可想而知，路上还差点上演一出杀子的悲剧。话说娄昭君抱着一双儿女骑在牛背上，谁知高澄这孩子一点也不省心，跑着跑着就从牛背上掉下来了，娄昭君赶紧拉住牛把他抱上来。如此三番五次，可真把高欢给惹毛了，这哪像逃命，简直是闹着玩！他弯弓搭箭对准了小子惠（高澄的小名）。

眼看高澄就要一命呜呼，娄昭君赶紧大喊救命，姐夫段荣闻声回马过来把高澄提到马上救走了。无毒不丈夫，高欢第一次暴露了自己的枭雄本性。

他们的下一个目标是葛荣，另一支起义军的司令。原来，在杜洛周起事后没几个月，侨居河北的原六镇降卒就在一个叫鲜于修礼的人的鼓动下造反了，不久这支队伍的领导权就传到了葛荣的手里。转了一圈又回到了起点，老乡见老乡两眼泪汪汪，高欢还真有想哭的冲动。可惜，泪光中闪动的不是激动，而是哀伤，在这些旧相识的眼里，高欢还是那个做邮递员的高欢。

所以，高欢同志混得太一般了，武川镇的宇文洛生都当王爷了，自己还是个大头兵。眼看着前途一片渺茫，怎么也看不到出头的日子，对胸怀大志的高欢来说，忍受这种日子的煎熬是痛苦的，人也开始日渐憔悴。憔悴归憔悴，高欢在葛荣这里虽然混得不好，但他善于交际的特长让他认了不少哥们儿，结交了一些朋友，他们对高欢的未来起了重要的作用。

希望总在绝望中孕育，就在高欢落入人生低谷的时候，命运再一次出现了转机，曾经的铁哥们儿刘贵来信了。原来，这几年刘贵没跟着高欢混，而是回到了秀容老家投奔了酋长尔朱荣。

3. 一代枭雄尔朱荣的崛起

尔朱荣的故事很好地诠释了那个“其兴也勃，其衰也忽”的历史定律。

尔朱荣，字天宝，北秀容人（今山西忻州），羯胡族，祖上曾经居住在尔朱川，所以以尔朱为姓。大魏初年，部落首领尔朱羽健率领部族战士追随魏太武帝平晋阳定中山，太武帝一高兴就把秀容川周围三百里土地赐给他作为领地，家族世代为北秀容酋长。到了尔朱新兴这一代，老天开始照顾尔朱家族了，风调雨顺加上管理有方，部族支柱产业畜牧业得到大发展，在这草肥水美的地方，他们家的牛羊驼马都拼了命地培养下一代，刚开始还分牛群、羊群、马群，后来直接按毛色分了，白马群，黑马群，红马群，黑牛群…… 他们数学水平本来就不高，面对漫山遍野的牲畜，数也数不过来，最后干脆按山谷的数量来计量了，谷量通常是史书对游牧民族富裕家庭的美誉。

尔朱新兴是个懂得感恩的人，吃水不忘挖井人，他一直对拓跋皇族很感激很恭敬，跟大魏政权保持着良好的关系，每年都要在魏都平城住上一阵子，碰上朝廷兴兵打仗，他又献马又送粮，深得皇帝的好感和信任。皇帝一高兴，事情就好办了，尔朱新兴被封为平北将军、秀容第一领民酋长。

北魏政权在广大汉族地区实行州郡制，个别少数民族地区实行部族制，领民酋长有第一领民、第二领民、第三领民等级别，等于朝廷承认了酋长对部族的所有权。

孝文帝迁都洛阳后，考虑到尔朱新兴不习惯中原夏天的炎热，特地准许他冬天住京师，夏天回老家，就像大雁迁徙一样，故号为“雁臣”，可谓恩荣无比。

尔朱新兴为人热情豪爽，朝中的王公贵族们喜欢跟他交往，他们送给他些珍玩，他也投桃报李，回赠人家点家乡土特产——自家产的宝马，所以在京城人缘很好。尔朱新兴是个懂得生活的人，每年春秋两季，与妻子一起放马牧羊，射猎自娱，日子过得逍遥自在。然而，尔朱新兴引以自傲的不是朝廷的重视和秀容川的富足，而是他有个好儿子尔朱荣。尔朱荣皮肤白皙，容貌俊美，属于标准帅哥系列，但他生性残忍，做事干脆利落，平时最大的爱好就是打猎，这个兴趣就是在他日后成为大魏朝第一权臣的时候也丝毫不减。

尔朱荣打猎的目的跟一般贵族子弟不同，他没有把打猎仅仅当作一项文体娱乐活动，而是很严肃认真地把野兽们当成战场上的敌人，完全按照战争的套路围剿猎物，令行禁止，排兵布阵，把兵书上的战略战术用于实践当中，所以他的每一次围猎都是一次军事演习。尔朱家族勇士很多，尔朱荣的侄子尔朱兆则是部族勇士中的勇士。他善于骑射，登高攀岩如履平地，甚至敢徒手同猛兽搏斗。尔朱荣对这个侄子很喜欢却一点也不溺爱。有一次他俩出行的时候看到了两头鹿，尔朱荣顺手给了尔朱兆两支箭，命他马上把两头鹿带回来，然后在营地生好火等着吃烤鹿肉。过了一会儿，尔朱兆带着一头鹿回来了，记住是“一头”，尔朱荣勃然大怒，批评他办事不力，立即赏了他五十杖。尽管尔朱荣很严厉，尔朱兆却对这个叔叔非常敬重。就这样，打猎这项运动被尔朱荣玩出了名堂玩出了花样，最后，终于升级换代，开始猎取天下了，正所谓逐鹿中原。

孝明帝时，尔朱新兴七十多岁了，虽然他这个职位可以终身制，但他仍然决定退休，他要把儿子扶上马送一程，于是请求朝廷传爵位于儿子尔朱荣。朝廷很快批准了尔朱新兴的请求，就此尔朱荣登上了历史的前台，他将演绎一场惊天动地的传奇故事。

尔朱荣做了北秀容酋长后，同时被授予游击将军军衔。这期间，他曾经和族弟尔朱世隆一起在皇室担任过一段时间的宫廷侍卫，还娶了皇族郡主（后来被封为北乡郡长公主）。在京城，尔朱荣继承了他老爹善交际的特长，专门以家乡土特产（秀容宝马）结交权臣元叉等在京贵族，赢得了不错的口碑。

正光年间，四方兵起天下大乱，尔朱荣有了平定天下的志向。他知道仅靠自己的部族战士，守土有余，攻伐不足，于是疏散家财，招募勇士，组织起了一支战斗力超强的尔朱军团，高欢的哥们儿刘贵就在这个时候加入了这支队伍。

柔然大举进犯，大魏朝廷任老将李崇为都督北讨诸军事（北伐军总司令），尔朱荣率部曲四千人相随。虽然此战尔朱荣没有什么突出表现，但这次参战对尔朱荣而言意义非凡，其一，这是他的第一次实战，其二，他从此和正规军扯上了关系。

有两个名字叫穆的牛人跟他结识了，其中一个叫元天穆。元天穆本是皇族的远支，有多远？打个比方，刘备号称中山靖王之后，元天穆跟现任皇帝的关系比刘备和汉献帝的关系还要疏远。元天穆为人豪爽而有智谋，当时作为太尉使者到北伐军中慰问，路过秀容时特意拜访尔朱荣，没想到两人一见如故，遂结为异姓兄弟，元天穆年长，尔朱荣见面就叫大哥。元天穆和尔朱荣是异性兄弟中少数几个能做到不求同日生但求同日死的人之一。元天穆看到了尔朱荣的潜力，天下乱成这样，跟着有能力的人混才有前途，所以他有了跟尔朱荣一起创业的打算。不久，在元天穆的请求下，他被朝廷正式任命为秀容别将，算是光明正大地跟尔朱荣走在了一起。元天穆成为即将纵横天下的尔朱集团二号人物。

乱世拼的是实力，只要有实力，出头并不难。不久，秀容的小股叛乱分子给了尔朱荣第一次立功的机会。邻居南秀容牧民发生叛乱，杀死了朝廷命官，尔朱荣出马，小试牛刀，初战告捷。接着秀容郡内附胡民叛乱，杀死了太守，尔朱荣出马，再战又捷。在不长的时间里，尔朱荣先后出手平定了多起叛乱，在秀容周围，哪里有反旗，哪里就有尔朱铁骑的身影。在朝廷被四方叛乱分子搞得焦头烂额的时候，尔朱荣的一系列胜利让朝廷对这个北方小族刮目相看，封赏接踵而来：军衔从直阁将军、冠军将军、平北将军、安北将军一直升到假抚军将军；官职成为都督恒、朔讨虏诸军（恒朔地区剿匪总司令），全面负责两州的军事行动，爵位升为博陵郡公，就是这样朝廷仍觉着给的待遇还不够，又特别恩准他送女儿入宫做了帝妃。尔朱荣的升迁简直比坐着火箭还快。

当然，朝廷只是给他一纸奖励、纸上富贵，兵马粮草还得自己准备，地盘也得靠自己去打，反正只要是叛军占领区谁打下来就是谁的。在战争的洗礼下，尔朱集团越做越大，牌子打出去了，引起了各路豪杰的注意，不断有怀有各种目的的英雄们前来入伙，包括前面提到的怀朔镇的司马子如、窦泰，武川贺拔家的老大贺拔允和老三贺拔岳，高欢曾经的哥们儿贾显智也跟着他哥哥薄骨律镇别将贾显度来到了秀容川。一时，尔朱集团人才济济，而其中尤以贺拔兄弟名动天下，武川贺拔是在边疆名声显赫的英雄家族。

破六韩拔陵造反后不久就派大将卫可孤攻打怀朔镇，镇将杨钧感觉有压力就请武川豪强贺拔度拔和宇文肱助战。大势所趋，不管贺拔家的英雄多么厉害，怀朔镇还是被打下了，卫可孤也想把这些英雄们收为己用，所以也没怎么为难他们，但贺拔度拔和宇文肱最终还是联络本地的豪杰们把卫可孤干掉了。事实证明，杀掉一个卫可孤是远远不够的，一个卫可孤倒下了，无数个卫可孤又冲了上来，没办法，贺拔度拔英勇战死，武川英雄们也被打散，他们开始各自寻找各自的出路。但不论大家走了怎样曲折的道路，跑来跑去，最后都殊途同归到尔朱荣的旗帜下。

做大了便有了讨价还价的资本，随着尔朱荣地盘越来越大，官越做越高，曾经的乖孩子也慢慢叛逆了。肆州事件是尔朱荣向朝廷叫板的第一次尝试，也是尔朱荣野心膨胀的开始。

尔朱荣率众经过肆州，肆州刺史尉庆宾打心里害怕这个乱世豪杰，关上城门让他绕道走。尔朱荣不干了，弯刀一指，这群虎狼之师就冲向了肆州，肆州一千多人的地方部队哪里是尔朱军团野战军的对手，没多长时间肆州就换了主人，尔朱荣将尉刺史押往秀容，直接安排叔叔尔朱羽生做了刺史。尔朱荣倒也没怎么难为尉庆宾，还尊称他为“假父”， 尉庆宾后来辗转返回洛阳，被重新起用为汝阴都督。尉庆宾有一个好儿子尉谨，聪明好学，因为尉氏位列北魏勋臣八姓，属于鲜卑高门，所以尉谨很早便在宫里宿卫当差，靠皇帝近，机会就多，前途不可估量。

尔朱荣攻打肆州有点过分，从前打叛军，朝廷乐得顺水推舟加官晋爵又封地，但这次攻击的是自己人，打的是朝廷命官，这是明晃晃地向朝廷示威啊。但此时的大魏朝廷实在是顾不过来了，同时还想继续依靠尔朱军团的战力替自己平乱，只好睁只眼闭只眼，算是默许了尔朱荣对肆州的占领。

大魏朝廷已经是掉了牙的老虎，空有威震山冈的架势，已经无法伤人了，在尔朱荣的眼里，已经是威信尽失。攻下肆州还有个意外收获，便是得到了流落到此的贺拔家的老二贺拔胜，至此贺拔家三条好汉全部拥入尔朱帐中，这下，尔朱荣真可谓心花怒放："吾得卿兄弟，天下不足平也。"另外一些未来名人也逐渐聚集到了尔朱荣的身边，像高欢的哥们儿侯景，高车部落酋长斛律金等，选择一个好上司是个人发展的基础。

4. 两雄初会

回过头再说刘贵，加入尔朱军团后混得还不错，被尔朱荣提拔为骑兵参军。刘贵很怀念自己在怀朔镇的日子，也很想念自己曾经的老大高欢，从这里看，刘贵这个人还真不错，一般人做到"苟富贵，勿相忘"是真不容易。所以，当刘贵听说高欢在葛荣那混得不咋的，就托人捎信让他到秀容来，再怎么说葛荣是反贼，尔朱荣可是朝廷命官，跟对了人才有得混。

尔朱荣性子猛而暴躁，刘贵为人耿直又大量，两个人还真挺投脾气，在尔朱荣面前刘贵能说上话，聊天的时候刘贵就跟尔朱荣讲怀朔往事，顺便再对高欢美言几句，所以不知不觉地，高欢这个名字就印在了尔朱荣的脑海里。

好了，高欢终于来了，尔朱荣破例亲自迎接，然而第一次见面感觉并不太好，尔朱荣甚至很失望，所谓盛名之下，其实难副，此之谓也。两个人寒暄了两句，尔朱荣便把高欢扔给刘贵，自己该干吗干吗去了。你想，高欢拖家带口一路奔波，风尘仆仆，缺吃少穿，衣衫褴褛，加上一脸倦容，跟秀容川这些吃饱喝足了衣马鲜亮的将军们一比，哪里还有半点英雄气概？

在刘贵的帮助下，高欢在秀容安顿下来，洗澡，更衣，睡觉，扫去了一身尘土，换上一身漂亮衣服，蒙尘的金子又开始熠熠发光了。第一次面试考得不好，还得接着考啊。不考也行，那就又得从小兵做起了，毕竟年龄越来越大，高欢等不起了。

幸运的是，刘贵是个有办法的人。经不住刘贵的一再请求，尔朱荣答应再给高欢一次机会，但把考场选在了马厩里。所谓"人是衣裳马是鞍"，这一次，尔朱荣见到了目有精光、长头高颧、齿白如玉、出人意表的高欢，一个不一样的高欢。

嗯，有点意思。尔朱荣竟然有点喜欢高欢了。

考试开始。

主考官尔朱荣指着一匹咴咴嘶叫、四蹄乱蹬的野马对高欢说："此马性烈，身上杂毛丛生，没有人敢靠近，已经很久没有修剪了。"高欢明白尔朱荣的意思，这是考自己的胆子和牧民的基本功啊。对于马，他再熟悉不过了，自己岳父家虽然没有秀容豪富，但马也是谷量的，在六年邮递员生涯中，天天跟马靠在一起，凭咱跟马的交情，这能难得住咱？

"嗯，是匹烈马，性子野了点，可的确也是一匹宝马啊，给我把剪刀，让我给它收拾收拾。"高欢不慌不忙进了马厩。说也奇怪，这马对别人又踢又咬，在高欢的手里却像中了魔咒，驯服得像个没满月的小马驹。不一会儿，马毛就剪好了，一匹神骏脱颖而出。

"御恶人亦如此马。"高欢自言自语地说。活干得漂亮，但这句话更漂亮。

真是语不惊人死不休，一语双关。这话说得太有水平了，是啊，天生我才必有用，不管好人、坏人、善人、恶人，总有别人所不及的地方，总有自己的闪光点，总有可以利用的地方，关键是要摸清脾气，找准方法，量才使用，用人是有技术含量的活。高欢一句话就抓住了尔朱荣的心。

尔朱荣大奇，立即把高欢请到室内，屏退左右，请高欢谈谈对时局的看法，一副不耻下问的样子，呵呵，是不是有点像刘备之遇孔明、苻坚之初见王猛？像，太像了！但是，高欢不是诸葛亮也不是王景略，他要做的是刘备和苻坚。尔朱荣只是他要找的一个跳板。

"听说明公您有十二谷宝马，色别为群，想用来干什么？"

"你说说看。"

"现在天子软弱，太后专权，太后好色淫乱，重用郑俨、徐纥这样的小人，朝政紊乱。明公应该抓住时机，举起清君侧的大旗，那么霸业可举鞭而成。"

单刀直入，一下就点出了问题的核心，厉害啊。

接下来的谈话很愉快，二人从日中谈到半夜。应该说高欢这些年一直没闲着，有空就琢磨这些事，基本上把大魏朝这团乱麻从理论上理清了，他提出的战略方针跟尔朱荣、贺拔胜的想法不谋而合，而在细节上更具体更有说服力。这一晚就算确定了尔朱集团今后一段时间的总方向。尔朱荣大喜过望，任高欢为亲信都督（贴身卫士），引为心腹，参与军务，职位虽然不高，但高欢就这样直接靠近了尔朱集团的核心管理层。

事实再一次证明，机会偏爱有准备的人。只要你是金子，就有发光的机会；只要你是千里马，就不愁被伯乐发现。

5. 乱起宫墙

天下的形势一天乱似一天，各地叛乱此起彼伏，叛军越打越多，其中以六镇流民为主力的葛荣越做越大，号称拥军百万，自称天子，建国号为齐，葛荣已经发展成为有目标有组织的割据政权。

葛荣在河北、山东一带攻城夺州，势不可当，大魏宗室第一名将广阳王元深也死在了他的手里，当然，元深之死更深层次的原因在于朝廷内部权力斗争的倾轧。

外乱不止，宫墙内又生祸端，当权的胡太后跟儿子傀儡皇帝孝明帝间的矛盾达到了你死我活的地步。原来，孝明帝六岁即位，还是孩子贪玩的年龄，哪里能决定大事。大臣们就请他母亲胡太后出来帮忙，也就是要太后临朝听政，帮小皇帝拿主意。

太后听政在本朝有过先例，各项事业曾在先朝文明冯太后的领导下蒸蒸日上。所以让女人当领导，大臣们也没觉得有什么不妥。

南北朝时期，妇女的地位还是很高的。

冯太后是胡太后的榜样，榜样的力量是无穷的，所以胡太后处处学冯太后：冯太后喜欢大权独揽，她也喜欢。但胡太后到底没能复制冯太后的故事，在她的治理下，大魏朝江河日下，日子过得一天不如一天。总结一下，原因很多很复杂，但胡太后的两大嗜好无疑起到了决定性作用：佞佛和好色。

普通人信佛属于个人宗教信仰自由，一个拥有最高权力的人信佛并且到了佞佛的地步那就是大问题。为了向佛祖表明自己的虔诚，她修建了工程浩大的永宁寺，寺庙塔尖最高点达一千尺，毫无争议地成为洛阳城标志性建筑，可惜永宁寺后来毁于火灾，不然洛阳今天又多了一处名胜古迹。只是修庙还不够，她又在洛阳城南伊水两岸的悬崖峭壁上开凿石窟雕刻佛像，这就是我们今天依然为之称奇的著名的龙门石窟。胡太后算是给后人留下了一座珍贵的佛教艺术宝库。问题在于，干这些活是要花钱的，两项伟大工程的竣工是以掏空国库为代价的。如果富裕，用节余的资金就可以干成，那后世给予胡太后的一定是一边倒的赞美。

楚王好细腰而宫中多饿死，上有所好，下必效焉，这就是做领导的往往不能享受普通人自由的原因，因为领导的示范作用是巨大的。就这样，在北魏王朝第一人的带动下，供佛造寺成了社会时尚，和尚这份工作因为享有免税等种种特权也成了热门职业。据史料记载，当时北魏有僧尼两百万，寺庙三万所，财政和民间资本就这样源源不断地布施给了佛祖。佛祖开没开眼不知道，反正财政是一天天穷了。

好色本来也属于个人生活作风问题，只要公私分明也不一定就会对朝廷造成伤害，像文明冯太后以及后世的武则天，身边一大群面首，王朝照样治理得井井有条。胡太后的问题是她只学到了冯太后的皮毛，根本分不清上床和做事的区别，她的后宫不但用于解决个人问题，还用来讨论朝中大事。碰巧她宠信的美男郑俨除了长得帅，其他一无是处，郑俨又和另一个小人徐纥相互勾结，军国诏令皆出二人之手，小人越勤快，国事就越糟糕，偏偏这两位又是喜欢瞎折腾的主，大魏能不走下坡路吗?

大臣们有的明哲保身，有的一心想着自己捞好处，还有的静观时局另有所图，所以甭管怎么乱，大家都装得跟没事人一样。

随着孝明帝渐渐长大，胡太后害怕有人打自己的小报告，毕竟自己干的那些事自己都觉着不光彩，所以凡是孝明帝信任的人，她便想方设法地干掉，把精力都用在堵塞孝明帝的耳目上。皇帝也不是傻子，你想跟自己能说上话的人总是莫名其妙地玩失踪，他能不怀疑其中有蹊跷吗？母子之间的隔阂越来越深。

世上哪有不透风的墙？日子久了，皇帝这风言风语的也听了不少，对郑俨、徐纥等人恨之入骨，但慑于母亲的权威而无可奈何。想来想去，他想到有一个人或许可以帮助自己，就是风头正盛的尔朱荣，碰巧尔朱荣又是自己的丈人，丈人帮女婿天经地义，于是孝明帝秘密下诏命尔朱荣发兵进京，目标“清君侧”。

尔朱荣接到圣旨，大喜过望，自己正等着这一口啊，只有到了京城，才算真正接近了权力中心。夜长梦多，一刻也不能耽误，尔朱荣立即任命高欢率军做前锋，马不停蹄地向京城开拔。尔朱荣的担心不是多余的，部队刚行至上党，孝明帝后悔了，毕竟地方将领带兵入京不是闹着玩的，弄不好局面不好收拾，汉末董卓进京的往事在那摆着，前车之鉴，不得不防。

孝明帝明白过来后赶紧下了第二道密诏阻止了这一军事冒险行动，从这儿看，孝明帝的确够聪明，只可惜生不逢时。但是，这件事情的余波并不是那么容易消除的，朝廷里哪有秘密可言，很快郑俨、徐纥就知道了皇帝这是冲着自己来的，不过，一个没有兵没有权的皇帝算什么？有事找太后去！

在一阵阵温馨枕边风的吹拂下，在情夫和儿子之间，愚蠢的胡太后选择了伟大的爱情，于是大魏朝发生了一件塌天大事，皇帝突然驾崩了。

接下来的事就更不像话了，六镇大乱，胡太后为稳定人心，竟然谎称孝明帝与宫嫔潘华所生的公主是男孩，先立为“太子”，再拥立为帝，大赦天下。（史称元姑娘，为中国历史上第一个女皇帝。）

纸里是包不住火的，玩火的这几位显然很清楚这个道理，所以他们绞尽脑汁琢磨怎样把这个谎整圆了。过了一段时间，大臣们也没弄出什么动静，朝局基本稳定，胡太后受到鼓舞，觉着也没有什么可顾忌的，就自己打自己的嘴巴，坦然地承认了太子的真相，然后宣布立三岁的元钊做皇帝。

拿皇帝的废立当儿戏，胡太后开了一个很不好的头。太愚蠢了，简直没有一点技术含量，真难为这么愚蠢的一个女人居然统治了这么久。经过这么一番折腾，天下人议论纷纷，百官群僚都有一种被戏弄的感觉。

“清君侧”行动半路夭折的尔朱荣再一次看到了机会，他立即召集尔朱集团管理班子成员元天穆、贺拔胜、高欢等人，商量如何应对这一新的形势，最后形成决议如下：一、不承认元钊帝位的合法性；二、发兵入京讨伐。这下也不用打清君侧的旗号了，直接为皇帝女婿报仇。商量完毕，只是还有些细节需要处理。

发兵之前需要先做一件事，既然不承认元钊这孩子地位的合法性，天下不可一日无主，得先确定皇帝的人选。这个步骤不能少，有了皇帝容易安定人心，还可以奉旨征讨，师出有名。只是，在这个问题上，大家产生了不同的意见，有的人主张找个年幼的懦弱的，有的主张找个年长有德望的。弄个孩子当皇帝，容易控制，长君有思想，容易惹麻烦。就这事，尔朱荣也拿不定主意了。

尔朱集团二号人物开口了，元天穆建议立长乐王元子攸，这个人在京城内外都有些人气，号召力强。如果立个小孩，便成了胡太后第二，元氏诸王便会蠢蠢欲动，对天下没法交代。毕竟，自己现在力量有限，要想控制天下，还需要一块金字招牌。意见暂时统一了。

于是，尔朱荣派侄子尔朱天光秘密潜入洛阳，与尔朱荣的堂弟禁军将领尔朱世隆通了气，然后设法见到了元子攸，结果很顺利，他们达成了秘密协议。但尔朱荣还是不放心，毕竟是给自己找顶头上司，又是第一次干这个活。

最后，他们采取了那个时代惯用的做法，把显祖皇帝的子孙们作为皇帝候选人，挨个为他们铸铜像，结果只有元子攸的铜像铸造成功。天意啊，就这样吧。

七千铁骑从晋阳出发，以最快的速度向洛阳推进。

6. 河阴之变

尔朱荣出兵的消息很快传到了京城。

胡太后害怕了，马上召集文武王公大臣商量对策，可这些大臣们平时就讨厌胡太后的作为，关键时刻一个个默不作声，他们要看胡太后的笑话。然而实际上他们错了，他们忘了自己的身份，不久，他们就为自己今天作壁上观的行为付出了惨痛的代价。

关键时候还得有自己人，就在胡太后一筹莫展之时，徐纥给她吃了一粒定心丸。要说这个徐纥多少还是有些道行的，他仔细分析了敌我阵营的情况，认为尔朱荣作为北方小部落的领导，号召力有限，加上千里出兵劳师袭远，人数又少，只要皇家禁卫军严阵以待，根本没有什么可担心的。

实事求是地讲，徐纥分析得很有道理，但分析对了不一定就能得到对的结果，实践才是检验真理的唯一途径。

根据徐纥的建议，胡太后调整了兵力部署，以黄门侍郎李神轨为大都督，正面迎敌，副将郑季明、郑先护率兵守卫河桥，武卫将军费穆守卫小平津，三路大军成犄角之势拱卫京师。从军事上讲，这是个不错的安排，但是，这也是个最糟糕的人事安排，再一次显示了胡太后政治上的愚蠢。

费穆，禁军大将，北魏非常厉害的一员猛将，曾经跟李崇北伐柔然，六镇祸乱时任云州州长（刺史），在四周城镇全部陷落孤立无援的情况下独守孤城几个月，最后弹尽粮绝后逃往秀容川避难，费穆跟尔朱荣交情自是非同一般。前文我们说过尔朱荣随李崇北伐结交了两个重要人物，一个是元天穆，另一个便是这个费穆。

郑季明、郑先护本元子攸藩邸旧识，属于元子攸政治小圈子的核心成员。

李神轨，名将李崇的儿子，据说跟胡太后也有一腿，作为将门犬子，打仗的本事跟他老爹比起来差了不止十万八千里。

尔朱荣大军行进到黄河边上，元子攸与两个兄弟悄悄渡过黄河，与尔朱荣见面。在尔朱荣的主持下，元子攸即帝位，是为大魏朝第十任皇帝——孝庄帝（后来加的谥号），以尔朱荣为使持节、侍中、都督中外诸军事、大将军、尚书令、领军将军、领左右，封太原王。

一口气封了这么多官衔，都是干吗的？这里面有官位有爵位，解释一下。

使持节相当于代表皇帝行使军政大权的钦差，皇帝权力下放，可以杀二千石以下的官员；使持节下一层次是持节，对没有官职的人可以不经请示处决；再往下是假节，可以处置犯法的人。侍中表示是皇帝的顾问加亲信，有宰相的责任，也有人认为侍中就是宰相。都督中外诸军事，中军指中央军，外军指地方部队；大将军相当于最高军事统帅。北魏的尚书令负责主持日常行政政务，事实上的宰相。领军将军统领京都宫门警卫；而领左右掌管宫廷内殿禁军，这个是卡皇帝脖子的职务，要发动政变首先得掌握这部分人马。太原王是封爵，北魏设王、公、侯、伯、子、男六等爵位，朝廷在封地采用分税制，即封地收的租子王占一半，公占三分之一，侯、伯占四分之一，子、男占五分之一，也就是说太原郡的一半税收归尔朱荣个人所有。

尔朱荣既是皇帝顾问，又是军事统帅、行政首脑，这就是拥立新皇的好处，可以说一下子就让你坐上正常情况下需要努力一辈子还得等机会的位子。名不正则言不顺，现在尔朱荣的军队一下从地方杂牌军变成了中央正规军，名头响亮了，做起事来格外有劲，尔朱荣军心大振。

不出所料，元子攸这边一登基，那边郑季明、郑先护、费穆就来投奔了，剩下李神轨一看孤掌难鸣没法干活了，一溜烟跑回了城里。洛阳一下成了一座没有防务的城池。这就是传说中的不战而屈人之兵。

胡太后这下真没辙了，两个亲信徐纥、郑俨也找不到了，怎么办？病急乱投医，她还真想出了最后一招，命令后宫所有人随她一起到皇家寺院落发出家。信了一辈子佛，供养了一辈子佛，关键时候佛能不能睁开佛眼救自己一命呢？

洛阳百官其实就是就业拿薪水的差使，不管谁当皇帝，活总得有人干吧，况且这里边还有不少人本来就是元子攸小圈子的人，元子攸总比小元钊好吧，所以大家也没想别的，捧着皇帝的印玺、绶带，准备了车辇，从河桥迎回了元子攸——大家铁了心准备跟新皇帝干了。

对胡太后和小皇帝，尔朱荣处理得很干脆，留着没有什么用处，直接让他们到黄河里报道去了。胜利来得太容易了，不到一万人的军队，一仗未打，长驱直入，正所谓“登高一呼，天下归心啊”，尔朱荣不禁有点飘飘然，人一发飘就容易犯糊涂，更大的野心也开始慢慢滋长。

最高兴的还是朝廷禁卫军的鲜卑武士们，他们是衷心拥护尔朱荣的，多少年来他们受够了朝廷这帮汉人士族和汉化鲜卑贵族的气，被人笑没文化，让人看不起，现在真正是翻身农奴得解放，也该出一口恶气了。于是，禁卫军大将军费穆出场了，向尔朱荣提出了一个恶毒的建议：“将洛阳百官全部干掉！”

费穆的理由非常有说服力：您不费一兵一卒，以不足万人的兵力直捣皇城，既没有立下威名，又没有大的功勋，没有人会心服口服的；等洛阳城这帮家伙琢磨过味来，您可就危险了，不等您回到秀容，弄不好罪名就给您安上了，所以，不如将他们一锅端了，然后安排自己人顶上去，这才是长治久安之计。

句句如刀，句句说到了尔朱荣的心坎里，句句替尔朱荣打算。尔朱荣是有这些担心的，但是弄这么大动静，决心实在不容易下，尔朱荣特地征求了一下姑表弟慕容绍宗的意见。

慕容绍宗出身为前代皇族，本人深通兵法，足智多谋，可以称得上尔朱集团第一智将。对于尔朱荣的这个想法，他认为实在是大大的不妥，因此极力阻止尔朱荣实施这个计划。但最终尔朱荣下了决心，于是最惨烈的一幕发生了。

公元 528 年（北魏武泰元年）4 月 13 日，在京的文武百官接到随皇帝祭天的诏令，绝大多数人按时来到了集合地河阴，有命令传过来要大家下马步行向西，可奇怪的是他们没有看到皇帝的影子，现场只有装备精良的重甲骑兵在等着他们。有人高喊“丞相高阳王谋反当诛”，三千骑兵们忽然散开从四面包抄上来，左冲右突，马踏刀砍，势如斩瓜切菜。什么宰相，什么侍中，什么大将军，什么汉人，什么胡人，刹那间大家都平等了，在这一刻，统统成了案板上的肉，任人宰割。

惨啊。有一百多个官员迟到了，他们看到了血流成河的惨烈场面，还没等他们多想，骑兵就围了上来，众人吓得匍匐在地，瑟瑟发抖。骑兵们高举大槊弯刀，高呼“有能作禅位诏书的免死”。包围圈里有文化名人陇西李神俊、顿丘李谐、太原温子升，也有在文坛崭露头角的才子魏收，但大家耻于应命，趴在地上默不作声。只有一个怕死鬼御史赵元则站出来，为尔朱荣写了禅位诏书。赵元则虽然是软骨头，却救了大家的命。

在这起惨绝人寰的大屠杀中，共有两千多官员遇害，大魏中央政权几乎给一锅端了，史称“河阴之变”。

不管好坏，不管忠奸，不管是欢迎自己的还是心怀异志的，一个也不留。羯胡武士们杀红眼了，他们高呼着“元氏灭，尔朱兴”的口号闯入新帝的行宫，先杀了新皇的两个亲弟兄，然后把惊魂未定的孝庄帝挟持到了河桥大营。

高欢站了出来，他一直在等一个机会，现在等到了。高欢善于揣摩尔朱荣的心意，知道尔朱荣现在在想什么，也知道这个一朝得志的老大在等什么。所以，高欢很直接地劝尔朱荣干脆废了元子攸直接称帝，左右众人大都响应，尔朱荣心动了。也有反对意见。贺拔岳开口了："此时称帝，是祸不是福，天下虽乱，但元氏在四方的力量很大，现在称帝就等于树了个靶子让人家打。"

从民族关系上，贺拔岳跟元氏皇族同根同族，而尔朱荣属于鲜卑别部，即归附鲜卑人的少数民族，从民族感情上贺拔岳是不可能接受尔朱荣称帝的。而高欢属于鲜卑化的汉人，所以他不存在民族问题，同时作为投机者，管你谁做皇帝，只要对我有利就行。尔朱荣做了皇帝，大家跟了这么久了，封侯拜相是必须的。

但贺拔岳的话是有道理的，在目前豪杰四起的形势下，你可以闷着头占地盘，若要直接宣告取而代之，不服的人多了去了。不称帝，是奉旨招抚；自己称帝，就成了乱臣贼子，人人得而诛之。他说的确实是实际情况。

尔朱荣犹豫了，又开始搬出了流行做法，为自己铸金像，一次不成功，再铸，失败，一连弄了四次，也没弄出个像样的尔朱荣像章。尔朱荣还不甘心，又让懂阴阳占卜的属下刘灵助来算上一卦，不吉。尔朱荣怒道："我不行就立天穆。"刘灵助道："天穆也不行，只有长乐王有吉兆。"

也许是精神上高度紧张，也许是兴奋得睡不好觉，尔朱荣一直恍恍惚惚如在梦里。成功来得太容易也让人承受不了，范进中举后疯了，有人中了百万大奖一高兴过去了，都是一样的道理。

至此，尔朱荣才算彻底平息了称帝的念头，说也奇怪，心一放下，大脑就清亮了，精神头就来了，天意难违啊！那个位置，看起来仅一步之遥，走起来却好长好长。

贺拔岳请诛杀高欢，因为他觉得高欢有点像野心家，而贺拔家的人只想做忠臣。但高欢的人缘委实不错，尔朱荣左右都为他求情。其实尔朱荣也没有责怪的意思，所以贺拔岳这一举动唯一的结果就是从此和高欢结了仇。最终，他们成了死对头，这是后话。现在，他们还要继续在一个饭桌上吃饭。

大家又把孝庄帝请回来，尔朱荣朝着孝庄帝的御马一阵叩头，孝庄帝的大位算是真正定下来了。经过尔朱荣这么一折腾，洛阳城可谓是十室九空，没有人敢出来做官，找个坐班的都难。于是死了的追赠，活着的安抚，小官封大官，武官封文官，加上孝庄帝的个人影响，局势慢慢稳定下来。

旧的不去，新的不来，有人欢笑有人哭。在这次事件中，一些人付出了生命，另一些人却骤然富贵，高欢也属于既得利益者，因定策功被封为铜鞮伯（王之下五等爵位之第三等）。邮递员就这样完成了从平民到贵族的升华。

本书的第一主角高欢开始崭露头角，另一个主角也要登场了，不过，他现在正在叛军葛荣的队伍里。

7. 葛荣的结局

在洛阳城发生惊天剧变的时候，有一个人也没闲着，继续用他自己的方式折腾着大魏朝脆弱的神经。葛荣把杜洛周干掉了。按说大家都是同朝廷作对的，应该是反朝廷盟友才对，事实再一次说明，世上没有永远的朋友，只有永远的利益。还有一句至理名言：发展才是硬道理。

现在，吃掉了朋友的葛荣越做越大，逐渐成为大魏朝最大的威胁。

现在，朝内的事基本稳定了。尔朱荣觉得不能再让葛荣继续嚣张下去，毕竟，现在自己已经成了王朝的主宰，反朝廷就是反我尔朱荣。

面对号称百万之众的葛荣，尔朱荣和他的幕僚们经过细致冷静的分析，得出了一个惊人结论：葛荣是个纸老虎，看起来吓人，实际上不堪一击！为什么？因为葛荣队伍具有先天性的弱点，其主要构成六镇武人基本是天生的军人，天生就是用来打仗的，至于为谁打仗不重要，重要的是跟谁能有好处，所以只要干掉葛荣，恩威并用，其部队必然不战而溃，尔朱荣据此跟他的幕僚们一起制订了斩首行动计划。那个时代还没发明精确制导武器，所以还做不了外科手术式攻击，尔朱荣的战术就是集中精锐骑兵直冲葛荣中军，集中力量攻击葛荣。还有一点，葛荣起家的六镇流民都不富裕，所以他的队伍以步兵为主，他没有那么多战马用来武装骑兵。以骑兵对步兵，尔朱荣自然是占据了优势。

经过几年的历练，尔朱荣不但军事上过硬，政治水平也越来越高。葛荣开始进攻邺城，相州刺史李神俊坚守不出，邺城城墙很结实，所以战斗进入了相持阶段。尔朱荣以侯景为前锋，自己亲率七千骑兵，每人两匹战马，倍道兼行，以最快的速度增援邺城。从众多名将中挑出了侯景，一方面证明尔朱荣的眼光独到，另一方面也证明侯景的确有其过人之处。葛荣听说尔朱荣来了，很高兴，既然一时半会儿邺城拿不下，那么就顺势围点打援吧。当听说尔朱荣只带了七千骑兵的时候，他觉得尔朱荣一定是疯了，一百比一，简直是没有悬念的战斗，来了，一个也跑不掉，最好生擒尔朱荣。葛荣吩咐手下准备好捆绑尔朱羯胡的绳子。葛荣摆下了十几里长的阵地，准备一举包围歼灭尔朱荣。

高欢接受了尔朱荣的秘密任务，而且完成得很出色。高欢在葛荣那混了一阵子，虽然时间不长却认识了不少朋友，所以对葛荣军队进行策反对高欢来说并不是多么困难的任务，效果还挺明显，有七八个“葛天子”封的草头王爷答应反水。他们带来了葛荣军队的部署情报。

尔朱荣把部分骑兵埋伏在山谷里，又命令督将以上的军官们分三人为一组，每组带几百名骑兵到处扬尘鼓噪，布置为疑兵，这招跟张飞在当阳桥玩的一样，目的是让葛荣军队摸不清虚实，从心理上打击敌人。果然，葛荣看到尔朱荣大军掀起的尘土就纳闷了：不是说就七千人吗，怎么看起来倒有七万？葛荣这么想，自然葛荣的士兵们也这样想，这么一来大家心里就有点犯嘀咕。

从晋阳出发的时候，尔朱荣还做了一个特别的安排，命令后勤部门为每个骑兵配备一根结实的短木棒，这是个英明的决定。古代战争，军队打仗往往是用敌人的脑袋证明自己的功劳，所以在史书上我们常常会看到斩敌多少级这样的战报，很多时候，敌人斩获不多，官兵们就砍老百姓的脑袋充数，这叫杀良冒功。前文中洛阳暴力事件中的受害者张始均对此特别痛恨，他曾经把将士们交上来的一千多颗人头一把火烧了个干净。尔朱荣的目的是击溃敌人，打垮敌人，砍多少颗脑袋是次要的。所以，尔朱荣命令战士们冲锋时直接用木棒打击敌人，咱们也不按首级记功了，你只要把敌人打倒让其失去战斗力就行了，把敌人打垮就是胜利。

尔朱军团前锋在侯景的带领下冲向敌阵，直逼葛荣中军，双方进行了激烈的战斗。尔朱荣一马当先亲率千骑冲到敌后，然后回头与侯景形成夹攻之势，战事的发展正如尔朱荣所料，葛荣中军大败，葛荣被生擒。主帅一倒，葛荣大军一下失去了斗志，纷纷扔了兵器投降。

就这样，尔朱荣以七千部众一战打垮了葛荣的百万之众。

接下来真正考验尔朱荣的时候到了。这就是百万（几十万是有的）降卒的安置问题，人太多了，处理不好还会生乱子。大魏朝就是因为没有处理好六镇二十万降卒，导致了更大叛乱的发生。尔朱荣还真有办法，他向众人宣布自己充分尊重大家的个人意愿，你喜欢去哪里就安置你去哪里，愿意跟谁走就跟谁走。“有这样的好事？”几十万人欣然散去。尔朱荣早就安排自己人在百里之外设置收容点收拢降卒，让降卒中有威信的人担任小队长，按照事先的计划将大家分散到各个营区，大家在一起不好处理，分散开了可就容不得你不听话了。尔朱荣就这样果断快速地解决了葛荣的百万之众。

葛荣被押送到京都洛阳处死。一些身陷叛军的豪杰投入尔朱荣帐下，其中有两个贺拔三兄弟的旧相识，宇文黑獭和独孤信。两位都出身武川鲜卑贵族，早先都跟贺拔家的英雄们一起参与过对破六韩拔陵的战斗，后来他们辗转加入了葛荣叛军，之后他们又以宇文泰和独孤信的名字在历史上记下了浓重的一笔。

尔朱荣有功必赏，侯景因功封为公爵（王之下五等爵位之第一等），任定州刺史（州长）、大行台（尚书省在地方设置的临时办事机构，权力很大），开始正式有了自己的演出舞台。不久侯景上演了一场带血腥味的传奇故事，不过，他的传奇始终是黑色的。

处理完葛荣，尔朱荣又派尔朱集团二号人物上党王元天穆率部攻打济南邢杲叛军， 高欢、尔朱天光、贺拔胜等都参加了这场战役。就在尔朱荣忙着对付国内叛乱分子的时候，大魏朝南部边疆又出事了。

一代名将陈庆之就此闪亮登场。

原来，尔朱荣发动河阴之变后，天下震动。幸存的宗室王爷们，有的俯首称臣，有的拥兵观望，有的起兵讨伐。北海王元颢却采取了一般人想不到的路子——投降世仇梁朝。请梁朝出兵，搞曲线救国，这要搁今天他就是一鲜奸（鲜卑族，类比汉奸）。当然，作为交换条件，元颢称臣于梁。梁武帝萧衍发兵七千护送元颢北上。可怜的元颢一定很失望，自己忍辱负重来到江南，目的是借梁朝大军重整河山。萧衍这个老东西居然只给了不足万人的部队，什么玩意儿，早知如此我还用得着跑你这儿？但梁军给了他一路惊喜，虽然这个惊喜存在偶然的成分。事实上，如果梁朝真的倾巢出动，那么北魏朝廷一定会集结最精锐的部队迎战，甚至尔朱荣会亲自出马，那么战争的结果很可能同历次南北战争一样以南朝的失败而告终。

历史总喜欢跟人开玩笑，所以历史的结局总是出人意料。因为元颢一路是小股人马，北魏当局就没拿着当回事。不就是七千南方兵吗，又不是七千羯胡铁骑，估计随便哪个刺史出马就能把他们给灭了。所以，尔朱荣屯兵晋阳防备北方叛乱，元天穆率兵讨伐山东邢杲，至于元颢，根本没有列入野战军的作战计划。只有一个叫薛琡的谋士看到了事情的不妙，他认为元颢比邢杲更危险，然而没有人肯听他的话。这个失误险些酿成大祸，因为这七千身着白袍的南朝士兵的带头大哥叫陈庆之。兵熊熊一个，将熊熊一窝，反过来也如此，事实将证明，陈庆之是个好带头人。

8. 白袍旋风

作为一代名将，陈庆之绝对是名将中的异类，他“射不穿札，马非所便”，通俗点说就是射箭、骑马样样稀松，跟我们前面提到的那些善骑射的北方名将们根本就没法比。陈庆之同志的青年履历很简单，作为梁武帝萧衍没发迹时的随从侍卫，陪武帝下了二十年棋。在这个岗位上，他显示了跟别人不一样的地方。只要精力过剩的萧衍有需要，他随叫随到，甚至通宵达旦地连续作战，所以萧衍对这个随从兼棋友一直很满意。

事实再一次证明敬业是不吃亏的。

转眼间陈庆之四十二岁了，一般人到这个年龄也就消停了，如果这个岁数还有想法，失败了叫瞎折腾，成功了叫大器晚成。苏老泉是大器晚成的代表，而大器晚成者在历史上也是凤毛麟角。陈庆之有想法，且把想法再三跟自己的棋友说了。也许是为了照顾他的情绪，梁武帝先让他去接应徐州降将元法僧归梁，接着又给他派了个低风险高收益的任务——领兵两千送豫章王萧综到彭城接管徐州。徐州属于大魏的领土，但现在他们的领导宣布归附梁朝了，萧综的使命就是去举行个交接仪式，讲讲话，对投降的魏军进行一下表彰奖励，让大家跟着自己继续混。

然而，有一点没有考虑周全的是，为了夺回徐州，北魏派出了两万大军。2000 对 20000，多了一个 0，毫无悬念，众寡悬殊的陈庆之要死掉了，形势就是这么残酷。然而战争的结局却再一次打破了常规，陈庆之的两千人不但没有死掉，却个个像打了鸡血，以一当十，魏军大败。在豫章王萧综叛变投敌的不利形势下，陈庆之的队伍带着战利品平安撤回，给了萧衍一个不小的惊喜。自此，陈庆之一发不可收，打胜仗成了吃小菜，军衔也节节提高，很快成为梁朝少数几个能打的重要将领之一。

以小搏大是陈庆之的特长，所以萧衍的这个安排不仅仅是为了给元颢一个安慰。事实上，陈庆之还真没辜负萧衍的期望。

公元 529 年 4 月，元颢、陈庆之攻占荥城，进逼梁国（今河南商丘）。

魏将丘大千率领号称七万的魏军分筑九城修建了铁桶般的防线，可是陈庆之只用了一天就拿下了三座，按这个速度，九天时间这九座城就呜呼了。兵败如山倒，开局不利严重打击了魏军的信心，没等到第九天，丘大千就乖乖地投降了。胜利极大地鼓舞了元颢的信心，为了进一步扩大影响和巩固胜利果实，元颢在睢阳城南祭天称帝，封陈庆之使持节、镇北将军、护军、前军大都督。这个舞台演员少，一个人演好几个角色。

孝庄帝一看不好，命宗室济阴王元晖业率两万羽林军在考城组织反击。羽林军的组成基本是来自大草原的鲜卑贵族子弟，战斗力不能说不强，可是就像中了魔咒，在陈庆之面前，两万多人的虎狼之师变成了被动挨打的羊群，元晖业也顺利做了俘虏。陈庆之大军直趋洛阳，所到之处，魏军无不望风而降，陈庆之大军很快杀到荥阳。荥阳是陈庆之遇到的第一块难啃的骨头，梁军遭到魏东南道大都督杨昱的拼命抵抗，白袍军先后有五百战士阵亡。

杨昱出自弘农杨氏，是太保杨椿的儿子，早些年曾经以侍中的身份跟元颢一起讨伐叛军，两人还有那么一段交情，元颢派人劝降，杨昱不予理睬。同样以闪电战击败邢杲叛军的元天穆也开始弥补失误了，他派骠骑将军尔朱吐没儿[①] 领胡骑五千、骑将鲁安率夏州步骑九千增援杨昱，又遣右仆射尔朱世隆、西荆州刺史王罴率骑兵一万，增援虎牢。接下来的战况让孝庄帝很无奈，元天穆援军大败，荥阳城破杨昱被俘，鲁安于阵前投降，尔朱吐没儿单骑逃走，尔朱世隆弃城而逃，王罴投降。为了给五百白袍军亡灵报仇，梁军将俘虏的荥阳守军三十七员战将活剜其心而食，杀红了眼的白袍军已经变成了野兽。

杨昱在元颢的照顾下保住了一条性命。

魏军防线全线溃败，洛阳成了一座空城，无奈之下，孝庄帝匆匆出逃。元颢进入洛阳，没有随同孝庄帝跑掉的文武百官在临淮王元彧、安丰王元延明等的率领下迎接新君入城。

洛阳作为魏朝国都，在不长的时间内，已经两次沦陷了。

元天穆组织反攻了，亲自率兵四万攻下大梁，同时费穆领两万人马攻虎牢。陈庆之进逼大梁，元天穆率众渡河北上，与元子攸、尔朱荣相会于并州。穆见元天穆跑了，自己孤掌难鸣，索性向元颢投诚。史载陈庆之以七千之众，从铚县至洛阳，前后作战四十七次，攻城三十二座，所向无敌。

---

① 此人不知道是从哪里冒出来的，可能是尔朱兆，尔朱兆的胡名是吐万儿，作者疑为是音译的问题。

春风得意的元颢算是正式坐上了皇帝的位子，改元大赦，以陈庆之为侍中、车骑大将军、左光禄大夫。这位皇帝做的唯一正确的事情就是把河阴之变的祸首费穆明正典刑，算是安慰了一下河阴的冤魂们。

仗打得如此顺利，我们不否认七千白袍军超强的意志力和战斗力，但还有一个因素不容忽视，即元颢的号召力。魏明帝时代北海王元颢也曾多次带兵平叛，在大魏朝还有点名望，曾经的老部下现在身居要职的也不少。再者元颢跟元子攸一样都是皇室宗亲，保不定谁是真龙天子，打仗的时候多了这份顾虑和犹豫，战斗力自然是大打折扣。一个鲜明的例子就是王罴，这是个史书有传的猛将，在今后仍然会以忠诚勇猛著称，但现在，他也兵败投降接受了元颢的任命。

孝庄帝仓皇而逃，连老婆们也没顾上带，元颢将后宫佳丽三千照单全收，一头扎进了温柔乡里。从此，元颢就像一只乡下蜜蜂进了大户人家的花园，面对满园春色，采了一朵又一朵， 哪里有空闲去处理军国大事？弄了半天，这位才是个真正的酒色之徒。

元颢昏头，陈庆之不昏。

取得了如此辉煌的成绩，难得陈庆之仍然非常清醒，他知道自己凭这七千人的队伍，一帆风顺地打入洛阳，更多的是钻了敌人轻敌的空子，如今远离故土孤军深入，如果没有外援接应，等四面八方的魏军反攻上来就危险了，因此他建议元颢立即向梁武帝请求增援。但落入花丛中的元颢显然已经忘了自己吃几碗干饭了，他天真地以为自己这个皇帝是天命所归，位子已经坐稳，在元彧、元延明等的怂恿下，居然想马上甩开梁朝单干。元颢向梁武帝报告说，这边的事有他和陈庆之两个处理就行了，让梁武帝尽管放心。

梁武帝果然放心地继续开坛讲经去了，所以陈庆之只好继续依照以少敌众的传统孤军奋战了。六十五天后，尔朱荣集结各路大军同孝庄帝一起反扑洛阳，面对尔朱军团的强大压力，向元颢投诚的沿线各城这下又纷纷背叛，转眼间洛阳竟再次成为孤城。陈庆之的江南子弟兵据守黄河北岸的北中城，元颢派儿子领军将军元冠受带领五千投诚的魏军据守河桥南岸，跟尔朱荣展开了殊死战斗。陈庆之确实够猛，三日十一战，杀得猛将如云的尔朱集团伤亡惨重。

河桥抢不过来，渡河又找不到大船，加上天气转热，尔朱荣一度准备撤退不玩了。但毕竟兵力悬殊，尔朱荣手下的猛人牛人又太多，尔朱兆、贺拔胜等绕过梁军主力乘小船木筏强渡黄河直击南岸的元冠受。河桥失守，洛阳城破，陈庆之腹背受敌，此役最终以尔朱荣胜、元颢死、陈庆之逃而结束。洛阳城又一次变天。

顺便交代一下陈庆之的下落：七千白袍军全部覆灭后，陈庆之化妆成和尚回到梁朝，仍然受到了梁武帝的通令嘉奖，后来继续战斗在魏梁前线，延续着名将传奇。陈庆之把不可能变成了可能，他的故事带有浓厚的传奇色彩，于是引来了很多后人的质疑，说魏军没有那么多，说陈庆之纯属《梁书》吹出来的英雄，等等。但不管大家如何质疑，有一点没有人会否认：陈庆之带着七千士兵孤军深入上千里夺下了北魏都城洛阳。这就够了！

拔掉了元颢这颗钉子后，尔朱荣下一个目标盯上了盘踞关陇的万俟丑奴。尔朱荣打算让贺拔岳去一趟。这一仗不好打，打输了身败名裂，打赢了容易犯忌讳。贺拔岳也精明了，怎么办？找哥哥们商量下吧。哥仨一合计，还真想出一条妙计，就是拉一个尔朱家族的人一起上。尔朱荣很高兴，有贺拔家的英雄出马，随便派谁去都是给谁脸上贴金。于是尔朱荣另一个侄子尔朱天光挂帅，贺拔岳、侯莫陈悦为副，带领尔朱集团中的武川豪杰赵贵、念贤、侯莫陈崇等浩浩荡荡挺进关中。

事很快就办完了，也办好了，万俟丑奴伏诛。但这件事的意义不在于一支叛乱分子的平定，而在于这一仗让贺拔岳在关中扎下了根，所以这是一个新时代的开基之战。不久，一股新的力量——关陇军事集团形成，这个集团在不久的将来将谱写周、隋、唐三代的传奇故事。

一切都跟那个叫宇文黑獭的少年有关。

9. 皇帝和权臣

几年内各地叛乱武装基本平定，自六镇而起的这一团乱麻终于让尔朱荣给理顺了，尔朱荣俨然成了再造魏室的大功臣。元天穆、贺拔胜、贺拔岳、高欢、侯景、尔朱兆、尔朱世隆、侯渊、樊子鹄这些跟着尔朱荣打天下的一干人等也跟着分享胜利果实，官位、名望一起上升，都成了名人。

但孝庄帝有点烦。作为领导，赏罚分明是管理好下属的第一要务。

孝庄帝的苦恼在于尔朱荣功劳太大，自己能送的爵位、官位都送出去了，再送，只剩下自己这个名誉皇帝的位子了。还得说孝庄帝够聪明，他充分挖掘了汉文化的精华，没有爵位封赏了咱就发明创造一个，只要不封你做“皇帝”，啥都成。于是孝庄帝先是封尔朱荣为柱国大将军，后又升为天柱大将军。柱国大将军的官位在丞相之上，天柱大将军自然又在柱国大将军之上。何为柱国？国之支柱也。天柱大将军恐怕是中国军衔史上最牛的军衔了，尔朱荣将前无古人后无来者。

一样有文化的皇帝还有唐高祖李渊。

在尚书令、秦王李世民消灭了王世充这个唐朝最大的障碍后，李渊也开始为封赏的事发愁了。因为除了皇帝、太子，李世民的官位已经是最大的了，也就是说他已经是老三了，要再升一级就是太子了。李渊充分发扬了创新精神，特别制造出一个天策上将的名号赠给特别的李世民，位置仅比太子矮一点点。

诸葛亮入蜀后严刑峻法，他的理由是：“宠之以位，位极则贱；顺之以恩，恩竭则慢。”相应的措施是：“威之以法，法行则知恩；限之以爵，爵加则知荣。”滥赏是乱世的通病，没办法，要找人卖命，又没有实质性的东西，也只有加官晋爵大方一点了。跟对了人才有得混。自从投入尔朱荣帐下，高欢算是充分发挥了自己的聪明才智，随着尔朱荣步步高升，他的身价也跟着水涨船高。

这几年，高欢随行台于晖讨伐泰山羊侃，又跟着元天穆打济南邢杲，参谋军机，冲锋陷阵，文里来武里去，功劳越来越多，人缘越来越广，威望也越来越高。连斛律金、贺拔允、厍狄干这些官位高的代北名人都倾心与他结交，高欢的政治资本一直在加厚。多干活是不吃亏的，古今皆然。

高欢这支走慢牛路线的“白马股”引起了越来越多的人的关注，对还没有成为绩优股的股票来说，过早地暴露并不一定是好事。捧杀和棒杀都是可能发生的。作为尔朱荣最亲爱的侄子，尔朱兆一直以尔朱荣的接班人自居，尔朱荣似乎也有这层意思，尔朱集团内部大多数人也这么想。尔朱荣非常清楚他这个侄儿的能力，他曾经对左右亲兵说：“尔朱兆虽然英勇，但也就能管理三千铁骑，要是管理整个集团，真正能够取代我的，恐怕只有贺六浑了。”他给尔朱兆树了个标杆，他希望尔朱兆能好好学习，天天向上。他也曾经很直白地警告尔朱兆：“一定要注意贺六浑，动心眼，你不是他的对手，弄不好就会被他牵着鼻子走。”

此时的高欢，已经让尔朱荣有了戒心，高欢却没当回事。事实上，不当回事才是最好的当回事，至少说明咱不心虚。高欢不用担心的理由还在于：其一，他是了解尔朱荣的，老大的性格属于超级自信型，即使对自己有戒心，但三十多岁的尔朱荣还不到考虑后事的时候，他相信自己对部下的控制力；其二，高欢在尔朱荣的身边还布了颗厉害的棋子，关键时刻可以为自己打掩护。这个棋子就是刘贵，那可是尔朱荣颇信任的人之一。

高欢暂时什么事也没有，不过尔朱荣还是让他离开了权力中心，把他派到晋州做刺史。高欢带着连襟窦泰愉快地上任了，这是高欢拥有的第一块根据地。晋州虽然不够大，但高欢经营得有声有色，腰包越来越鼓，名气越来越大，没多久，远近都知道晋州有个好领导叫高欢。

已经做到抚军将军的刘贵仍然把军衔比自己低的高欢当作自己真正的老大。刘贵非常适合干情报工作，他把尔朱荣的近身侍卫都发展成为自己的地下谍报员，所以尔朱荣有什么动静有什么想法都通过这条线传到高欢的耳朵里，高欢做的好事也都通过这条线传到尔朱荣的耳朵里，所以高欢总是让尔朱荣很放心很满意。

情报工作确实很重要。

就在尔朱集团人人都为集团事业和个人发展忙得不亦乐乎的时候，有一个人开始不爽了。四方叛乱的平息并没有让皇宫里的孝庄帝感到有多高兴，威望如日中天的尔朱荣已经像一座大山一样压得他喘不过气来。孝庄帝是有理由仇恨尔朱荣的，对他来说，河阴之变就像一个噩梦，那两千冤魂中，有他的亲人、朋友和同事。尔朱荣从来没有把自己这个天子放在眼里，在朝堂上动辄大呼小叫，跟自己说话就像训孙子一样，他还动不动就拿拥立过自己的功劳说事，毫不留情地数落自己，唉，还没听说哪个皇帝像自己这么窝囊。

尔朱荣的女儿本是肃宗孝明帝的嫔妃，却硬塞给自己做皇后。这个女人虽长得漂亮，但骨子里有一种草原儿女的刁蛮，儿仗爷势，动不动就对自己使性子，好似自己的皇位是她们家施舍的。尔朱荣的那些武士们更不像话，竟然骑着战马直闯皇宫，在这个皇宫里哪里还有半点皇家威仪啊。想到这些，孝庄帝元子攸的鼻子酸酸的。

现在的尔朱荣虽然位高权重，却一点也没有改掉喜欢饮酒骑射的习惯。有时候心血来潮就在皇宫附近的西林园设宴举行射箭比赛，孝庄帝要参加，皇后要参加，京城的权贵们都要参加。每当天子射中，兴奋的来自北方的宾客们怪叫着盘旋起舞，三公九卿和贵妇人们一起扭动起来，洛阳城充满了草原异域风情。在性格豪爽粗犷的北方宾客眼里这再正常不过了，但在中原高族大臣和汉化很深的孝庄帝眼里，简直就是群魔乱舞。可天柱大将军喜欢，谁敢说不喜欢啊。酒喝得差不多了，胡人们又相互围成一个大圈，高声唱着胡歌，笑着喊着，此刻真所谓与民同乐，看不到一点朝廷大臣的体面了。

临淮王元彧举止从容，风度优雅，是标准的汉化鲜卑人。他更喜欢的是举杯小酌吟风弄月，越是这样，尔朱荣就越喜欢捉弄他，逼着他学敕勒舞，看着元彧不情愿地举手投足，满园哄堂大笑。一直闹到日落西山，玩够了，疯累了，喝醉了，昏昏然的人们一个个手挽着手唱着胡曲《回波乐》回家了。看到这个景象，真让人怀疑这还是京都洛阳的皇宫御园吗，因为这些人的做派怎么看怎么像是在风吹草低见牛羊的塞外大草原啊。

喜欢玩的尔朱荣很可爱，翻脸不认人的尔朱荣很可怕。尔朱荣有个习惯，不论到哪里干什么，弓箭刀槊从不离手。防身吗？不是，骄悍自信的他从来不担心有人会对他动手，带着这些玩意儿纯粹是为了方便收拾人。反正一旦触怒了他，抬手举刀就砍，砍不到的就开弓放箭。他要的就是让人心惊胆战的感觉。

有时候，孝庄帝会不由自主地联想那张弓会不会举向自己。

尔朱荣跟汉末权臣魏王曹操相比，就差加九锡了，这玩意儿就是一个仪仗队，按照典制，只有皇帝才有资格摆这样的架子。尔朱荣跟孝庄帝说：有人认为以我这样的功劳应该享受加九锡的待遇，但我没答应啊。尔朱荣的弦外之音是：你该主动给我加上。孝庄帝却是个有血性的傀儡，偏偏不肯屈服，早就打定了主意宁愿像高贵乡公那样去死，也决不像汉献帝那样苟且地活。加九锡，下一步就该禅位了。孝庄帝揣着明白装糊涂，赶忙给尔朱荣戴了个高帽：“你真是个忠臣啊，只有忠臣才会这样做啊。”捧得尔朱荣干着急干生气却无话可说。

不打仗了，待在京里上朝下朝，时间长了尔朱荣就腻烦了。还是回晋阳吧，没事还可以出去活动活动筋骨，打打猎什么的。在朝廷那些酸文人面前真的不自由，装样子也是要有成本的。临走，尔朱荣安排铁哥们儿元天穆做侍中兼任京畿大都督，把亲戚、心腹们都安排在要害部门，随时监视着朝廷的动静。

尔朱荣一走，孝庄帝感觉轻松多了。作为一个勤快人，他亲自在华林门设立临时法庭接受诉讼，昭雪冤狱。京都混乱已久，民间积案如山，孝庄帝的行为赢得了臣民一致称赞，大家很兴奋，仿佛明主出世了。

因为以前的官员被尔朱荣消灭得差不多了，临时补充的这些官员有很多都不称职，孝庄帝就和吏部尚书李神俊（在相州抵抗葛荣那位）一起着手整顿吏治。牵涉人事任免调动问题，不可避免地就跟尔朱荣随便补授官员这个习惯起冲突了。有一次尔朱荣想让自己的心腹某某充任阳曲县令，李神俊经过审查认为该同志不符合任职条件而另任他人。尔朱荣竟然让自己选的人把吏部正式任命的人轰走了，朝廷的诏令哪有尔朱荣的命令管用？

李神俊一看这活干下去没什么意思，就主动撂挑子不干了。不干正好，人家正等着呢，尔朱荣马上推荐尔朱世隆负责人事工作，这么一来，孝庄帝整顿吏治的事就不了了之。

尔朱荣为了控制大魏全境，扩大私人势力，有意识地安排心腹充任河内诸州的刺史。这一次孝庄帝坚决不干了：要是都成了你的人，我这个皇帝不就彻底成摆设了？是可忍孰不可忍，坚决不同意，坚决不签字，坚决不盖章。

在尔朱荣势力范围之外的地方，皇帝的诏令是有用的，事情就僵在这里了。

元天穆看事情闹到这个份儿上就出来和稀泥，他半是劝说半是恐吓地对孝庄帝说："天柱大将军功劳大，又是宰臣，他请示你是给你面子，就是不请示他自己直接安排了，恐怕你也没法子制止，不就是几个州长的事嘛，何必把关系弄得这么紧张？"

孝庄帝正色道："天柱若不想做臣子了，我让位子给他好了；如果还想做臣子，就得有做臣子的样子，哪里有绕过天子管理百官的道理？"

元天穆无话可说。尔朱荣闻言大怒，天子是谁立的，竟然不听我的，真是养了个白眼狼啊。话虽如此，尔朱荣倒也没有进一步行动，毕竟，没有皇帝的诏令更换那些拥兵自重的地方军阀，保不定是要出乱子的。

10. 尔朱荣之死

历史的经验告诉我们，功高震主其实是一种客观存在，为了避免功臣变成权臣，权臣变成逆臣，强势的君主们往往采取极端的手段。诛杀功臣虽然让后人感到惋惜，但对皇帝来说却是必须的。权臣和皇帝之间的矛盾不可调和，碰上皇帝有想法时，火拼是难免的，因为真正的老大永远只有一个。孝庄帝本来就是个聪慧明达的人，如果机会好，他甚至可能成为一代明君。对一个有志青年来说做傀儡是痛苦的，他要反抗！君臣之间的矛盾基本半公开了。

洛阳城中风言风语开始流传，有的说皇帝要杀天柱大将军，有的说天柱大将军要造反。京城里有些精明人已经悄悄地转移财产和家人了。洛阳城变得人心惶惶。不管尔朱荣有没有极端的想法，洛阳十室九空的局面是他不愿看到的。为了安定人心，尔朱荣给在京百官逐一写信，让大家一定放心，千万不要相信谣言，好好干好本职工作，他是不会亏待大家的，有什么事等他到了再说。当尔朱荣曾经的爱将奚毅把这封信交给孝庄帝的时候，孝庄帝失望地知道尔朱荣真的要来了。

事实上，自信的尔朱荣从来没把孝庄帝这个文弱书生放在眼里，他觉得就是借给元子攸个胆，元子攸也不敢对自己怎么样。尔朱荣准备进京了。

皇帝身边已经聚集了一批反对尔朱荣的人，元子攸政治小圈子再次形成。城阳王元徽、侍中杨侃、侍中李彧、尚书右仆射元罗、胶东侯李侃晞、济阴王元晖业都是小圈子成员，小圈子的政治主张只有一个：诛杀尔朱荣。尔朱荣进京的消息传到京城，小圈子召开了紧急会议。有人主张在尔朱荣进京后就直接安排人做掉他；有人担心尔朱荣既然要来肯定做好了充分的准备，只怕没有那么容易被干掉，弄不好造成不可收拾的局面；还有人主张先杀掉朝中尔朱一党，然后集结羽林军直接出城与尔朱荣开战。众人莫衷一是。

事实上，让大家最担心的还是尔朱荣身后的事情，现在尔朱荣的骄兵悍将分散在全国各地，处理不好，他们闹起来才是对社稷根本的致命打击。

前事不忘，后事之师。孝庄帝经常跟杨侃、温子升等讨论汉末董卓之乱这段历史的得失。杨侃认为王允没有处理好董卓之后的事情。如果杀死董卓后立即宣布对西凉兵实行大赦，那么西凉兵一定不会起兵造反，为董卓报仇是假，他们铤而走险的真正原因是害怕受到株连。孝庄帝很赞成这个观点，最后经过小圈子讨论通过，一致决定对尔朱荣下手，诛杀尔朱荣后立即着手安抚尔朱一党。

这些人虽然是尔朱荣的手下，但也是大魏朝廷的人，向尔朱荣尽忠是私，向皇帝效忠是公。杀了尔朱荣后送他们一道大赦令，赐给他们保命的丹书铁券，让大家消除疑虑，大部分人应该不会一定要去追随一个死人。计划看起来设计得天衣无缝，那就做好动手的准备吧。

尔朱荣亲率五千铁骑，自并州出发了。带着这么多精兵，尔朱荣确实有些新想法，他要给元子攸一点压力，让他乖一点，顺便收拾收拾那些不听话整天在皇帝面前搬弄是非的人。尔朱荣来到京城，大军驻扎在河阴，自己同老婆孩子带亲兵卫队回了洛阳的大将军府。

尔朱世隆早早嗅到味道不对，皇帝总是开小会，喜欢开小会的人一定不安好心。尔朱世隆很狡猾，但毕竟自己只是怀疑，没有证据，总不能空口白牙跟尔朱荣说我觉着皇帝要杀你，谁相信啊。没有证据就创造证据，尔朱世隆写了封举报皇帝对尔朱荣不利的匿名信偷偷放在自家门口，然后大张旗鼓地发现了这封信，然后跑去报告尔朱荣了。尔朱荣哈哈大笑，他根本不相信元子攸敢对自己下手。不但不信，还当着大家的面嘲笑尔朱世隆胆子太小，草木皆兵，弄得尔朱世隆很没面子。

尔朱荣心中也不是一点戒备都没有，但他的作风很嚣张，嚣张到直接来到皇宫跟天子对质，他想听听孝庄帝的说法。孝庄帝说："外边的人也传言大王您要加害于我，我从来就不信！"孝庄帝以攻为守，一番话让尔朱荣深信不疑，渐渐放松了警惕，入宫带的侍卫也从上百人减到三十多人。时间长了，这三十多人也宽心了，刀枪入库，马放南山，连重兵器也不带了，他们从护卫变成了真正的随从。

尔朱荣这么放松，孝庄帝也疑惑了，难道尔朱荣确实没有谋反的意思？城阳王说："纵然不反，还能继续忍耐下去吗？况且谁能担保这种状态能持续多久？"

时间长了，尔朱荣没有一点动静，尔朱荣的随从诸将都忍不住了。行台郎中李显和说："九锡哪里用得着天柱自己去要，天子也太没有眼色了。"都督郭罗察说："九锡算什么，今年真的可以作禅让文书了。"参军褚光也说："并州城上有紫气，正好应在天柱身上。"这些话很快传到了孝庄帝那里。尔朱荣的随从卫兵们狗仗人势，见主子不把皇帝放在眼里，他们也不把皇宫卫士们放在眼里，动辄侮辱殴打。皇宫卫士哪里受得了这个？这是逼着他们收拾尔朱荣了。尔朱荣特别喜欢小女婿陈留王，动不动就说自己将来要靠这个小女婿，这明显就是有废立之心啊，有人赶紧把这事报告给孝庄帝。架不住大家不断地说尔朱荣的坏话，孝庄帝终于下定决心，排除万难，不怕牺牲，坚决除掉尔朱荣。

孝庄帝决定动手了。

第一次设伏。老天不开眼，准备了半天，还没有动手，尔朱荣走出了包围圈，谋杀计划失败了，技术太一般了。大家认真总结经验教训，开始筹划第二次谋杀。

事情就是这么巧，就在孝庄帝准备动手的当天，尔朱荣、元天穆也商量好准备对朝廷官员动一次大手术，彻底击破孝庄帝的小圈子，但是他们没有想到的是，皇帝已经张好口袋等他们了。

当日，尔朱荣和元天穆要上殿议事。孝庄帝早早在大殿御座上坐下，把千牛刀[①] 放在膝下用袍服遮着，静静地等着尔朱荣的到来。殿外，杨侃、鲁安等已经布置妥当。激动加上紧张，孝庄帝的脸色有点发白，旁边温子升一看急了：这哪行啊，您也太沉不住气了，千钧一发之际容不得半点差错的。温子升提醒孝庄帝调整好情绪，孝庄帝也觉得自己有点失态，就端起酒杯喝了一大口酒，然后深深吸了一口气，狂乱的心跳逐渐平复下来。在酒精的刺激下，流淌在孝庄帝血液里的狼性开始萌发，毕竟是草原英雄的后代。

对决的时刻就要来了。

温子升把大赦诏书写好呈上来，孝庄帝看了看用了印，温子升转身出殿。

尔朱荣和温子升擦肩而过。

“拿的什么东西？”

“赦书。”

尔朱荣随口问了一句，温子升随口应了一声，尔朱荣和元天穆都没在意，温子升转身走出大殿。太大意了，大意会走麦城失荆州的。尔朱荣与元天穆在御座旁边小凳子上坐下，开始跟孝庄帝寒暄，刚聊了没两句，城阳王元徽进来了，向皇帝施礼。就在这个时候，光禄卿鲁安（前边投降过元颢）等持刀从东门奔入。尔朱荣一看情形不好，马上起身跑向御座，这是一种本能反应，他要抓住皇帝这根救命稻草。可惜，抓到的不是稻草是钢刀，孝庄帝拔千牛刀迎上，尔朱荣一刀毙命。孝庄帝下手够狠，相信那一刻尔朱荣的脸上一定充满了惊讶和不解。鲁安等一哄而上，尔朱荣、元天穆霎时变成了血人，大殿外伏兵同时动手，尔朱荣之子尔朱菩提等三十多人全部被杀。

尔朱荣走完了他三十八年的人生，在人生最好的时候，在花儿开得正艳的时候，突然凋谢了。从一个北方弱小家族首领一跃成为全国最有权势的天柱大将军，尔朱荣抓住了机会，靠自己的胸襟和抱负，取得了天下英雄们的拥护，实现了自己的理想。

接下来呢？这个从马上得天下的人继续走着马上治天下的道路，然而只是相信强权万能，注定会走进死胡同。

最终，尔朱荣死于一场由皇帝亲自指挥和动手的谋杀，冤枉吗？当初尔朱荣在秀容起兵的时候他不会想到这个结局，当尔朱荣和元子攸秘密协商进京的时候他不会想到这个结局，甚至在他和元天穆步入皇宫的时候他也不会想到这

① 千牛刀，快刀的一种，特别锋利，宰千牛而不折刃。

个结局。是尔朱荣的错？是孝庄帝的错？如果三十八岁的尔朱荣死于之前的任何一个战场，那么他一定是一位千古流芳的大忠臣、名垂青史的大英雄。可现在，他留下了一个奸雄的名号，历史给他的评价是“功高孟德，祸比董卓”。

那么孝庄帝就是胜利者吗？

11. 天下再乱

形势的发展并没有完全按照孝庄帝的设想进行下去。照搬历史记录是危险的，因为未来是不可预见的，没有规律才是事物发展的规律。所以，即使有了司马温公的通鉴也并没有让后来的帝王们少犯错误。尽管人不能两次踏入同一条河流，但人会重复犯同样的错误，比如你选择了一支历史走势跟某大牛股非常相似的股票准备发大财，结果往往赔了个精光。

按照既定方针，孝庄帝杀死尔朱荣及其三十多名随从人员之后，立即颁布了大赦令，尔朱荣的手下只要宣布拥护朝廷则一律既往不咎，对尔朱家族内部的人可赐予丹书铁券，用这种铁制契约保证皇帝不秋后算账。

皇帝的位子都不一定保得住，两行铁字又能保证什么？

孝庄帝觉着自己比汉献帝高明，杨侃、温子升们觉着自己比王允有智慧，这事处理得比王允好，下一步就等着尔朱荣的部众宣誓效忠了。但是，尔朱荣不是董卓，尔朱兆、尔朱世隆更不是李傕、郭汜。在这件事上，孝庄帝和他的大臣们过于乐观了，甚至可以说他们有点天真。

宫内一出事，得到消息的贺拔胜立即赶奔尔朱荣家。半路上贺拔胜碰到尔朱荣的亲信田怡正领着人往宫里跑，田怡让贺拔胜跟他一起趁宫门未闭杀进宫去。贺拔胜经过短暂的思想斗争把筹码加在了孝庄帝这边，所以吓唬田怡说既然皇帝敢动手那必然早做好准备了，人家织好了罗网，就等着咱们这些小雀子往里钻呢。田怡听贺拔胜说得有理，只好打消了进宫的念头，他们一起赶往大将军府。

第一个赶到尔朱世隆家报信的是司马子如。司马子如因为能说会道，深受尔朱荣的器重，经常作为使者往来于尔朱荣和孝庄帝之间，两边对他都很满意，平定葛荣后因功晋爵为侯，后来入朝任金紫光禄大夫。尔朱荣被杀时，司马子如也在宫里，宫里一乱他就跑出来直奔尔朱世隆家，尔朱荣的知遇之恩让他暂时忘掉了自己的老婆和孩子。

司马子如是个懂得感恩的人。

在京的尔朱荣亲信们聚集在北乡长公主身边，突然经历了夫死子丧的长公主悲痛不已，但现在最要紧的是决定如何应对。既然皇帝翻脸了，说不定抄家的禁卫军马上就到，留在京里是危险的。于是大家保护着尔朱荣的妻子烧洛阳西阳门仓皇出逃，在河阴和尔朱荣带来的大军会合。说起来还真有点现世现报的意思，河阴两千冤魂的血流了还不到一年，杀人的人就被人杀了。

贺拔胜没有跟尔朱世隆走，在他的意识里，他是大魏朝的臣子，而不是尔朱家的奴才。既然为人臣子，又有什么理由仇视君主呢？

孝庄帝还真没防备尔朱荣家臣们攻打宫门，这场政变算是稀里糊涂地取得了阶段性成功。试想，如果早一点让禁卫军封闭京城四门，尔朱世隆哪里能逃得出去？贺拔胜是一个惊喜。作为尔朱集团的重要将领，他的一举一动应该起到风向标的作用。孝庄帝非常兴奋，如果天下人都像贺拔胜一样忠心爱国，自己还有什么可担心的呢？他感到一切似乎正按照自己拟定的计划发展。

不怪尔朱荣嘲笑尔朱世隆胆子小，在河阴大营，惊魂未定的尔朱世隆做出了继续逃跑的决定：先跑回老家，到秀容川老根据地再作打算。这是个危险的决定，遭到了司马子如的强烈反对。

“不能就这么走。现在的形势，强者为王，如果我们这些人像丧家犬一样仓皇逃跑，只怕不等我们回去，路上就让人给收拾了。”

“怎么办？趁着京城防守还没有那么严密，立即回师讨伐，拿下了算是为天柱报了仇，拿不下也让天下人不敢小瞧咱们。”

说这些的底气在于他们手中有五千羯胡战士，这些人跟尔朱荣出生入死，忠贞不贰。听到尔朱荣的凶信，大家悲痛欲绝，复仇的火焰早已在胸中燃烧，正所谓哀兵必胜。尔朱世隆带着这五千多人又杀了回来。

守卫河桥的武卫将军奚毅做梦也没想到，都这时候了尔朱世隆还会杀个回马枪，猝不及防战败被杀，河桥失守。尔朱世隆留下大部分人马驻守河桥，让部将尔朱拂律归率一千骑兵身穿孝衣直奔洛阳。

孝庄帝听说尔朱世隆杀回来了，倒也没怎么惊慌，没关系，咱还有后招等着呢。孝庄帝派人送来了丹书铁券，尔朱世隆冷笑道：“太原王功高盖世，长乐王不顾信誓，妄加图害，两行铁字保得住什么？”

是啊，字是铁的，还不是人刻上去的？今天刻了，明天可以再抹去。

尔朱世隆对皇帝的称呼也变了，从陛下还原成了长乐王。看起来尔朱世隆准备一条道走到黑了，孝庄帝知道自己的安抚计划彻底失败了。软的不行，就来硬的。孝庄帝命人取出国库里的金银珠宝绢帛，再下诏募兵抵抗。重赏之下，必有勇夫，不到一天的工夫便集结了一支上万人的队伍。然而，这些人空怀忠心，缺乏训练，哪里是身经百战的羯胡武士的对手？所以，这支临时拼凑的队伍很快就被打垮了。

危急时刻，皇帝身边的近臣李苗带五百勇士趁夜悄悄摸出去，乘小船纵火焚烧河桥。南岸的羯胡士兵们一看蒙了：要是桥毁了就等于断了自己的后路。这时候也不管有没有命令了，他们一股脑儿冲过去争前恐后地过桥，桥到底是塌了，士兵们掉入水中，淹死的不计其数。尔朱世隆一看仗打到这个份儿上了，洛阳城坚固难下，河桥也没了，黄河天险在那挡着，再耗下去也没什么意思了，反正目的已经达到，于是率领队伍向秀容川方向撤退，临走前把李苗敢死队给消灭了。

李苗只是个小人物，但他以自己的忠勇让洛阳城避免了一场灾难。后来，当尔朱世隆重返洛阳的时候，有人建议取消孝庄帝对李苗的封赠，尔朱世隆却说，多亏了李苗迫使自己退军，才保全了洛阳城。所以，李苗是有功的。

可见，忠心可以赢得敌人的尊重。

晋阳的尔朱兆闻听尔朱荣被杀，肝肠寸断，暴跳如雷，恨不得马上发兵到洛阳拿孝庄帝问罪。于是，尔朱世隆同尔朱兆兵合一处，开始谋划为尔朱荣报仇。

名不正则言不顺，贸然出兵师出无名。再怎么说，孝庄帝也是以君杀臣，按照君臣大义，他有这权力啊，君诛臣天经地义，臣伐君叫犯上作乱，乱臣贼子人人得而诛之。

有办法，尔朱兆宣布废除元子攸的帝位，跟尔朱世隆共推皇室宗亲太原太守长广王元晔即皇帝位，改元建明。说起来元晔的姑姑还是尔朱荣的妻子北乡长公主呢。自己立的皇帝自己说了算，尔朱家族个个封王：颍川王尔朱兆，彭城王尔朱仲远，陇西王尔朱天光，乐平王尔朱世隆，常山王尔朱度律，然后传檄全国各地的尔朱荣旧将，约定共同进攻洛阳，杀元子攸，为尔朱荣报仇。

有选择就有痛苦。尔朱荣的部将们突然发现，自己要么跟尔朱兆，要么跟皇帝，但无论哪个选项都充满了危机，站错了队，付出的很可能是自己一生的努力，甚至是生命。在镇守各地的尔朱集团大佬们中，平州刺史侯渊选择跟尔朱兆走，东徐州刺史斛斯椿投奔了从南朝归来的元悦，南兖州刺史贾显度跑到梁朝避难，晋州刺史高欢以境内山贼作乱为由暂缓出兵，殷州刺史樊子鹄站在了孝庄帝一边，幽州刺史刘灵助则两边都不靠。

第一路打来的是徐州的尔朱仲远。孝庄帝以尚书左仆射郑先护为大都督，右卫将军贺拔胜为东征都督讨伐尔朱仲远。但郑先护根本不信任贺拔胜，甚至不让贺拔胜的部队驻扎在大军兵营。未曾开战就将帅不和，这仗没法打了。果然，贺拔胜作战不利，郑先护观望不救，贺拔胜一怒之下投降了尔朱仲远。

第二路的尔朱兆打得更顺利，没费多少力气就打到了河桥。孝庄帝本来以为黄河水深流急，是阻挡尔朱铁骑的天险。谁知这一天河水不满马腹，尔朱兆大军从容渡河，南岸的守军还没明白过来是怎么回事，尔朱兆已经杀到。洛阳城破，华山王元鸷一向亲近尔朱荣，关键时刻带领宫廷卫士们临阵反水，孝庄帝束手就擒。在永宁寺楼上，患了重感冒的孝庄帝在寒风中瑟瑟发抖。

尚书省成了尔朱兆的行营，这次，没有了尔朱荣的约束，尔朱兆兽性大发，杀皇子，奸后宫（除了尔朱家的妹妹，一个不剩），劫掠财物，就连皇家寺院的尼姑们（大多是妃子、公主等出家）也惨遭蹂躏，洛阳城遭受了一次空前的劫难。尔朱世隆、尔朱仲远也到了洛阳，当着大家的面，居功自傲的尔朱兆拔剑怒斥尔朱世隆，把尔朱荣的遇害归咎于尔朱世隆。尔朱世隆心说，我多次提醒说孝庄帝有异动，可老大就是不听。然而面对尔朱兆这个天煞星，他哪里还敢解释，只好由他肆意辱骂。尔朱世隆表面上没什么，但心里对尔朱兆非常气愤。

尔朱家族分裂的种子已经播下。

这时候秀容方面突然传来紧急军情，居住在河西地区的费也头人（另一支少数民族力量，服从孝庄帝的命令）纥豆陵步蕃大举进犯。秀容是尔朱家族龙兴之地，尔朱家族的三老四少们可都在那，老巢要真被人端了，这脸可就丢大发了。尔朱兆立即押着孝庄帝回军北上，留尔朱世隆、尔朱彦伯、尔朱度律镇守洛阳。

高欢的姐夫尉景还在尔朱兆的军中，他不断地向高欢报告着尔朱兆的消息。

高欢这一次真的失算了，他万万没有想到的是，洛阳城居然如此不堪一击。当高欢听说尔朱兆押着孝庄帝北上的时候，他忽然有了一个计划，打算找机会把孝庄帝截下来。这件事要成功了，自己可就是再造魏室的大功臣了，到时候挟天子以令诸侯，保不定自己就成为尔朱荣第二了。

高欢的算盘打得不错，但前提是尔朱兆不能把孝庄帝害了。于是高欢派亲信孙腾向尔朱兆道贺，同时劝他不要加害孝庄帝，以免背负弑君的恶名。只要皇帝还活着，咱就有机会救他。

但尔朱兆没有把机会留给高欢，仇恨蒙蔽了尔朱兆的心，他什么话也听不进去。没过多久，孝庄帝就被缢死在晋阳的三级佛寺，尔朱荣的小女婿元宽同时遇害。尔朱荣的两个女儿都成了寡妇。不要紧，那个时代贞节观念还不太强，“饿死事小，失节事大”那是五百年后的道德标准，何况，大尔朱对孝庄帝本就谈不上感情。

让人忍俊不禁的是，高欢救驾没有成功，但孝庄帝给高欢腾出了地方。不久，高欢将成为大尔朱皇后的第三任丈夫。

费也头人是鲜卑、高车等民族杂居形成的新部族，也是个骁勇善战的民族。论起武力，费也头战士一点也不弱于羯胡武士，尔朱兆的秀容保卫战打得有点吃力。结果，纥豆陵步蕃大破尔朱兆，尔朱兆退守晋阳，费也头人兵锋直逼晋阳。老家丢了，新家也危险，尔朱兆一看自己真顶不住了，就向离得最近的晋州求援。正好高欢因为前段时间对局势的判断失误跟尔朱兆关系弄得有点僵，现在看尔朱家族气数未尽，自己还没有足够的实力公然叫板，也想借机同尔朱兆修补关系，于是毫不犹豫地答应了尔朱兆的请求。

答应是答应了，但高欢听取了部将贺拔焉过儿[①] 的建议，借口汾河水大桥失修，故意延缓了行军速度，一方面继续磨磨尔朱兆的耐性，另一方面也借机让费也头人消耗一下尔朱兆的实力。

尔朱兆退一步，纥豆陵步蕃进一步，一直追到了乐平郡，尔朱兆急得频频催高欢驰援。

好了，该出手了，高欢的智谋加上尔朱兆的勇猛，两面夹击，纥豆陵步蕃根本不是对手，费也头人大败。尔朱兆、高欢乘胜追击，一直追到秀容郡的石鼓山，纥豆陵步蕃战死，费也头人退守河西。

尔朱兆是个注重感情的人，患难见真情，高欢的确够哥们儿！尔朱兆感动之余与高欢插香为盟结为异姓兄弟，约定不求同日生但求同日死，两人尽释前嫌。尔朱兆把尔朱荣的警告放到爪哇国去了。

秋后算账，参与谋杀尔朱荣的大臣们遭到了清洗。杨侃更是遭到灭门之灾，整个弘农杨氏一族除了杨遵彦等极少数几个逃脱外全部被杀，这个百年大族遭遇了毁灭性的打击。天下还是尔朱氏的天下，尔朱家族的势力甚至比尔朱荣在

① 有人考证此人即后来鼎鼎大名的贺拔仁，无考。

世的时候更加强大，尔朱世隆、度律、彦伯共执朝政，尔朱天光据关右，尔朱兆据并州，尔朱仲远据东郡，大家都是土皇帝，各守一方，相互呼应，威震天下。

12. 高欢的机会

上天开始关照高欢，他已经等得太久了。

最近，尔朱兆有点烦，大魏朝的梦魇“六镇”开始折腾尔朱兆了。原来，当初按照尔朱荣的吩咐，葛荣败亡后的百万降卒按照各自的意愿找地方安置，其主力即六镇部众们大都选择了北上，这个可能跟气候有关系，北人不习惯中原夏季的炎热。

六镇人仅在并、肆一带安置的就多达二十万。并、肆作为尔朱荣的老窝，领军将领基本由羯胡部族武士充任。这些人大多没文化却很残暴，思维还停留在奴隶主时代，基本不把这些降卒当人看，活没少干，饭吃不饱，六镇部众仍然过得生不如死。六镇人一路反下来，本来是为了能过上美好生活，现在不但没有小康，日子反而过得还不如从前了。

得了，哪里有压迫哪里就有反抗，既然不让我们好过，我们就不能让你们安生。于是六镇镇民大小二十六次造反，碰上个尔朱兆胆大却心粗，统治人民跟大禹他爹一个路子，发洪水了只知道去堵，今天跟这儿的叛军打一仗，明天又去讨伐那儿的叛乱，活生生像个消防队员，疲于奔命地忙着到处救火。然而，六镇人充分发扬了彪悍不服输的精神，前边倒下了后边又跟上，正所谓：“民不畏死，奈何以死惧之？”凶残的天煞星尔朱兆杀了十多万人也没有把大家造反的热情压制下去，骚乱仍然不时发生，弄得他十分头大。尔朱兆想破了脑袋也没有弄明白，六镇出来的这些人怎么就这么难管。

有一天，尔朱兆跟手下的将军谋士们在一块儿喝酒，三杯酒下肚就勾起了这些烦心事，想到在座的高级将领们出身六镇的不少，就随口问大家有没有什么法子来解决。

问者未必有心，听者却已有意。作为一个善于思考的人，高欢关注六镇人很久了。对于自己这些老乡，他太熟悉了，他们不是鲜卑贵族和中原强宗大族子弟就是流配充军的犯人，大都是勇敢尚武之辈。处理不好就是动乱的根源，大魏就是让他们给弄了个七零八落；但用好了这就是一支强大的武装力量，高欢很有信心能够收服他们。但是，想归想，自己还真不敢提出来，大张旗鼓地发展自己的力量是危险的。现在，机会来了。高欢决定搏上一搏，于是当着大家的面对尔朱兆说："不是没有办法，六镇人天性好斗，靠剿是不够的，安抚才是上策。大王您应该选个您信任的人把这些人拢在一块儿统一管理，自上而下建立严密的组织体系，层层负责，如果再有造反的就层层问罪，那么他们就一定闹不起来了。"

组织就是秩序，无组织就是无秩序，无秩序就是混乱。尔朱兆一听还真是个办法，可派谁去呢？这时候，一直对高欢有好感的贺拔家老大贺拔允说话了："唯有贺六浑可以担当此任。"高欢一听，腾地就站了起来，径直走到贺拔允的身旁。贺拔允心说："干吗，来敬酒啊？不像啊，没带酒杯。"还没等他想好呢，高欢抡拳劈面就是一下，打得贺拔允满地找牙。

高欢怒喝道："天柱在的时候，咱这帮人就像鹰犬一样听话。天柱不在了，还有大王在上。你阿鞠泥竟敢替大王做主，真是活得不耐烦了，让我替大王杀了你。"左右赶紧把高欢拉开了。

阿鞠泥是贺拔允的字，跟贺六浑一样是鲜卑名字。贺拔允今天可真够倒霉的，拍马屁拍到马腿上了。不过，高欢一定会记得他的功劳的！

高欢这出戏演得精彩，看戏的尔朱兆热泪盈眶，那一刻还真不把高欢当外人了，当即下令由高欢负责统领流落到并、肆两州境内的六镇兵民。十万人，而且是好勇斗狠的六镇人，高欢很清楚其中的分量。狂喜之下，心眼多多的高欢怕尔朱兆说的是酒话，为了避免他酒醒了不认账，于是忙不迭地收拾收拾立即出发，在阳曲建统兵牙帐，传令各州原六镇兵到汾东集合。

六镇人早闻高晋州大名，也乐意跟他混，所以接到命令无不欣然而往，很快高欢周围聚集了十多万人。十万部众，剔除老、弱、病、残，怎么着也有几万精壮，跟晋州那三五千人的镇城守军比，高欢感觉这下真富了。

财大了气就粗，踌躇满志的高欢开始重新做自己的人生规划，准备为自己的前途和理想冲锋了。但并、肆属于尔朱兆的势力范围，只要自己稍有异动，羯胡铁骑一定会以最快的速度向自己兴师问罪。所以，要走出去才有机会。

高欢有办法。

不久，在高欢的授意下，刘贵向尔朱兆提出了一个建议："这几年并、肆地区接连大旱，粮食歉收，老百姓养活自己都困难，哪里有余粮供养高欢手下的六镇镇民？军中粮食不足，他们没办法都开始挖鼠洞跟老鼠抢粮食了，一个个面黄肌瘦，有损国体啊。山东这边不错，风调雨顺，粮食充足，最好高欢领着这些人到山东去休整一下，等到这边条件好点了再回来。当然，也不能让他们去吃白食，山东一带很多地方都不在朝廷的控制范围内，刘灵助在幽州，高乾在冀州打出了反对我们的大旗，让高欢过去顺便把这些朝廷的反叛给收拾了。”高欢不直接跟尔朱兆讲，非要从刘贵这拐个弯应该说是高明的手段了，只有这样才不容易让尔朱兆察觉自己要脱离的真实意图。

对领导来说，主动要求和被派出去性质是不同的。太主动容易引起领导别的想法。

尔朱荣死掉后，刘贵继续跟着尔朱兆混，这个亲高欢的著名间谍到现在还没暴露，而且取得了尔朱兆的高度信任。刘贵和尔朱兆老祖宗都是匈奴人，所以他们从宗族关系上拉得很近，而且对尔朱兆来说尔朱荣信任的人根本用不着怀疑。有刘贵和刘贵发展的情报人员不断地帮高欢说话，尔朱兆对高欢自然是深信不疑。他彻底忘掉了尔朱荣的警告，只想到高欢到山东一带既可减轻并、肆的压力，又可以平定叛乱，果真是一举两得的好事，没有理由不答应。

高欢的心思尔朱兆看不出来，尔朱兆身边的高人却洞若观火，是慕容绍宗！

慕容绍宗一直认为高欢是个英雄。当主帅不够英雄时，英雄通常是危险的，因为他会动摇主帅的地位。作为尔朱家族的亲戚和铁杆拥护者，慕容绍宗对尔朱兆送给高欢六镇这股力量一直有看法，之所以他没有明确反对是因为他知道，在尔朱兆的眼皮子底下，凭高欢现在的实力是不足为虑的。可是，高欢一旦远离了尔朱势力的掌控，正所谓养虎遗患，因此他这次极力反对。

关键时刻，刘贵安排的人起了作用。他们充分发挥了作为尔朱兆身边人的优势，异口同声地诬陷慕容绍宗早就跟高欢有矛盾，反对高欢纯粹是公报私仇。所谓“三人一口气，老鼠变老虎”，由不得尔朱兆不相信这是真的。假作真时真亦假，尔朱兆不能容忍慕容绍宗不顾大局的想法。到山东就食这件事就按照着高欢的设想进行了，更可叹的是，慕容绍宗给逮起来关了禁闭。

尔朱兆的行为让我们见识了什么叫“亲者痛仇者快”，老天已经不待见尔朱家族了，他已经为尔朱家族准备好了颠覆人。

13. 进军山东

事不宜迟，高欢立即率军自晋阳向滏口，开始向山东开拔。这里的山东指的是太行山以东的广大地区，包括了现在的河北、山东一带。

相见不如偶遇，走了没多久，正好碰上了尔朱荣的妻子北乡长公主自洛阳返回晋阳。高欢对公主还是尊重的，毕竟是曾经的主母嘛，但所谓怀璧者其罪，与公主随行的三百匹宝马让高欢眼馋了，马可是骑兵最重要的装备，高欢哪里会放过这个机会？要是要不来的，抢是必须的。尔朱荣才走了多久啊，所谓“行大事者，不拘小节”，顾不了那么多了。虽然有点不厚道，有欺负孤儿寡母之嫌，但最终理智战胜了情感，高欢不客气地把这三百匹马牵到了自己的马群里，反正你尔朱家宝马多得是，但这点东西对我却很重要。

北乡长公主到了晋阳，第一件事就是找尔朱兆算账，埋怨尔朱兆纵容高欢欺负自己，“你这是交的什么朋友？分明是强盗，不，是要造反！”三百匹马不算什么，但其中透出的信息却不太妙，尔朱兆有点大梦初醒的感觉：看来高欢是真的没安好心，难道我误会了慕容绍宗？果然如此，那太可怕了。

慕容绍宗还在那关着呢，尔朱兆赶紧命令把他放出来，然后把发生的情况简单一说，让慕容绍宗想想办法，看还有没有补救的法子。慕容绍宗微笑道：“还来得及，他跑不了！”是啊，那是十几万拖家带口的疲弱之师，锅碗瓢盆、老婆孩子的，行军速度能快得了吗？于是尔朱兆亲自率轻骑一路追赶，到底是骑马的气死走步的，尔朱兆到漳水河北岸的时候高欢刚巧渡河到了南岸。

上天格外眷顾高欢，一连几天大雨不止。大雨导致漳水暴涨，河面变宽，水流变急。高欢过河后又留了一手，早就悄悄地把渡河大桥破坏了，当然对外宣传说是大水给冲坏的，跟他一点关系也没有。

尔朱兆见要过河先修桥，这玩意儿花时间还挺费劲，又不知道高欢是不是真值得自己这么做，于是大军暂时停留在河北，与高欢两军隔河相望。既然见面了，抢马的事是无论如何也绕不过去的。不过，既然敢借，高欢自然早准备好了说辞。高欢跟尔朱兆解释说：“山东地面上到处是强盗，没有骑兵我哪里能保护好这些人。我这太穷了，借公主的马只是防备山东盗贼，根本没有造反的意思。大王如果认为我真有反心，我现在就渡河受死。但我一死，我手下这十多万人一定会造反，为大王考虑，我还真不敢死，大王您说怎么办吧。”

强盗理论，高欢竟然理直气壮。

尔朱兆见高欢说得有理，摆明了自己是瞎怀疑不相信兄弟啊，于是赶紧解释说："我也没有这个意思，今天我是特地赶来为你送行的。"解释完了觉得表达的诚意还不够，又把大军留在河北，自己亲自带了少数几个随从，渡河来到高欢的营帐。两人一见面，没寒暄两句，尔朱兆忽然把佩刀解下递给高欢，说："兄弟你如果不相信哥哥，就用这把刀杀了我吧。"不知道尔朱兆是真情流露还是演戏，不过怎么看怎么有点假，演戏的成分多了些，没办法他得继续拉拢高欢这个好兄弟，可他的演技比起高欢来，那差了不止一级。

在演员这个行当里，跟名角高欢相比，尔朱兆只能算个跑龙套的。

高欢号啕大哭："敬爱的天柱离开我们后，放眼天下，我贺六浑还能指望谁？唯愿您老人家千秋万岁，我能报效于您，心愿足矣。现在受小人挑拨让您起疑，我无话可说，但我一片忠心苍天可鉴，您怎么忍心说这样的话伤人呢？"

尔朱兆一听高欢这么说，够哥们儿！于是投刀于地，两人抱头痛哭。哭完了，让人牵一匹白马过来，两个人按照古礼，斩杀白马而盟，誓为兄弟，永不相欺。说起来，这是两人第二次结拜了。

八百年后，称雄蒙古的成吉思汗也有个曾经三次结拜的异性兄弟札木合，但最终他们依然成了死对头。

当天晚上尔朱兆夜饮留宿，谈得愉快，喝得尽兴，尔朱兆酩酊大醉。尉景一看机会来了，暗地里埋伏甲士，想就此结果了尔朱兆，高欢赶紧制止他，"还不是杀他的时候，如果尔朱兆死了，他的人一定会集结起来报仇，我们现在兵饥马瘦，根本打不过啊。何况尔朱兆一旦不在了，他手下那些英雄们各自并起，那么天下的祸乱就更大了。尔朱兆不过匹夫之勇，不足为虑，现在还不到收拾他的时候。"

什么是枭雄，就是有战略眼光而不择手段的英雄，他们不会逞一时之快，他们可以忍一时之辱。对枭雄来说，结果往往比过程更重要。

第二天，尔朱兆放心渡河回去了，把经过跟慕容绍宗一说："咱错怪人家了，不就是三百匹马吗，咱秀容川到处都是。"事实上，这哪里是三百匹马的事情，尔朱兆再次显示出胆大无脑的本性。慕容绍宗知道自己一番心计又付诸东流了，他还想再努力一把，就劝尔朱兆："所谓来而不往非礼也，您过去了，也让高欢过来一聚方显兄弟情深嘛。"只要过来了，到时候尔朱兆喝多了，就容不得高欢继续忽悠了。尔朱兆一听有理，就派人过河通知高欢过来。高欢感觉哥俩昨晚上谈得挺好，让过去就过去吧，上马就要渡河，旁边孙腾拉了拉他的衣角，低声道："慕容。"

高欢幡然醒悟：不能去啊，不怕一万就怕万一，即使尔朱兆没有杀自己的意思，能防得住慕容绍宗这些人吗？尔朱兆一看高欢不来，明白高欢还是信不过自己，但现在他对高欢的担心已经化为乌有，高欢不相信说明自己的诚意还不够，于是隔水笑骂，骂够了，放心地跑回晋阳去了。

就在高欢和尔朱兆在进军山东这个问题上你来我往比演技的时候，洛阳城又发生了翻天覆地的变化，一出禅让闹剧再次上演，只不过演员们都是导演的木偶。导演是尔朱世隆，演员是大魏朝两个天潢贵胄：元晔和元恭。

14. 尔朱世隆导演的禅让大戏

就在尔朱兆在晋阳折腾的时候，留守京城的尔朱世隆等人也不甘寂寞。

尔朱世隆担心元晔皇帝的母亲会干预朝政，皇太后姓卫，按照孝文帝汉化改革政策，亲王们一定要跟鲜卑贵族和中原大姓大族联姻，所以卫氏当出自河东卫氏，这个家族是以书法闻名于世的。卫氏大抵识文断字，自然不甘心儿子一直把傀儡做下去，当母亲的一心为儿子打算，可让卫氏始料不及的是这样做的结果不但害了自己，还连累了儿子。在尔朱世隆们看来，元晔就是一个不能有思想的工具，元晔的母亲也不能。他决定让卫氏消失，于是派十余名刺客化装成盗匪趁卫氏外出的时候在京城的街巷里刺杀了她。为掩人耳目，尔朱世隆把事件定性为抢劫行凶，然后大张旗鼓地张榜悬赏捉拿凶手。当朝太后突然被刺，最笨的人对"打劫说"也难以相信，京都百姓议论纷纷，元晔也满腹狐疑。

弄巧成拙，尔朱世隆跟皇帝之间不可避免地产生了芥蒂。

在尔朱世隆看来，元晔本来就是皇族远支，这个皇帝本不该他做，之所以把他抬上去扶一程，主要是为了跟正牌皇帝元子攸对抗，现在元子攸已经被尔朱兆给做掉了，元晔已经完成了任务。一不做二不休，既然我能让你当这个皇帝，我就能把你废了。卸磨杀驴或者过河拆桥！

尔朱世隆、尔朱彦伯和尔朱度律碰了下头。尽管元晔是北乡长公主的亲侄子，但他的人望委实太低，既然现在跟尔朱家族有矛盾了，废了就废了吧，大家都同意。好，就这么办吧。经过几次废立，皇帝作为权臣的招牌，想换就换，反正强权之下也没人敢公然反对。哥几个一合计，这次要换就找个皇室近支，弄个牌子硬的推上去，也好堵住天下悠悠之口。

元氏（拓跋）皇族枝繁叶茂，找个皇帝的合法继承人还真不难，但找个合适的却不容易，又要有威信，又要肯听话，互相矛盾的两个条件简直不可调和。

关西的尔朱天光推荐广陵王元恭，大家笑了：这人啊，听说过，不是个哑巴吗？

立个哑巴当皇帝，那不是让天下人笑话吗？

“不，这是个传说中的高人，恐怕哑病也是装的。”

是的，元恭的确没有病，正光中他官居给事黄门侍郎，因为不满权臣元叉等擅权，假托嗓子不好隐居于龙华寺，八年里一次也没开口说话，所以人们都认为他真的哑了。登上皇位的元子攸因为元恭跟自己一样都是献文帝的孙子，还有点不放心，曾经专门派专家去鉴定过，结果也没发现什么破绽，所以从此再没有人注意他了。也正是因为这个原因，这么多年的腥风血雨，他都躲过去了。

但高人也有算错的时候。当尔朱彦伯找到元恭，将大家准备抬出他来做皇帝的意思传达后，曾经的高人开口说话了：“天何言哉？”高人也经不住诱惑，毕竟那是个万乘之尊。

说起来，作为皇族枝叶，元恭要比元晔离树干近得多，作为献文帝的孙子，元恭从谱系上属于近亲皇族。元氏皇族最近的世袭传承关系是这样的：景穆帝拓跋晃——文成帝濬——献文帝弘——孝文帝元宏——宣武帝元恪——孝明帝元诩。一直父传子，但从元子攸开始就乱了套了。元子攸是献文帝元弘的亲孙子，孝文帝的亲侄子，孝明帝的远房叔叔，但还在五服以里。元晔是景穆帝的重孙子，辈分挺高，跟孝文帝是一辈的，但从孝明帝这儿算，已经属于出了五服的远支了。

就这样，在尔朱世隆的导演下，一场禅让戏开始了。

现皇帝元晔在尔朱世隆准备好的禅位诏书上签上字，表达了自己愿意行尧舜之事，广陵王元恭谦让三次，然后做不得已状宣布即位，改元普泰。元恭的谥号为节闵帝，为称呼方便就以节闵帝相称了。

还是明清皇帝好，从来不乱改年号，以年号相称要方便得多。

元晔当了一次过渡，过了一把皇帝名号的瘾，为此，他却要付出生命的代价。没有现皇帝会容忍前皇帝健在的先例，皇帝这个职业具有能上不能下的特点，一般还是终身制，所以下来了离死也就不远了。禅位时一般大家都拣好听的说，表面上你好我好，实际上却是口蜜腹剑，暗伏杀机，所以退位后的元晔在东海王的位子上不过一年，便惨遭杀害了。

杀人者也不会有好下场，今天的元晔就是明天的元恭。

这就是传说中的禅让了。

高人就是高人。节闵帝元恭一坐上龙椅就显示出不同凡响的特质，他亲自拟定了大赦诏书，将操刀手们的文章进行了大刀阔斧的修改，删去了“关于孝庄帝枉杀太原王”的部分。说什么枉杀，在他看来，作为皇帝的元子攸诛杀权臣尔朱荣，根本算不上失德，至于随后的乱象，也不应该完全怪在元子攸身上，不过是天不厌乱，或者说天意如此。一个“天意”，听到了元恭的画外音：自己做这个皇帝也是天意，大家伙不过是顺从天意罢了。所以，谁想仗着拥立之功作威作福，那是不能容忍的。节闵帝很谦虚，他告诉大臣们：以后就不要称我皇帝了，自己能当得起这个帝字就已经很了不起了。

按说，谦虚的人应该会有个好结果，但，世事难料，谁知道呢！

对于尔朱世隆“对迎接尔朱兆入洛阳的有功之臣进行嘉奖”的提议，节闵帝以“于王有功，于国无勋”为由拒绝了。尔朱仲远上表请求手下都督充任刺史，节闵帝回复说已经补上了还告诉我干什么，弄得尔朱仲远很没有面子。看来节闵帝不喜欢这些表面文章。尔朱众人作茧自缚，找了个刺头当领导，所谓自讨苦吃也不过如此。但文武百官、天下百姓不禁眼前一亮，大魏有希望了，明主出世了。

皇帝硬气了，大臣们也觉得腰板直，皇帝已经给尔朱荣封赠晋王、丞相，加九锡，尔朱荣生前做梦都想的仪仗队终于在死后享受到了。为了进一步表彰尔朱荣的功绩，尔朱世隆又让朝中大臣们研究研究在太庙供奉尔朱荣的事。司直刘季明表明了自己的意见：没法操作——若配享宣武帝，那时候晋王一点功劳未立；配享孝明帝，他曾经杀了孝明帝的母亲；若配永安帝（元子攸），那是仇人。

尔朱世隆大怒：“你想死吗？”

刘季明抗声道：“我依礼发言，若不合圣心，随便处置。”

尔朱世隆最后也不管大家怎么说了，将尔朱荣配享高祖孝文帝，然后又在首阳山挨着周公庙为尔朱荣建庙，把尔朱荣提高到跟周公比肩的高度，但没过多久，一场大火将庙毁了。

节闵帝的强势也注定了他在那个君弱臣强的时代自己的悲惨命运。

洛阳城欢天喜地辞旧迎新，有个人却很不高兴。新帝登基的消息传到晋阳，尔朱兆心情很不爽：这些叔叔们太不够意思了！当初你尔朱世隆如丧家犬一样逃亡晋阳，咱俩商量着拥立元晔做皇帝，现在不跟我商量，趁我不在擅自废了另立，这是根本没把我放在眼里啊。尔朱兆一向以尔朱集团接班人自居，尔朱荣走了自己就是当家人，如今弄成这般局面，哪里肯咽下这口恶气，于是下令进军洛阳兴师问罪。

尔朱世隆一看尔朱家族这是要窝里斗了，这不让天下人笑话和鄙视吗？说什么骨肉相残的事也不能发生啊。至于兵戎相见，就更要不得了，那是尔朱家族自取灭亡之路。

在尔朱家族中，尔朱世隆算是最有见识的，也难怪，他可是最早从秀容出来在京城混的。想明白了，尔朱世隆赶紧派出他们家最会说话的尔朱彦伯去调停。费了尔朱彦伯不少唾沫星子后，尔朱兆算是给了尔朱彦伯一个面子，取消了这次军事行动。

但，心中的裂痕已经存在，这为日后尔朱家族的灭亡埋下了伏笔。

15. 高乾来了

离晋阳越来越远的高欢心情很好，不管京里怎么闹腾，似乎都跟他无关：你们愿意怎么闹就怎么闹，闹得越不像话，失去的就越多；你们失去的“民心”，正是我将要得到的。队伍的发展问题很重要，做大了才有力量向尔朱家族叫板，所以高欢思考更多的是自己的前途命运，其他的，高高挂起。

大军继续前进，眼看出了滏口，再往前走，就脱离了尔朱兆的控制区。就要自由了，啊——鱼归大海、鸟翔天空的感觉真好。

一大早，树上喜鹊叫喳喳，真是一个好的兆头。信都来人了，这是高欢生命中的贵人，这次见面将成为高欢人生的又一个重要转折。来人叫高乾，魏镇东将军、东冀州刺史高翼的长子，目前冀州的真正掌舵人。

勃海高氏是河北大族，英杰辈出，在大魏历史上出了不少高官。

高翼的成功不在于他的官职和名望，而在于他生了四个好儿子，这四个孩子个个英雄了得，个个都在历史上记下了浓重的一笔。老大高乾，字乾邕，聪明多智，风度优雅，轻财重义。无论是朝内还是江湖都有这么一号人物，可以说黑白两道通吃。老二高慎，字仲密，喜欢舞文弄墨，深得父亲高翼的偏爱。老三高昂，字敖曹，龙眉豹颈，恰似霸王出世，桓侯再生，马槊无双，有万夫不当之勇。 年少时喜欢使枪弄棒，就是不爱读书，不知道打跑了多少个高老爹请的家教，其志向，“男儿当横行天下，自取富贵，谁能端坐读书，作老博士也？”高敖曹日后成为高欢手下第一猛将。老四高季式，字子通，也是胆略过人，同高昂有一拼。另外高季式还是性情中人，后来在东魏时代他出任济州刺史。有一天自个儿喝酒，喝着喝着就想起了远在光州做刺史的好朋友李元忠。那时候没有电话也没有手机，这家伙立马让两个随从端一壶酒，八百里加急赶赴千里之外的光州去了。还有一次跟同僚司马消难喝酒，消难不肯喝，他就让手下弄了两个大车轮子压在两个人的脖子上，声言若是司马消难继续拒绝，那么两个人就一起让轮子压死，弄得司马消难只好乖乖就范，这才叫“舍命陪君子”。见过劝酒的，没见过这么劝的。

早些年，高乾和高昂年轻气盛，好勇斗狠，成为乡间一霸，没人敢惹。既然做大侠，免不了做些“以武犯禁”的事。高乾看上了博陵崔圣念的闺女，崔家人不同意这门亲事，哥俩一合计就闯到人家把姑娘给抢跑了，先上船后补票，以霸王强上弓的方式做了崔家的女婿。不过，高乾随着年龄的增大性格变得沉稳，出仕做了官，高昂却一点没变。

读书改变人的命运，读书改变人的性格，读书是有用的。

在魏明帝时代，高乾官至散骑常侍，并成为元子攸政治小圈子成员之一，尔朱荣进京前夕他回了老家，侥幸躲过一劫。尔朱荣发动河阴之变后，高翼父子一看尔朱荣够狠啊，跟这样的人混没有好结果。于是他们选择了造反，并接受了葛荣的领导。元子攸做皇帝后，想起这位故旧，就派人联络，高乾见是故主召唤，便接受招安到了洛阳。高乾兴冲冲见到了孝庄帝，一门心思准备好好跟元子攸干，然而，事情偏偏又起波澜。

皇帝是没啥说的，准备让他做黄门侍郎兼武卫将军，主管禁军。可这时候皇帝说了不算，禁军的人事安排还得经过尔朱荣审核，但尔朱荣一眼看出孝庄帝这是要发展自己的势力，死活不点头，于是高乾只好卷起铺盖回老家了。

在老家，哥几个也没闲着，他们在乡间结交豪杰，蓄养死士，为将来做着准备，不知怎的这事又传到了尔朱荣那里。尔朱荣动怒了，回到家还不老实，真不想活了？

听到风声，高乾藏了起来。高昂就没那么幸运了，被尔朱荣略施小计捉拿归案。高氏宗族强盛，尔朱荣不想把汉人大族都给得罪了，所以留了高昂一条性命,把他和河东大族的不安定分子薛修义一起锁在京都的驼牛署里监禁起来。

后来，那个著名的谋杀事件便发生了。

尔朱荣一死，高乾大喜过望，立即星夜赶奔京城。患难见真情，孝庄帝既感动又高兴，没有了尔朱荣的羁绊，孝庄帝马上把高乾提拔为侍中、抚军将军，从驼牛署放出高昂封为通直散骑常侍、平北将军，高氏兄弟参与了对付尔朱世隆的京都保卫战。尔朱世隆北逃后，为了防止尔朱家族发难，孝庄帝让他们立即返回河北根据地，招兵买马，随时准备入京勤王。东去路上，孝庄帝亲自举杯送行，与高乾兄弟洒泪相别。

尔朱兆杀害孝庄帝后，第一个举起反旗的是幽州刺史刘灵助，一个半仙级的预测大师。这个人前面露过面，因为精通阴阳占卜深受尔朱荣的信任，几次在关键时候助尔朱荣下了最后的决心。

但是，刘半仙同志造反不是因为君臣大义，而是被他的专业特长——算命误导的。原来，尔朱荣和孝庄帝死掉后，刘灵助起了一卦，卦象显示尔朱当灭，自己三个月内将进入京都。这似乎暗示自己将是灭掉尔朱兆的人，于是立即宣布独立，自称燕王，割据幽州，打起“为孝庄帝报仇”的旗号向尔朱家族宣战。

刘灵助选择的时机很好，他的专业能力又名声在外，一时幽州附近的几个州纷纷归附，在乡间甚至发生了如果有人不拥护就被大家群起而攻之的局面。尔朱家族的残暴让汉族高门大姓对这些胡人失去了信任，大家急切需要找一面旗帜，于是刘灵助得到了河北豪门的支持，他们已经饥不择食了。

高乾开始行动了，他找到了一个同盟，另一个河北大族的代表人物封皮。封皮，以“封隆之”闻名于世，字祖裔，是死于河阴之难的原魏司空封回的儿子，时任河内太守。高乾见到封隆之，国恨家仇让两人一拍即合，于是定下了夺取冀州的计划。冀州有十二万户，兵马粮草齐备，占据了冀州便有了跟尔朱家族抗衡的资本。

于是，在一个风高月明之夜，高乾弟兄带领自己手下的这些英雄豪杰们，攀城上墙，夜袭冀州首府信都城，抓住刺史元嶷，杀死尔朱兆的使者孙白鹞，正式接管了冀州。鉴于封皮先生的名望更高，高翼父子请他做冀州刺史。

高家父子谦虚，封隆之更谦虚，死活不愿意干。其实封隆之也不全是谦虚，论官位、阅历，高翼、高乾都比自己要强。何况，打冀州主要倚靠人家高家的乡间子弟兵，再深一步，这个头也不好当，做造反派头子，前途是难料的。双方推来让去，惹毛了高敖曹，他拔出佩刀就要把封隆之砍了。到了这个份儿上，还有什么可说的，于是封隆之就任大都督，代理冀州刺史。

然而以一州之力对抗朝廷，孤军奋战，危机四伏。大家一合计，干脆加入刘灵助的队伍吧，反正敌人的敌人就是朋友，反对尔朱家族的就是联邦。于是封隆之派人跟刘灵助联络，接受了刘灵助的领导。这样河北一带幽州、瀛州、沧州、冀州连成一片，成了反尔朱家族的大本营。

高欢请求出兵山东的理由就是讨伐冀州反叛，顺便找吃的。所以，高欢大军自壶关大王山刚一开拔，冀州这边就得到了消息。高欢是“高山上点灯——名头亮”，信都诸人一时惊慌不已。高乾说：“不要紧，高晋州雄才盖世，哪里是屈居人下的人？等我去会会他再作打算。”

原来高乾对高欢早就有研究。

于是高乾同封隆之的儿子封子绘，悄悄地来到滏阳见到了高欢。这是一次卓有成效的见面。会谈的成果很丰富：其一，在一起反抗尔朱集团的问题上达成了高度一致，高乾承认高欢的领导权，冀州城坚粮足，高欢因此获取了继续进步的资本；其二，在宗族问题上有了新的发现，一笔写不出两个高字，经过两人对照谱牒辈分，居然同籍、同宗、同族，一个老祖分散出来的，高乾跟高树同辈，这样高欢就多了一个叔父。

诸位，千万别小看认祖归宗这件事的意义，魏晋南北朝行的是门阀制度，讲究出身门第，高门大族和庶族的号召力不是一个级别的。勃海高氏是百年望族，有了这个招牌，在河北一带，高欢就算有了扎根做大的资本。

16. 李元忠定策

俗话说，“福无双至，祸不单行”，但高欢现在吉星高照，那叫“祸事远离，好事成双”。这不，刚刚收下高乾的一份大礼，高兴劲儿还没过，上天又给他送来一位旷世奇人。

话说这天高欢正在帐中休息，忽然下边人递进来一张名刺并禀报说：“有个人坐着地板车，抱着一个古筝，带着一坛酒求见。”高欢接过名刺一看：赵郡李元忠。呵呵，就是那个整天喝酒、无所事事的南赵郡太守李元忠啊，浑浑噩噩之高阳酒徒，我见你干吗？正事都忙不过来呢，“不见。”说完，随手把人家的名片给丢了。

高欢是一个有原则有意志的人。他年轻时也喜欢喝酒，但他能控制自己，自从开始预谋大事后，就给自己定下了一个规矩：每次饮酒不超过三杯。这个规矩终其一生没有破坏过。所以，他对纵酒无度的酒徒很反感。报事的出去一看，好嘛，这家伙左一口烤肉，右一口小酒，正喝得滋润。

先生您走吧，我们领导没工夫见您。

“什么，没工夫？哈哈，我听说高晋州素有大志，广招天下豪杰，现在国士来了，既不学周公吐哺，又不学高祖辍洗，看来这个人也不过如此。既然这样，把我的名片还给我，也不用再通报了。”

传说中周公辅政，吃饭的时候人才来到，周公吐出口中的肉哺就跑出来迎接，所谓“周公吐哺，天下归心”。汉高祖刘邦洗脚的时候听了郦食其一席话，赶紧停下来以国礼参拜，这是重视人才的表现。

李元忠言外之意,高欢爱才属于叶公好龙,是挂在嘴边的,不是真心实意的。

啊，还要名片啊？那个东西被领导随手扔了。

报事的又进去了。干吗？找名片还给人家啊，顺便，把李元忠的话当笑话跟高欢说了。报事的说得热闹，高欢听着心惊：敢说这样的大话，难道真是国士来了？

这下，高欢不敢怠慢了，亲自出来把李元忠接到了帐中，有酒有肉地招待。几杯酒下肚，李元忠微有醉意，自顾到车上取下古筝，自弹自唱，旁若无人，所谓“慷慨悲歌”莫过如此，听者无不动容。一曲唱罢，大家的情绪也调动起来。李元忠知道该办正事了，于是脸一沉严肃地对高欢说：“现在天下形势已经很明朗了，明公难道还想继续跟着尔朱家族混吗？”

高欢摸不透李元忠的牌面，哪里肯亮出自己的底牌，于是回答道：“我高欢的一切都是尔朱荣给的，做人哪里敢忘恩。”

李元忠道：“这不是英雄所为。高乾邕弟兄们来过吗？”

啊？高欢吓了一跳，真是高人啊，我们刚刚秘密地见了一面，除了我没人知道啊。

“啊，我那些叔父们为人粗疏，怎么会来啊。”

“那哥几个粗是粗了点，但还算是有见识的人，他们应该来的。”

一语点中心事，因为不知道李元忠到底是什么路数，高欢不敢继续谈下去了，于是借口李元忠喝醉了，让人把他扶下去。谁知道，李元忠赖在那了，任谁拉横竖就是不起来。旁边孙腾一看这个架势，知道今天不把话说透不行了，就对高欢说：“我看这个人真是上天送来帮咱们的，天意不可违啊。”终于，高欢放下了戒心。两个人手拉手，涕泪交加，掏心窝子的话说了出来，算是真正交心了。

这一次，同高欢初见尔朱荣一样，双方就对时局的看法、对未来的发展方向、对付尔朱集团的策略，一一交换了意见，总之两人谈得非常投机。最后，李元忠总结了这次见面的成果：“殷州小，粮食武器不足，不足以成大事。冀州是大地方，您若是到冀州，高乾兄弟必定会奉你为主，那时候殷州我就送给你了。冀州和殷州拿下了，沧州、瀛洲、幽州、定州自然就会望风归附。唯独相州刘诞这个匈奴人可能不服，但他绝非明公的对手。”

高欢深施一礼，“先生之言如醍醐灌顶，茅塞顿开。”

两人握着的手久久不愿松开。

这一段可称之为“滏口对”。

高欢没有看走眼，李元忠确实是高人，他出身赵郡李氏大族，从小就有匡扶社稷的大志，读书跟诸葛亮是一路的，所谓“粗览经史”，取其大意，学的是书本的精华。作为复合型人才，李元忠广泛涉猎，又善于思考，谋略过人，即使是阴阳数术这些玩意儿也难不倒他。他还是个名医，说起来这名医的名头还是让自己的孝心给逼出来的。原来李元忠是个少见的大孝子，因为母亲多病，为了看病方便和放心，他开始努力研究传统医学。那个时候医生少，见他会看病，有人生病了就找他看看。李元忠为人不拘小节而又乐善好施，凡有人求医，不分贫富贵贱，一致对待，一来一去竟成为远近闻名的名医。

李元忠大有名士风范，为人洒脱不羁，仗义疏财，这样的人朋友就多，在赵郡黑白两道享有大名。过往的客商只要打着李元忠的旗号，放心大胆从这儿过就行了，李元忠就是通行证，没有人不给他面子。

李元忠最大的爱好是饮酒骑射。葛荣纵横河北，他率宗族结堡自保，竟连克葛军小部队，惹得葛荣火起，遣大部队来攻方才拿下。尔朱荣破葛荣，以其为南赵郡太守。由于李元忠对朝局洞若观火，不想惹火烧身，于是做了官场的隐者，每日饮酒作乐，所以政绩平平，这也是不了解的人都把他看作高阳酒徒的原因。

所谓“大隐隐于朝”，李元忠是也。

孝庄帝遇害后，李元忠马上辞职回家，集结家乡子弟兵，静观天下时局的变化，欲择明主而仕，拯救天下苍生，施展平生抱负。高欢出晋州，李元忠看到了希望，于是乘露车，载素筝浊酒求见，这才有了这段知遇佳话。

天下形势发展得很快，尔朱集团大将侯渊出马讨伐幽州，没过多长时间，造反派头子刘灵助即败亡。事实证明，刘灵助只是个术士，军事和政治才能有限，不过，他那一卦却灵验了。实践证明，尔朱家族早晚都会被灭掉，但上天安排的那个人却不是刘半仙，三个月内刘半仙确实到了京都，只不过只是脑袋去了。唉，技术人才就应该老老实实地发挥专业特长，非要当老板是会亏本的。

刘灵助一灭，冀州成了一座孤城，但鉴于高家兄弟们的威名和高、封两家在河北拥有的广泛群众基础，一时还没有人敢贸然来犯。为笼络人心，高欢处处跟尔朱家族的大爷们反着做，他把自己的部队打扮成人民子弟兵，纪律严明，秋毫无犯。高欢处处以身作则，起到了模范带头作用。大军过麦地的时候，他牵着马缓缓而过，尽量保证麦苗不会被践踏。主帅都这样了，士兵们更注意了，老百姓已经许多年没有得到过这样的照顾了，一传十，十传百，很快河北一带都知道了世上居然还有一支不侵犯老百姓的军队，大家记住了他们主帅的名字——高欢。

魏普泰元年二月，高欢军队到达信都，封隆之、高乾大开城门热烈欢迎，高欢正式接管冀州。

这次接收还有个小插曲。高欢到信都的时候，高敖曹正好不在家，然后就听说哥哥一仗未打便投降了。不明真相的高敖曹怒了，他派人送了件妇人裙子给高乾，笑话哥哥胆子小，只配做个女人。高乾很尴尬，自己这个弟弟啊……高欢却道：“无妨，只需派人跟他说明道理，他自然就回来了。”派谁去合适呢？高欢把这个立功的机会给了儿子高澄。果然，当十岁的高澄来到高敖曹大营，几声稚声稚气的“三爷爷”一叫，高敖曹便乖乖地回了信都。

高欢入驻信都的消息传到京城，尔朱世隆坐不住了，这个尔朱家族最有远见的人觉得不能让高欢有继续做大的机会。很快，节闵帝下发任命书，以高欢为勃海王，同时要求他入朝效力。高欢哪里肯听，有兵有地盘就是实力，好不容易才获得的自由，要珍惜！尔朱世隆一看高欢不上当，只好退而求其次，以高欢为冀州刺史，算是承认了既成事实。

公道地讲，尔朱荣虽残暴，但对自己家族的叔叔子侄们要求还是严格的，他在世的时候，大家还能够兢兢业业一丝不苟地做事，失去了尔朱荣的管制，尔朱家族的大人孩子个个大权在握，残暴、贪婪的本性暴露无遗，没有他们不敢做的坏事。孝庄帝的姐姐寿阳公主元莒犁容貌艳丽，是齐州刺史萧赞（萧衍的儿子萧综，由于怀疑自己的身份而叛逃北魏，改名萧赞）的妻子。尔朱世隆入京后，萧赞逃走，尔朱世隆见公主颇有姿色，就逼着公主跟自己，不想公主是个烈性女子，大骂尔朱世隆胡狗，坚决不从。尔朱世隆一怒之下，就把她给勒死了。

在尔朱家族中，数尔朱仲远最坏。这家伙年轻时就不干正事，贪酒好色。那时由于尔朱荣深得大魏朝廷的信任，所以只要是尔朱荣的保荐奏折，没有不照办的。尔朱仲远就是从这里嗅到了商机，他练了一手模仿尔朱荣笔迹的绝活，并且偷偷刻了尔朱荣的大印，开始瞒着尔朱荣卖官，收了人家的钱，然后模仿尔朱荣上一道奏折，朝廷一般照办，这个生意还从没失败过。现在的尔朱仲远已经成了河南地的土皇帝，大权在握，也不用那么曲折了，干起坏事正所谓如鱼得水，以国为家，卖官敛财，无所不用其极。更不像话的是，除了贪污他还明抢，动不动就诬陷军区内的大户人家谋反，把抄家得到的财物、妇女拥入私囊，男子投入河中，辖区内租税全部纳入军中，让那些地方官喝西北风去。更有甚者，作为一名好色的上司，看到部下的妻女长得漂亮，便不择手段地弄到手，所以不论官民都畏之如豺狼。

天下人对尔朱家族恨之入骨，却敢怒不敢言。

历史把重任落在了高欢的身上。

17. 准备出发

为了笼络高欢，尔朱兆承认了高欢的既得地盘，除了勃海王、冀州刺史，又封高欢东道大行台、第一镇人酋长（节制六镇鲜卑各族）。

在河北大族真金白银的支持下，高欢在信都经过一段时间的休整，兵马强壮，百姓归心，于是开始打算下一步了。从晋州拖家带口带来的十多万六镇人，按照每户三口计算，除去老人、孩子、女人，实际精锐部队差不多三万多人，加上冀州高家子弟兵五千人左右，可以跟尔朱兆摊牌了。

当然，细节问题也不少。六镇鲜卑人本来同汉人有矛盾，弄不好就内讧了。摆在高欢面前的第一道难题就是要处理好所部士兵的民族问题。另外让人担心的是六镇人这些年颠沛流离，刚过上好日子，会不会死心塌地地跟着造反也是个问题。

让高欢感到欣慰的是，除了自己人，如蔡俊、段荣、窦泰、娄昭、尉景等人外，尔朱荣系的大将北地贵族斛律金、厍狄干、贺拔允也表示支持。

斛律金是高车人，原为高车部族酋长，现在的职务是征南将军。斛律金的鲜卑名字叫阿六敦，当时少数民族取汉名的时候，习惯用胡名作为自己的字，所以阿六敦的雅名为斛律敦。由于不识字，斛律敦嫌敦字太难写，司马子如便帮他把“敦”改为“金”了。这个人有项特异功能，“望尘识马步多少，嗅地知军度远近”，就是说看见战马奔腾扬起的尘土就知道马的速度，耳朵贴地能听出军队行军的距离。高车人在皇家禁卫军和六镇中都占了很大的比例，在尔朱荣的班子里，他也是一个有威望的人。厍狄干是鲜卑人，祖上也是部族酋长，跟斛律金一样在魏朝享受雁臣的待遇。雁臣就是允许他们夏天待在部落，冬天上朝，这是朝廷对不适应中原气候的北地部落酋长的特殊待遇，尔朱荣他爹也享受过这个殊荣。厍狄干不识字，签名时都是画画，写“干”字先划两条横杠，再从下往上划一竖，人们戏称其为“穿锤”体。厍狄干为人耿直，很有人望。后来厍狄干娶了高欢的妹妹，成为高氏姻亲。贺拔允是英雄家族贺拔家的老大。这几位都是重量级人物，他们的参与极大地鼓舞了高欢造反的信心。以高乾、李元忠为代表的汉人河北大族更是希望他赶快举事。

看来，一切具备，只欠东风了。东风就是激发六镇人造反的因子。

经过高欢管理班子的精心策划，一条计谋开始实施了。尔朱兆突然来信了，信的大意是准备再次把六镇人拨给羯胡人统领。

这封信的内容很快就泄露了，整个兵营都在议论这件事，大家都不干了，刚刚摆脱胡人过上好日子，让咱再回到过去，还让不让人活了？信的事情还没有结论，并州兵符就到了。尔朱兆要征兵讨伐步落稽。步落稽人勇敢善战，跟他们打仗取胜的可能性不大，无论胜负，伤亡的概率都是很大的。当然，所谓的信件、兵符都是高欢的杰作。早就说过，高欢演戏的天分很高，即使不带兵，当演员或者当导演一样能混饭吃。

继续看戏。

主角高欢装模作样地挑选了一万兵卒准备出发。这时候，两个配角孙腾、尉景假装替大家求情要求过五天再走，说什么也得让大家跟家人道个别什么的。五天的日子到了，大家又请求再宽限五天。目的是什么？酝酿情绪，折腾这帮人的神经。有时候，死亡不可怕，可怕的是等待死亡。

到了出发的日子，高欢亲自送行，他拉着大家的手久久不放，恰如生死离别一样。在高欢同志煽情表演的带动下，士兵们终于控制不住自己了，眼泪哗哗地流了下来，一时军营内哭声震天。出征的动员大会是要开的，高欢充分发挥了自己的演讲口才。他亲切地对大家说：“咱们都是六镇出来的，是一家人啊，没想到尔朱兆征兵。现在，不管怎么做我们的死期都要临近了，赶赴前线打仗会死，耽误了出兵的日子会死，留下来的受羯胡人的欺负也得死，真没有我们的活路了。大家看还有什么办法没有？”

有人高喊：“只有反了！”这个人像是高欢布的托。

有时候大家心里都这么想，可没有人愿意出头，等有人喊出来了，大家就开始起哄：“对，造反！找活路！”

高欢说：“造反是有风险的，得有人领头啊。”

呵呵，主帅要造反，反而让部下们推举领袖。

大家齐声喊：“愿意服从大王。”

高欢说：“咱们这些人大都是勇敢的塞外勇士，但是节制起来不容易，葛荣就是个例子。大军百万，没有章法，没有纪律，终究不过是乌合之众，成不了气候。如果让我当家，咱们跟从前不能一样。三大纪律必须遵守，一不能欺负汉人，二不能触犯军令，三生死取决于我。如果大家答应了这三条我就干，如果做不到，请大家另请高明，我不能干这种让天下人耻笑的事情。”还有什么说的？大家欢声雷动，表示愿意服从。煽情到了这个份儿上，高欢看到时机成熟，于是奋然慷慨激昂地说：“讨贼，大顺也。拯时，大业也。吾虽不才，愿意以死继之，不敢相让了。”说得义不容辞，大义凛然，但偷着乐的还是尉景、窦泰们这些知情者。

第二天，高欢杀牛宰羊，犒劳三军，正式开始了讨伐尔朱兆的准备。当然目前还是准备阶段，还没有正式同尔朱兆公开决裂，一切还处于秘密行动中。

18. 信都建义

高欢迟迟没有动静，李元忠和高乾都很着急，他们代表的是河北大族的心声。刘灵助被侯渊轻松搞定，这对大家是一个重大打击，血淋淋的事实让他们意识到，选择正确的人很重要。高欢的汉族大姓背景和一直以来的表现让河北大族认定他就是最好的人选。李元忠决定采取行动逼高欢摊牌。

很快，高欢收到了李元忠送来的一颗人头和一座城池。人头是尔朱羽生的，城池是殷州。尔朱羽生是尔朱荣的叔叔，尔朱兆的爷爷。仗打得很轻松，基本上兵不血刃，充分体现了上兵伐谋的战略思想。李元忠说过，他要把殷州送给高欢，他没有食言。李元忠带领自己的乡间子弟兵，装作绿林好汉开始进攻殷州。一般情况下，像殷州这样战略位置不是很重要的小州，正规部队也就三五千人，战斗力也不是很强。在高氏兄弟据信都造反的时候，尔朱羽生曾经率领这支部队前往讨伐，没想到几千人的队伍被高敖曹的数十精骑给冲垮了，从此尔朱羽生基本不敢主动出城向冀州挑战了。李元忠这么一闹腾，尔朱羽生探不到虚实，不知道有多少人来打自己，正惶恐不安之际，救星来了，高乾奉高欢的命令带领冀州部队前来增援。尔朱羽生很清楚高乾跟自己不是一路的，但高欢是尔朱荣集团的重要成员，尔朱羽生没有理由怀疑高乾的来意。高乾独自进了殷州首府广阿城，对着尔朱羽生一顿大忽悠，尔朱羽生深深地相信消灭城外这股匪军的日子近在咫尺。

高乾提了个不过分的要求，请尔朱羽生出城慰劳一下高家军，不用带礼物，随便讲讲话什么的振奋一下军心。人家是来帮自己的，所以尔朱羽生没有理由拒绝。当尔朱羽生随高乾到了高家军大营的时候，冀州大将彭乐出其不意，一刀将尔朱羽生斩杀。领导一死，所谓“树倒猢狲散”，殷州守军便集体投降了。

杀了尔朱家族的重要人物，就等于断了自己的退路。于是，高欢以李元忠为殷州刺史，正式宣布起兵讨伐尔朱兆，史称信都建义。

名不正则言不顺，就是说，不管做什么，旗号很重要。高欢遇到了尔朱兆准备打元子攸时同样的问题。节闵帝是尔朱家族拥立的，高欢跟节闵帝至今还没有过正面接触，打“清君侧”的旗号不是很适合，孙腾建议高欢另外拥立一个皇帝。经过这几年“你方唱罢我登场”式的表演，现在拥立皇帝也不是什么新鲜事了。有了皇帝，就等于弄了块金字招牌，直接为皇帝打仗，师出有名，师出有利，谁不卖命啊？碰巧附近就有一位帝室宗亲，章武王元融（景穆帝的重孙子）的儿子元朗正在勃海做太守，拉过来用就行了。不干？不可能，匕首和鲜花摆在面前，很少有人会选择匕首。

就这样，元朗于信都城西登坛即位，改元中兴。高家军欢天喜地改朝换代，高欢为侍中、丞相、都督中外诸军事、大将军、录尚书事、大行台，高乾为侍中、司空，高敖曹为骠骑大将军、仪同三司、冀州刺史，孙腾为尚书左仆射，原大魏河北行台魏兰根为右仆射。其余人等如高岳、高琛、高盛、窦泰、段荣、潘乐、斛律金、厍狄干等或为都督，或为将军不等。

有官大家做，有好处大家捞。

升官最简洁最快的途径就是重新搭一套班子，高欢算是复制了一下尔朱荣进洛阳的故事。元朗封的这些官都是咱们的老朋友了，唯有魏兰根大家可能不太熟悉。

实际上，这也是一个牛人，很牛很牛的人。魏兰根是大才子魏收（“二十四史”之《魏书》的作者）的族叔，身长八尺，仪貌奇伟，博学高才，为人机警有见识。说到见识，正光末尚书令李崇曾经给朝廷上书，详细分析了北边六镇的形势，认为如果不及早处置，早晚会酿成大祸，而解决的办法就是改镇为州，镇户成为平民，恢复这些贵族子弟原来享有的入仕特权。倘若朝廷听从了李崇的这个建议，恐怕大魏朝的历史就要改写了。而这个意见的专利权属于时任李崇大都督府长史的魏兰根。后来，魏兰根曾任都督泾、岐、东秦、南岐四州诸军事，兼四州行台尚书。元天穆讨伐的邢杲还是他的亲外甥，在邢杲的问题上他做到了仁至义尽。邢杲灭后，魏兰根做了中书令。再后来，魏兰根成了孝庄帝政治小圈子的非核心成员。小圈子密谋诛杀尔朱荣的时候，魏兰根不慎把计划泄露给了侄子魏周达，谁知道这个魏周达跟尔朱世隆是好朋友，于是这事就传到了尔朱世隆那里。所以，尔朱荣死后，魏兰根心里有点害怕，找了个机会离开中央到地方工作去了，出任河北行台，讨伐尔朱荣部将侯渊。谁知出师不利，官也丢了，于是赴冀州投奔了好友高乾。

作为成名人物，魏兰根的参与对高欢相当重要。

高欢起义不久，一个叫杨愔的年轻人慕名来投。杨愔，字遵彦，弘农华阴人。弘农杨氏可是魏晋以来的望族，一门之内，三公二人，太尉、录尚书事及中书令者三人，仆射、尚书者五人，郡太守七人，州刺史三十二人。门阀之高，郡望之隆，引得隋文帝杨坚都说自己是这个家族的成员，虽然大家都知道他在撒谎。话说儿童杨愔上学的时候，学馆里有棵李子树，李子熟了落在地上，孩子们都争着去抢，唯有杨愔端坐不动，读书如旧。这一切被他的叔父杨暐看在眼里，大为惊奇之余命人在杨府竹林旁专门为他修了一间房子，并且把他吃饭的用具全换成了铜制品（那个时候铜是很贵重的），以此树立大家学习的榜样，从此便有了“竹林别室，铜盘重肉”这个典故。

在孝庄帝谋杀尔朱荣的过程中，弘农杨家的杨侃起了重要作用。所以，孝庄帝遇害后，杨家也惨遭灭门。杨愔恰巧外出，才侥幸捡了一条命，整个家族只有二弟一妹及兄孙女数人幸免于难。遭此惨变，杨愔没有倒下，他选择了化悲痛为力量，肩负起家族复仇的大任。杨愔从高欢身上看到了复仇的希望，于是投到高欢门下，开始为高欢讨伐尔朱氏集团出谋划策。高欢很器重他，让他随军办理军务、文书，还把自己一个庶出的女儿嫁给了他。杨愔一刻也不敢忘记仇恨，处处以丧礼自居，每餐只吃咸菜米饭，人也日渐消瘦，但打仗的时候他总是冲锋在前，让世人对儒生刮目相看。

杨愔只是千万个痛恨尔朱氏的人之一，这才是高欢军队力量的源泉。

19. 反间计

高欢造反的消息传开，尔朱众人的反应不一：尔朱仲远等不以为然，尔朱兆非常愤怒，只有尔朱世隆感到非常紧张。

尔朱仲远等认为，以高欢穷得叮当响的十万部众和冀州一州之力，与兵强马壮的尔朱集团对抗，无异于以卵击石。他们把高欢和刘灵助等划在了一个水平线上。尔朱兆的愤怒可以理解，因为他到现在才明白，自己真的被两次结拜盟誓的兄弟高欢给骗了。尔朱世隆很冷静，他意识到，既然勃海王、冀州刺史、第一领民酋长这些光亮的头衔笼络不了高欢，从侧面说明高欢志向高远。

倘若任由高欢做大，尔朱家族的末日就要到了。

尔朱世隆立即通知尔朱兆、尔朱仲远等，兵合一处，为了家族事业共同对付高欢，趁高欢刚刚起步把他消灭在萌芽状态。但是，尔朱世隆没有想到的是，高欢现在已经不是萌芽状态了，他已经长成了碗口粗的小树，具备了抵抗风雨的能力。

尔朱兆也没有把高欢放在眼里，他对那十几万六镇人太熟悉了，能打仗拼命的连一半也没有，武器装备又差，就这些人打打游击、捣捣乱还行，要真跟尔朱铁骑真刀实枪地对阵，还不是自取灭亡？

尔朱家族出兵了，分别从并州、洛阳、徐州三个方面，合计步骑十万浩浩荡荡杀向信都。尔朱兆亲率两万精兵直扑殷州，广阿城区区五千人马，加上士卒刚刚归降人心未安，甭管李元忠多么牛，广阿很快就被攻下了，李元忠逃往信都。

开局不利，信都震动。

高欢仔细盘点了下自己的兵力，从六镇流民中精选出三万步兵，这些日子东拼西凑算是凑够了两千骑兵，另外高敖曹手下还有三千汉兵。这就是自己的全部家底了。对手呢，兵力十万，包括了尔朱荣起家的部族精锐。当年，他们曾以七千人打垮过葛荣的百万之众，尔朱铁骑是六镇人绕不过去的阴影。这样看起来，胜算不大。高欢心里有点不踏实。

窦泰献了一计。

“尔朱家族不是铁板一块，尔朱兆跟其他人貌合神离，对这三路人马只要稍稍地用点心，保证先让他们家里乱，不战自溃。”窦泰出身将门，父亲和哥哥本是怀朔镇将杨钧的手下，在六镇第一拨叛乱中都战死了，窦泰怀着满腔仇恨抬着父兄的骸骨投奔了尔朱荣。窦泰这人不但武功高，而且善用谋略，在元天穆平定济南邢杲的战役中表现突出，因功封子爵。当高欢出镇晋州的时候，他便追随高欢担任了镇城都督、参谋军事，窦泰妻子娄黑女是娄昭君的妹妹。

窦泰给出的这条计策有一个响亮的名字——“反间计！”

“对方的主帅都是尔朱家族的近亲，反间能奏效吗？”

“能。尔朱家族早就显示出不团结的征兆：尔朱荣被害，尔朱兆归咎于尔朱世隆。不曾参与废立新帝，尔朱兆曾经要攻打尔朱世隆。实际上尔朱家族两大阵营已经形成。尔朱兆人数少，但他的部队是尔朱集团的主力，也是战斗力最强大的。”

“不指望他们互相攻击，关键时刻互相拆台就够了。”

按照窦泰的部署，一些谣言不胫而走。在尔朱家族的军队里，有很多亲高欢的人，也有一些唯恐天下不乱的人，谣言很快就传入各位主将们的耳朵。

“尔朱世隆、尔朱仲远兄弟合伙要谋杀尔朱兆。”

“尔朱兆与高欢勾结，要杀掉尔朱仲远。”

本来相互间就有些嫌隙和猜疑，这些话一传，大家疑心更重了，都怕自己先出兵会被人家借刀杀人，在没有摸清各自的底牌之前，谁也不肯首先向高欢进攻。十万人的剿匪部队就停顿在了那里。怎么办？要打仗就得先解决好内部问题。首先明白过来的是尔朱仲远，这家伙虽贪才好色，可军中有两大牛人，所以第一个识破了高欢的计谋。两大牛人是斛斯椿和贺拔胜。

贺拔胜是智勇双全的猛将，斛斯椿的能耐也不亚于贺拔胜，斛斯椿出场晚些，作为史上著名的“忽悠专家”，正是他的参与让大魏朝的历史出现了重大转折。

斛斯椿的简历

姓名：斛斯椿，字法寿

籍贯：广牧富昌

职务：侍中，骠骑大将军，仪同三司，城阳郡公

特长：善于察言观色和忽悠

斛斯椿的家族原先在河西地放马牧羊，天下乱起后河西的部族纷纷参与叛乱，斛斯椿知道跟这些乌合之众混没有好结果，但在那种形势下，往往不做朋友就得做敌人，没有中间选择。既然不打算加入叛军，家乡自然没法待了，斛斯椿就和父亲一起带领家人赴秀容川投奔了尔朱荣。他善于察言观色，会说话，加上一肚子计谋，很快就成为尔朱集团管理班子的一员；河阴之变后任尔朱荣大将军府司马，后来又到东徐州做了刺史。尔朱荣死后，作为尔朱集团核心成员之一，他既怕孝庄帝清算尔朱一党，又怕尔朱兆不能成功，所以采取了两边都不靠的观望态度。正好偏安一隅的梁朝见中原内乱想趁火打劫，梁武帝萧衍立汝南王元悦为魏主，陈兵边境，打算再复制一次元颢的故事。斛斯椿投奔元悦，成为元悦草台班子班底成员。等尔朱兆闪电般打进洛阳，元悦一看自己没什么戏，就灰溜溜地跑回建康去了。斛斯椿无奈只好又回来找尔朱世隆，大家在一个战壕里共事多年，尔朱世隆也没怎么为难他，节闵帝还让他做侍中，成为节闵帝身边的要员。这次他和贺拔胜一起跟着尔朱家族讨伐高欢。

有这么两个人精在那摆着，尔朱仲远很快就认清了一个道理，就是：大敌当前，千万不能乱了自己。毕竟尔朱兆是自家人，自家人还有什么解决不了的

问题？斛斯椿、贺拔胜过去跟尔朱兆交情不错，于是尔朱仲远派他俩去跟尔朱兆沟通。经过斛斯椿的努力，尔朱兆终于答应跟尔朱仲远见面谈一谈。但尔朱兆仍然心怀疑虑，为了预防万一，他来的时候还带了三百名亲信骑兵。见面时，满怀疑惧的尔朱兆始终把马鞭子握在手里，目光游离，心不在焉，根本就没有听明白尔朱仲远的话。没聊几句，尔朱兆便找个借口溜出了尔朱仲远的大帐，他带的那三百骑兵在那等着，尔朱兆上马就跑。来了没谈正事就散了，没有达到预期的效果，尔朱仲远没法子，便让斛斯椿、贺拔胜赶快去追。追是追上了，尔朱兆翻了脸，把两个人都给扣了起来。尔朱仲远、尔朱度律一看尔朱兆翻脸了，担心尔朱兆下一步会把矛头对准自己。为了保存实力，也顾不上斛斯椿、贺拔胜了，领着自己的部队就开溜了。

反间计大功告成。

20. 初战告捷

尔朱兆回到驻地广阿，命人把贺拔胜、斛斯椿押上来，他要处死贺拔胜。为了让贺拔胜死得心服口服，尔朱兆给他罗织了两项罪名：一是贺拔胜杀了卫可孤，二是尔朱荣死后他没有跟尔朱世隆一道北上。尔朱兆早就对贺拔胜不满了，在他的眼里，贺拔胜不是一个历史清白的人。

贺拔胜是个成名英雄，英雄的经历往往曲折。他先随镇将杨钧抵抗破六韩拔陵部将卫可孤的进攻，失败后跟老爹一起暂时投降了卫可孤，然后与武川豪强们联手干掉了卫可孤。六镇陷落后贺拔胜跟兄弟们失散，辗转投奔了肆州刺史尉庆宾，在尉庆宾被尔朱荣擒获后转投尔朱荣帐下。在尔朱家族讨伐孝庄帝的时候，他站在了尔朱家族的对立面，随后又背叛了孝庄帝投降了尔朱仲远。

在尔朱兆看来，一次次的背叛足以证明贺拔胜是反复小人。

最重要的，就凭尔朱荣死后他站在了孝庄帝一边这一个理由，足以让贺拔胜死有余辜了。面对凶神恶煞般的审判长，贺拔胜开始为自己辩护。贺拔胜反问道：“卫可孤是朝廷的反叛，自己替朝廷除奸何罪之有？不但没有罪，相反倒是一件天大的功劳。”讨伐卫可孤，从情感上讲是背叛，毕竟卫可孤抓你做俘虏不但没杀你反而重用你；从公理上讲，这种背叛却正是忠臣应该做的，毕竟卫可孤属于叛乱分子。至于第二个罪名，贺拔胜大义凛然地陈述了自己站在孝庄帝一边的理由：孝庄帝诛杀尔朱荣，是以君杀臣，世上没有臣子以君为敌的，自己宁负天柱大将军，也不负朝廷。最后贺拔胜又叹息道："今日大敌当前，尔朱家族内部骨肉构隙，这样的情况没有不灭亡的。我贺拔胜死不足惜，恐怕大王是失策了。"尔朱兆在感情上是软弱的，耳朵根子是软的，听了贺拔胜这一段声情并茂的辩护词，也觉着杀贺拔胜理由不充分，最后把他们都给放了。

现在的阵势成了高欢对决尔朱兆了。尔朱兆两万人，高欢三万五千人，从人数上讲高欢稍占优势，但从部队质量上，尤其是骑兵数量上讲，仍然相差甚远。那个时代步兵跟骑兵野战除了任人宰割还是任人宰割。大战前的高欢因为尔朱兆骑兵太强而忧心忡忡。

帐内亲信都督（卫队长）段韶一看这样可不行，未战先怯那可是兵家大忌，得给姨夫打打气，鼓鼓劲。段韶，字孝先，小名铁伐，段荣的长子，这段历史中的一个绝对猛人，不过现在猛人正处于成长期，他将成为后来北齐王朝极具战斗力的三驾马车之一。段韶对高欢说："所谓众者，大家甘心为他死；所谓强者，天下归心。尔朱众人上杀天子，中杀百官，下害百姓，大王以顺讨逆，好比是开水浇雪罢了！"

数量多不是真多，得看这些人中有多少人真正愿意为你去拼命。真正的强军是有广大群众基础的军队，这又是个民心向背的大命题。

高欢说道："我们以弱攻强，倘无上天保佑，怕不能成功。"

段韶说："我听说'弱者能够打败强者，是因为正义在弱者一方'。我还听说'上天只保佑有德之人'。现在尔朱氏外乱天下，内失英雄之心，智者不愿献策，英雄不愿效力，天意怎会不在您这呢！"

段荣一生做得最成功的事情就是生了个好儿子，段韶这番话给高欢打了一针强心剂。如段韶所料，高欢军队士气高涨，尔朱兆的军队由于三路大军跑了两路，军心浮动，毫无斗志。打仗如果没有了信念，不知道自己为什么而战，那这仗根本没法打。广阿之战的结局是尔朱兆大败，被俘五千余人，尔朱兆带领残兵败将退回晋阳。高欢收纳俘虏，壮大了自己的力量。

这是高欢在信都建义后取得的第一次大胜利，这次胜利的意义在于打破了尔朱集团不败的神话，消除了缠绕在六镇部众心头的阴影，大大鼓舞了士气。

还是那支曾经兵不血刃破洛阳、曾经七千人打败葛荣百万大军的尔朱军队，只是换了领导，战斗力竟然大打折扣。同样的，在葛荣手里不堪一击的六镇兵卒，在高欢这里成了生力军。

俗语说得好：没有孬兵，只有熊将。好的领导真的很重要。

接下来，乘胜追击，扩大战果，下一个目标是相州首府邺城。

相州刺史刘诞跟高欢不对付，在信都建义前高欢带着六镇部众路过邺城时曾经跟他“借”（实际是抢）过粮食。高欢派人招降，刘诞却一竿子插到底，自以为邺城城墙坚固，兵马强壮，粮草充足，根本不理高欢。历史上的邺城之战包括但不限于：魏武帝曹操在公元 204 年二月围城，一直到八月，因为城中出了叛徒才被攻下；道武帝拓跋珪攻打邺城，从公元 396 年 11 月进兵，直到公元 398 年正月以后，后燕慕容德主动由邺城南迁滑台（今河南滑县），北魏兵才得以入邺城；最近一次，葛荣以百万之众进攻邺城不克，终为尔朱荣所破。有这么多先驱们的成功做榜样，刘诞对守城很有信心。

然而，这次攻城的主将是高欢，他将让刘诞大开眼界。高欢表现出了很强的创新精神，既然强攻无效且伤亡惨重，善于思考的他发明了一种新式的攻城方法，如果说带着云梯攻城叫上天，他这招就叫入地。工兵在地下挖地道，边挖边用木桩、木板做支撑以防止塌方，一直挖到城墙底下。看看差不多了，他们把木桩木板上浇上油，然后点火，支撑的木桩烧毁了，泥土受热变形，然后柱折墙塌，坚固的城墙被撕开了一道缺口，高欢大军立即冲了进去。

正如李元忠所料，刘诞哪里是高欢的对手？

公元 531 年，中兴皇帝元朗率文武百官进入邺城，任命高欢为丞相、柱国大将军、太师，高澄为骠骑大将军。这一年高欢三十六岁，高澄年方十二岁。

高欢任命杨愔为行台右丞，跟开府谘义参军崔㥄一起负责起草文告檄文命令。现在，对高欢来说，天下形势一片向好。青州大都督崔灵珍、大都督耿翔皆遣使归附。汾州行汾州事刘贵弃城来降，刘贵本来就是地下党，这次终于从地下转移到了地上。

高欢军事上的节节胜利震惊了尔朱家族，尔朱兆败了一次，尔朱兆的军队仍然是尔朱家族的精锐，自家人继续耗下去，迟早大家一起完蛋。为了跟尔朱兆重新和好，尔朱世隆放下了当叔叔的脸面，派人带着厚礼劝解尔朱兆，答应只要尔朱兆肯到洛阳，那自己甘心让位，一切听他的。为了让他安心，尔朱世隆又让节闵帝娶尔朱兆的女儿做皇后。为区别于尔朱荣的女儿、孝庄帝的大尔朱皇后，节闵帝皇后史书称为小尔朱皇后。功夫不负有心人，尔朱世隆的努力没有白费，尔朱兆的脸终于多云转晴，在强敌面前，尔朱家族终于再次团结一心。

所谓多难兴邦，在外患的威胁下，内部矛盾让位于敌我矛盾，这才是大局意识。

尔朱家族终于团结了，有一个人却不愿意继续跟尔朱家族干下去了。

痛定思痛，死里逃生的斛斯椿认为继续跟这些反复无常的领导们混下去，没有前途不说，死路一条的概率大，所以他要再次为自己的命运做一次抉择。他要拉上好友贺拔胜跟自己一块儿干。贺拔胜对尔朱家族也忍够了，不管自己如何反复，都有不得已的苦衷，做大魏朝的忠臣一直是自己的理想，可从来没想着跟尔朱家族为虎作伥。眼看着这些人一旦大权在手根本不管朝廷的利益，不管百姓的死活，他也深切地感觉到尔朱家族不会有好结果，灭亡是迟早的事，到时候大家都得跟着一起倒霉。

有想法不一定有行动，贺拔胜主要担忧尔朱家族成员个个兵权在手，而且各自割据一方。如果一方有难，四方相助，还真不容易一网打尽。

“把他们弄到一块儿啊——这好办啊——呵呵，看我的好了。”斛斯椿自信地说。

21. 韩陵之战

斛斯椿没有说大话，他做到了。

斛斯椿充分发挥了他善于忽悠的特长，说动尔朱家族联合起来共同讨伐高欢，尔朱兆、尔朱仲远等自然没说的，只是劝说坐拥关中的尔朱天光出关费了点力气。

贺拔岳、侯莫陈悦等人都极力劝阻尔朱天光，咱在这经营得好好的，像个独立王国，蹚他们的浑水干什么？但斛斯椿点到了尔朱天光的软肋：“尔朱兆他们已经败了一次，尔朱家族到了危急存亡之秋，能拯救尔朱家族的也只有您了，您能任由尔朱家族灭亡吗？”作为尔朱家族的一分子，一荣俱荣、一损俱损的道理尔朱天光还是懂得的，斛斯椿的话让尔朱天光无言以对。

于是尔朱天光发兵长安，尔朱兆从晋阳出发，尔朱度律率洛阳禁军，尔朱仲远自东郡出兵，四路大军共计二十多万人在邺城外围胜利会师。节闵帝派出的行台长孙稚负责节制各军，准备发动一场除掉高欢的歼灭战。

我一直对这段历史有疑虑，按照正常思维，斛斯椿说动尔朱家族共同出兵，以其精锐之师，七倍于高欢的实力，实在看不出斛斯椿的本意是催着尔朱家族灭亡，倒像是集中兵力一举歼灭高欢。真不知道事后斛斯椿是怎样说服高欢，让高欢相信自己是高欢这边地下党的。但历史证明，尔朱家族联合在一起对高欢来说“不是利空是利好”，所以，我们对斛斯椿的举动无可指责。

统帅长孙稚是大魏的元老重臣，他最出名的两个儿子是长孙子彦和长孙子裕。长孙子裕有个著名儿子是隋朝著名的外交家长孙晟，再往下数，熟悉唐朝的朋友都知道长孙无忌和唐太宗李世民的长孙皇后，对了，这对兄妹就是长孙晟的子女。

又是一个隋唐史上的重要家族。

实际上，长孙稚这个行台只是个挂名的统帅，尔朱四将谁也不服谁，各自为战，没有统一的指挥，所以没有开战他们已经失了先手。

高欢亲率大军出邺城，做决战前的准备。军队部署是：高欢统率中军，高敖曹统率左军，高欢的堂弟高岳统率右军。大战之前，高欢担心高敖曹的汉兵战斗力弱，就跟他商量往他的军队里掺一些鲜卑兵。高敖曹笑道：“我这三千部曲，训练已久，格斗拼杀不减鲜卑人。要真混在一起，揉不到一块儿去，有功则争，有过则推，反而削弱了战斗力。”事实上，高敖曹的这些人本来就是乡间豪强、绿林英雄，高敖曹将带着这支队伍闯出一片新天地，让鲜卑人不敢小瞧汉人。

尔朱兆首先忍不住了，见高欢倾巢出动，邺城空虚，亲率三千轻骑兵趁夜偷袭，留守邺城的封隆之也不白给，日夜警戒，愣是没让尔朱兆讨到一点便宜。

邺城郊区的韩陵山一带，将成为高欢的生死决战之地。高欢背靠韩陵布了一个圆阵，将牛、驴用绳子连起来堵住通往邺城的退路，对士兵们来说，前边是尔朱大军，后边是牛驴阵，拼命往前冲说不定会杀出一条血路，成功了荣华富贵在那等着，于是都有拼死一战的决心。

这是楚霸王破釜沉舟、背水一战的再现。

战前还有一场政治攻心战。两军阵前，尔朱兆高声责骂高欢忘恩负义。

高欢回敬道：“你我约定同心协力辅佐皇帝，现在皇帝何在？”

尔朱兆说道：“永安（元子攸）冤杀天柱大将军，我不过是报仇罢了。”

高欢道：“冤杀？你我都听到过天柱大将军的阴谋，你敢说他不是反叛！况且君让臣死，臣不得不死，你又有何仇可报？你我今日恩断义绝，放马过来受死吧。”

口舌之争分不出高下，真刀实枪见高低吧。段韶领本部人马抢先冲了过去，两军混战起来。尔朱兆指挥大军向高欢冲过来，擒贼先擒王，集合精锐直插中军历来是尔朱铁骑屡试不爽的战术。在羯胡铁骑的猛烈攻击下，高欢的中军被冲垮了。危急时刻，高岳率五百名骑兵从前面杀回来，斛律金集合败退下来的兵卒从后面抄上来，高敖曹则率一千骑兵从旁边横击过来。三路人马配合得天衣无缝，尔朱兆和羯胡铁骑遭遇了组建以来最厉害的攻击。

更加可悲的是，尔朱仲远再次选择了观望。

火烧眉毛了还在玩猜忌，尔朱家族不灭亡也是天理难容了。贺拔胜和徐州刺史杜德阵前反水，倒戈一击投入了高欢阵营。这一下，尔朱兆崩溃了，尔朱兆的人马首先退了下来，尔朱军团就像多米诺骨牌一样，二十万大军全线溃败。

尔朱仲远逃往东郡。

“真后悔啊，没有听你的话！”尔朱兆这时候想起了慕容绍宗，要是早早除掉高欢，哪里有今日之败？正是自己，我尔朱兆养虎遗患啊。到了这个份儿上，尔朱兆也顾不上别的了，马上要率自己的轻骑卫队逃往晋阳。

慕容绍宗没有只顾自己逃命。

22. 墙倒众人推

紧要关头，慕容绍宗显示出了大将本色，他不慌不忙地调转大旗，吹响号角，很快，逃散的士兵重新集结在一起，他们边打边退，从容撤出了战场。名将就是名将，就是逃跑也跟别人不一样。相信这件事给高欢留下了深刻的印象。

韩陵之战是历史上以少胜多的经典战例，也是高欢一生中打得最好的一仗。这一战一是彻底摧毁了尔朱家族的精锐，令尔朱家族从此一蹶不振；二是大大提高了高欢的声望，奠定了高欢虎视天下群雄的霸主地位。

尔朱兆、尔朱仲远都跑了，尔朱度律和尔朱天光打算先退到洛阳再作打算。随军大都督斛斯椿对都督贾显度、贾显智说：“现在如果不先抓获在京的尔朱氏诸人的话，我们这些人就要全部死光了。”他这话的意思是将来高欢得势，作为尔朱余党自然逃不过被审判的命运。学习贺拔胜？不行，人家是名将，到哪都是抢手货，我们这些人，寸功未立，舰着脸往上赶，指不定是个什么结果。

贾显度和贾显智是亲哥俩，两人的起点也在北部六镇，在贾显智跟高欢这帮哥们儿一起喝酒打猎的时候，贾显度已经做到沃野镇别将了。北镇乱起后，贾显度带手下的镇兵们投奔秀容，成为尔朱荣的得力干将，后来做了南兖州刺史，尔朱荣死后他选择了逃避，跑到梁朝政治避难去了。哥哥逃了，时为尔朱仲远部将的贾显智也拒绝随尔朱仲远讨伐孝庄帝，受到了孝庄帝的通令嘉奖。但随着孝庄帝败亡，尔朱群胡拥戴节闵帝即位，形势变得对贾显智哥俩不利，待局势稳定之后哥俩才返回洛阳。但尔朱仲远要杀掉贾显智，这时多亏贾显度的好朋友尔朱世隆从中周旋，贾显智才捡了一条性命。这次讨伐高欢，两人属于尔朱度律一路的。

在斛斯椿的努力下，长孙稚、斛斯椿、贾氏兄弟已经结成了一个小圈子，他们实际上属于随时准备反噬尔朱家族的人。贾家兄弟听斛斯椿说得有理，贾显智过去跟高欢有旧，但已经很久没来往了，要见面不准备点见面礼是不行的，于是大家相约抢先返回洛阳收拾尔朱余党。洛阳城的尔朱世隆嗅到了危险的迫近，他向节闵帝提出要亲自去镇守河桥，切断河北通往京都的咽喉要道的请求，但此刻的节闵帝另有打算，他拒绝了尔朱世隆的要求。又是一个两败俱伤的决定，关键时刻显示出节闵帝并不够聪明，他忘了自己的帝位是怎么来的，天意并不能保证他不会跟尔朱家族一起完蛋，何况，天意本来就是虚的。

讨不到皇帝的诏令，无奈之下，尔朱世隆只好派他的心腹参军阳叔渊飞马赶奔北中郎府城，他的任务是检阅甄别从前线退下来的残兵败将，让他们分批进入洛阳城，严防叛乱分子蒙混入京。

斛斯椿一行赶到，被挡在了北中城外。还得说是斛斯椿，他再一次发挥了他的特长，连哄带骗地对阳叔渊说："尔朱天光的部下都是西部人，我听说他们打算要大肆掠抢洛阳城，之后迁都到长安，你应先让我进城，做好准备。"阳叔渊相信了斛斯椿的话。斛斯椿等占据河桥，将尔朱氏的党羽全部杀掉。

尔朱度律、尔朱天光到了，但斛斯椿在那挡着不让过去，想打过去，老天爷又不作美，大雨下个不停，这些关中带来的兵马疲惫困顿，弓箭施展不开，无奈之下尔朱天光只好向西逃去。墙倒众人推，现在的尔朱集团，到处都是敌人。两人逃到陂津，遭人伏击被擒，以阶下囚的身份被送到了斛斯椿处。斛斯椿让长孙稚到洛阳向朝廷报告，另外又派贾显智率骑兵袭击尔朱世隆，将其抓获。

长孙稚向节闵帝报告："高欢义军大败尔朱众胡，请陛下下令诛杀尔朱氏。"

长孙稚这时候已经开始站在高欢一边说话了，连对尔朱家族的称呼也变了，但他忘了提醒节闵帝：高欢早已另立新朝了。尔朱彦伯与尔朱世隆一起被斩首，斛斯椿让人将两颗首级连同尔朱度律、尔朱天光一起送给高欢，请高欢处置。

尔朱家族的灭亡速度简直匪夷所思。从发动骇人听闻的河阴之变开始，就注定了尔朱家族的结局。试想两千衣冠背后连着多少个大家大族，同时又让多少人寒了心，所谓口服心不服，终有一天会爆发的。高欢也算是因缘际会。

骠骑大将军、行济州事侯景一看尔朱集团大势已去，果断地向高欢投诚。高欢对这个老哥们儿很了解，知道侯景的本事大，所以立即任命他为尚书仆射、南道大行台、济州刺史。这下等于把南边的事都交给侯景了。豫州防城大都督慕容俨与豫州刺史李恩一合计，识时务者为俊杰，晚降不如早降，也宣布归附高欢。高欢不久以慕容俨为东雍州刺史，慕容俨跟慕容绍宗一样出身鲜卑慕容氏。南岐州刺史司马子如也来了。原来高欢起兵的时候，尔朱世隆因为司马子如和高欢是老交情，就把他从侍中、骠骑大将军的位子上撤下来调到南岐州做刺史，司马子如开始还心存幻想，一再表白忠心，无奈尔朱世隆根本不相信。司马子如一怒之下就投奔了高欢，高欢还是念旧的，当下任命司马子如为大行台，参与军国大事。

御史中尉樊子鹄率军进逼东郡，尔朱仲远一看没活路了，便投奔了梁朝。帐下都督乔宁、张子期见主将跑了，自己又不愿意过江，看别人投降后都受到优待，于是也跑到高欢处投降了。但这个时候投降，早已经丧失了投降的资本，高欢怒斥两人忘恩负义，犬马之不如，把这两个人给杀了。两人的下场证明了斛斯椿的见识就是不一般，相信贾家兄弟这时候一定在暗自庆幸。

高欢没有想到的是，这两个小人物的死竟然会引发出一场前所未有的政治灾难。天下的形势对高欢越来越有利，尔朱天光一完蛋，尔朱家族的关西根据地马上变了天。贺拔岳在宇文泰的怂恿下联合秦州刺史侯莫陈悦袭击长安，宇文泰亲率轻骑充当先锋，擒获守将尔朱显寿，占据长安，随后他们向高欢奏捷。高欢很高兴，上表请封贺拔岳为关西大行台。宇文泰崭露头角，逐渐成为贺拔岳最信任的将领，贺拔岳以他为行台司马，大小事都让他处理。宇文泰很注意收拢人心，在关西的威望越来越高。

一颗政治新星正在冉冉升起，当然，在贺拔岳这个月亮的笼罩下，新星还不是那么灿烂，没有放出他应有的光辉。

23. 元脩做了皇帝

高欢驻军邙山，再往前走就是大魏朝京都洛阳了，节闵帝派人表达了善意，承认高欢起兵的合法性，欢迎高欢入城共商大计。节闵帝的态度让高欢很为难，自己这次起兵没有举“清君侧”的旗号，如果承认节闵帝，那么撇开朝廷、另立新君这种行为再正义也是非法的。节闵帝对此居然一点也不计较，好像元朗就是一真空，高欢好比一拳头砸在了棉花上，简直比痛痛快快打一仗还难受。

现在天下有两个皇帝：军中一个，城里一个。俗话说，“天无二日，国无二主”，必须要做出决断了。

元朗和元晔一样，属于皇族的远支，从皇室血缘上比节闵帝差了不少，所以他的合法性一样存在问题。现实点说，元朗作为皇帝的利用价值已经消失，高欢把他从皇帝候选人名单上划掉了。在对待元朗这个过渡上，高欢跟尔朱世隆没有区别，这就是政治。但节闵帝是怎样的人，能和自己好好合作吗？可不可以做第三种选择？魏兰根主动要求充当特使到洛阳走一趟，一是让洛阳人民安心，二是观察一下节闵帝的情况再作打算。按照高欢的意思，若是节闵帝不是太糟糕的话，皇帝就继续让他做好了。

魏兰根见到的节闵帝非但不糟糕，简直就是气度恢宏。魏兰根感到后背有点发凉。有知识的人往往瞧不上没文化的人，在高欢军中，魏兰根能瞧得上眼的不过崔㥄、高乾等寥寥数人。

在向高欢汇报之前，魏兰根先跟崔㥄、高乾商量了一下。几个人都觉着皇帝太强不是个好事，尔朱荣的故事近在眼前，不可不慎，况且节闵帝是尔朱集团所立，高欢对于他来说没有什么功劳，对巩固建义众人的地位非常不利。在小集团利益的驱使下，大家都劝高欢废了另立，找一个好控制的宗室亲王取而代之，这样既能塞天下人之口，又能让高欢凭空多了定鼎之功。

高欢召集百官商量，这样的事谁敢多嘴？弄不好就是杀头的罪。但任何时代都有不怕死的，太仆綦毋俊称赞节闵帝贤明，理应接着干下去。崔㥄反驳说，“要说贤明，还有谁比我们高王更贤明？广陵王是尔朱逆胡所立，哪里能继续做天子？他要继续干，我们起兵算怎么回事？是反叛吗？”会议的结果是高欢入城把节闵帝幽禁在崇训寺。

感叹命运多舛的节闵帝触景生情赋诗一首：“朱门久可患，紫极非情玩。

颠覆立可待，一年三易换。时运正如此，唯有修真观。”

节闵帝被废，加上乔宁、张子期被杀，让斛斯椿大为恐惧。说起反复背主，自己可比乔、张二人严重得多了，人家只不过背叛了一次，自己已经好几次了，既然高欢不喜欢这种行为，自己也就危险了。斛斯椿是个有主意的人，眼珠一转就有了打算：先下手为强，弄死高欢。他偷偷找到跟自己情况差不多的老朋友贺拔胜，商量趁高欢立足未稳，想办法干掉他。的确，要对高欢下手现在还有机会，毕竟高欢初来乍到，而斛斯椿已经在洛阳经营多年。

贺拔胜过去跟高欢不太对付，本来很容易成为高欢的对立面，但高欢自从贺拔胜归降后，非常注意改善两人的关系，两个人多次彻夜长谈，共同回忆了曾经一起战斗的日子。高欢的努力达到了预期效果——贺拔胜被感动得一塌糊涂，打心眼里感到对不住高欢，对高欢的种种不满显然都是误会。

所以，此刻贺拔胜反过来劝慰斛斯椿说，高欢破败尔朱功劳最大，现在干掉他说不通，再说你斛斯椿对他是有恩的，高欢是个有情有义的人，他不会对你怎么样的。贺拔胜只是个英雄，政治能力一般，贺拔家的人玩心眼永远不占上风。事实上，他们失去了翻盘的机会。

需要讨论皇帝的人选了，现在的皇族近亲元氏诸王，经过几次清洗，活下来的不多，并且大多逃匿在外。有人推荐平阳王元脩（广平王元怀的儿子，孝文帝的孙子），正宗皇族近亲，最近了说跟孝明帝是堂兄弟。

元脩已经失踪很久了，据说他藏在员外散记侍郎王思政家里，元脩和王思政是最好的朋友。高欢让斛斯椿去找找元脩，斛斯椿愉快地答应了。斛斯椿跟王思政关系还不错，所以高欢还真找对了人。斛斯椿找到王思政打听元脩的下落，王思政反问斛斯椿的来意，于是斛斯椿转达了高欢有意立元脩为帝的意思，王思政就带斛斯椿来到了元脩的藏身之处。

元脩大惊失色，问王思政：“不会是出卖我了吧？”乱世人心不古，人人都成了惊弓之鸟。王思政回答：“不会。”等听明白两人的来意，元脩还是很担心，一再问王思政能否担保自己没事。王思政没有用那些冠冕堂皇的话搪塞老朋友，很现实地说：“现在这个世道，谁也担保不了什么。”

王思政是个老实人，前面那四位皇帝的例子就在那摆着，在现在的形势下，皇帝的确是一种高风险的职业，但干什么没有风险？元脩答应了。

高欢派出四百人的仪仗队把元脩迎到大帐，真诚地谈了自己的想法，说到动情处不禁涕泪交加，元脩再三谦让，高欢一次次拜倒在地。晚上高欢伺候元脩沐浴更衣，又亲自安排元脩警戒岗哨，元脩被感动得稀里哗啦。

第二天，在高欢的导演下，洛阳文武百官再一次免费观赏了一场禅让表演。元朗正式禅位给元脩，改元太昌，元朗退位为安定王，封高欢丞相、柱国大将军、太师，世袭定州刺史，高澄为侍中、开府仪同三司。史称元脩为孝武帝。

元脩的即位仪式采用了鲜卑古制，用黑毡蒙住了高欢等七位朝廷宗室和重臣，元脩站在上面向西祭天。这个举动似乎暗示了自孝文帝以来，以汉化为主流的大魏开始恢复胡化了。

元朗和元恭不久就被弄死了，这是被迫退位的皇帝们摆脱不了的命运。

天下暂时又太平了，但高欢还有两个心病，就是晋阳的尔朱兆和长安的贺拔岳。尔朱兆已经走向了穷途末路，倒是贺拔岳在关中经营多年，已经发展成为一股不可小瞧的势力。在高欢的导演下，魏朝廷下诏调任贺拔岳为冀州刺史。你贺拔岳在关中树大根深，到了冀州可就是孤家寡人了，好好干没什么好说的，不好好干弄死你也就是一个人一把刀的事。

高欢这步棋意图太过明显，贺拔岳很清楚这点，但是此时的高欢势力雄厚，天下归心，贺拔岳有点顶不住了。

英雄家族贺拔家的人都有匡扶天下之志，但都做不了枭雄，他们的理想就是做一个本分忠臣，尽职尽责地干好本职工作。所以，接到命令后的贺拔岳打算单骑入朝，向皇帝剖明心迹。应该说这是个愚蠢的决定，倘若贺拔岳真的走了这一趟，那么后来的历史就要重写了。

上天不同意这个安排，就有了行台右丞薛孝通前来阻拦。薛孝通分析道：“高欢大败尔朱集团，其兵锋实难抵挡，但是，高欢现在没有能力来争关中，其一，高欢诸将原本的位子或据其上，或和他差不多，现在屈居其下也是情非得已，他们或在京城，或者出镇一方，除之令人失望，留之则为心腹大患，这是高欢的内忧。其二，尔朱兆虽然败退，现在仍然盘踞并州，时刻准备提兵入朝报仇，这是高欢的外患。内忧外患已经够高欢忙活了，他哪里有精力来对付我们？现在我们关中地势险要，进可以图山东，退可以封函谷自保，为什么要束手受制于人呢？”

薛孝通的分析丝丝入理，一语惊醒梦中人。贺拔岳打定主意，随便找了个理由拒绝入朝。果然，高欢对此无可奈何。

身边有个明白人太重要了。

洛阳的事暂时告一段落，高欢回到邺城，把尔朱度律、尔朱天光送到洛阳斩首了。元脩想学孝庄帝提升高欢为天柱大将军，高欢推辞不受。尔朱荣死后，天柱大将军成了忌讳，从此天柱大将军成为尔朱荣的专利，再没有人侵权了。

不过，还真有更牛的。后来，侯景祸乱江南的时候，曾经要梁主封自己为宇宙大将军、都督六合诸军事，弄得梁主惊诧不已：将军也能加宇宙号？

可见，人的创造力是无穷的，高欢有点保守了。

24. 歼灭尔朱兆

关中的贺拔岳暂时还顾不上，晋阳的尔朱兆就没有那么幸运了。高欢引兵入滏口，大都督厍狄干入井陉，分两路进攻晋阳。孝武帝派骠骑大将军高隆之率步骑十万助战。

当初出滏口的时候，自己带着十万疲敝之众披星戴月地往外跑，为的是早日摆脱尔朱兆的控制；今天自己以大丞相的身份率十几万精锐之师来找尔朱兆算总账，真是三十年河东三十年河西，我贺六浑终于回来了！

然而，尔朱兆没有给高欢留下第三次打败自己的机会。在被高欢连败两次的打击下，这个曾经敢跟老虎徒手搏斗的猛士成了惊弓之鸟，眼看着高欢三路大军浩浩荡荡向自己杀来，尔朱兆选择了逃避，率领自己的部族战士们跑回老家秀容去了。当然，临走时他也没忘了对晋阳大肆劫掠——高欢你来吧，留下个乱摊子你慢慢收拾吧。本来打算打一场硬仗的高欢不费一兵一卒占领了晋阳。

尔朱兆实在是没脑子，否则以晋阳四塞之地，够高欢忙活一阵的。如果他以为跑回老家高欢就会放他一马，他又错了，斩草除根的道理高欢还是懂得的。

尔朱兆弃晋阳不要，高欢却如获至宝。晋阳真是个风水宝地，城池坚固，东连太行山，西有吕梁山，南有霍太山，北扼东陉、西陉关，号称四塞之地，易守难攻，是进可攻、退可守的好地方。高欢把大丞相办公室搬到了这里，跟自己一起打天下的功臣宿将们大部分都在这里安了家，从此坐镇晋阳遥控朝廷，晋阳成了大魏朝的军政中心，史称霸府。高欢对军队进行了一次较大规模的调整。他把散居河北各地的鲜卑人迁到并州、汾州一带，设置恒、燕、云三州侨州；又把六镇改为朔、显、蔚三州，分别在六壁城、邬县等地设置侨州。

侨州是南北朝的一种具有鲜明时代特征的现象。因为战乱，到处都有失去土地的流民，流民如果管理不善，很容易发展为暴乱分子。要照顾流民的情绪，往往以大部分人的原籍郡望设置州郡，区别于原来的州郡，故称为侨州，如梁朝的南徐州治所在镇江，统领的是南渡的徐州移民。高欢设置侨州主要是为了管理六镇流民，侨州直属大丞相府，高欢从政治上、经济上给予特殊政策，规定他们以打仗为主要职业。六州鲜卑拱卫晋阳，成为高欢霸府的主要军事力量。

洛阳和晋阳要建立更亲密的同盟关系，结亲是最简单快速的方法。高欢的女儿要嫁给元脩了，媒人是太常卿李元忠。李元忠很喜欢太常卿这个岗位，太常寺掌管礼制、音乐、祭祀、太医等，有酒、有音乐就是李元忠理想的生活，所以后来做了侍中、中书令，他还是主动要求下放太常寺。

高欢见到李元忠，指着老朋友跟大家介绍说："就是这个人当初逼我起兵的。"李元忠捋着高欢的胡须笑道："这样的老翁实在难找啊。"两人聊起当初起兵的日子，唏嘘不已。作为高欢的大功臣，粗读经史的李元忠清楚地知道自己该做些什么了，大丈夫为人处世，该建的功业也建了，是到了功成身退的时候了。从此，李元忠便开始把精力用在饮酒作乐上，整日口不离杯，花钱又大大咧咧，日子过得很清苦，但李元忠随遇而安，毫不在意。后来高欢曾经想启用他为仆射，但高澄怕他喝酒误事坚决不同意。李元忠的儿子不干了，就劝老爹戒酒，李元忠笑道："你喜欢做仆射你可以不喝酒，我觉得酒比仆射还好。"

其为人洒脱若此。

尔朱兆回到秀容后，分兵把守四周险要，时不时纵兵到附近州郡做做客，看到吃的、穿的、用的就不客气地拿，所以秀容川四周郡县的报警信不断地飞到晋阳。

高欢决定彻底拔掉尔朱家族的最后一颗钉子，于是大张旗鼓誓师准备攻打秀容。尔朱兆听说高欢要来，立即下令全族总动员准备防御，部族战士们日夜警戒等待着高家北伐军的到来。可是怪了，高欢这边是雷声大雨点小，只见檄文不断传来，却迟迟看不到军队的影子。尔朱兆白白地吃不香、睡不足地紧张了一阵。如此前后有四次，狼来了的故事重复多了，尔朱兆就不再拿着当回事了，族人们也懈怠了，他们判断高欢所谓的北伐只不过是虚张声势罢了。

要的就是这个效果。

眼看着要过年了，高欢认为时机到了，命令都督窦泰率领轻骑兵作为先锋，日行三百里，驰奔秀容川，高欢大军随后出发。高欢够损的，人家都在家好好地过年，他倒好，赶在这个时候出兵。

窦泰到达秀容的时候，尔朱部族正在举行盛大的新年宴会，战士们紧张了几个月，这次终于可以放松一下了，所以一个个喝得东倒西歪，酩酊大醉。当尔朱兆的一双醉眼看到窦泰骑兵的时候，他悲哀地知道自己彻底输了，在本能的驱使下，他率领亲兵卫队落荒而逃，窦泰率军紧紧追赶。赤洪岭上，走投无路的尔朱兆悲壮地斩杀了自己心爱的宝马，然后自尽身亡。尔朱兆亲信綦连猛、斛律羌举、乞伏贵和被俘，各杖一百。高欢将綦连猛配尉景，乞伏贵和配娄昭，考虑到斛律羌举乃部落酋帅的儿子，就让他跟着自己，三人后来都成为高欢的亲信大将。

在尔朱兆只顾自己匆忙逃命的时候，有一个人再次表现出少有的镇静和勇气。还是慕容绍宗！

慕容绍宗再次收拢余众，保护着尔朱荣的妻子退守乌突城。高欢兵临城下，眼看继续打下去除了徒增杀戮并无半点希望，为了保全尔朱家族的最后一点血脉，慕容绍宗向高欢投诚。高欢既欣赏慕容绍宗的才干，又敬重他对尔朱氏的忠心，所以一点也没为难他。高欢还是有些正义感的，对背主求荣之辈，他是杀之而后快，对忠义之人却非常敬重。

高欢还有更深的意思，这个意思在高欢的最后时刻才表露出来，那时，慕容绍宗将为高欢家族立下一项天大的功劳。

高欢没有食言，尔朱荣家剩下的孩子们从此在高欢的羽翼下健康成长，甚至当孩子长大后要为父亲报仇而犯下了谋逆大罪，高欢也没有对尔朱家族斩草除根。毕竟，尔朱荣对自己是有恩的。另外，尔朱荣的女儿，曾经的大尔朱皇后和尔朱兆的女儿小尔朱皇后都成了高欢的王妃。

至此，尔朱家族能折腾的都被折腾死了，从尔朱荣横空出世到尔朱兆悬树自尽，前后不过八年的时间。八年在历史长河中好比白驹过隙，但八年中发生的事实在太多太多。

至此，高欢的声望如日中天，成为大魏朝最有权的人。

25. 两个枭雄的一次会面

高欢歼灭尔朱兆的消息传到关西，贺拔岳坐不住了。按照薛孝通的看法，高欢的内忧外患正在逐步清除，那么下一个目标恐怕就是自己了，贺拔岳感到了危险的迫近。还是先跟高欢缓和一下关系吧，于是贺拔岳派手下冯景到晋阳拜会高欢。高欢见到冯景非常高兴，“想不到贺拔公还想着我！”人家贺拔岳弟兄成名的时候自己还是个小信使呢，现在还不是一样要巴结自己。这一刻，高欢颇有点暴发户的心态。来了是个态度问题，不管怎么说，贺拔岳不想成为自己的敌人，这也正是高欢愿意看到的。本来，高欢的政权就有点军人联合政权的味道，只要不反对自己，大家就是好同事。

为了进一步拉拢贺拔岳，高欢跟冯景歃血为盟，跟贺拔岳约为兄弟。

呵呵，刚刚灭了两次结义的兄弟尔朱兆，这时候再来这一套，还有人相信吗？果然，冯景回到关中，就把自己对高欢的印象报告给贺拔岳：高欢奸诈有余，他的话不能相信。那么，就要积蓄力量努力做大，准备有一天同高欢来个生死决斗。结盟结出了这样的结果，高欢如果知道了不气死才怪。

贺拔岳仍然有点犹豫，自己两位兄长可都在洛阳，大哥不用说，一直站在高欢一边，从信都开始追随高欢一直到进驻洛阳，封为燕郡王，官拜侍中、太尉；二哥贺拔胜现在也站在了高欢一边，任领军将军、侍中，弟兄并为宰相，一门荣耀，所以要对高欢有所图谋，不能不慎重。

宇文泰请求亲自到晋阳去一趟，探探高欢的虚实。宇文泰来到大丞相府，这是未来的两个对头第一次正式见面。高欢大惊，但见宇文泰身长八尺，方脸宽额，美须髯，发长委地，垂手过膝，面有紫光，果真天生异相，一表非凡，令人望而生畏。

长长的头发，浓密的胡须，红里泛紫的一张脸，宇文泰长得真够吓人的。

高欢没有看到的是，宇文泰的异相还不止如此，在他后背上生了一行黑痦子，弯弯曲曲排成龙盘之形。按照相士那套不着边际的理论，这是大富大贵，甚至贵不可言之相。传说中小流氓刘三也长了一把好胡子，左股也有七十二个黑痦子，所以刘三最后成了老刘家最有出息的人，并被后人改称为汉高祖。

难怪，侯景一面便被折服，比起宇文泰，瘸子侯景简直就是个上天无意铸就的残次品。高欢认为有如此相貌者必有非常之遇，于是动了爱才的心思，再三挽留宇文泰留在自己手下效命：我是大丞相，贺拔岳不过一个地方军阀，跟着我混难道会比跟着贺拔岳差？

高欢小看了宇文泰，这黑獭的志向跟他一样是要澄清天下，宇文泰自然不肯听，坚决要回关中复命，高欢只好答应。

宇文泰走后，高欢越想越后悔：让如此人物留在贺拔岳的身边，那不是让贺拔岳如虎添翼吗？能为我用当用之，不能为我所用当杀之，这才是用人之道。高欢想明白了，亡羊补牢吧，于是派人快马加鞭追赶宇文泰，没想到宇文泰早猜到老高会有这么一手，一路马不停蹄，昼夜赶路，把高欢的人远远甩在了后边。

宇文泰见到贺拔岳，详细汇报了晋阳的所见所闻，他认为高欢大权独揽，天下大政出自霸府，高欢离皇帝的位子也就一步之遥。他之所以不敢公然篡位，正因为顾忌贺拔岳，而如侯莫陈悦之辈，高欢根本就没放在眼里。他建议贺拔岳要有将来跟高欢对决的思想准备，眼前要做的就是悄悄扩充军备，开辟壮大根据地，有实力才有话语权。对于形势，宇文泰一一做了分析：在雍州周围，费也头人有精骑一万，夏州刺史斛拔俄弥突手下胜兵三千锐卒，灵州刺史曹泥等各拥兵自重，这些人目前名义上受中央号令，实际上未有所属。只要恩威并用，把这些人收归帐下，然后西辑氐、羌，北抚沙塞，还军长安，匡辅魏室，如此则功莫大焉。贺拔岳大喜，宇文泰的话明确了贺拔军团下一步的战略重点。但是，要真正做到这些，他还需要一个正当的理由，他需要一道皇帝的诏令。

孝武帝本就很欣赏贺拔岳，他也想扶植其他力量来牵制高欢，所以曾经几次派使者到关中抚慰贺拔岳。有了这层关系做铺垫，接下来的事就好办了。宇文泰作为贺拔岳特使，秘密到洛阳面君，向孝武帝汇报了贺拔岳的计划。

“没问题，我一定支持。”孝武帝封宇文泰为武卫将军，让他回关中复命。

贺拔岳被任命为都督二雍二华二岐豳四梁三益巴二夏蔚宁泾二十州诸军事、大都督，有了这个牌子，贺拔岳率领武川豪杰宇文泰、赵贵、寇洛等在关陇地区大展身手，听话什么都好说，不服咱们战场上见。贺拔岳的胆识加宇文泰的谋略加上武川众将的战斗力，那是标准的战神组合。不久关陇地区的部族首领全部降服，二雍二华等二十州同意接受贺拔岳的节制，就连二十州以外陇右大行台侯莫陈悦控制的秦、南秦、河、渭四州也表示服从贺拔岳的调遣，整个关中除了灵州曹泥一直没有表明态度外，全部纳入贺拔岳的势力范围。

孝武帝很高兴，为了表明心迹，他甚至刺出自己心口血送给贺拔岳，以示倚重之深。接着他又把贺拔胜派到荆州，出任都督三荆、二郢、南襄、南雍七州诸军事，进位骠骑大将军、开府仪同三司、荆州刺史，加授南道大行台尚书左仆射，名义上让他离开了中央，实际上是带着皇帝的秘密使命去发展亲皇帝的武装力量。

贺拔胜封独孤信为镇城大都督，开始了对荆州的经营。贺拔胜进攻梁朝的雍州，连下冯翊、安定、沔阳、酂城，梁庐陵王萧续连战连败，惊得梁武帝萧衍敕书警告萧续：贺拔胜是北地骁将，你一定要小心点。独孤信兼任新野郡守，他亲政爱民，深得老百姓的爱戴，又与同样政声颇好的淅阳郡守韦孝宽相善，时人号称连璧。韦孝宽是杨侃的女婿，将来位列北周第一名将。

夏州归附后，鉴于夏州地位的重要性，贺拔岳派宇文泰取代斛拔俄弥突出任夏州刺史。

在去夏州赴任的时候，宇文泰带去了一个叫于谨的人出任城防大都督兼长史，这个人将对宇文泰的事业产生重大影响。于谨，出身鲜卑八大贵姓之一的勿忸于氏，自小喜读经史，尤好孙子兵法。六镇起义时，他随广阳王元深讨伐叛军，参与了军内所有谋议，因功封积射将军。元深成为平叛战争中大魏朝极少数能打的几个将军之一，于谨功不可没。广阳王仗打得好，就受到那些自己不做事却容不得别人做事的朝中奸党的妒忌，于是他们在当朝胡太后面前诬陷元深图谋不轨。他们找的证据很无理，说广阳王任用谋略过人的于谨，必将对朝廷不利。胡太后想知道于谨到底是何许人物，于是下旨捉拿于谨，并颁布了悬赏令。为了替广阳王辩解，于谨孤身前往朝廷自首并说服太后，使广阳王免遭迫害，于谨的为人和胆魄就是如此雄壮。后来的于谨事业不顺，几经沉浮，随尔朱天光入关，尔朱家族覆灭后，贺拔岳让他做了咸阳郡守。

这是一个跟贺拔岳比肩的成名人物，虽然目前八字不顺，流年不利，但他终将比贺拔岳走得更远。一切，来自宇文泰的赏识。为了报答宇文泰的知遇之恩，他将用自己的一生来捍卫宇文家族的事业。

高欢为了犒劳跟他一起起义的功臣们，他把孝武帝封给自己的十万户分给了大家。跟着这样的领导混，还有什么可说的。高欢达到了权力的高峰，但还没有到达巅峰，站在巅峰上的那个人却不甘心自己只获得一个空名。

历史一再地重演着。政治实际上就是权力的角逐，在权力面前，什么翁婿亲情，什么君臣大义，什么江山社稷，统统都是扯淡。元脩和高欢的君臣蜜月期很快就过去了，一个残酷的事实是，元氏皇族这些被选出来的人竟然没有一个孬种，草原英雄们的血液在子孙们身上仍然没有被稀释干净。高欢很头疼，搞掉了一个貌似贤明的元恭，迎来了一个更加热衷权力的元脩。

26. 君臣交恶

一个是大权独揽的权臣，一个是不甘心做傀儡的皇帝，那么，冲突不可避免地再次发生了。

如果，在皇帝和权臣之间能有人居中调解，将矛盾化解在萌芽状态，也许可以避免矛盾的激化。但是，孝武帝周围偏偏聚结了一批对高欢不满的人，无论高欢做什么，在他们的眼里都是准备或者正在犯上作乱。领头的是斛斯椿和王思政，两个都是有学问的文化人，两个都是孝武帝绝对信任的人，两个都是对高欢没有好感的人。而且，斛斯椿的忽悠水平我们已经领教过，他的话总是那么入情入理，让你觉着他处处在为你打算，让你不自觉地跟着他的思路走。

费也头事件成了矛盾激化的导火索。费也头人一直对皇室很忠诚。当年，在孝庄帝被尔朱兆囚禁后，费也头部族首领纥豆陵步蕃第一个奉诏举起了讨伐尔朱家族的大旗，但在高欢和尔朱兆的夹攻下，费也头人被迫退回五原河以西。

高欢命侯景到河西招抚费也头人，但费也头人一直对高欢没有好感，而且现在已经站在贺拔岳一边了，所以侯景无功而返。高欢大怒，亲自带兵走北路进攻河西，费也头人再次失败，首领纥豆陵伊利被擒，高欢把他们迁到了河东一带。孝武帝愤怒了，他指责高欢说，纥豆陵伊利是大魏纯臣，怎么你无故就去讨伐，退一步说，事先能不能派人请示一下？言外之意：你眼里还有我这个天子吗？

有人又进谗言，说高欢接旨的时候很随便，一点也不恭敬，这是没把皇帝当回事的表现。在这样的环境里，随着时间的推移，孝武帝元脩对高欢的不满越来越重。

但公道地讲，高欢喜欢权力，甚至有点独断专行，但他的内心并没有取而代之的想法，他只是想做一个权臣，如此而已。斛斯椿和王思政的出发点也不尽相同。斛斯椿是因为很清楚高欢跟自己不是一类人，早晚必然会有翻脸的那一天，所以自己要占主动。王思政却更多地是为恢复皇帝的尊严而奋斗，君就是君，臣就是臣，高欢就应该老老实实地尽臣子的本分，越轨就是不行。不管主观意图如何，客观上两人都是为了元脩能亲政，而不是像现在这样朝廷大事都得先过霸府这一关。斛斯椿和王思政不是只会动嘴的人，他们都属于有能力、有水平的人，尤其是斛斯椿，如果机会好，也是一个枭雄的不二人选。要想真的对高欢有所动作，必须做好充分的准备，否则，孝庄帝的下场殷鉴不远，这一点参与者心里门清。

贺拔兄弟作为皇帝的外援已经打开了局面，长安和荆州有了足够的实力牵制晋阳，洛阳朝廷内部的事就要靠他们自己办了。孝武帝对朝中文武大臣进行了分类：亲自己的，亲高欢的，两面派。对于两面派要争取，对于亲高欢的要打击，有一个似乎可以争取的人落入了孝武帝的眼中——高乾。

高乾？那可是高欢的死党，信都建义的首谋。元脩是不是昏了头了？

不，元脩有自己的看法。原来高乾信都起兵不久就遇到了一件大事：老爹高翼死了。按照丧礼的规定，高乾是要回家服三年丧的，但当时高欢粗创班子，大小事都得高乾替他张罗，所以只好夺情留任。等孝武帝即位，高欢迁居晋阳，以高乾为侍中、司空，同斛斯椿一起打理朝政，因为要守孝，高乾自请解职。

孝武帝免除了高乾侍中的职位，保留了司空的名誉称号，然后让他一直在家闲居。在家里待的时间长了，高乾成了被遗忘的人，朝廷的大小事情也基本没人跟他通气了，经常决定大事的忙人很难适应闲下来的生活，所以高乾就有点郁闷有些恼火，有时候免不了发发牢骚什么的。

有一双眼睛一直在关注着他：是皇帝！

高乾的表现加上从前他和孝庄帝之间发生的那些事儿，使孝武帝得出了高乾跟高欢并不是铁板一块的结论，高乾的汉人家传儒学背景决定了他是有忠君思想的。关键是，高乾是河北大族的代表，如果取得了他的支持，就等于挖了高欢的墙角，那么扳倒高欢自然是增加了一些筹码。倘若高乾认死理挺高欢，就等于将自己的计划暴露了。这个险值不值得冒呢？

先试一试再说吧。

孝武帝开始行动了，他主动又非正式地接见了高乾，并且披肝沥胆地跟他说了些掏心窝子的话。皇帝这样做往往会让大臣受宠若惊，高乾也不例外，所以两人唠得挺愉快。最后元脩放下皇帝的身份跟高乾说：咱们名虽君臣，实则兄弟，我们应该立个盟约，关键时刻相互照应。皇帝跟大臣说这些话，不是另有所图就是无厘头，高乾一时摸不准元脩葫芦里卖的是什么药，所以也表白说："我世荷国恩，以身许国，不敢有二心。"说完就说完了，高乾也没拿着当回事，这事也没和高欢通气。从这儿看高乾的政治敏感度不高，这是他取祸的原因。

斛斯椿动真格的了，他把禁卫军宫内值班人数增加了数百人，下边的卫士也增加了数百人，专门选拔身手敏捷、武功底子好的人充当。孝武帝又多次借打猎的名义，检阅禁军，号令部曲，实则搞的是军事演习。

娄昭作为禁卫军领军，因为高欢的原因，孝武帝也不待见他，有事也不打招呼，娄昭觉得再这样下去自己的好日子也就到头了，于是打了辞职报告。孝武帝一看正巴不得呢，当即批准，任命斛斯椿做领军。

透过越来越多的不寻常迹象，高乾那不太敏感的政治神经终于被刺中了。

高乾感到气氛不对劲，孝武帝一会儿派特使到关中，一会儿又招募禁卫军，这是要干吗？联想到皇帝对自己的态度，高乾知道孝武帝矛头所指了。于是秘密潜入晋阳，将洛阳发生的种种情形密报给高欢，劝高欢早作打算，取而代之。高欢连忙捂住他的嘴："不可妄言，等我启奏皇上马上恢复你的侍中之职，你替我继续盯着朝廷里的动静。"

高欢连连上表，请求恢复高乾侍中职务，但孝武帝摸不透高乾的立场，哪里敢往自己的小圈子里送，看不明白就等一等，孝武帝将高欢的奏折放在了一边。为什么高乾对侍中这个职务很上心？在古代官制中，侍中原来是丞相的属员，在殿中跑腿办事，有时候还帮皇帝端端尿盆什么的，因为接近皇帝，皇帝有些事就会听听他们的意见，所以这个职位越来越重要。到了南北朝时期，侍中已经成为皇帝的正式顾问了，是皇帝小圈子的人，拥有了宰相的地位，而古代位高权重的司徒等三公，也逐渐从宰相被疏远成为有职无权的荣誉称号了。

这也是身为司空的高乾接近不了权力中心的原因。只要领导信任，谁做事谁才有权，所以说这是集权制的产物。

到了这个份儿上，高乾知道继续留在京城不会有好结果，于是请求外放徐州。不让我当侍中，离你远点干个刺史总可以吧。这下孝武帝答应了，可就在高乾打点行装准备出发的时候,有人向孝武帝密报了高乾偷偷去见高欢的事情，这下高乾的立场明朗了，孝武帝恼羞成怒：不跟我一条心，我能放虎归山吗？暂时先别走吧。孝武帝也够狠的，直接给高欢下了一道诏书，说高乾不是好人，我俩曾经私立盟约，可他竟然反复两端，这样的人，您看着办吧。孝武帝这一招厉害，一石二鸟，既有对高欢投石问路的意思，又有离间两高关系的意图。

果然，高欢接到诏书非常生气：什么，高乾和元脩有盟约？这事我怎么不知道呢？你高乾不久前还让我当皇帝呢，你这是把我们都当棋子摆布，你在中间谋利啊。一怒之下，高欢竟然把高乾前后给自己的密信原封不动地转给了孝武帝。

孝武帝当即把高乾抓起来，把高欢上缴的这些材料扔给他，斥责他首鼠两端，实为反复小人，罪不容赦。高乾叹道：明明是皇上另有所图，却反过来怪做臣子的反复，欲加之罪，何患无辞。你说自己这是交的什么朋友，孝武帝、高欢没一个好人，高乾此刻心灰意冷，想到自己一家满门恐怕也不能幸免，还有什么可说的，不由长叹一声从容赴死。

此时，高乾两个弟弟都是一方大员，高慎在光州，高敖曹在冀州，手里有兵，地方上有影响，这是孝武帝必须要考虑的。俗话说，斩草要除根，一个也不能留。孝武帝密令青州刺史断了高慎的归路，又命徐州刺史潘绍业带着密诏捉拿高敖曹。高敖曹是谁？曾经的绿林豪杰、江湖大侠，朋友遍天下。这边潘绍业带上密令刚上路，那边高敖曹就得到了消息。高敖曹哪里会束手待毙，他立即设伏在路上擒住了潘绍业，从潘绍业的衣服里搜出了皇帝密令，然后率领亲信部曲直奔晋阳。到了大丞相府，见到高欢，两人抱头痛哭，高欢叹道：皇帝冤枉了司空啊。

高敖曹的眼泪里多的是悲伤，高欢的眼泪里更多的是懊悔。哭着哭着，他们就想起高慎还在光州，孝武帝既然会对高敖曹下手，也必然不会放过高慎，于是赶紧派人连夜赶往光州前去搭救。

作为高家的读书人，高慎其实更精明。大哥遇害的消息一传过来，他就知道情况不好，这北魏没法待了，他想到了南朝。手下心腹提醒说，到南边路途遥远，凶险莫测，不如往晋阳依附高欢。高慎觉得有理，就化装成乞丐逃出光州，直奔晋阳，路上碰到高欢派来接应的人，于是兄弟们在晋阳相会，暂时安顿下来。

高欢的霸府成了孝武帝对立面的避难所。

27. 关中变起

就在孝武帝摩拳擦掌准备大干一场的时候，西边传来了不幸的消息：贺拔岳死了。

培养了这么久，还没派上用场就这么走了，你说我怎么这么倒霉呢。再一打听，这事居然是高欢做的手脚。原来，孝武帝为了牵制高欢，秘密命贺拔岳在关中地区积蓄力量发展壮大。在贺拔岳的经营下，关陇地区基本纳入了贺拔军团的控制区。

只有灵州刺史曹泥是个刺头，作为高欢的朋友，死活不接受贺拔岳的领导。

连侯莫陈悦这个西北地区的二号人物都服软了，你曹泥还硬撑什么？安抚不了，咱还有武力解决这一招。为了拔掉这颗钉子，贺拔岳召侯莫陈悦一起讨伐灵州。对这个安排，夏州的宇文泰非常担忧，他认为灵州地处偏僻，算不上心腹大患，真正令人担忧的倒是侯莫陈悦。这个人贪而无信，虽然表面上屈服，早晚必成祸害。跟这样的人联手，无异于与狼共舞，弄不好就被他咬一口。

宇文泰的担忧是正确的。

在尔朱天光时代，贺拔岳和侯莫陈悦分别是天光的左右大都督，后来天光败后两人又一起反下长安，一个镇雍州，一个镇秦州。现在侯莫陈悦屈身接受贺拔岳的领导，那是迫于形势的压力不得已而为之，表面上侯莫陈悦顺从了，骨子里是极不情愿的。当高欢派人秘密知会，要他做掉贺拔岳时，侯莫陈悦义无反顾地加入了高欢的阵营。

虽然大家一直是同事，但贺拔岳从来没有把侯莫陈悦放在眼里。英雄嘛，骄傲一点是正常的。当侯莫陈悦要求他过去商量讨伐曹泥的方略时，贺拔岳丝毫没有怀疑这里边会有什么问题，想都没想便带着几个随从去了，这个疏忽是致命的。在侯莫陈悦的大帐里，侯莫陈悦的人乘贺拔岳不备，轻松地把他做掉了，一代英雄悄无声息地去了。

贺拔岳大军驻扎在平凉，侯莫陈悦向大家宣布自己是奉密旨诛杀贺拔岳，与别人无关，大家该干什么干什么，不要惊慌。贺拔岳手下众将们因为摸不清其中虚实，不敢轻举妄动，所以暂时也没有什么动静。然而，侯莫陈悦不过是个易冲动却胆小怕事的人，做掉了老大却不敢觊觎老大的位子，居然撇下贺拔岳的虎狼之师，带着自己的队伍匆匆赶回老巢陇右去了。

一时关中群雄陷入群龙无首的局面。在贺拔军团中，以都督武川人寇洛最为年长，大家商量着让他暂时代理一下老大的职位，但寇洛知道自己不是当老大的材料，坚决推辞不干。其他人论年龄、战功都差不多，谁也不服谁，谁也不敢妄据大位。都督武川赵贵、侯莫陈崇等人提出迎接夏州刺史宇文泰接位，东雍州刺史、左厢大都督李虎却主张到荆州迎接贺拔胜入关，还有人主张上报朝廷请朝廷定夺。大家意见不统一，谁也说服不了谁，于是大家各自按自己的想法开始行动。

宇文泰接到报信后，知道自己的机会来了，于是简单地把夏州的事情处理了一下，便立即轻骑出发，倍道兼行赶往平凉。

贺拔胜接到李虎的报告，考虑到荆州地接梁朝，战略地位重要，且自己已经经营多年，舍不得离开，便派出大都督独孤信飞驰平凉。以独孤信的能力，接替贺拔岳也没有问题。

高欢知道侯莫陈悦不足以成事，派出大将侯景前往招抚。侯景算是高欢手下最有谋略的将领，早在尔朱荣时代就已经是成名人物了，除了他还真没有更合适的人选。

洛阳的孝武帝也派出使者武卫将军元毗慰劳贺拔大军，命令大军回师洛阳，他想把这支队伍纳入禁军系列，直接受自己的指挥，同时也召侯莫陈悦回朝。

侯景路上巧遇宇文泰，宇文泰怒斥道："贺拔公不在了，难道不知道还有我宇文黑獭吗。"

侯景在宇文泰的面前竟然惊慌失色，辩解道："我也是奉了上头的命令，犹如箭在弦上，不得不发而已。"说完打个招呼就灰溜溜地离开了。这段记载有点丑化侯景，再怎么说侯景也是未来的一代奸雄，在宇文泰面前不至于一个照面就倒了。更大的可能是，侯景对这次任务本来就没有信心，找个借口走人就是了。

独孤信赶到平凉的时候，宇文泰已经做了老大。但两个人一见面，不由相顾莞尔。本来就是从小玩到大的好朋友，如今见面，分外亲热。

虽然做不成老大，对这个结局，独孤信很满意，毕竟宇文泰不是外人。原来，独孤信也是武川镇鲜卑贵族子弟，贺拔和宇文两家密谋干掉卫可孤的时候，独孤信、念贤、赵贵等都是那次行动的参与者。怀朔陷落后，大家被打散了，几经辗转，又汇聚在葛荣军中。葛荣败亡都投了尔朱荣，再后来宇文泰随贺拔岳进军关中，独孤信随贺拔胜经略荆州，从此大家天各一方。

钦差大人元毗到了，他的任务也没有完成。侯莫陈悦因为已经归顺了高欢，所以拒不接受孝武帝的命令，反正你元脩鞭长莫及，也奈何不了我。

宇文泰也不想去洛阳，他当前的首要任务是要稳定关中局势，顺势弄点动静，烧两把火，扎下根，毕竟新官上任，他要尽快树立威信。但宇文泰不能得罪孝武帝，侯莫陈悦可以找高欢做靠山，而自己注定要与高欢为敌，孝武帝对自己很重要。宇文泰请元毗转告孝武帝，现在的局面是前有高欢挡路，后有侯莫陈悦觊觎，目前大军回师洛阳是危险的。从长远考虑，为大计着想，自己愿意代替贺拔岳继续替孝武帝经营关中。一旦时机成熟，他将会是孝武帝最坚定的支持者。

宇文泰的理由无懈可击，独孤信也愿意亲自跑一趟洛阳代为陈述。孝武帝对宇文泰的表态很满意，就任命宇文泰为大都督统率贺拔岳的军队，算是官方正式承认了宇文泰的老大地位，同时孝武帝任命贾显度为雍州刺史，算是在关中地区插了一杠子。

独孤信被孝武帝留在身边，做了武卫大将军。

李虎没有随独孤信一起到平凉，当他知道关中已奉宇文泰为主后，便辞别贺拔胜往家赶，路上不巧被高欢的别动队抓获，押送到了洛阳。孝武帝一问是贺拔岳的手下，便好言相劝，封李虎为卫将军，厚加赏赐，让他回关中跟宇文泰一起为朝廷效力。顺便交代一下，李虎有个孙子叫李渊，还有个重孙叫李世民。

宇文泰上任烧的第一把火，就是讨伐侯莫陈悦，为贺拔岳报仇。侯莫陈悦召姨夫、南秦州刺史李弼救援，李弼给他献上了一策——投降谢罪。侯莫陈悦哪里知道宇文泰的水有多深，在他眼里，宇文泰不过是晚生后辈，他认为李弼出的是馊主意。李弼见自己的意见人家不理会，索性暗地里跟宇文泰勾结。在利益面前亲戚是靠不住的，这样的战斗毫无悬念，侯莫陈悦最后找了棵歪脖树上吊自杀了。

宇文泰任命李弼为秦州刺史，李弼成为宇文泰十二大将之一。李弼有个著名的后人叫李密，比他爷爷更有名：一是好读书，留下了个“牛角挂书”的成语，算是为中国传统文化添了砖、加了瓦。二是成为瓦岗军的首脑，是掀起反大隋的六十四路烟尘中最大的那一支，在隋唐英雄传奇中占有一席之地。

解决掉侯莫陈悦，其他的就是小菜一碟了。很快，侯莫陈悦控制的地盘一一投降：部族酋长氐王杨绍先臣服，曹泥、可朱浑道元等迫于形势宣布归附，关陇之地尽为宇文泰所有。

这时候，于谨建议宇文泰请孝武帝西迁，然后挟天子而令诸侯，以此则霸业可图。宇文泰动心了。关键时候总有人出这样的主意。实际上，乱世的皇帝是危险的，基本上是大家利用的工具，没有利用价值的时候只有被杀的命运。

高欢见宇文泰地位已经巩固，也不想多树一个敌人，就派张华原和侯景两个人带着厚礼前来通好。但此时宇文泰关中大局已定，哪里肯理会高欢，于是将高欢送来的东西原封不动地送到了洛阳。

孝武帝看到宇文泰忠心可嘉，就更加着意培养宇文泰了。孝武帝下令宇文泰派两千骑兵镇守东雍州，继续向东扩大地盘。有了皇帝的诏令，宇文泰命大都督武川梁御为东雍州刺史，率步骑五千向东挺进。

孝武帝任命的雍州刺史贾显度，是高欢哥们儿贾显智的大哥，既跟斛斯椿过往甚密，又暗地里与高欢有来往。作为跟斛斯椿一样善于审时度势的人，这次他将宝押在了宇文泰一边，于是开城门迎接梁御。就这样，宇文泰重新占据了长安。

孝武帝封宇文泰侍中、骠骑大将军、开府仪同三司、关西大都督、略阳县公。

28. 元脩的抗争

洛阳城，孝武帝讨伐高欢的步子正在加快。

高欢的人逐渐被罢免，封隆之和孙腾都辗转回到晋阳。孙腾干了件不地道的事，导致了高欢一党的大分裂。原来，孙腾看中了寡妇平原公主，平原公主却看上了丧妻的封隆之。孙腾有点嫉妒，就把封隆之曾经跟自己私下里谈论斛斯椿的话泄露了出去。大概也没什么好话，所以封隆之很害怕，趁大家不注意，拉着儿子封子绘悄悄跑回老家藏起来了，高欢又派人把他接到了晋阳。

孙腾也没占到便宜。公主没娶到不说，孝武帝还找了个理由准备治他的罪，孙腾也只好逃回晋阳找高欢去了。

平原公主属于标准的红颜祸水，她将来还会给孝武帝带来更大的灾难。

吓跑了这两位高欢的亲信，孝武帝又开始打各地刺史们的主意。对于高欢的人，他开始想方设法取而代之。先是通过撤销建州的建制，不动声色地罢免了建州刺史韩贤，又让御史们罗织罪名，找济州刺史蔡俊的麻烦，还派斛斯椿在京城附近招兵买马，扩充羽林军达十万之众。

一切准备妥当了，可以跟高欢摊牌了。

于是孝武帝下令京都戒严，征发河南诸州兵马，准备大举讨伐梁朝。在洛水北邙山南的开阔地带，孝武帝身披戎装，举行了盛大的阅兵式，然后下诏给高欢，声称伐梁是假，实际是要防备对朝廷有二心的宇文黑獭和贺拔胜，让高欢准备声援。

掩耳盗铃，这个理由找得太牵强了，能糊弄得了高欢吗？高欢一眼就看出了孝武帝的真实意图。你不是不说破吗？我也来个装糊涂。

高欢立即回信：我已经根据陛下的最新指示，调整了晋阳的军事部署，娄昭、窦泰、尧雄、高隆之发兵五万讨伐荆州；尉景、高敖曹、蔡俊、封隆之，率山东兵七万、突骑五万，出征江南；我自己勒兵马三万，准备从河东而渡；厍狄干、郭琼、斛律金、前武卫彭乐统兵四万，自来违津渡，共同讨伐关中。

厉害啊，名义上各路大军按照孝武帝的要求去征南讨西，实际上几路大军都是冲着孝武帝的人马来的。孝武帝一看，人家这是准备好了陷阱就等自己往里跳了。玩心眼看来是玩不过高欢，无奈之下又下诏，通知高欢前面弄错了，宇文泰和贺拔胜并无二心，你赶紧解散你的兵马吧。

高欢不干了，咱不能总让你耍着玩，于是写了一份措辞严厉的报告。在这份报告里，高欢一再强调自己对皇帝是忠心的，现在是因为小人诬陷，导致了皇帝的不信任。为了表明心迹，高欢甚至发毒誓说："我若有二心，天打五雷轰，外带子孙灭绝。若是皇帝相信我，就等于避免了一场干戈，请皇帝废除身边的小人。"

高欢的矛头直指斛斯椿。

孝武帝命贾显智代蔡俊为济州刺史。作为高欢的心腹，蔡俊对诏令根本不予理会，并且全城戒严，严阵以待。贾显智一看这哥们儿不好惹，准是个不念旧情的主，到了东郡就不敢再往前走了，飞马把情况报告给孝武帝。

孝武帝更加愤怒，他在大殿上措辞严厉地批评高欢，命令秘书温子升按照自己的意图作敕书给高欢。温子升有点为难，这东西一出台，可就是泼出去的水——收回来就难了，所以嘴里答应着，却迟迟不动笔。孝武帝从御座上"腾"地站起来，手按佩剑，厉声呵斥。

温子升无奈，照着孝武帝的意思草成敕书："我坐享其成地当了天子，都是你高欢的功劳，所谓'生我者父母，贵我者高王'。如果我没事找事，有讨伐你的意思，我也发誓，跟你一样殃及子孙。"皇帝也开始赌咒发誓了，不知道发誓的时候自己有没有心虚，这是睁着眼说瞎话。"近来担忧宇文泰为乱，贺拔应之，所以在京城戒严，不过想声援你罢了。现在看这两位的行为，还没有什么造反的迹象。至于与梁朝对立，也不是一天两天的事了。现在天下久经丧乱，户口减半，不宜穷兵黩武。至于你说的小人，我愚钝不知所示何人。至于高乾的死，也不是我一个人的意思。大王说高乾死得冤枉，可是那么多人证在那摆着。"继续撒谎，早知今日，何必当初呢。"你的爱将厍狄干跟你说过：

本来想立个懦弱的人做皇帝，现在立了这么个长君，根本控制不了，只要给我半个月的时间，就可以废了另立。这样的议论，出自大王的心腹爱将，哪里出自佞臣之口？”看来元脩的情报工作做得不错，不过，高欢手下的这些骄兵悍将根本没把朝廷放在眼里，讲这些谋反言论根本就不避讳。高欢确实落人口实了。“去年封隆之叛逃，今年孙腾又逃跑了，你对他们既不降罪，又不给我送回来，这事谁也不责怪你。你若真的如你所说的那样忠心，为什么不把他们的首级送来？你虽然说要去讨伐关中，但派出的四路兵马要么准备南度洛阳，要么准备东临江南，说起来都让人感觉奇怪，听到的能不起疑吗？你要是想晏然居北，纵使我有百万之众，也没有图谋你的意思；你若是举旗南指，纵然我没有一匹马、一只车轮，犹欲奋空拳而争死。本望君臣一体，若合符契，不图今日分疏至此！”

这道诏书发出去，孝武帝已经没有退路了。

高欢又来了一招釜底抽薪，把各地的漕运大船全部劫持，开往邺城，他要逼孝武帝就范。聚集在孝武帝周围的人都知道，要是真的开打，恐怕孝庄帝的悲剧会再次重演。孝武帝想去荆州避难，王思政建议到关中投奔宇文泰，朝中大多数人都赞成到长安去。

唯有东郡太守裴侠说：“到长安虽然不是上上之策，但高欢是眼前的危险，西去是将来的问题，也只有走一步看一步了。”

孝武帝下诏，要罗列高欢罪状，为出行做政治上的准备：走了也不让高欢安心，走也是你高欢逼的，让天下人看看你高欢是个什么样的人，让你背负“不忠”的骂名。

高欢也向天下告白：“我生逢尔朱擅权，于是举大义于四海，不幸为斛斯椿陷害，以忠诚为叛逆。现在我率军南行，不过是清君侧，诛杀斛斯椿罢了。”高欢留弟弟高琛留守晋阳，率领大军南下。直到此时，高欢的打算也不过是想通过兵谏，迫使孝武帝屈服，交出斛斯椿、王思政，然后君臣和好。他还真没有跟孝武帝“战场上见”的意思。

高欢将为自己的这个决定后悔终生，这个安排付出的代价实在太大，从政治上他将失去皇帝的招牌，从亲情上他将失去自己唯一的弟弟。

29. 元脩西奔

孝武帝征召荆州刺史贺拔胜率军来洛。

贺拔胜召开了荆州文武联席会议，卢柔献上上、中、下三策：发动一切力量，护驾勤王，增援洛阳，跟犯上作乱的奸臣势不两立，拼死尽忠，这是上策；加强荆州北部边防，向南开拓疆土，东方跟兖、豫连成一气，西方跟宇文泰结盟，静观时变，伺机而动，是中策；把荆州作为礼物献给梁朝，请求政治避难，这样一生功名毁于一旦，这是下策。

谋士们给领导出主意时往往喜欢弄三个选项，即上、中、下三策供领导选择，而且领导往往选下策，因为一般而言，下策的风险最低。但，高风险、高收益历来是真理，低风险里往往包含了更大的危险，所以选下策的领导一般没有好下场。

贺拔胜更牛，他的选择出乎所有人的预料。联席会议后，贺拔胜把荆州的事安排了一下，开始集结队伍北上。如果你以为他选择了卢柔的上策，那么对不起，答错了。因为到了汝水，贺拔胜便停下来，开始观望了。

孝武帝任命宇文泰为关西大行台，命宇文泰准备接驾。

宇文泰亲率大军屯弘农（今河南灵宝县北），跟贺拔胜一样密切观察着晋阳和洛阳的动静。

高欢以高敖曹为先锋，带领轻骑兵以日行八百里的速度突进，不日即到洛阳，在距离河桥十余里的地方扎营。

毕竟是在向皇帝宣战，高欢还抱着一线希望，再次派人向孝武帝表达自己“清君侧”的诚意：“陛下尽管放心，我不是冲着你来的，我是冲着那些奸佞小人的。”

孝武帝不予理会。孝武帝亲率大军屯河桥，斛斯椿请率精骑二千，趁夜渡河偷袭高欢。黄门侍郎杨宽悄悄地对孝武帝说：“斛斯椿倘若成功，那是灭了一个高欢，又生了一个高欢。”孝武帝觉着有道理，就命令斛斯椿原地待命。

杨宽的名声不太好，在杨遵彦落难的时候曾经落井下石，但杨遵彦得志后并没有过多地责备他。杨宽也是出自弘农杨氏，跟杨遵彦一家是远房同族，大隋朝的权臣杨素和打响反隋第一枪的杨玄感也出自这一支。

斛斯椿喟然长叹：主上受小人谗言，不听我的计策，真是天意啊。

历史没有假设，所以无法验证斛斯椿和杨宽谁对谁错。但，不管怎么样，孝武帝已经失去了先机。

远在弘农的宇文泰清楚地看到，河岸太长的黄河天险根本不足以抵挡高欢，孝武帝必败无疑。于是他抓紧时间调整兵力部署，令大都督赵贵立即渡河，趋并州去抄高欢的老巢，大都督李贤率精骑一千赴洛阳迎接孝武帝入关。

高欢对宇文泰"围魏救赵"这一招早有防备，晋州兵马严阵以待，张好了口袋等着赵贵往里钻，宇文泰只好取消了赵贵一路的行动，带领大军退回长安。

孝武帝派侍中斛斯椿、行台长孙稚、大都督元斌之镇虎牢关，行台长孙子彦镇陕城，贾显智、斛斯元寿镇滑台。高欢派窦泰攻滑台，贾显智跟窦泰暗通消息，引军退走。军司元玄发觉后，飞报朝廷请求另派援兵，孝武帝命大都督侯几绍领兵赴援。侯几绍与窦泰战于滑台东，大败。守在虎牢的斛斯椿又和元斌之闹别扭，气得元斌之离开虎牢，跑回了洛阳，回来就散布高欢大军杀到的消息，孝武帝赶紧把斛斯椿召回。

高欢大军开始渡河，孝武帝召群臣要做最后的决定。大家或云南依贺拔胜，或云西就关中，或云守洛口死战，最后孝武帝决定西走长安，斛斯椿作为先头部队先入潼关。孝武帝敕告文武百官："大家愿意留下的就留下，愿意跟我走的就一起走。"当夜，孝武帝带着文武百官五千骑宿于瀍水西岸。知道孝武帝真要逃跑了，很多人悄悄离开，逃回了洛阳，包括宗室亲王清河王元亶、赵郡王元谌等。

孝武帝带着剩下的人匆匆沿涧水西逃，高敖曹等奉高欢之命在后紧紧追赶。

武卫将军独孤信得知孝武帝逃跑的消息，顾不上通知父母妻儿，单枪匹马追了上去，所谓"世乱识忠臣"，孝武帝感动得一塌糊涂。

高欢进入洛阳，行营驻扎在永宁寺，留下来的官员们本以为可以得到高欢的夸奖，没想到却挨了高欢一顿臭骂："其一，在斛斯椿等人离间洛阳和霸府关系的时候，你们不能尽忠直言，阻止皇帝；其二，皇帝出走你们不能陪同，这是对君主不忠。"有了这两条，这些人简直是死有余辜。骂完了还不够，高欢命人将尚书左仆射辛雄、吏部尚书崔孝芬等抓起来杀了。高欢显然有点气急败坏了，孝武帝的出走是他没有想到的，迁怒于这些见风使舵的大臣们，更深层次的原因是，高欢要将异己分子一网打尽。孝武帝跑了，国不可一日无主，如果高欢事事自己做，正好给了天下人以口实，这样的事，高欢才不干呢。

于是，皇室宗亲清河王元亶被抬出来，以大司马的身份暂时署理政事，这人就是个代理皇帝。按说，如果干得好，干得让高欢满意，在元脩不回家的情况下，元亶是有希望被扶正的。然而，元亶特别不识时务，还没当上皇帝呢，皇帝的派头先摆出来了，出行的仪仗队也用上了皇帝的排场。高欢对此非常恼火，高欢一生气，元亶的皇帝梦就到头了。

孝武帝一行饥餐渴饮，连着三天没吃一顿饱饭，在崤山遇到前来接应的李贤，大家急急忙忙赶奔潼关。过了潼关，梁御、赵贵奉命前来迎接，宇文泰备好仪仗队，吹吹打打把孝武帝迎进长安。

高敖曹一路追赶孝武帝，沿途攻关拔寨，一鼓作气打到了潼关，占领了弘农、华州和潼关，皇帝没有追回来，河西的地盘却捞了不少。高欢连续发了四十个奏折给孝武帝，言辞恳切地请他回心转意，可是孝武帝是王八吃秤砣——铁了心了，一概置之不理。再往西走，道路艰险，补给困难。眼看着热脸贴上冷屁股，无奈之下，高欢留下部分人马镇守潼关等地，大队人马返回了洛阳。

一个青年将领此番随高欢出征，与敌军对阵时，一箭射中宇文泰的长史莫孝晖，并放马冲入敌阵，将其生擒活捉。高欢大喜，让他做了自己的帐内都督。他就是斛律金的儿子斛律光，一个史上闻名的传奇将军。

高欢大军一撤，宇文泰马上组织反击，潼关、陕州等地便重新落入宇文泰的手中。

30. 东西魏分

既然元脩已经彻底抛弃了我们，那就另起炉灶，从零开始吧。

现在的形势对高欢非常不利，天下人都认为是高欢逼走了皇帝。臣子欺凌君主，无论理由有多么充分，仍然摆脱不了“乱臣贼子”的恶名，比如汉族大家河东薛氏的薛善，就从这时起把高欢当作了自己的敌人。

成王败寇。要想给自己恢复名誉，唯一的办法就是继续扶持元氏皇族，用自己的实际行动，证明自己毫无谋朝篡位之心。如果平平安安过上几年，天下人认定了正统所在，谁还记得曾经有个老大不小了还离家出走的元脩皇帝呢？于是高欢召集群臣商量，再抬出一个皇帝候选人。这次，大家认真吸取了以往的经验教训，决定立清河王元亶十一岁的世子元善见为帝，史称孝静帝。

元亶很恐惧，本来准备做皇帝的，没想到却当上了“太上皇”。想逃跑，又被高欢追了回来，从此开始提心吊胆地做太上皇了。

东边的事就算暂时安定了下来。

再说西边。

元脩到了长安，临时把雍州刺史府改为行宫，在长安重新搭了一套班子，成立了新的中央政权，任命宇文泰为大丞相。毫无争议，新政权的大权落在了宇文泰的手里，贾显度因为贾显智的背叛而被孝武帝赐死。

孝武帝也是个悲剧人物，在长安待了三个多月便被宇文泰毒死了。原来，孝武帝到了长安后，很快就悲哀地发现自己的处境居然还不如在洛阳。在洛阳自己还有一套班子听自己的指挥，在这则成了名副其实的傀儡皇帝，军政大事基本由宇文泰一手包揽，自己的主要工作就是点头和盖印，而且，宇文泰比高欢还难伺候，高欢表面上对自己还很恭敬，宇文泰则显得飞扬跋扈。元脩一看，还真让那个薛某人说准了，才出龙潭，又入虎穴，一下精气神就没了，上班（上朝）没精打采，敷衍应付，只有下了班回到后宫才算见到点笑声。元脩在洛阳时，有三个堂妹没有嫁人，一个是平原公主，一个是安德公主，另一个叫蒺藜。三个人经常在皇宫里跟元脩一起饮酒作诗，日子过得倒也逍遥。元脩出逃的时候，蒺藜自杀，平原公主元明月跟着他入了关，安德公主留在了洛阳。现在，闲着没事做的元脩跟明月算是“同是天涯沦落人”，明月没事就往后宫跑。很快，长安城就传出风言风语，这有伤风化啊。宇文泰要借助周礼安抚人心，他后来还重用苏绰，根据周礼制订了很多规章制度，因此对风气很重视。皇帝的风流事让自以为懂礼仪的群臣很不满。

宇文泰一气之下联合元氏亲王们把平原公主给杀了，孝武帝不胜愤恨，免不了发发牢骚，私下里说着要杀掉宇文泰的话。宇文泰一看闹到这份儿上了，干脆一不做二不休，一杯毒酒把元脩送上了西天，然后立南阳王元宝炬为帝，是为魏文帝。从这点上看，宇文泰比高欢更狠，文化背景决定了他没有高欢那么多的顾忌。

所谓“强龙难压地头蛇”，斛斯椿、王思政等人都向新帝宣誓效忠。只有一个书呆子宋球，在元脩葬礼上哭得眼球都出了血。

大魏分裂的制造者斛斯椿到长安没几年就病死了，命运没有给他参与西魏权力斗争的机会，不知是幸还是不幸，但对宇文泰来说这不一定是一件坏事。历史对斛斯椿的争议很大，《魏书》说他是作乱小人，这是完全站在了高欢的立场上。事实上，对于不甘心做傀儡皇帝的孝武帝来说，斛斯椿是忠心的。斛斯椿为人清廉，在那个对贪污习以为常的时代，其人品风范足以让人刮目相看。皇帝曾经赐给他几家店铺和三十六头耕牛，斛斯椿以为天下未平，不能与民争利，店铺坚决不要，耕牛虽然接受了，却每天杀掉一头，全部用于犒劳战士了。斛斯椿不是坏人，更不是小人，他只是一个有理想的人。

王思政也一样，他也一样的清廉，也一样有着“天下未平，不治产业”的抱负，不过他比斛斯椿好一点的是，他还有机会证明自己。好朋友元脩被害的时候他保持了沉默，良禽择木而栖，对他来说，元脩就是扶不起的阿斗，他更愿意为雄才大略的宇文泰效力。但他毕竟做过元脩的朋友，在心里不免有些忐忑不安，他用一种匪夷所思的方式证明了自己对宇文泰的忠心。一次，宇文泰与众将在工作之余搞了点娱乐活动，玩一种类似现在掷骰子的游戏。轮到王思政时，他拔出佩刀，以对宇文泰的忠心做赌注：如果自己是真心，一掷而中上等；如果自己虚情假意，上天就让自己掷不中，那么自己以自杀谢罪。本来是玩玩，这位弄成了你死我活。但王思政铁了心，不等众人劝阻，这个骰子就扔出去了，结果一下弄了上上等，算是皆大欢喜，宇文泰也明白了王思政的心意。

王思政后来将对宇文泰的事业作出重大贡献，他的地位将无人取代。

在南朝还闹了个笑话。有太史观天象，“荧惑星进入南斗星”，民间传言“荧惑入南斗，天子下殿走”，梁武帝萧衍为了化解灾变，赤着双脚，走出自己的办公室在院里溜达了一圈。不久，元脩西行的消息传来，原来天象应的是这件事情，萧衍大为惭愧，自嘲地说：“难道蛮虏也上应天象？”

这件事对一直认为南朝正统的人是一个打击。

自此，大魏朝正式一分为二，史称高欢的魏朝为东魏，宇文泰的魏朝为西魏。加上南边的梁朝，中国再次开始了三国鼎立的局面。

东、西魏是后人的称呼，高欢如何肯承认关西政权的合法性？所以，新帝刚刚即位，他就迫不及待地发动了对西魏的战争演习。

这一次，高欢让司马子如挂帅，窦泰、韩轨为副，目标直指潼关。高欢的目的是要在河西建立一个据点，为今后大规模进攻长安做跳板。

高欢几个月前追赶孝武帝的时候，很轻松地搞定了潼关守将毛鸿宾，这次有点轻敌，派了从未表现过军事指挥才能的司马子如。

宇文泰亲自屯兵灞上，严阵以待。司马子如本就不是打仗的好手，面对宇文泰，他有点心虚，于是下令班师退回河东。这时候，侦察员送来的一份情报让司马子如等很兴奋：华州城正在抢修城池，城墙上搭的脚手架还没来得及撤掉。哈哈，既然潼关拿不下，顺道取了华州也算没白来一趟。于是，司马子如率军连夜过河，扑向华州。拂晓时分，大军来到华州，顺着城墙上的脚手架，爬上城墙，冲入城内。华州的守将王罴正在睡大觉。华州城大乱，王罴从梦中惊醒，也顾不上顶盔贯甲，一骨碌爬起，光着身子，赤着大脚丫子，顺手抄起顶门杠子就冲了出来，口中哇哇大叫："有我老熊坐镇，小獾子哪里能过！"魏军众人哪见过这个阵势，听说过有赤膊上阵的，还真没听说过有裸身上阵的。赤身裸体，发髻散乱，挥着根长棒，怪叫连连，这是人吗？未曾交手先自怯了。王罴的样子就像个巨灵神下凡，慌乱的华州士兵们看到主帅来了，一时聚集过来，在王罴的带领下直冲司马子如的队伍，魏军一下就被冲垮了，大家争先恐后地往城外跑。司马子如一看不好，赶紧收兵一路撤回到晋阳。

司马子如很少带兵打仗，这次出征也证明了他不是将才，从此他开始老老实实地搞他的政治去了。司马子如的失败证明，关西不是容易打的，不是谁都能够复制当年尔朱天光的故事，何况现在的关西老大叫宇文泰。

31. 机遇与挑战

关西独立了，河南地成为三国边境的缓冲地带，战略地位陡然提高，贺拔胜陷入两面受敌、孤立无援的境地。

孝武帝跟高欢决裂之时，贺拔胜率部自荆州北上响应孝武帝，到了广州（东魏的广州治襄城），一犹豫的工夫，孝武帝西走关中，于是贺拔胜还军南阳，赶紧派人跟长安联络，让长史元颖暂时代理荆州事务，自己打算奔赴关中。长安很快有了回应，孝武帝下诏封贺拔胜为太保、录尚书事。

贺拔胜到了淅阳，高欢夺取潼关的消息传了过来，贺拔胜又一次来到人生的十字路口。摆在他面前的有三条路：第一条，继续奔赴关中，加入宇文泰集团，共同辅佐孝武帝。但有一点，关中是宇文泰的地盘。贺拔胜一直有一个心结，老是觉得自己的资格比宇文泰老，所以不肯屈居宇文泰之下。同时，跟高欢免不了一场恶战，后果难料。第二条，南奔投梁。凭着自己的名声，附带荆州这个大礼包，受到热烈欢迎是必然的。但跟梁朝打了这么久，突然降了，真有点不甘心。第三条，退保荆州，静观时变。最终，贺拔胜选择了第三条路，决定回到老窝再作打算。

可是，荆州已经回不去了。原来贺拔胜在荆州的群众基础并不像他自己以为的那么牢固，这不前脚刚离开，城里就有人搞叛乱响应高欢，侯景乘机占领了荆州。

丢了根据地的贺拔胜忽然间丧失了底气。在跟侯景的对决中，全军竟然惨败，身中流矢，险些丢了性命，无奈之下带百余随从南逃梁朝。

贺拔胜来得狼狈，但梁武帝萧衍对他仍然非常客气，毫不计较贺拔胜以前对自己的伤害，好吃好喝地招待着。但萧衍也有底线，就是从来不让贺拔胜参与政事，就这样，贺拔胜在建康做了三年寓公。贺拔胜是懂得感恩的人，后来他北归后，遇到南飞的鸟儿都不忍射杀。

贺拔胜可谓是当时第一猛将，能够一战击溃贺拔胜，除了贺拔胜政治上的失利外，也反衬出侯景的战斗力的确不一般。侯景这个人，精于算计，性格反复无常，优点是知道怎样才能让士卒为自己卖命，打仗抢的财宝、女人从来不吃独食，有"可以共富贵"的名声，因此深得部下爱戴——跟这样的人混不吃亏。

侯景一向自视甚高，桀骜不驯，放眼天下除了老大高欢和师父慕容绍宗，没几个能瞧上眼的。像东魏的猛将高敖曹、彭乐这些人在他看来不过是匹夫之勇，跟他根本不在一个档次上。侯景的兵法是跟慕容绍宗学的，所谓"青出于蓝而胜于蓝"，当年他们师徒关系确立了没多久，老师遇到事便经常听听学生的看法。所以，贺拔胜败在他的手里也不冤枉。

荆州的胜利并没有让高欢高兴起来，他现在还没有高兴的本钱。孝武帝跑到长安对高欢是一个重大打击，也是他事先没有预料到的，按照他的设计，最好的结果是元脩认个错，将斛斯椿、王思政等杀了，君臣和好如初，皆大欢喜。但元脩选择了一条损人不利己的道路。高欢陷入一种非常尴尬的境地：丢了块金字招牌不说，还白白地送给自己的敌人一份大礼。从此在天下人眼里，长安成了大魏正朔所在，自己成了逼走皇帝的奸臣，虽然说自己拉出元善见做挡箭牌，但要收服人心恐怕也不那么容易。

司马子如西征无功，雄踞山东的几个大州开始蠢蠢欲动。河南地的颍州、豫州先后叛逃西魏，西魏方面派独孤信进军三荆，柔然与西魏结盟，在北方虎视眈眈，萧衍立元庆和为魏王乘机北伐。这就是高欢面临的形势。内忧外困，四面楚歌，危机重重，但这怪谁呢?

“我不希望出事，但我绝不怕事。”敢于任事是高欢同志的优秀品质，既然该来的都来了，我接招就是了。

元善见即位后，立即命侍中封隆之等五人为五路巡抚大使，分别到各地抚慰诸将及豪族。上头虽然变了天，大家也不要惊慌，做好自己的事，该干吗就干吗，新皇帝不会亏待大家的。封隆之等五人都是地方大族代表，素有声望，他们这次行动取得了预期的效果。

对于山东的几位大佬，高欢处理得也是得心应手。早在孝武帝和高欢交恶时，齐州刺史侯渊、兖州刺史樊子鹄、青州刺史东莱王元贵平秘密结盟，说好了静观时变，两边谁也不靠，但善于耍小聪明的侯渊秘密跟高欢通了消息。孝武帝西迁后，高欢利用侯渊诱杀了元贵平。樊子鹄据瑕丘反了，原胶州刺史严思达、南青州刺史大野拔响应，严思达守东平，樊子鹄兵源不足，将州内老弱悉数充军。高欢派小舅子娄昭前往讨伐。娄昭职位是仪同三司、东道大都督，他这个位置可不是靠裙带关系，那是凭本事挣来的。娄昭大腹便便，史书上记载他腰带十围，但弓马娴熟，谋略过人，又兼为人正直。娄昭鲜卑名字叫菩萨，他也确实有一副菩萨心肠。娄昭攻破东平，直逼瑕丘。瑕丘城墙坚固，久攻不下。于是娄昭引河水灌城，一时城内人心浮动，他又命人带着孝静帝密令入城招抚。政治攻心战取得了效果，大野拔借着跟樊子鹄议事的机会突然发难，樊子鹄被杀，兖州宣告平定。

那个时候官员没有俸禄，所以带兵打仗、劫掠财物是除赏赐之外的致富手段，所以兖州攻下后，娄昭手下诸将劝其大开杀戮，但娄昭动了恻隐之心。在他看来，老百姓被逼加入叛军已经是一场劫难了，官军要再行诛戮抢掠，老百姓就更没有指望了。在拿人命当儿戏的鲜卑贵族中，娄菩萨也算没有辱没自己的名字。

侯渊也没落个好下场，当初杀了元贵平，满以为自己可以继续在青州干下去，没想到朝廷居然派别人出镇青州，齐州也回不去了，这明摆着是不信任自己。恐惧之下侯渊就反了，蔡俊出兵讨伐，不久侯渊也落个身首异处的下场。

山东就这样重新纳入高欢手中。

山东叛乱的平定显示出一个信息，就是高欢已经具备了掌控全局的能力，即使你是曾经跟高欢比肩的大佬，对抗高欢的结果也只有一个，即自取灭亡。

在北边，高欢一边派使者向柔然示好，一面加紧修筑长城，积极备战。

32. 逼和梁朝

在北方乱成一锅粥的时候，南方的梁武帝萧衍也来凑热闹。

每个皇帝都有江山一统的理想，千军万马避白袍的神话让萧衍深深地相信，自己北伐的模式是正确的，差的只是运气。但后来几次尝试都不太顺利，元悦不战而退，元法僧劳而无功，让他消停了几年。现在，元脩西奔，大魏分裂，人心浮动，局面跟高欢起兵的时候差不多，萧衍认为自己的机会再次来临，决定再赌一把。萧衍立元庆和为魏王，再度大举北伐。这次他同时派出了几路大军，从东到西全面向梁魏边境发动攻势。元庆和进攻豫州一线，雄信将军纪耕率众入寇専塘，司州（今河南信阳）刺史陈庆之攻打豫州、梁州，北梁州刺史兰钦引兵攻西魏的南郑。

在南顿，陈庆之遭到了东魏豫州刺史尧雄的奋力抵抗。这个尧雄也是个猛人角色，当初因为在剿灭刘灵助的战斗中有功，被尔朱兆任命为燕州刺史，后来随尔朱兆讨伐高欢失利，率所部归降高欢，尧雄出镇豫州。孝武帝出走关中后，颍州刺史元洪威宣布接受长安的领导，颍川人赵继宗杀太守邵招，自称豫州刺史，跟元洪威遥相呼应。尧雄不干了，讨伐州内叛乱是分内之事，于是立即带兵找赵继宗决战，赵继宗落荒而逃。可是当尧雄唱着凯旋曲，高高兴兴回家的时候，却发现家回不去了。原来他这边刚一离开，孝武帝的豫州人民就推举地头蛇王长为刺史，占据了南顿城。这就是民心所向，老百姓不管你高欢是什么理由同孝武帝交恶，反正皇帝到了哪里，哪里就是正统所在。

无奈之下，尧雄求助于侯景，侯景出马帮尧雄把豫州重新夺了回来。在东魏诸将中，尧雄的名声跟侯景、高昂这些人比起来相差甚远，但这次跟这个著名的常胜将军和攻城高手陈庆之对决，却表现得相当英勇顽强。决战中尧雄受了两处伤，却愈战愈勇，所向披靡。陈庆之一看这个架势，继续打下去也占不到什么便宜，便扔下辎重轻骑逃走了。能把陈庆之逼走，尧雄也足以名垂青史。

元庆和攻东魏城父。

高欢以东南道行台仆射任祥为主将节度诸军，高敖曹率三万人趋项城，窦泰率三万人趋城父，侯景率三万人趋彭城对梁朝开战。

元庆和知道窦泰的厉害，不等交战，转而进逼南兖州，东魏洛州刺史韩贤出兵救援，元庆和退走。元庆和再攻南顿，又被尧雄杀得大败。

后来，陈庆之开始进攻南荆州，尧雄认为白苟堆是梁朝北边重镇，战略地位高，所以拿下白苟堆，陈庆之必然回援。果然，陈庆之一听说白苟堆被围，马上回师，尧雄救了南荆州，还取了白苟堆，擒梁镇将苟元广，俘虏两千人。

至此，萧衍的北伐军在东魏一线没有讨到任何便宜，唯一的胜利是西线的兰钦，西魏梁州刺史元罗举州降。

西魏政权成立后立即任命独孤信为卫大将军、都督三荆州诸军事，兼尚书右仆射、东南道行台、大都督、荆州刺史，总之就是荆州一带的最高长官。独孤信做过荆州军区司令，在荆州地区有很强的号召力，加上现在天下人都知道孝武帝行辕现在长安，正统所在，所以独孤信与都督杨忠一路上势如破竹，很快就把三荆地区拿下了。这个杨忠也很了不起，他有个儿子叫杨坚，史称隋文帝。

半年后，侯景、高敖曹两路来攻。这可是集中了东魏最猛的军队，荆州没有与关中连成一块，属于西魏的飞地，所以援兵根本过不来。没办法，独孤信和杨忠走了老上级贺拔胜的路子，投奔了南朝。他们在梁朝流亡三年，后来相继辗转回到西魏。

荆州再次落入东魏之手。

打铁要趁热，东魏以侯景兼尚书右仆射、南道行台，节度诸军开始进攻梁朝。侯景领兵七万进攻楚州，俘虏了刺史桓和。后来进军淮上时，侯景遇到了生平最可怕的对手。梁南、北司二州刺史陈庆之与侯景对决，军神再次上演了神话传说，杀得一直跑顺风船的侯景大败而逃，魏军辎重成了陈庆之的战利品。

这一次，南北两个名将对垒，侯景落败。

给名将们排一下名次，贺拔胜败于侯景，侯景败于陈庆之，可战力低于侯景的尧雄却两次挫败陈庆之，名次排不下去了。在攻陷洛阳十年后，陈庆之去世，终年五十六岁，谥曰“武”，史上最具传奇色彩的一代名将善终。

梁武帝一看，仗继续打下去除了劳民伤财，占不到半点便宜，就此熄灭了心中统一北方的火焰，老老实实地继续讲他的佛经去了。高欢也不想继续耗下去，他还有更重要的事要办，有更直接的敌人要打击。在这一点上双方出现了共同点，接下来的事就顺理成章，双方罢战讲和，互派大使，从此开始了蜜月十年。至此，高欢内部隐患基本解除，南部边疆排除了后顾之忧。除了西魏这个最大的敌人外，北方的柔然仍然让他时刻戒备着。

33. 后院失火

在元脩时代，高欢出于方便控制的考虑，曾多次建议孝武帝迁都，但元脩因为看破了高欢的意图且另有所图，坚决不同意，最后事情不了了之。

现在，东西魏分，洛阳一下成了前沿阵地，高欢再次从战略的高度提出了迁都的建议，这下没人反对了。高欢选择的邺城也算是三朝故都了，从三国时代曹操起，就开始在这里营造宫殿，更重要的是，晋阳对邺城占据了地理上的优势，如果邺城有事，高欢可以很轻松地率军赶到。

可是，迁都真不是件容易的事，牵涉到上百万人的衣食住行问题。于是洛阳城遭遇了一次空前的劫难，四十万户居民迁往邺城，洛阳由首都降格为洛州。高隆之征集了十万民夫，把洛阳的宫殿全拆了，拆下来的材料全部运往邺城，在邺城重新打造洛阳宫殿。洛阳古建筑享受到异地保护的超级待遇。

高欢仍然常住晋阳，高岳、孙腾、高隆之、司马子如四人以侍中的身份留守京都。四位都是老狐狸，对付元善见这个十一岁的孩子显得绰绰有余，于是军国政令都出自四人之手，号为“四贵”。当然，“四贵”上边还有后台，晋阳霸府才是真正的主宰。高欢还有一块心病，就是步落稽。步落稽俗称山胡，长得像胡人但说一口汉话，大抵是汉化较深的多民族共同后代，散居在离石以西、安定以东、方圆七八百里的地方，其人大多生性残忍好斗，一直为大魏朝的内患。孝昌年间，在首领刘蠡升的带领下，步落稽部落的一支据云阳谷造反。刘蠡升自称天子，改年号神嘉，不断骚扰边境，但因为大魏内乱，加上时人都畏惧步落稽兵强，所以任由他闹下去，高欢起兵逼反六镇鲜卑的理由就是尔朱兆征兵讨伐步落稽。

但现在，步落稽成了霸府的心腹之患。

高欢采取了两手抓的战略。公元535年正月，高欢出兵讨伐步落稽，步落稽人大败，从此坚守云阳谷。云阳谷地势险要，攻打的成本着实太高，高欢可不愿意干赔本的买卖，于是跟刘蠡升玩起了心眼。高欢准备跟步落稽人讲和，他派使者告诉刘蠡升，新的大魏政权承认步落稽的独立地位，两国要世代友好下去，并许诺将自己的女儿嫁给刘蠡升的太子。

刘蠡升的独立第一次被中央政权承认，加上已经领教了高欢的实力，所以他非常高兴地接受了这门亲事，还让自己孩子亲自到邺城拜见老丈人。

高欢早给这个准女婿准备了一份厚礼，见面非常友好，双方还约定了婚期，一切看来都在向好的方向发展，都在有条不紊地进行着。高欢的诚意使步落稽人彻底相信了他。然而，在一个风高月黑之夜，高欢率领轻骑兵突然出现在步落稽的营地，打了刘蠡升一个措手不及。刘蠡升战败被杀，五万户降服，高欢将步落稽贵族大家四百余人迁往邺城，云阳谷的山胡算是被征服了。为纪念对决步落稽的胜利，高欢后来为第九个儿子起了个鲜卑名叫步落稽，汉名高湛。

就在高欢凯旋班师的时候，家里出事了，有人密告勃海王世子高澄跟自己的爱妾郑大车通奸。告发这件事的是三个侍女，据说有两个目睹了这件丑事。原来，随着高欢日益显贵，一个娄昭君已经不能满足高欢日益膨胀的欲望了，他开始充实自己的后院了。他不断把自己心爱的女人娶回家。当然，在那个时代，一个男人，特别是一个成功的男人，三妻四妾是正常的。不寻常的是，高欢对贵妇人有一种特别的爱好，他收纳了不少著名的寡妇：大尔朱氏——尔朱荣的女儿，历任大魏孝明帝妃子、孝庄帝皇后；小尔朱氏——尔朱兆的女儿，曾经的建明帝皇后；韩氏——韩轨的妹妹，高欢的初恋，但当时韩家门槛高看不上高欢，后来嫁人了，丈夫死后，跟高欢又重叙旧情；郑大车——郑严祖的妹妹，曾经的魏广平王妃，一个绝代美女；冯娘——冯子昂妹，曾经是魏任城王妃；后来改嫁尔朱世隆；李娘——李延实堂妹，曾经的魏城阳王妃；还有游氏（这个是第一次嫁人，不过是高欢抢来的，为了这个，老丈人游京之活活气死了）、王娘、穆娘等。

顺便交代一下，在高欢离开晋阳、挥兵南下的时候，留守在晋阳的弟弟高琛同小尔朱氏搞上了。高欢也没客气，直接把高琛打死了，但小尔朱氏只是被休了事，后来她还嫁了人，比起姐姐大尔朱氏，她算是幸运的。

在王府后院中，高欢最宠爱郑大车，偏偏就是这个女人出事了。高欢暴怒之下，打了高澄一百杖，然后把他关了起来，顺带着把王妃娄昭君也软禁了。

然而，这件看起来并不复杂的通奸案事实上并不简单。

34. 事情得到了圆满处理

这件事的蹊跷在于：是谁给了几个使唤丫头告发主子的胆子？

在秽乱事件的背后，还有政治因素在作怪：因为高澄作为嫡长子，是将来高欢王位的继承人。在高欢的众多老婆中，高欢最尊敬的不是娄昭君，而是大尔朱氏。大尔朱氏伺候了两代皇帝，在他的面前，高欢多少有点自卑，所以见面时总是穿得整整齐齐，口称“下官”。

“下官来了”“下官要睡觉了”……听起来有点别扭！

大尔朱氏生有一子高湝，在高欢的儿子中排行第五，高欢早就有废高澄、立高湝的意思，子以母贵，同样母以子贵，娄昭君的地位就岌岌可危了。

高澄当年十四岁，两年前由高欢做主，娶了孝静帝元善见的姐姐冯翊长公主。高家男人早熟，十四岁的高澄继承了母亲鲜卑白种肤色，面容俊美，是一个标准的花样美男，而那时郑大车差不多二十岁，也是花一样的年龄，但两人差了五六岁，应该是郑姐姐主动些。

三个使唤丫头有胆子告世子和主母，背后没有人指使，打死我也不相信。

世子高澄倒了，娄昭君被废，然后立大尔朱为正妃，接着立大尔朱氏之子为世子。所以，如果高澄倒了，直接受益者将是大尔朱，由此看来幕后主使当非大尔朱氏莫属。高洋为帝后，曾经指责过大尔朱氏逼迫高澄母子并杀了大尔朱，从侧面也证实了这个推断。

形势对高澄非常不利。高少爷彻底傻眼了，看来爹爹真的动怒了，这次连母亲也自身难保，看来是指望不上了，谁能帮我们呢？

嗯，他一定行！他想到了一个人——司马子如。司马子如是出了名的有主意和能说会道，关键是司马子如跟父母亲关系一向很铁，是在父亲面前能说上话的人。

高澄这次是请对人了！

司马子如从邺城匆匆赶来，他先向高欢汇报了一下近来朝中的动静，让高欢审批了几件公文，公事办完了，该办办私事了，司马子如请求让他去看望一下娄昭君。说起来，他们是怀朔镇的老相识了，贫贱时发展的友谊往往比较纯正。在孝武帝时代，司马子如充当使者多次往返于洛阳和晋阳之间，每次高欢都单独请他到家里吃饭，临走还送点特产什么的。以司马子如跟高欢家的私交，来一趟顺便看看王妃，属于很正常的人情往来。

唉，高欢长叹了一口气，把事情的前后经过原原本本地跟司马子如说了。

令高欢惊讶的是，司马子如居然没有惊讶，他只是淡淡地说：“就这事啊，我可是见怪不怪了。家家都有一本难念的经，我那儿子消难，一言难尽，也曾经和我的小妾私通。我能怎么样？还不是尽量捂着，盖着？咱丢不起这人啊。”

听司马子如这么说，高欢的脸色稍稍缓和了一些。人就是这样，当自己倒霉的时候，要是听说还有人跟自己一样倒霉或者比自己更倒霉，心里就多少能好受些。

司马子如趁热打铁：“王妃和大王可是结发夫妻，记得在怀朔的日子里，您空有大志而穷困潦倒，王妃以父母家的财产献给您。您在怀朔当兵，被长官责罚，背上伤痕累累，王妃不分昼夜地给您涂药，守着您，照顾您。咱们初到并州，家徒四壁，家里烧的是马粪，穿的靴子都是王妃自己缝的，这样的恩情哪能这么容易忘怀？退一步说，您的小舅子娄昭功大且军中权重，能轻易地动摇他的地位吗？一个女子算什么，何况一个丫鬟的话，也不一定就可靠。”

司马子如巧舌如簧，说得高欢沉吟不语，鼻子尖直发酸。是啊，自己欠娄昭君的可不是一点点，有一次自己出征的时候，正巧赶上娄昭君临盆，为了不影响自己的情绪，她愣是瞒着自己，把孩子生了下来，这样的女人，果真是天下少有的好女人。司马子如又给高欢分析了此案的疑点：哪能就凭几个下人的一面之词就定高澄的罪呢？于是，高欢就让司马子如重新审理此案。

司马子如见到高澄，上去就埋怨道：“男子汉大丈夫，怎么能一害怕就乱招认呢？”高澄一听，这是要给自己翻案了，赶紧大呼：“绝无此事，都是丫鬟们诬告。”

司马子如把两个目击证人传来，一顿“胡萝卜加大棒”式的教育，两个证人承认受别人威胁，所以才诬陷世子。先前告密的丫鬟一看这个架势，这还有天理吗？得了，不陪你们玩了，自个儿上吊自杀了。司马子如把证人证词呈给高欢，“果然是诬告。”高欢大喜，命令立即释放高澄和娄王妃。

娄昭君老远看到高欢，一步一叩头地向前挪动，高澄也是一边跪拜，一边往里进，父子夫妻相拥痛哭，和好如初。

高欢摆酒庆祝，当众敬了司马子如一杯，感谢道：“保全我父子的，是司马子如。”赐司马子如黄金一百三十金，高澄又另外赠送了好马五十匹。凭着自己的三寸不烂之舌，司马子如赚大了。高欢真的相信吗？恐怕是被司马子如的话打动了。司马子如是有功的，重要的是司马子如给了自己一个台阶下。

大尔朱氏一无所获，心灰意冷，后来就请求出家修行。高欢特地为她造了一所寺院，从此，曾经的国母伴随着青灯古佛，寻求心灵的安宁去了。

将来，高家还会不断地出现问题孩子。《三字经》说，“养不教，父之过”，高欢是逃不过责任的。高欢的教育方式有问题，属于那种平时娇惯、出了问题就责罚的那种，对孩子们的教育就是拳脚相加。高澄都十多岁了，有思想了，高欢还是张口就骂，抬手就打。

另外，在女人问题上，高欢也没有起到好的示范作用，所以高家的孩子们大都没有两性道德概念。但高欢的底线是有夫之妇不能碰，他的孩子们可就不管三七二十一了：单身女人上，有丈夫的也要上。

高澄的事只是高氏家族淫乱史的开始，后来的乱象，能刺破你忍受的极限。

北朝天下一分为二，都说自己是大魏。说西魏是正统吧，大魏大部分地区都在东魏控制下；说东魏是正统吧，皇帝跑到西魏去了。几年里有东魏人叛逃西魏的，也有西魏叛逃东魏的，一家之中，哥哥在东边，弟弟在西边，都很平常。

为了保稳定、促发展，高欢逐步除掉了境内持不同政见者，忠于孝武帝并且死不悔改的文臣武将基本被消灭光了，比如当初同高欢地位相当的侯渊、樊子鹄等。

解决掉了内忧，搞定了梁朝这个外患，高欢准备给宇文泰一个警告，他瞄准了夏州。夏州是宇文泰的起点，属于西魏的经济重镇和大后方，重要的是，从并州北线越过大沙漠可直趋夏州，路程远了些，但可以达到出其不意的效果。

高欢的行动非常成功，他亲自带领厍狄干的一万鲜卑精骑，带着干粮和水，马不停蹄，日夜并进，用了四天四夜，长途跋涉几千里，到了夏州城下。

夏州地处关西纵深，守将斛拔俄弥突根本没有任何防备，高欢乘夜把长槊绑成梯子，神不知鬼不觉地进入了夏州城。斛拔俄弥突投降，高欢以都督张琼留守，把斛拔俄弥突部落五千户迁到了并州。

高欢的行动震慑了西魏，西魏本来一些亲高欢的州城又开始动摇了，灵州刺史曹泥与其婿凉州刺史刘丰（字丰生），宣布归附东魏。

曹泥本来在贺拔岳时代就跟高欢交好，后来迫于宇文泰的兵威投降了宇文泰，但他一直保持着军队的独立性，属于听调不听宣性质的归附。一年前，当渭州刺史可朱浑道元（也是高欢在怀朔的旧交）率部属三千户叛逃东魏的时候，就是在曹泥的接应下通过灵州、云州到了晋阳。

宇文泰亲自带人讨伐，引水灌灵州城，城内一片汪洋，不没者仅剩了四尺。高欢得到信息，派人召阿至罗三万骑兵直奔灵州，绕到魏师后面，掠走魏军战马五十匹，魏军被迫撤退。高欢亲自率领骑兵接应，灵州归附五千户。高欢为了照顾大家背井离乡的心情，在并州隰城县（山西汾阳县西）设置灵州，安抚众降户，以刘丰为南汾州刺史。可朱浑道元、刘丰都成了东魏方面的名将。

阿至罗人是高欢的一支奇兵，也是高欢民族政策成功的有力见证。原来，阿至罗人属于高车别部，在原州一带居住，历史上反反复复：正光年前接受大魏朝招安，六镇大起义后也随大流背叛了朝廷。

高欢敏锐地看到了阿至罗人居住地战略地位的重要性，所以刻意招抚。阿至罗人号称十万户归顺，东魏朝廷特地以高欢为大行台进行管理，高欢经常送些粟米布帛，让阿至罗人首领吐陈感激不尽，所以只要高欢一声令下，阿至罗人愿意誓死效力。当时朝廷很多人对高欢的做法不以为然，他们觉得原州一带地处偏远，高欢白白浪费大米白面。事实证明了高欢的眼光，不起眼的阿至罗人成了宇文泰的心腹大患。说不起眼，是因为长久以来，关陇军事集团不管谁做老大，都从来没有把这个部落放在眼里。当年宇文泰为贺拔岳定策关中的时候，他谈到了费也头人的一万精骑，斛拔俄弥突的三千部族战士以及曹泥的灵州，唯独忽略了这支高车部族。

在处理民族关系、部族力量方面，高欢明显要比宇文泰高明得多。阿至罗人对宇文泰造成的威胁还没有结束。

高欢一面秘密让阿至罗人进攻西魏西秦州，一面派人前往招抚。在“胡萝卜加大棒”的双重进攻下，西秦州刺史万俟普、豳州刺史叱干宝乐、右卫将军破六韩常及督将三百人弃州投奔高欢。宇文泰哪里咽得下这口恶气，亲自率轻骑追赶，可是追出上千里路也没有追上。

至此，东西两家中首鼠两端的不安定分子死的死，逃的逃，各自找到了各自的归宿，东、西魏两家的核心地盘这才巩固起来。

但两家的实力相差不小。东魏占据了人口众多（大约 270 万户）、土地肥沃的山东、河北及河南地区；西魏偏安关中，人口稀少（66 万户左右），这儿的大部分地区是高山峡谷和黄土高原，打起仗来到处是要塞，可要产粮食、养活人就勉为其难了，唯一的关中平原倒是个土地肥沃的地方，老天爷却不照顾他们，经常闹旱灾。

从实力上看，东魏要强行统一西魏的意愿更强些。事实上，高欢一直在做着准备。

35. 两魏战争之小关偷袭

《战争论》的作者克劳塞维茨说："战争是政治交往的继续，是政治交往通过另一种手段的继续。"

战争的目的就是打败敌人，战胜敌人，从而迫使敌人趋于政治上的劣势。

当高欢认为通过政治手段不能解决关中问题的时候，他便开始着手用武力解决了。战争会流血，战争不是个好东西，却又是不得不使用的手段。所以，不存在所谓"仁义"的战争。春秋时的宋襄公固执地要进行"仁义之战"，结果被后人嘲笑了上千年。打仗就是要乘人之危，落井下石。这很正常。

公元 537 年，关中地区由于连年大旱，庄稼歉收，老百姓到了易子而食的地步，饿死的有十之七八。关中陇右本来就人烟稀少，这样一来只能用"人口凋零"来形容了。

从这里就可以看出地盘大的好处了，同样的大旱在东魏这边就不是问题，山东旱了可以调河北的粮食救济，河北遭灾了可以让河南的州郡帮帮忙。

关中的惨象传到晋阳，高欢认为机会来了。

老百姓饿死了，军队补充兵员的难度增大了，何况，吃不饱的军队战斗力何来？都是大魏子民，不能让大家挨饿，高欢要救水深火热之中的关中百姓。当然，前提是得先干掉西魏政权，统一两魏，成了一家人，什么都好说。说干就干，高欢一下出动了三路大军，目标直指长安，准备一举解决掉关中伪政权和宇文泰。以司徒、豫州刺史高敖曹为西南道大都督从河南出发，进攻上洛，越过上洛即是蓝关，再往前就是长安了。京畿大都督窦泰自邺城经风陵，渡过河进攻潼关。

高欢走了当初尔朱天光取关中的老路，自晋阳出晋州道挥师蒲坂（今永济县），命人在黄河上搭了三座浮桥，摆出了马上要渡河攻击的架势。蒲坂的位置很特殊，从这里渡河就等于绕过关中门户潼关，直插长安。

宇文泰驻军广阳，严密注视着东魏大军的动静。宇文泰不愧是军事天才，他综合各方面的情报，得出了高欢一路是虚、窦泰一路是实的判断，即高欢所谓渡河不过是虚张声势，掩护窦泰一路袭击潼关。当然虚实都是相对的，一旦窦泰得手，那高欢一路也会马上由虚变实，把握虚实变化的时机很重要。事实上，这次让宇文泰算对了，高欢的如意算盘正是以佯攻牵制西魏军主力，如果宇文泰全力以赴对付自己，则窦泰拿下潼关后立即回师，对宇文泰构成两面夹击之势。以窦泰的实力拿下潼关不过一两日之事。宇文泰认为：高欢两次攻打潼关，我军一直置潼关于不顾，坚守灞上；这次高欢大举进攻，一定认为我军仍然会采取守势，高欢的骄兵悍将轻视我，而我军若反其道而行之，主动出击，出其不意，一定会得手。所以，宇文泰准备将计就计，假装上当，摆出大军迎战高欢的架势，然后偷偷回师，集中力量攻击窦泰。按照高欢多疑而谨慎的个性，没有弄清情况，绝对不敢贸然渡河救援。至于窦泰那些骄兵悍将，差不多有五天的时间就解决了。窦泰完了，高欢必定不战自溃。宇文泰召开紧急军事会议，向大家传达了自己的意思。

众将简直不敢相信自己的耳朵，弃高欢主力于不顾，绕个圈子劳师袭远，一旦失利则有亡国的危险。当然，最好兵分两路，同时开辟两个战场。但开辟两个战场需要人啊，西魏军队有点捉襟见肘。倘若高欢长驱直入，而我军主力不及回救，长安就危险了。只有苏绰、达奚武一文一武表示赞同。这事太大，弄不好就可能丢了老本，宇文泰不得不慎重。宇文泰连夜带六千精骑潜回长安，他要听听宇文深的意见。宇文深是宇文泰的侄子，从小熟读兵书，以智谋见闻，宇文泰多次夸奖他说："这就是我们宇文家的陈平。"陈平是汉高祖刘邦手下仅次于张良的谋士，张良善用阳谋，陈平擅长阴谋。宇文泰不想影响宇文深的判断，所以暂时没有暴露自己的计划，只是把前线的情况简单作一介绍，让宇文深谈谈对战局的看法。

宇文深略略思考后回答道："现在的情况，我军攻击高欢，窦泰从后袭击，则我军腹背受敌，这样就危险了。不如绕道从小关出兵，窦泰性急，一定会引军决战，高欢谨慎必然不敢贸然渡河。窦泰完了，高欢的锐气也就打下去了。回师再战，必胜。"

好了，跟自己的想法不谋而合。宇文泰非常高兴，就此打定主意。他悄悄入宫跟魏文帝打了个招呼，轻骑兵立即以最快的速度离开长安，杀向小关。

窦泰军猝然遭遇宇文泰大军，还没来得及布阵，宇文泰的骑兵就冲了过来，东魏军惊慌之下，竟然无法组织起像样的反击。一场恶战，窦泰全军覆没。

窦泰自随高欢起义后，基本上充当了先锋的角色，所谓"攻无不克，战无不胜"，所以一向很骄傲。这次被宇文泰袭击，弄了个一锅端，心理上哪里能承受得了，羞愧恼怒之下，横刀自尽。全军只有监军杜弼一行六人逃逸，武将们都完了，文人们都跑了，估计他们从开始交战就在找逃跑路线了。

六人逃到陕州，立即被刺史刘贵锁拿下，送给高欢定罪。杜弼一点不在乎，依然保持着名士的派头，当高欢怒声指责杜弼未能及时提醒窦泰的时候，这个以谈玄论道、注释《老子》闻名的太学博士居然振振有词地说："我不过是只懂得文墨的刀笔小生，打仗的事管不了。"逃跑还振振有词，当真可恼。但高欢是爱才的，他非常欣赏杜弼的文才，也没有怎么为难他。

宇文泰把窦泰的脑袋割下来，送到长安去了。

一般而言，冒险不是高欢的性格，由于探不清虚实，高欢果然不敢渡河相救。等摸清了宇文泰的意图，窦泰兵败的消息也传过来了，东魏大军军心浮动。高欢赶紧让人把浮桥拆了，以薛孤延断后，大军向晋阳老巢原路撤退。宇文泰随后渡河追击，薛孤延一日内砍断了十五把钢刀，可见战斗之惨烈。

另一路，高敖曹自河南出发，一路翻山越岭，路上到处是本地豪强和山贼草寇，但高敖曹兵锋所指，所向披靡，基本没有耽误行程。大军直扑上洛。在这里，高敖曹遇到了一块难啃的骨头。西魏洛州刺史泉企出身本地豪强，在当地经营多年，群众基础好，父子三人个个勇猛，虽然中间发生了当地另一豪强杜窋的叛乱事件，高敖曹在这里仍然遇到了顽强抵抗，还差一点赔上了性命。混战中，高敖曹三次被流矢洞穿。洞穿的意思就是从一侧进去，从另一侧出来。

铁打的高敖曹终于昏倒在地。

36. 汉人的骄傲高敖曹

东魏军把高敖曹救回大营，军医赶紧过来给他包扎伤口。

过了一会儿，高敖曹醒了，他挣扎着起身，顶盔贯甲，但伤口剧烈的疼痛让他不得不停下来。盔甲不能穿了，他就便装上马，强忍疼痛开始四处巡查。所到之处，东魏士兵一片欢呼。旗帜不能倒，这个时候作为主帅不能倒下，果然，高敖曹的亮相安定了军心，震慑了敌人。

高敖曹确实够狠，够猛。

高敖曹以为自己这次过不去这个坎儿了，跟左右说，自己起于行伍，位列三公，死了也知足了，但这一辈子唯一的遗憾就是没有看到四弟高季式做刺史。高氏一门四杰，弟兄三个混得都不错，唯独高季式目前还只是个卫将军。在弟兄四人中，高敖曹和高季式性格最接近，关系最好，自知死期将至的高敖曹挂念的仍是小弟。

左右飞马报告高欢，高欢也是性情中人，“不就是个刺史吗，咱说了算。”高欢马上任命高季式为济州刺史并驰报高敖曹。

有这样的领导，想不拼命也不行。活过来的高敖曹指挥士兵向上洛发起了更加猛烈的一轮轮进攻。恶仗持续了十多天，最后泉企的儿子泉仲尊眼也受伤了，矢尽援绝，西魏守军终于顶不住了，无奈之下泉企率部投降，洛州终于拿下。

没办法，猛人遇到了更猛的人。

高敖曹以杜窋为洛州刺史镇守上洛，命令部队继续向蓝关推进，过了蓝关就是长安了。可就在这个节骨眼上，坏消息一个一个传过来。先是东魏的一面旗帜窦泰倒了，接着高欢大军回撤，宇文泰尾随追击，一时河南地原来那些观望的州郡又开始动摇，纷纷转投西魏。对盘踞当地的地方豪强们来说，忠君爱国是靠不住的，有奶便是娘才是真理。在乱世活下去本身就是一门艺术。

高敖曹孤军深入，回去的路上敌人越来越多，已经步入了非常凶险的境地。高欢不想再失去东魏汉军中的这面旗帜，于是悄悄地派人传话，让高敖曹扔下部队偷偷跑回来，只要人还在，只要你高敖曹这面旗帜不倒，一切都会有的。但高敖曹够义气，且身边这些部众大多是追随自己多年的家乡子弟，哪里肯扔下他们独自逃命，于是率领队伍边打边撤，终于全军生还。

高敖曹前脚刚走，泉企的两个儿子便推倒高敖曹任命的刺史杜窋，洛州再次插上了西魏的大旗。

第一次东西大战以宇文泰大胜、高欢大败并折窦泰而结束，东魏三路大军唯有高敖曹一路所向披靡，全身而退，高敖曹成了东魏的一个传奇。更重要的是，高敖曹的部队是纯汉人队伍，而在那个尚武的时代，那些能征惯战的胡人们从来就看不起懦弱的汉人，高敖曹是个例外。

在这里，按照陈寅恪大师的观点，所谓的胡汉之分不单单是血缘上的区分，更是文化上的不同。比如高欢，出身是汉人，但久在边疆鲜卑人居住区，生活习惯跟鲜卑人无异，所以一般称为鲜卑化的汉人。从文化属性上已经是鲜卑人了，更何况，很多边地的汉人本身母系也是鲜卑族，有鲜卑血统。对高欢来说，六镇鲜卑（包括鲜卑化的高车、汉人等）是夺取政权的主力，但同时也离不开河北、山东汉人大族的经济支持，谁也得罪不起。高欢的双重身份使得他在两边都受欢迎，鲜卑人把他看作鲜卑人，汉人把他当作汉人。按照高欢的政治设想，汉人种地养蚕，鲜卑人负责打仗，两家和睦相处，共创美好新生活。这是理想中的社会。可事实上，汉人和鲜卑人之间的矛盾很深。

高欢必须调和双方的关系。为此高欢集团领导班子绞尽脑汁，设计了一套攻心战略。面对鲜卑人，张华原用鲜卑语说："汉人是你们的奴隶，男人耕作，女人织布，让你们温饱无忧，你们干吗要欺负他们？"一转身他又用汉语对汉人说："鲜卑人好比你们的雇佣军，得到你们的衣食，不惜性命地为你们打仗，保护你们过上安稳日子，你们干吗要恨他们？"

当然，鲜卑人没有人敢欺负高敖曹和他手下的汉兵。

高敖曹队伍的主力是信都起义时的三千子弟兵，基本上是他在家乡河北一带招募的豪杰子弟。这些人参军之前不是些横行乡里的大侠，就是啸聚山林的强盗，个个武功超群，以一当百。经过多年的战争洗礼，高敖曹的汉军战功显赫，创造了一个又一个不败的神话，毫无争议地成为高家军的主力野战部队。

高敖曹性子急，脾气大，在高欢军中属于一霸。但高敖曹对高欢忠心耿耿，深得高欢的信任和器重，有这层关系罩着，没有人敢惹他。高欢在军内作报告或者跟将军们议事一般都用鲜卑语，但只要高敖曹在场就一定说汉话，这也成了高欢军队的不成文规矩，各位少数民族将领们居然对此也毫无异议。有一次，高敖曹跟北豫州刺史郑俨祖下棋，刘贵（匈奴人）派人召郑俨祖过去议事。"什么事不能等下完棋再说？"高敖曹高低不让郑俨祖走。

刘贵为人很残暴也很霸道，跟着刘贵混久了，刘贵的人也很霸道，说话的语气自然就不怎么好，哪里想今天遇到更霸道的了。高敖曹一生气就让人用木枷把这家伙枷在那了。也是阎王爷催的，那家伙还不服气，人被枷上了，嘴还不老实，口出狂言："把我枷起来容易，等我们刘大帅来了，到时候想放我也不是一件容易的事，看你怎么收场。"刘贵？可惜这个大老虎真的吓不倒高敖曹。高敖曹现在不是生气，而是很生气，拔出佩刀上去就把那人的脑袋削下来了，"这有何难？"

刘贵对此一点脾气也没有。说起来也怨刘贵，既然知道高敖曹不好惹，平时就应该跟自己的部下交代清楚，没事招惹那个活阎王，还不是找死？

刘贵不主动招惹高敖曹，高敖曹还是会主动找刘贵的麻烦。虎牢练兵的时候，东魏大将们经常在一起议事。有一次大家正在开会，有人报告说，治河的汉人民工有好多人淹死了，刘贵随口道："一钱汉，死了就死了吧。"刘贵的意思是说，汉人的一条命就值一文钱。说者无心，听者有意。汉人高敖曹的民族感情一下被激发出来，他二话不说，拔刀向着刘贵就砍，吓得刘贵狼狈逃出，一溜烟跑回自己的大营，关上门不出来了。高敖曹一看躲起来了，就鸣鼓召集自己的部下，要去攻打刘贵的大营。总协调官侯景一看闹大了，赶紧出来调解，算是卖给侯景一个面子，高敖曹这才放了刘贵一马。

传说中高敖曹更牛的一次是，高敖曹去见高欢，门卫挡着不让进，他抬手张弓就把门卫给射死了。高敖曹就是这么横！

高欢对这些事也是睁一只眼，闭一只眼。你想，谁还敢惹他。

在汉人普遍被瞧不起的那个年代里，高敖曹一枝独秀，算是为汉人争了光。

37. 宇文泰夺取弘农

宇文深不愧是宇文家族的智者。史书上总共提了他三次，三次都显示出他不一般的眼光和韬略。第一次东西大战，正是他的见解，坚定了宇文泰偷袭小关的信心和决心，为宇文泰取得第一次东西战争的胜利做出了贡献。

战略家盯上了一块风水宝地——弘农（当时的名字叫恒农，北魏为了避孝文帝拓跋弘的讳而改名）。弘农所辖地区大部分是夹在崇山峻岭之间的平原，独特的气候特征让弘农变成了大粮仓，在关中平原颗粒无收的情况下，弘农的庄稼依然长势喜人。在关中地区连年遭遇大旱的形势下，弘农对西魏具有特别的战略意义。更重要的是，虽然弘农属于东魏控制区，但由于地处关西，黄河天险将这一地区跟东魏其他地区分开，成为一个相对独立的地区，如果在这里开战，东魏不容易救援。

小关的胜利给了宇文泰极大的信心，稍作休整后，根据宇文深的建议，宇文泰率领李弼、独孤信、梁御、赵贵、于谨、若于惠、怡峰、刘亮、王德、侯莫陈崇、李远、达奚武这十二大将开始东征。

战斗打得一点也没有悬念。于谨率军攻弘农西部的盘豆城，东魏守将高叔礼投降。宇文泰亲自指挥攻打弘农，守将陕州刺史李徽伯战死，副将高干渡河逃走，贺拔胜追过黄河，将其擒住。受弘农胜利的影响，河南地的地方豪杰纷纷起兵响应，西魏兵威大振。对宇文泰来说，形势一片大好。

但，宇文泰没有能力继续东征了，因为面前有个比高欢更厉害的对手——

饥饿。

自关中大旱以来，整个关陇地区一直笼罩在饥饿的阴影中。为了解决军队的吃饭问题，宇文泰不得不让部队散落在各个州郡，征收老百姓家里的存粮共渡难关，有藏匿的一经查实，严惩不贷，一时百姓多有逃亡者。

宇文泰亲自带着不足万人的队伍进驻弘农粮仓，算是吃上了饱饭。

在宇文泰饿肚子的时候，高欢的日子也好不到哪里去。窦泰是高欢的老哥们儿，又是连襟亲戚，如今战死沙场，尸骨无存，不用说自己窝火，就是小姨子在自己面前哭哭啼啼的也受不了。报仇，这个仇一定得报。所以，高欢决定倾东魏一国之力，发动对西魏最猛烈的攻击。得到宇文泰在弘农的消息，高欢命高敖曹自河南发兵三万进攻弘农，先把西魏的粮仓给端了。

高欢亲自集合八州人马计二十万人，从壶口出发直达蒲津渡口，准备从蒲津渡口渡过黄河进攻关中。宇文泰接到高欢大军进犯的消息，立即从弘农撤退到潼关，准备组织防守。他前脚刚走，高敖曹的三万大军便包围了弘农城。

在蒲津渡口，高欢召开军事会议商讨下一步的行动。将军谋士们议论纷纷。谋士薛琡建议暂时不要渡河，现在关中颗粒不收，粮食极为短缺，弘农粮仓又被高敖曹围住，只需要把各个路口封死，然后就跟宇文泰耗，等到麦收的季节，西魏的存粮也就吃得差不多了，那时宇文泰即使不投降也快饿死了。

这是要把宇文泰困死，非常高明的主意。

侯景也不同意全部渡河，他说："咱们这次可是倾国之兵，打赢了没什么说的，可一旦失利，后果不堪设想。所以，不如兵分两路，先后进攻。前军打好了，后军继续出击扩大战果；前军倘若失利，后军也可以接应。"

这是个稳打稳扎的方案。

但此刻高欢求胜心切，就想来一次大会战，直接把宇文泰给灭了，他坚持自己的想法，率领大军渡河来到了冯翊城下。冯翊城的守将是西魏猛将王罴，他的厉害司马子如已经见识过。王罴当年在荆州任上跟梁朝打仗的时候，城中粮尽，他煮粥与将士分食，每次出战也不穿铠甲，大呼"若天不佑国，则箭中王罴；否则，王罴须破贼"。屡经战阵，竟然一次也没有负伤。梁朝前后打了荆州三年，城池纹丝不动，最后不得已班师了。

这也是个早年的成名英雄。

高欢劝王罴投降，王罴回敬说："坚决与城共存亡，如果失败，冯翊城就是我的坟墓。"高欢一看王罴这个样子，知道要攻下冯翊城不太容易，即使拿下了，代价也太大，不划算。眼前的主要对手应该是长安的宇文泰。条条大路通长安，惹不起我躲得起，于是东魏大军绕过冯翊城，渡过洛水继续向西推进。

宇文泰传檄西魏各州集结兵马，准备开战，但一时半会儿哪里能集合得起来。手下众将一看这个架势，人数差得太多，心里都害怕了，大家一起劝说宇文泰退守陇右，继续诱敌深入。

宇文泰能猜不透大家的心思吗？这是害怕跟高欢交手的借口。所以宇文泰当时就火了，“要是贺六浑攻占了长安，我们脸面何在？到时候，那些观望的人都该被他收服了。现在他劳师远征，正是攻击的好时机。”

英雄的见识就是不同。

说到做到，宇文泰命令将士在渭水河造浮桥，军士带三天的干粮，立即渡河，准备主动出击。这是一着险棋，但没办法，宇文泰也是不得已而为之。

西魏大军行至距离东魏大军六十里的沙苑地区，众将一片恐慌，未战先怯，实为兵家之大忌。

关键时刻，宇文深又出手了。宇文深开口就向宇文泰道贺，众人不解：一比二十，好比是以卵击石，灭亡在即，有什么可贺的？宇文深解释说：“高欢经营河北多年，可以说是深得人心，所以我们要去攻打他，根本就没有任何胜算。现在东魏倾国之师，一心想着为窦泰报仇，挟恨而来，所谓忿军必败，高欢的末日到了。现在就命人通知王罴，准备好家伙抄高欢的后路就行了。”

经过公认智谋过人的宇文深这么一说，西魏众将算是一颗心落了地，稍稍安定下来，宇文泰再一次坚定了决战的信心。

打是必须了，怎么打很重要。兵法云，“知彼知己，百战不殆”，得先摸摸高欢军队的情况，于是宇文泰派达奚武前去侦察敌情，史上最牛的侦察兵就此出场。

38. 沙苑大战

天色将黑，达奚武带了三名亲信骑兵，换上西魏兵将的服装，悄悄摸到距离东魏大营不到百步的地方，下马，趴在地上仔细倾听东魏大营的动静。这一下，收获还真不小，他们听到了高欢大营的口令。

到目前为止，达奚武同志干得非常专业，看起来是搞侦察工作的老手。按照惯例，下一步该找个机会抓个舌头什么的了。然而，达奚武上马，用手一指高欢的大营，意思是要到里面溜达溜达！他这个举动吓了随从们一跳，这是干吗？去送死，还是要投降？容不得多想，主将怎么吩咐就怎么做吧。

接下来达奚武开始了他的疯狂之旅。到了营门，口令？正确，放行！一行四骑，大大方方进了大营，碰到巡逻的哨兵刚要问话，达奚武的马鞭子就抽下去了，“爷奉命查哨，好好给我放哨！”他们就这样手里拎着马鞭子，装作查夜的督察兵，在大营里前前后后、仔仔细细地转了一圈，碰到不守法的士兵，达奚武假戏真做，马鞭子不长眼，打得违纪哨兵连连告饶，戏演得像模像样，看不出丝毫破绽，所以没有任何人怀疑他们是西魏的奸细。就这样达奚武把高欢大营的布局、兵力部署、部队状态摸了个透，最后看看差不多了，又大摇大摆地离开了。高欢大营的岗哨们还暗自庆幸：可把这几位爷送走了。

达奚武的胆子够大吧，但还有个人胆子大得让达奚武佩服得五体投地，这个胆子超级大的人是杨忠，这是后话。

达奚武的侦察暴露了高欢大军一个致命的弱点：防守松懈，纪律涣散。也怨不得高欢，主要是因为这二十万人大部分是从各地临时抽调的州郡兵，时间仓促，也没有提前搞个军事演习什么的，所以各军的将领士兵互相不熟悉，大家联络基本靠口令，被达奚武钻了空子。饶是如此，达奚武的胆略也是亘古少有。

敌情摸到了，宇文泰立即召开军事会议，研究部署下一步的作战计划。

李弼献上了一条妙计。李弼认为，双方兵力众寡悬殊，正面野战是危险的，因此建议宇文泰把军队开到沙苑东十里的渭曲，那儿道路狭窄，芦苇茂密，既不利于大部队作战，又是适合设伏的好地方。宇文泰认为李弼言之有理，说办就办。反正现在是高欢追着自己打，选择战场的主动权在我们这里，说渭曲就渭曲，不怕你高欢不愿来。于是西魏大军转移到渭曲，李弼为右军，赵贵为左军，背水东西列阵，又让于谨等率领大部分士兵埋伏在芦苇丛中充当奇兵。本来人数就不多，经过宇文泰这么一布置，从正面看去，西魏士兵稀稀拉拉，人数少得可怜。

这就是骄敌之计，谓之示弱，先让敌人轻视自己，然后待到合适的机会，一大帮子人“哗”一下冲出来，冲击敌人的心理，实际上就是起到吓唬人的作用。

高欢大军追到渭曲停了下来，看到眼前的地形，东魏众将七嘴八舌，议论纷纷。

都督斛律羌举（斛律羌举露面不多，其先出自代北部族酋长，他的儿子后来很有名）建议不要再跟宇文泰玩下去。俗话说“狗急跳墙”，宇文黑獭拼死一战，小心被他咬一口，不划算；而且渭曲道路狭窄，苇丛幽深，地面泥泞，不适合大部队作战，不如分一支兵马绕过去直取长安，攻下黑獭的老巢，那么黑獭自然不战自溃。高欢的军队数量足够同时开辟两个战场，一部分牵制住宇文泰，一部分直取兵力空虚的长安，拿下了元宝炬，宇文泰的大丞相就做到头了。斛律羌举这个建议很恶毒，所谓“釜底抽薪”，这是要宇文泰命的上策。

高欢说：“不用这么麻烦吧，秋后的芦苇深且将枯，一点就着，适合火攻，放一把火管保把宇文泰烧死。”

高欢的想法很恶毒，照此实施，宇文泰的小命又要完蛋了，李弼计策的致命弱点就是无法解决对方用火攻。

此刻，不知道宇文泰和李弼有没有过这方面的考虑。所谓“强中自有强中手”，没有经过实践的检验，谁也不能保证自己的计策万无一失，谁也不要提前吹嘘自己牛。

眼看着宇文泰灭亡在即，大魏朝重新统一指日可待，可老天不愿意眼瞅着西魏完蛋，不止一个救星出面了。

关键时刻，侯景救了宇文泰一命。也是太轻敌了，这个一向以谋略著称的人不知道是吃了兴奋剂头脑发热，还是喝多了没醒酒，从作战开始的稳重派变成了激进分子，他居然提醒高欢说：“我们应当生擒宇文泰，让老百姓看看，要是真烧死了，大家都不信怎么办？”侯景没有想如何打倒宇文泰，满脑子想的却是如何处置宇文泰，他把这一仗当成了表演，得让观众满意。见过骄傲的，没见过这么骄傲的。另一位猛将彭乐也跟着瞎起哄：“对对，就得生擒活捉，我们一百个对付一个，有什么可担心的？打不赢简直就没有天理了。”彭乐头天晚上喝了个大醉，到现在还是酒气冲天，醉话能当真吗？可高欢不听头脑冷静的斛律羌举，偏偏信了侯景和彭乐。事实上，高欢的头脑也在发热，二十万大军对付不足万人的小部队，不胜还有天理吗？

在发烧派的鼓动下，高欢决定抛弃一切阴谋诡计和阳谋妙计，同宇文泰来一场刀对刀、枪对枪的仁义对决。

狂啊，傲啊，这就是传说中的骄兵悍将！然而，历史的经验告诉我们，骄兵一般是没有好下场的。此刻，高欢已经忘掉了尔朱荣七千人大破葛荣百万之众的那场战斗，甚至记不起击败兵力七倍于自己的尔朱兆的韩陵之战了。

打仗可不是简单地比较数字，人多了不一定胜利的战例并不少见。

开始冲锋了，东魏兵看到西魏军稀稀落落，唯恐落后让别人抢了功劳，争先恐后地往前冲，好像前面就是一群小绵羊，谁抢到了归谁。

宇文泰的示弱起了作用。

军功是按斩获敌人的首级计算的。

道路本来就不宽敞，大家一块儿往前挤，也不管什么军令了，整个队伍“哗”一下就乱了套，将军找不到自己的兵，兵也找不到自己的主将，大家各人顾各人。反正都是为了杀敌，二十多万人，一起往前挤，被河曲这个狭长地带拉成了一条长蛇，可惜这不是事先布置好的一字长蛇阵。

是时候了，宇文泰鸣鼓出击。隐藏在芦苇丛中的军队一下杀了出来。于谨同赵贵兵合一处，正面进攻，李弼率铁骑从侧面横击，一下把东魏大军截为两段。东魏军人多使不上劲干着急，芦苇丛里冒出的奇兵把东魏士兵们吓了一跳，东魏军大乱。战斗进行得异常惨烈。

西魏大将耿令贵杀得铠甲上到处是血，整个人成了血葫芦，宇文泰看着鲜血淋漓的耿令贵，感慨地说：“看令贵的衣甲，还用数首级论功吗？”

东魏大将彭乐被刺中腹部，肠子都流了出来。彭乐也是狠角色，伸手把肠子按进去，这玩意儿出来了再塞进去可不是那么容易，微有醉意的彭乐（大敌当前还喝酒，真没把黑獭放在眼里，同时也反映了高欢军纪的涣散）一着急，把摁不进去的一段切下来，撕下块布条把肚子扎住，继续拼杀。关于彭乐这段盘肠大战，《北史》上有记载。从医学角度看确实不可思议，肠子断了马上接起来，问题不大，但古代医术能否做得了这样的手术也是个问题。可能司马光老先生也不太相信，《资治通鉴》只是简略一笔“肠出，内之复战”，略去了断肠一节。

高欢一看，这么打下去亏吃大了，就让张华原鸣锣收兵。不玩了，咱们找机会再练。可是，军队都乱了套，大家各顾各的，根本没人肯听号令。张华原忙活了半天，一个兵也没收过来。斛律金一看局势不妙，让高欢赶紧跑，留得青山在，不怕没柴烧，保存革命火种要紧。仗打到这个份儿上，太窝囊了，我有这么多人，本来可以……高欢哪里甘心，徘徊往复，不肯离去。斛律金也急了，都什么时候了，逃命要紧！斛律金顾不了太多了，举起马鞭，照着高欢的马屁股狠狠地抽了一下，战马负痛狂奔而去，一些东魏兵将看到高欢跑了，也跟了上来。到了河岸，船离岸很远，过不去。有人弄来一匹骆驼，驮着高欢上了船，狼狈渡河而去。

过了河便到了东魏控制区，理论上高欢安全了。

然而，高欢的噩梦还没有结束，他的霉运在自己的地盘上仍在继续，有一股东魏的反叛力量已经在路上等着他了。

39. 宇文泰乘机扩大战果

“白日依山尽，黄河入海流。欲穷千里目，更上一层楼。”读过小学的人都能背出这首朗朗上口的古诗，那个楼叫鹳雀楼，楼的建造者是宇文泰的侄子宇文护。鹳雀楼就坐落在当时称为蒲州的蒲坂。蒲坂就是现在的山西永济市，蒲津渡口是自山西进入关中的跳板，从这渡过黄河就绕到了潼关的背后，所以称为“河东、河北陆道进入关中之第一锁钥”，一点也不为过。

然而，蒲坂的当地豪族虽然人在东魏，由东魏控制，但他们大多数人都属于高欢的政治对立面，一有机会，他们就会揭竿而起。汉族地方豪族大多家学深厚，受孔夫子老先生“君君臣臣”那一套的毒害，很自然地把有“逐君之丑”的高欢看作敌人。只不过，大家忘了自己拥护的孝武帝也是胡人，一直被南朝称为“索虏”。

敬珍在当地属于有名望的人，大抵地方豪强之类中，他的号召力很强。敬珍还是个认死理的人，孝武帝西迁，敬珍认为无论如何都是高欢的不对，所以对高欢恨之入骨，每欲杀之而后快，只是苦于没有机会。

天下有很多像敬珍这样的人。

当高欢二十万大军渡河西伐的时候，敬珍同其兄敬祥聚集乡人，准备断高欢的后路，不日就聚集了上万人。就在他们准备攻击高欢的后军的时候，高欢已经败退下来，于是他们决定痛打落水狗。

当高欢狼狈地从蒲坂继续东逃的时候，遇到了敬珍的伏兵。

又是一阵厮杀，好在敬珍这万人是临时拼凑的，空有一股子志气，战斗力委实不强，东魏众将拼死保护高欢冲出了包围圈，敬珍占据了河东六县。

高敖曹听到主力部队作战失利的消息，不敢恋战，放弃弘农，返还洛阳。高敖曹很懊恼，两次劳师袭远都是无功而返，这些个鲜卑人，打仗真不顶事。

这一战，高欢丧失了精锐甲士八万，铠仗十八万，果真是惨败。好在侯景比较冷静，把残兵败将集合在一起，辎重也不要了，边打边撤，算是为高欢保住了一部分有生力量。

宇文泰从俘虏的东魏军中，挑选了两万人，留下继续服役，其他的都放了。关键是，留在这没那么多粮食吃啊，关中委实太穷，穷到养不起兵了。

宇文泰还是仁慈的，他没有对俘虏斩尽杀绝的习惯，但这一次的仁慈将给他带来极大的后患。实践证明，对俘虏们赶尽杀绝并不是都没有道理的。

战役结束了，战场打扫完了，直到这时候，散落在各州找饭吃的各路军马才陆续到达，然而已经曲终人散。大家对这个结局一定很意外：早知道这样，路上就不磨蹭了。既然来了，闲着也是闲着，宇文泰命令每人种一棵柳树以示纪念。宇文泰无心插柳，为关西的生态和环保事业做出了贡献。那个时候，战胜方为了显示战功，往往要建造“京观”，就是把敌人的尸体埋在一起，弄成个大大的肉丘坟，类似呼延庆家那种。比较起来，还是宇文泰的方式好些，至少不那么恐怖。

高欢回到晋阳丞相府，刚喝口水喘口气，随后赶到的侯景提出了一个大胆的想法：宇文泰新胜必骄，趁他没有防备，自己领两万精骑突袭长安，一战则关中可得。高欢觉得有道理，王妃娄昭君提醒道：假设侯景成功了，他还有回来的道理吗？得到一个黑獭而失去一个侯景，对我们又有什么好处？

看起来，打败敌人不是最终目的，更重要的要看是谁打败的。

这事就这么算了。高欢的作风有时让人觉得很矛盾：既然连娄昭君都看出侯景脑后有反骨，既然担心侯景做大后难于管制，还让他做了河南的土皇帝，为子孙埋下了一颗地雷。

宇文泰不算完，他要借着胜利的东风继续扩大战果。

东魏行台宫景寿进军洛阳，洛阳守将是洛州刺史大都督韩贤。韩贤在高欢帐中也是个了不起的人物，他先随葛荣，葛荣败亡后被尔朱荣纳入帐下，后来充为广州刺史。高欢信都建义前他就暗地里跟高欢通气，所以在高欢主政洛阳时，尔朱氏提拔的人基本上都被免了，唯独韩贤官位不变。正因为属于高欢信任的人，高欢才把守卫洛阳的担子交给了他。韩贤果然不负高欢所托，跟宫景寿大战一场，宫景寿知道自己讨不到任何便宜，便灰溜溜地撤退了。

但捷报没让高欢高兴多久，洛阳方面便传来了韩贤以身殉职的消息。原来，洛阳人韩木兰响应西魏，纠合乡里起兵作乱，数日间纠合了上千人，开始频频袭击东魏州郡，韩贤率领洛州兵马前去围剿，邺城方面遣慕容绍宗率兵帮忙。韩木兰虽然颇有将才，但跟东魏两大名将交手就差远了。很快，韩木兰完败被俘。可就在打扫战场的时候，意外出现了。有个叛民躲在死人堆里装死，当韩贤亲自动手收缴战利品的时候，此人突然跃起，一刀砍断了韩贤的脚脖子，韩贤当即因流血过多而死。

对于韩贤的死因，洛阳百姓又有另一种解释，他们认为韩贤的死是亵渎佛祖的报应。因为不久前，韩贤曾经无故将洛阳白马寺的一件镇寺文物给毁了。这是一个木匣子，一个曾经装过中国第一部佛经的木匣子。当年佛教东传，白马驮经来洛阳的时候，佛经的包装物就是这个木匣子。毁了佛教徒的圣物，罪孽不小，按照佛教的因果报应理论，韩贤死得很及时。

高欢主动承担起抚养韩贤后代的责任，把韩贤的女儿收到膝下认了干女儿，大齐建立后封为阳翟公主，高欢还亲自张罗，为韩贤的儿子韩裔讨了媳妇。有高欢这样的上级，韩贤为国捐躯也值了。韩木兰逃走了，并且继续拉队伍反抗东魏，成为西魏方面的重要将领，后来还屡立战功，北周政权建立后得到了赐姓宇文的殊荣。韩木兰本名韩雄，《周书》有传。

韩贤没了，洛阳还要坚守。广阳王元湛代替韩贤就任洛州刺史，将门未必有虎子，元湛连他老爹——大魏名将元深用兵的皮毛也没有学到。

高欢的这一任命让人觉得难以接受，以洛阳地位之重要，弄这么个绣花枕头来，实在不可思议。其实，是韩木兰叛乱事件让高欢意识到洛阳形势的复杂，知人善用的高欢任用元湛的目的是安抚洛阳民众，毕竟这是个正宗的北魏皇族。

韩贤的死让西魏人很兴奋。西魏再次大举进攻，一下派出了三路人马。行台冯翊王元季海和独孤信率步骑两万再次杀向洛阳，东魏的洛州刺史李显向三荆进发，贺拔胜、李弼率军进军蒲坂。敬珍反对的是高欢，现在西魏军队到了，还有什么可说的，列队欢迎吧。于是敬珍率蒲坂附近六县十万户归附，蒲坂守将东秦州刺史薛崇礼率军拒守，其族弟薛善打开城门迎魏军入城，从此，蒲坂纳入西魏的版图，后改称蒲州。

贺拔胜亲自出马，蒲坂失守，东魏震动，东魏边境众将恐惧不已。为了避过贺拔胜的锋芒，在高欢的授意下，东魏的秦州、南汾州、东雍州三州人马退保并州，晋阳文武商量继续把晋州人马一并迁过来，这时惊动了一个高人。

薛修义，河东汾阴人。薛家在汾阴当地属于大族，薛崇礼、薛善都出自这个家族。薛家人内部不和，有的保高欢，有的反对高欢。说起这个人，还曾经有跟高昂一起蹲驼牛署的经历。驼牛署关押的可都是不好公开审判的要犯，一般人还进不去。同高昂一样，薛修义年少时也是当地一霸。大魏正光年，为了镇压各地的叛乱，朝廷下了一道特别命令：只要你能招募三千人加入讨伐叛军的队伍，马上授予“别将”封号。薛修义做侠客久了，就想当官，于是振臂一呼，钱财一散，一下划拉了七千人。朝廷也不失约，立即授予他假安北将军、西道别将的封号。后来他又另立山头，自称黄钺大将军。当朝廷派兵镇压的时候，可能觉着动真格的不好玩，立马投降，接受招安。尔朱荣见其反复无常，杀之无罪，纵之危险，就把他锁在了驼牛署。尔朱荣被杀后，孝庄帝把他同高敖曹一起放了出来，启用为弘农、河北、河东、正平四郡大都督。这时他跟高欢结识，高欢信都起兵后，薛修义积极响应，曾经代理过一段时间的并州刺史。孝武帝入关后，高欢因为他在河东的影响力，任命他为关右行台，他也不负所托，招降了西魏北华州刺史薛崇礼并占据了杨氏壁。杨氏壁是弘农杨家建造的要塞，尔朱天光诛灭杨氏后便据为官家所有，宇文泰反攻后，杨氏壁很快失守，薛修义就返回了晋阳。

现在，众人商量放弃晋州，薛修义劝说道：“倘若晋州失守，那么定州也一定不保。”

高欢火了，“原来我要好好修修晋州，大家都劝阻我。现在晋州城防薄弱，我没地方退了。”

晋州是高欢的起点，要说没有感情是不可能的。

薛修义劝道：“我愿意去守晋州，如果失守，我愿意伏诛。”斛律金悄悄地对高欢说：“就让这个汉儿去吧，让他的家口留在晋阳，不要给他兵马。”

只想马儿跑，不让马儿吃草，斛律金这是要死马当作活马医，临末了还把人家口当作人质。斛律金也不是老实人。

薛修义不在乎：在朝廷安危面前，家人的性命算什么？就这样，薛修义单人匹马来到晋州。当薛修义满怀信心地跟晋州代理刺史封祖业商量守城方略的时候，封祖业却把刺史大印交给他，自己匆匆忙忙弃城跑了。一战未开，主帅逃跑，对军心的打击是空前的。薛修义赶忙去追，一直追到洪洞县才赶上，再三劝说，封祖业死活不回头，无奈之下薛修义只好自个儿返回晋州，组织守城。

西魏大将长孙子彦来到晋州城下，傻眼了：晋州城门大开，空无一人。如果你认为薛修义玩的是空城计，那么你就中计了，因为薛修义早在城中设好了伏兵，张好口袋等着西魏军进城了。长孙子彦是长孙稚的儿子，西魏猛将。这也是个狠角色，年轻时骑马把胳膊弄断了，由于医生的接骨技术太差，伤好后胳膊上鼓起了一个大包。后来遇到名医，需开肉断骨治疗，一时找不到麻沸散，在没有麻醉的条件下开始动手术。医生为他割肉切骨，他依然谈笑风生。时人称其比关云长刮骨疗毒有过之而无不及。长孙子彦不逞匹夫之勇，既然摸不清城中虚实，不愿打没有把握的仗，他选择了撤退。晋州一场危机化为乌有。

如果封祖业知道是这个结局，打死他也不会逃跑的。现在倒好，落了个不战而逃的罪名，晋州代理州长的位子当然也丢了，幸亏有亲哥哥封隆之这层关系，否则小命也保不住了。薛修义被正式任命为晋州刺史。

独孤信到了洛阳，高敖曹部刚从前线撤下来不久，无法组织投入新的战斗。既然没法打，高敖曹就带着本部人马渡河北去了。

广阳王元湛一看高敖曹走了，自己留下来也没什么劲，于是也弃城逃回邺城，独孤信占据了金墉城。金墉城是曹魏时期在洛阳城西北角修筑的三座小城，一开始就是作为军事要塞修筑的，所以高欢搬洛阳的时候逃过一劫。独孤信文武全才，不但打仗勇猛，治理地方、收拾人心更是一把好手，所以只要他待过的地方，老百姓很久都能记起他。战事一停，独孤信立刻走访地方，请当地的名人一起出来，开始了洛阳新一轮的建设。

所谓“兵败如山倒”，独孤信占领洛阳后，河南地的东魏防线迅速瓦解，东魏颍川长史贺若统拿住刺史田迅，举城投降；荥阳人郑荣业、郑伟等起兵攻打梁州，擒刺史鹿永吉；清河人崔彦穆、檀琛等起兵攻打荥阳，擒其郡守苏定。荥阳郑氏、清河崔氏都是汉人名门望族，郑伟是郑先护的儿子，可见汉人大多仍以西魏为正统，一有机会就要起来反对高欢。这也是高欢后来一直对汉人大族保持警惕的原因。

东魏大将尧雄、赵育、是云宝出颍川，打算收复失地，又被西魏仪同宇文贵战败，赵育投降。东魏再派任祥率河南兵与尧雄会师，西魏仪同怡峰与宇文贵合兵再破任祥。西魏都督韦孝宽取豫州，是云宝杀阳州刺史，举州投降。

反正这会儿东魏点背，连战连败，越打丢的地盘越多，颍州、梁州、荥阳、广州、阳州、豫州相继落入西魏之手。

一时，河南诸州多失守，唯有东荆州在慕容俨（跟慕容绍宗一个老祖宗）的顽强抵抗下，没有让西魏拿下，总算是为东魏挽回了一点面子。

这次争夺河南控制权的战争以东魏完败而告终。

高欢难道真的一蹶不振，任凭宇文泰在自己的地盘上折腾吗？

40. 第三次两魏战争之河阴大战

西魏为了表彰大丞相宇文泰的沙苑战功，为宇文泰加柱国大将军衔，其他参与将领也都得到了加官晋爵的赏赐。

东魏大丞相高欢上表，请求撤掉自己的丞相职务，孝静帝准奏，高欢主动承担了沙苑失败的全部责任。其实有没有丞相的名号都一样，高欢照样是霸府的主人。

事实上，沙苑惨败搁在高欢的身上，只能算是伤筋动骨。伤筋动骨一百天，地大物博的东魏很快恢复了元气。

东魏北渡各军纷纷集结于虎牢关，开始着手收复失地。高欢任命侯景为西道大行台，与司徒高敖曹、行台任祥、御史中尉刘贵、豫州刺史尧雄、冀州刺史万俟受洛干等东魏猛将们一起在虎牢练兵。这一次高欢算是真正吸取了沙苑大战的教训，部队要形成战斗力，整编、整合很重要，尤其多兵种、多系列大部队作战，如果相互间的协调和配合不好，人数多了，作战能力不升反降。

侯景作为总协调官，全面负责对各路大军的节制和指挥。

高敖曹为军司、大都督，统领七十六都督，军司是军事监察官，职责是掌管功劳簿，节度诸军统兵作战和参与军政谋议。

贺拔仁首先打响了河南地的反攻战，南汾州刺史韦子粲投降。消息传到长安，宇文泰也没客气，把韦子粲满门抄斩。贺拔仁很早就充任高欢帐内都督，并且参与了信都起兵。侯景在虎牢举行了几次军事演习。只是演习，还没有真的开打，西魏几个州的守将就顶不住了。为了保存实力，在宇文泰的授意下，西魏开始收缩战线，颍州、豫州二州守将弃城撤走，东魏重新占领了二州。

侯景亲自领兵包围广州，广州刺史骆超没有被侯景吓到，据城死守。西魏派兵救援，代理洛州刺史卢勇率百骑阻击，遇敌于大隗山。卢勇让大家在树枝上到处悬挂旗帜，西魏军不知道到底来了多少人，遂按兵不动。夜里，卢勇分百骑为十队，鸣号角直冲敌营，西魏军大溃。骆超见援兵没有指望了，于是开城投降。

只有洛阳的独孤信还在坚持，毕竟，花了这么多人力物力，洛阳的城市建设才刚刚有点起色，放弃了太可惜。但，一个可怕的现实是，洛阳已经成了孤城。

很快，洛阳除了金墉城外全部让侯景占领了。这个历史上著名的破坏者放了一把大火，洛阳的民居、官署、寺庙焚烧殆尽，残存者十之二三。经过高欢的一拆和侯景的一烧，曾经的繁华帝都彻底变成了遗址。

侯景、高敖曹集合大军包围了金墉城。

早些时候，河南地的大批回归让魏文帝元宝炬很高兴。当初孝武帝元脩西走关中的时候，望着滚滚东去的河水，曾经忧伤感慨命运多舛，不知何日才能重返家园。孝武帝没有做到的，我元宝炬就要梦想成真了。皇帝一高兴，头一个念头就是想到洛阳去祭拜一下祖先，大魏朝的陵园和祖庙可都在洛阳附近。可这边刚要动身，那边独孤信战事不利的消息就传了过来。

于是魏文帝让太子在长安监国，与宇文泰一起率领大军驰援洛阳，大将李弼和达奚武率领一千铁骑充作先锋。

高欢听到宇文泰出兵洛阳的消息非常高兴，这下不用远赴关中了，西魏两大元首都来了，正好来个一锅端，所以高欢立即率军从晋阳出发直趋洛阳。

第三次两魏战争拉开了序幕。

吃一堑长一智，沙苑的教训近在眼前，所以这次侯景不敢怠慢，命令部队就地结阵，以逸待劳。队伍不好带，东魏军是几个方面军组成的联军，主将们资历都差不多，互相谁也不服谁，所以即使有人不听号令，作为主帅（行台）的侯景也无可奈何。虎牢练兵也没能形成统一指挥。

还真有刺头，此人叫莫多娄贷文，位居仪同三司。不是三公，但是地位同三公相当，所以他也是个位高权重的人。

听到宇文泰杀来的消息,立功心切的莫多娄贷文建议侯景趁西军立足未稳，实施突袭,谨慎的侯景没有答应。莫多娄贷文感觉这么好的机会不用太可惜了，就拉上好友可朱浑道元率领本部一千骑兵准备搞一次夜袭。可惜他们运气不好，半路遭遇宇文泰的先头部队李弼和达奚武部，这两位一个以智谋见闻，一个以勇敢著称，都是西魏军中数得上的人物。李弼先来了个疑兵之计，命令军士们一起鼓噪呐喊，一个人举着几个火把，这样看上去兵力比实际多了好几倍。

本来双方实力差不多，各有一千鲜卑骑兵，但莫多娄贷文原打算的偷袭，现在变成了正面野战。加上被李弼这么一闹腾又搞不清敌人的底细，心里首先胆寒了三分。主将都害怕了，士兵们更不用说了，打仗尤其是骑兵野战，打的就是气势，一场恶战，莫多娄贷文为自己的妙计付出了生命的代价，东魏一千骑兵成了他的陪葬品，死的死，俘的俘，全军覆没，只有可朱浑道元拼命厮杀闯出了一条血路，单人独骑，逃回大营去了。

侯景见开局不利，连夜拔营向北撤退。宇文泰有点轻敌，看到侯景撤退，以为他们未战先怯，于是亲自率领轻骑兵一路追赶。哪知道侯景这次却是战略撤退，目的是找个好地形跟宇文泰决战，骑兵对阵地形非常重要。侯景到了河阴，北据河桥，南接邙山，摆开阵势等待宇文泰的到来。宇文泰的轻骑兵冲了过来，混战中，令宇文泰沮丧的是，战马突然被流矢射中，一惊之下把主人掀翻在地，绝尘而去。东魏兵一下围了上来。西魏大将李穆一看不好，赶紧从马上跳下，跑过来用马鞭子狠狠地抽了宇文泰一下，边抽边骂："混蛋，你的主将哪里去了？你留在这里干什么？"东魏兵一听，这是小兵和小头目，呼啸而过，追大头目去了。他们怎么也没想到，最大的大头目正在地上趴着呢。看着追兵跑远了，李穆赶紧牵过马，扶宇文泰上马，两人死里逃生。

李弼也险些遇难，负了七处伤，力尽被捉。李弼假装伤重难支，眼一闭，腿一伸，由俘虏变成了死尸。押解的东魏士兵看他死了，就把他往地上一扔，继续厮杀去了。李弼躺了一会儿，悄悄地观察着四周的动静，这时候旁边忽然跑过来一匹无主的战马，李弼一咬牙，来了个鹞子大翻身，挺身上马，一溜烟跑回了西魏大营。

西魏大军这时已经陆续赶到，宇文泰回到军中，军心大振，各军在宇文泰的指挥下开始组织反击了。

一个人太骄傲了就容易吃大亏。为了显示自己是铁打的高敖曹，特意让手下做了一架伞盖，伞盖上书有"高敖曹"字样，意思是大家都冲我来，这就是传说中的勇者无畏。高敖曹将为自己的骄傲付出生命的代价。

41. 猛人们的舞台

战场是猛人们的舞台。

高敖曹的旗帜让宇文泰找到了靶子。

西魏军集结精锐，几路大军协同，反复攻击高敖曹的汉军。猛虎难敌群狼，在西魏诸军的猛烈攻杀下，高敖曹的家底赔了个精光，高家军几乎全军覆灭。在高敖曹的汉军失利的时候，东魏诸将只有另一个汉将，西兖州刺史宋显拼命相救，但他的队伍也被绞杀殆尽。不知道当时侯景、刘贵那些人哪里去了，或许他们在看高敖曹的笑话。无论高敖曹胜或败，他们都是得利者。胜了，大家一起扩大战果，分享胜利；败了，消耗了敌人的实力，减轻了自己的压力。更重要的是，东魏军中胡、汉矛盾一直客观存在，因为有高欢罩着和确实有实力的原因，高敖曹从来不把这些胡人将军们放在眼里。因此关键时刻大家看高敖曹的笑话也很正常。当然，谁也没闲着，不过各自为战罢了，不是见死不救，是没有机会和能力。

高敖曹奋力杀出重围，一路逃往河阳南城。这是个错误的选择，因为，南城守将高永乐一直对高敖曹有意见。高敖曹把这些私人恩怨看成了人民内部矛盾，他相信高永乐不会不顾全大局，高永乐是个胆小的人，他也没这个胆子。然而，高敖曹这次真的错了。有时候，内部的敌人比外部的敌人更狠毒。高永乐借口怕追兵迫近为由，紧闭城门，让高敖曹吃了个闭门羹，高敖曹天真地相信了高永乐的话。既然是为了守城大局，城门不开就不开吧，让人放下根绳子，拉自己上去也可以。对高敖曹的建议，高永乐置之不理。至此，高敖曹才彻底明白了高永乐的险恶用心。高敖曹愤怒了，情急之下他冲向城门，挥刀向城门劈去——既然不给我开门，我就破门而入！这一刻，高敖曹忘了，他要对付的不是谁家的府门，而是一座城池的城门，要是砍几刀就能把城门弄破，也用不着发明那些攻车战具了。

城门在高敖曹急速猛烈的劈砍下开了个小洞，这时西魏大队追兵已经掩杀上来，高敖曹连忙躲在了河桥下。追兵抓住了高敖曹的随从，高敖曹的藏身之地暴露了。再躲下去也没有用了，高敖曹索性跳出来向追兵们怒声喝道：“来，取爷的头换开国公去吧。”东魏最猛的大将高敖曹就此死掉。

高欢听说高敖曹死了，如丧肝胆，但事后也只是逮住高永乐打了二百杖。高永乐是高欢的本家侄子，这就是所谓的“是亲三分向”。

最高兴的还是西魏，连年来高敖曹不断进犯，每次都全身而退，成为西魏军队最恐惧的杀手。宇文泰得意忘形之下，开口没用脑子，宣布赏赐取高敖曹首级的人万段布绢。但说实在的，西魏太穷了，所以事后商量，把这份赏赐变成了分期付款，每年兑现一点，这本账直至北周代魏，甚至北周灭亡还没有付清，大隋朝是不会继续支付了。

高敖曹军败，西兖州刺史宋显和大都督李猛战死，东魏士兵被俘一万五千人，其余众军纷纷渡河逃命，慌乱中挤入黄河淹死的不计其数，西魏军乘势掩杀，眼看逃命的河桥也要失守。

东魏冀州刺史万俟受洛干没有后退，他率领本部人马立在桥头，冲西魏军大喝：“有我在此，只管放马过来受死！”这一嗓子颇有当年张翼德当阳桥头一声吼的风度。

西魏军见还有这么一路军容严整的队伍在这守着，加上万俟受洛干曾经做过西魏的太宰，诸将知道这是个不好惹的厉害角色。俗话说：“软的怕硬的，硬的怕横的，横的怕不要命的。”遇到不要命的，还是躲远点好，河桥就这样保住了，河桥对战况发展将起到决定性作用。

事实上，万俟受洛干当真怀了必死的决心，他倒不是对人生产生了厌倦，只是为了报答高欢的大恩。当初，万俟受洛干同父亲万俟普自西魏投奔高欢，高欢因为万俟普德高望重，年龄又大，把他当作长辈看待，亲自扶他上马，这一幕深深印在了万俟受洛干的脑海里。从此，唯高欢之命是从成为这个曾经西魏太宰的处事原则。今天，东魏兵败，大部分人马渡河北上，倘若河桥失守，便注定了这一仗无法翻盘。所以，万俟受洛干为了报答高欢的礼遇，这才誓死保卫河桥。后来，高欢把万俟受洛干大营所在地命名为回洛。

看来，尊老不仅仅是一种美德，还是笼络人心的手段。

西魏军一退，北岸的东魏军得到了休整喘息的时间，于是各路大军再次集结，北返的部队纷纷通过河桥南渡，东魏众将开始组织对西魏军的反攻。只有库狄干认为继续打下去徒劳无益而拒绝南渡，他要等高欢来了再说。

从日出打到下午，战斗仍在继续，连老天也看不下去了，战场上大雾弥漫，更显得愁容惨淡。由于能见度低，谁也找不到谁，根本无法统一指挥和相互配合，所以双方各军都开始各自为战，这种情况显然更有利于不擅长协同作战的东魏大将们。

双方各有伤亡，俗话说：“杀敌一千，自损八百。”高敖曹的汉军虽然被消灭了，西魏军也付出了沉重的伤亡代价：东魏方面侯景、彭乐、刘贵的反攻很有效，西魏赵贵的左军，独孤信、李远的右军伤亡惨重。因为无法跟宇文泰取得联系，眼看着继续耗下去恐怕有全军覆没的危险，几个主将顾不了那么多了，拼命杀出重围跑了。后军李虎、念贤一看独孤信撤走了，顿时丧失了继续打下去的勇气，两人也边打边退撤出了战场。

战场上剩下了光杆司令宇文泰率领的中军。大家都不打招呼就跑，这仗没法继续打下去了。留得青山在，不怕没柴烧，于是宇文泰一把火烧了自己的营帐辎重，跟在大家的后面一溜烟逃向关中。临走，安排长孙子彦继续坚守金墉城，掩护诸军西行。

宇文泰一口气撤到弘农城下，他惊讶地发现，弘农城头的旗帜已经改变。原来，西魏军大败的消息传来，弘农守将立即弃城逃走，城里有些守军是沙苑大战中的东魏俘虏，这时候便趁机占据了城池。宇文泰一到，所谓“瘦死的骆驼比马大”，这些兵卒级的人哪里能够对抗将帅级别的宇文泰？所以弘农城很轻松地被拿下，宇文泰进入弘农安顿下来，总算是松了口气。

有逃跑的，也有坚持战斗的。王思政，孝武帝曾经的好朋友，这次让我们看到了他的武力。厮杀了一天，战马都累趴下了，他就徒步举长矛，左右横击，一圈就扫倒一大片，身边的士兵相继阵亡，自己也身受重伤，最后一头栽倒在地。王思政一向比较节俭，还有点不拘小节，平时也不怎么注意自身形象，他的衣服铠甲都破破烂烂的。所以，从外表看王思政就是个混得不怎么样的小兵。死亡的西魏将领太多了，按照后来的东魏战报统计，当时阵亡的西魏督将以上官职的就有四百多人。东魏兵都专门找当官的砍脑袋，值钱。东魏兵根本没在意地上这个破破烂烂的大鱼，王思政就这样躲过了一劫。天色渐黑，东魏军也收兵了。王思政麾下都督雷五安很忠心，主将找不到了，他不甘心，碰巧这又是个喜欢钻牛角尖的人，活要见人，死要见尸，一边哭，一边到处找王思政的尸体。最后，王思政的“尸体”还真让他给找到了，正好这时候王思政也缓过来了，雷五安大喜之下赶紧割下衣服一角给他包扎伤口，把他扶上马，一路猛追败退的大军，一直到半夜才回到队伍中。

关键时刻还得有贴心人。

西魏东豫州刺史窦炽与亲信一行三骑杀出重围，东魏兵紧紧追赶。到了邙山脚下，前面没路了。窦炽下马，背山以弓箭御敌。追兵越聚越多，箭如雨下，两个亲信骑士的弓也被射坏，于是窦炽把三个人的箭收在一起，随手所发，东魏兵应弦而倒。东魏追兵面对这个百发百中的神射手，不敢强攻，窦炽突围而出。

窦炽家族对隋唐发展也很重要，他的侄子窦毅有个女儿嫁给了李渊。

宇文泰的干儿子蔡祐也在徒步作战，东魏人围了他十余重，蔡祐弯弓搭箭四面对峙。东魏兵挑选了一名厚甲长刀的战士一点点往上靠，五十步，四十步，三十步。左右劝开射，蔡祐说：“我们的性命就靠这些箭了，哪里能虚发？”将近十步了，蔡祐发射，厚甲长刀的士兵应弦而倒，东魏兵震惊了，哗然后退。蔡祐边射边退，率领左右冲出包围圈，然后急急地往西跑，一直追到弘农才赶上宇文泰大军。看到干儿子无恙，宇文泰大喜过望，他已经好几天没睡好觉了，当夜枕着蔡祐的大腿美美地睡了一个安稳觉。蔡祐的性格跟东汉大树将军冯异非常像，为人低调，从不争强好胜，打仗的时候往往身先士卒，战后从不争功。宇文泰非常了解他的作风，每次都代他在功劳簿上记下一笔。

西魏军败后，原来散落长安等地的东魏降卒起兵造反，劫掠百姓。跑得最快的李虎部已经回到长安。但面对当前的形势，李虎毫无办法，只好带着太子，跑到渭北躲了起来。原东魏都督赵青雀占据了长安子城，雍州百姓于伏德据咸阳而反，一时关中震动。

宇文泰大军回师，很快便平定了各处叛乱。魏文帝重回长安，宇文泰屯兵华州。

高欢的七千骑兵赶到洛阳的时候，主战场的战事已经结束，没有赶上跟宇文泰的决战，高欢把气都撒在了长孙子彦的身上，围着金墉城一顿猛打。长孙子彦弃城逃跑，高欢还不算完，一把火烧了金墉城。至此，洛阳城基本被毁，高欢和侯景作为洛阳的罪人将永远记载在洛阳的历史上。

河阴大战，双方互有伤亡，算是打了个平手。宇文泰先胜后败，自己也差点死掉，但东魏失去了猛将高敖曹，所以也不算胜利者。

河阴战后，高欢又组织了一次西征，但天气原因导致劳而无功，连河也没过就回来了。至此，双方都需要喘口气，所以暂时都没有继续开打的计划。借着这个机会，高欢开始着手收拾朝廷的“大老虎们”。

42. 高澄入朝

魏晋南北朝一个常见的官场现象就是公卿百官贪污成风，以至于贪污在大家眼里已经成为潜规则，像李元忠、斛斯椿、王思政这样廉洁的人基本上属于凤毛麟角。随高欢从小做大的大佬们，像尉景、蔡俊、司马子如、孙腾等身居要职，贪婪成性，把盘剥百姓、贪污受贿当作平常事。蔡俊已经在第一次东西大战前病死。

高欢对此洞若观火，但他一直没有采取措施，为什么啊？当大臣杜弼一再建议整顿吏治的时候，高欢说出了心里话：“暂时不能管，因为现在的形势不允许。天下贪污成风也不是才出现的，现在我们这些督将们大都有亲戚朋友在关西，宇文黑獭经常来诱降，很多人首鼠两端。江南的萧老头子专事衣冠礼义，人们都把他看作正统所在，现在如果整顿纲纪，必然侵犯大家的既得利益，那么恐怕将军们都会叛逃关西，士人们都会投奔江南了。人才都没有了，朝中大事靠谁管理？这件事我知道，先放一放，等待时机再说吧。”

高欢讲得很实在，也很深刻。其实官场贪腐的一个重要原因在于当官却不发工资。光干活不发钱谁也受不了，所以清正廉洁又没有灰色收入的人生活都很清苦。北魏的时候，著作郎高允不贪污，不经营产业，常常让儿子们上山砍柴维持生计。家里就几间草房，床上铺的是粗布被褥，厨房里只有青菜和盐。魏孝文帝汉化改革的时候实行过一阵工资制，但孝庄帝后，朝廷穷困就拖发工资，拖着拖着就没有了。大家主要靠上司赏赐、战场缴获和经营家族产业过日子，贪污受贿根本没法制止。但搞得太不像话了，老百姓就会没活路，这是个严重的大问题。

其实，高欢比杜弼更着急，但高欢是政治高手，所以他比文化人杜弼更能忍。当前的大局是稳定局势。可书呆子杜弼相信了高欢的话，就回去傻傻地等。等了一阵子，杜弼看高欢还是没有动静，就在高欢准备第一次西征的时候，杜弼再次请求高欢先清除内贼。高欢怒道：“内贼是谁？”杜弼道：“侵犯百姓的勋贵们。”高欢知道跟书生说理说不通，当即命令军士们张弓搭箭，举刀按矛，张列于道，命令杜弼过这个刀枪阵。杜弼还以为高欢恼了，要弄死自己，又不敢不听话，战战兢兢从刀枪底下走了过去，吓得浑身上下直流冷汗。高欢道：“箭没有射出来，刀没有砍下来，矛没有刺出去，就把你吓得亡魂丧胆。勋贵们冒着刀林箭雨，九死一生，就是有点贪污腐败的事情，我们应该从大处看，怎么能像对待普通人那样对待呢？”杜弼哑口无言。

话虽如此，高欢也知道这样下去迟早会出事，六镇火药桶的形成自己再清楚不过，虽说有不平衡心理作怪，但跟镇将们的贪腐不无关系。早在536年的时候，世子高澄请求入朝辅政，高欢答应了，他想以此警告一下朝中的勋贵们。

大家对高澄的早熟早有耳闻，但心里总觉着一个十多岁的孩子就是再早熟，能熟成什么样子，也就没有放在心上。

果然，带着大将军、尚书令身份的高澄出手不凡，一上来就给这些桀骜不驯的大臣们来了一个下马威。他下达的第一道命令是所有政事都要经过中书处理才有效，这样直接把门下省侍中们和尚书省令仆们的权力给夺了。中书省是汉人聚堆的地方，负责帮皇帝起草诏令文书，工作比较闲散，责任比较小，政治上不太得势的文化名人大都在这里任职。高澄入京，跑到这里当头，提高了中书官员们的政治地位，也显示出一个信号，即他要利用这些汉人，对那些勋臣贵族们动手了。

头一个倒霉的是司徒孙腾。孙腾因为一直跟着高欢，以霸府爪牙身份入京辅政，贪污受贿更是肆无忌惮，几乎到了不收钱不办事的地步，大家意见很大。孙腾未发迹时有个女儿走失，费尽力气也没有找到，他一直怀疑女儿被人卖做了奴婢。后来，当他执掌法院工作的时候，遇到婢女打官司，他总是想方设法地帮忙解救，立誓要解救一千个婢女来换取女儿的回归。这件事让高欢非常不满。孙腾仗着是元老和长辈，看见高澄连起身都不肯。在他的逻辑里，高澄是子侄，给他施礼，理所应当。可惜，他算计错了。高澄也不言语，黑着脸命令左右把孙腾从胡床上拽下来，立在门外罚站，并且用刀背把他狠狠地打了一顿。孙腾哪里吃过这样的亏？这次算是颜面尽失、威风扫地了。

高隆之的日子也一样不好过。作为高欢亲自任命的堂弟（本姓徐，高欢让他对外宣称是自己的同族），他的这个身份颇能吓倒一批人，但这些人不包括高澄。在高澄眼里，高隆之这样的身份根本不值一提。高澄教训高隆之的手段也很高明，当高欢次子高洋对高隆之以叔父礼相见的时候，高澄把高洋狠狠地臭骂了一顿，敲山震虎，高隆之这下也老实了。

一个十五岁的孩子，一来就把邺城作威作福多年的“京中四贵”给收拾了两个，而身后的高欢一声不吭，算是默许了。一时，朝野众人见到高澄无不畏惧。高澄又任用汉人大族子弟崔暹为尚书左丞、吏部郎。崔暹做事讲原则，坚持依法办事，有法必依，违法必究，执法必严，办事干净利落，一时朝廷肃然。高澄又任命崔暹的叔父崔季舒为中书侍郎，跟随孝静帝左右，算是在皇帝跟前放了一个间谍，随时将皇帝的言行密报给自己。那一年，孝静帝十三岁，高澄十五岁。高澄的老婆是孝静帝的妹妹，高澄姐姐是孝静帝的皇后，关系就这么复杂。

公元538年，高澄亲自执掌吏部，废除了沿袭二十多年的停年格，这是政治史的一件大事。刺激高欢奋发图强的那次羽林军闹事就是因为张仲禹一个“铨别选格”的建议，后果就是北魏政权实行了停年格。这个东西的发明人是崔亮，神龟年间的国务总理，这个制度的基本原则就是，“不问士之贤愚，专以停解日月为断。虽复官须此人，停日后者终于不得；庸才下品，年月久者灼然先用”。

什么意思？选拔官员历来是令统治者头疼的事，牵涉到人事问题大家都有意见，尤其是那时候，打仗多，立功的多，朝廷封赏无度，造成了各级官员僧多粥少的局面，一个实官后边一大群人在那等着。张仲禹的意思是，选拔的时候不要参考军功了，多看看这个人是不是适合干这个活，所以那些文盲武人不干了。崔亮一看到这份儿上了，干脆谁也别争，谁也别抢，咱按年限来，谁在家空的时间长就先用谁。这么一来，大家都有机会，慢慢等就是了，谁也没有意见了。他们消停了，老百姓倒霉了，吏治完蛋了。从那时起一直到高澄当政，大家一直就是这么过的。

高澄这个举动意义重大，从此选官看中的是门第和才名，一大批有才学的汉族高门大族人士进入朝野，没有职务的才子也被高澄引入府中做了宾客，朝政面貌一时焕然一新。

接下来，高欢父子准备对权贵们动手了，但其间发生的两件大事让这次行动拖后了些时日。公元540年，西魏方面发生了一件说大不大、说小不小的事，魏文帝元宝炬的皇后郁久闾后因难产而死，高欢敏锐地嗅到了东魏与柔然建立更稳固关系的契机，于是展开了一系列外交攻势。权贵的事暂且一放，高欢开始着手消除柔然对东魏的威胁了。

43. 为了王朝的利益，我要牺牲

自秦汉以来，拥有固定家园的中原政权从对付居无定所的游牧民族侵略者的实践中，摸索出了三条成功经验：修筑高高的城墙，阻挡游牧民族的铁骑；派出精兵强将，越过沙漠，深入草原，主动出击以攻为守；通过和亲的方式，建立亲密关系，维系和平。

长城是实践第一条经验的典型，对游牧民族人士来说，越过长城的确得费点劲，但也只是费劲而已。第二条经验需要出一个百年不遇的优秀将领，像秦朝的蒙恬，汉朝的卫青、霍去病，唐朝的李靖、徐世绩，但这样的人物往往五百年出一个，可遇而不可求。于是，和亲成了最简单、最有效的方式。反正中原地区找美女比找名将容易得多，而且皇帝舍不得自己的孩子还可以找个宗室女子，赐个公主名号嫁出去，反正文化水平不高的民族人士也不计较。这方面也有成功的先例，跟皇室没有半点血缘关系的王昭君还不是把匈奴的呼韩邪单于搞定了。

没有文化的时候，拓跋鲜卑人是游牧者，也是不折不扣的抢劫者。

等到拓跋鲜卑人入主中原，学习了中原文化，身上的强盗特质逐渐退掉，从游牧者变为定居者时，同任何中原政权一样，也有了来自草原地区的边患。对大魏政权来说，隔江对峙的南朝战斗力有限。南朝人除了极个别狂热分子如桓温之流热衷于北伐外，基本能自保就念阿弥陀佛了。因此，南部危险系数很低，真正的威胁来自在北部大草原称霸的柔然。柔然人跟当初没有进入中原的鲜卑人一样，每当秋高马肥之际，都惦记着越过边境做客，家里缺什么就想从大魏取点什么。

强盛到极点就会走下坡路。魏孝明帝年间，柔然人开始内讧了，柔然王子阿那瑰无奈跑到大魏，寻求政治避难。大魏成功地帮助落魄的王子成长为头兵可汗，阿那瑰的回报就是同大魏联合镇压了破六韩拔陵的六镇大起义。

魏孝武帝出关前，柔然头兵可汗为长子请婚，于是孝武帝以范阳王元诲之女为琅琊公主许婚，两家定了亲还没迎娶，就发生了孝武帝出逃事件，亲事也黄了。

东西魏分后，两魏都害怕柔然趁机入侵，让对方得利，于是展开了一场和亲外交竞赛。

取得先机的是西魏。孝武帝入关后借助老关系，继续维持着同柔然的联络。元宝炬即位后，以宗室元翌女为化政公主，许配给了头兵可汗的弟弟塔寒，算是走出了和亲的第一步。然而，头兵可汗并不满足，他看上了魏朝的皇后位子。为了大魏朝的边境安宁， 魏文帝元宝炬从大局出发，废掉了自己亲爱的皇后——贤德的乙弗后，娶了头兵可汗的女儿，这就是郁久闾后。

到底是结发夫妻，痴情的皇帝虽然慑于政治威胁，让自己的老婆当了尼姑，但他悄悄捎信让乙弗后留着头发，准备一旦时机成熟就接她回宫，谁知这事被郁久闾后知道了。皇后很生气，后果很严重，娘家兵马大举南下，陈兵边界，国内一片哗然，议论纷纷。无奈之下，魏文帝赐死了自己的发妻。

作为回报，柔然转而大举进攻东魏，劫掠范阳、秀容等郡，还不顾自己的使团在东魏未回，直接杀掉了东魏派出的友好特使元整。

消息传到邺城，东魏的文武大臣们一致要求投桃报李，杀掉柔然使者温豆拔。关键时刻，高欢保持冷静，他一边扣留了柔然使团，一边让另一位柔然特使龙无驹回报头兵可汗，带去了温豆拔等人的音讯。头兵可汗本来以为自己杀了人家的使者，自己的使者肯定已经遇害，等见到了龙无驹，惊讶加上羞愧，头兵可汗居然为东魏的大国风度所折服，于是龙无驹再次作为特使被派到东魏朝贡，两家关系缓和了许多，高欢的播种终于有了收获。但此时的头兵可汗采取了“两头不得罪”的战略——谁送的东西我都要。

就这样，三国关系不阴不阳地维持了两三年。为了巴结柔然，东、西魏都花了不少本钱，但因为头兵可汗跟魏文帝间的翁婿关系，东魏显然要比西魏付出得更多。在这种形势下，头兵可汗的女儿死了，你说高欢能不高兴吗？这下，联系柔然和西魏之间的纽带断了，高欢认为机会到了，赶忙派相府参谋张徽纂出使柔然，他的使命只有一个：离间柔然和西魏的关系，发展柔然和东魏的关系。

高欢知人善用，这次用张徽纂算是用对了，这个人特别善于忽悠，是不可多得的人才，他工作的重心就是“熊死人，不偿命”。张徽纂见到头兵可汗，首先讲述了宇文泰害死孝武帝的光辉事迹，之所以从这下手，是因为他研究过柔然的现代史，知道当初头兵可汗还叫阿那瓌王子的时候，受亲族中野心家们的迫害逃到大魏，是大魏朝廷收留并帮助他取得了汗位。所以甭管怎么着，大魏朝廷算是头兵可汗的恩人，既然宇文泰杀了大魏的皇帝，那当然就是柔然的敌人。

过去，头兵可汗攻打东魏，也是认为长安是大魏正朔所在的缘故。既然宇文泰害死了皇帝，那就是大魏的反叛，而东魏才是元氏皇族正统所在。

在外国人眼里，正统很重要。

然后，张徽纂又忽悠说是西魏人杀死了头兵可汗的女儿，反正那时候信息不发达，两国山高路远，查无对证。最重要的是，阿那瓌对这事一直心存疑虑。

还不信？大王您应该还记得前些日你兵发河西，宇文泰一把火把沿途的青草全部烧光，逼得您因为战马补充不上草料而不得不退回的事吧。这说明了什么？他怕见您啊，因为他心里有鬼！大王同宇文泰结亲，他们送来的根本不是正宗的公主，而是皇族远支，这根本是糊弄您，哪里有什么诚意！还有，我听说近来步落稽人在河西被大王抓住，大王您问：“汝从高王？为从黑獭？”一人言“从黑獭”，大王杀之；二人言“从高王”，大王就放了。这说明大王您还有大国仁义。公主既被加害，他们又对您进行欺诈，不仁不义，应该讨伐的是他们。且他们割据一方，朝廷也准备讨伐。大王若念着旧恩，理应与天子结成姻亲，调兵一起讨伐叛臣，报仇雪耻。张徽纂这番话有理有据，说得阿那瓌频频点头。

东魏和柔然就此开始恢复睦邻友好关系，为了将关系深入下去，头兵可汗为其子庵罗辰请婚。

东魏方面很配合。孝静帝以常山王元骘的妹妹乐安公主许婚，改封为兰陵郡长公主。迎娶之时，高欢非常重视，亲自主持操办。大才子魏收赋诗二首，祖珽和之，尽欢而散。高欢还亲自把公主送到楼烦以北，以后每次柔然使者到，高欢都亲自接待，头兵可汗非常满意，两家的关系日渐亲密。

公元 542 年，阿那瓌和高欢结为亲家，头兵可汗以庵罗辰女叱地连嫁给高欢第九子长广公高湛，号“邻和公主”，俩孩子一个八岁，一个五岁，迎亲送亲队伍极为壮观。但八年后，叱地连病死，柔然也到了灭亡的边缘。

再后来，为了进一步加强双边关系，高欢遣使到柔然为儿子高澄求婚。不知道头兵可汗的公主是什么想法，反正头兵可汗认准了一个理：既然是政治婚姻，咱嫁女就要嫁个说了算的，所以不同意把女儿嫁给高澄；但是如果是高欢倒可以考虑，年龄大点没关系，权力大就好了。消息传到晋阳，年近五十的高欢犹豫了：到了这个岁数，身边有十几个女人已经够忙活的了，再弄个二八少女，自己还真有点招架不住；何况，人家公主有强大的娘家柔然国做后盾，摆明了是冲着勃海王妃来的。元宝炬乙弗皇后的下场近在眼前。

王妃娄昭君充分发扬公而忘私的伟大品质，极力劝说高欢答应这门亲事。就这样，头兵可汗的弟弟亲自护送蠕蠕公主嫁到丞相府，他还接受了一个秘密任务，就是要看到公主生儿子才回去。娄王妃把家里最好的房子让出来给蠕蠕公主做新房，自己甘心情愿住到偏室，这个伟大的女人让高欢内心充满了感动。

公主确实不好伺候，有那么几天高欢身体不舒服没到公主房里，公主的叔叔就非常恼火。惹不起啊，高欢只好拖着病体住到公主那里。这个柔然公主外语水平很差，汉语和鲜卑语一样也不懂，终日就像个闷头葫芦，一句话也不说，反正说了别人也听不懂。不知道是不是交流上的问题，直到高欢死，她也没有给高欢生出一儿半女。

政治婚姻掺杂了太多跟爱情无关的东西。但一个事实是，经过高欢复杂的外交攻势，柔然虽然没有彻底投入东魏一方，但从此东魏北部边境无事。解决了北部的后顾之忧，高欢才能腾出手来继续照顾西魏。

44. 高慎反了

河阴的两败俱伤，让高欢和宇文泰都明白了一个道理，就是以当前的实力，谁想吃掉谁都不是一件容易的事情，所以各自开始苦练内功。期间，有些局部战争，总的来说，天下太平了好几年。

西魏这边，宇文泰重用汉人苏绰，改革时政，行“强国富民”之法，减少官员，设置屯田，颁布六条诏令，对官吏业绩进行考核，取得了不错的成效，西魏走上了富强繁荣的发展道路。

东魏丞相高欢让儿子高澄入朝打压勋臣权贵，着手修订大魏法规《麟趾格》。选官方面，废除了论资排辈的制度，官场风气有改观，地方上的矛盾也有所缓和。

高欢在发展经济上也不是臭手。河南一带由于连年战争，老百姓流离失所，土地荒芜，杂草丛生，官署穷困，老百姓多有饿死。为此，高欢开始着手建立粮食储备，在临河之地接连建了几个大粮仓，方便转运，防备灾年，供应军旅；又让靠海的地方以煮盐所得供应军费，加上山东一带连年风调雨顺，粮食丰收，米价大跌，老百姓的日子开始一天天好起来。

和平来之不易，维持下去也不易。公元 543 年，东魏发生了一件大事，打破了双方来之不易的和平局面。高乾的弟弟、高敖曹的哥哥北豫州刺史高慎叛逃西魏。

说起来这事要怪高澄。原来，作为“杂交”二代，高澄充分继承了高欢和娄昭君双方的优秀基因，长得面如冠玉，身材颀长，玉树临风，整个一花样美男，特别招女人的欢心（要不郑大车也不会看上他）。偏偏这小子好色成性，可能是经常得手的缘故，他把天下女人都看成了自家后花园里的花，想采就采，看上了就绝不放过，从他小娘一直搞到他奶奶头上。

御史中尉高慎先是娶了吏部郎崔暹的妹妹，后来喜新厌旧把人家给休了，从此跟崔暹由亲家变仇家，双方结了怨。那时高澄正倚重崔暹，所以很高调地帮崔暹把妹妹改嫁了。高慎以为自己是创业元老，所以对高澄发出的这个信号也没在意。高慎选拔御史，大多用自己的亲戚老乡之类的，高澄让他重选。高澄跟崔暹关系特别好，高慎就认为是崔暹从中使坏，打自己的小报告，恨透了崔暹。高慎的新欢是赵郡李昌仪（这个名字也可能是李氏后来的官名），东魏陕州刺史李徽伯的女儿。李徽伯在第一次东西魏大战后被俘，下落不明。李昌仪是个聪明漂亮的绝色佳人，文武双全，不然高慎也不会喜新厌旧。高慎在沧州做刺史的时候，迷信和尚显公，两人常常白天黑夜在一起聊天，李美女上火了，吹了几次枕头风，和尚显公就一命呜呼了。

高澄见了李美女，当时就被电了，不禁淫心大起，找个跟美女单独相处的时机，拉着李氏就要求欢。李氏说什么也是名门闺秀，懂得些礼义廉耻，如何肯做苟且之事？不管高澄如何威逼利诱，她高低不就范，俊男要霸王强上弓，美女又有些武艺，双方撕扯之下，李氏的衣服都裂开了，高澄也没有得逞。

回到家，高慎一看老婆，梨花带雨，衣衫凌乱，大惊失色。李氏如实相告，高慎勃然大怒："什么东西，敢调戏你奶奶！"高澄当年一句"三爷爷"收服了高敖曹，论起来，这高澄还真得跟李氏叫奶奶。

说归说，高慎还真拿高澄没辙，这口气暂时忍了下来。

跟高澄有了嫌隙，高慎这活没法干了，最后惊动了高欢。

说起来，高慎也有不对的地方。当初高欢因为他熟悉法律，为人刚正不阿，才让他干了这个得罪人的活。自从高澄否决了他任用亲戚的提案后，高慎开始破罐子破摔，根本不问事，谁也不得罪，大罪轻判，小罪化了，因此高欢很不满。高欢就安排高慎到北豫州做刺史，并且安排了个跟他平起平坐、独立管事的城防都督，让高慎只管民政。那时候，重要州郡的刺史都是兼管军事的。北豫州首府虎牢关可是河南地的要塞，这是明显对咱不信任啊，所以高慎心里更加不安。不久高慎就找了个机会，把那个城防司令抓起来，宣布投降西魏。虎牢是洛阳的一道门户，战略地位非常重要；再者，高慎可是高欢起家时的功臣，他叛变的政治影响力更大。于是西魏欣然接纳，封他为侍中、司徒。高慎派人到家乡，联络自己的乡间宗族，一时河北人情震动。

高欢听说高慎反了，非常震怒，政治影响太坏了。他没有怪罪自己的混蛋儿子，却一股脑儿把气撒到了高澄的亲信崔暹头上，扬言要杀了崔暹。高澄再三求情，拗不过儿子的情面，最后高欢答应不杀了，但把他押过来打一顿是免不了的。于是高澄命陈元康把崔暹送到高欢那儿，临走告诉陈元康，倘若高欢真打了崔暹，他也不用回来了。

陈元康答应了。

陈元康当初曾经接替孙搴，给高欢当过一段随军秘书，他对高欢太了解了，所以心里有底。更重要的是，高欢一向对陈元康非常器重。当年，高欢的前任秘书孙搴让司马子如、高季式喝酒给灌死了，当然不是谋杀而是酒精中毒，这事搁现在两个人是要负民事责任的。高欢很恼火，先把司马子如叫来说：“你把我的秘书灌死了，你负责给我找个人代替。”司马子如就推荐了大才子魏收。但是，魏收写文章有一手，给高欢做秘书却不太称职，高欢一点也不满意。高欢又把高季式找来，同样让高季式给他找个秘书，高季式就把陈元康推荐给了高欢。陈元康起草的文书无不契合高欢的心意，高欢对他非常满意。

陈元康见到高欢说：“大王，您把大政都托付给大将军了，现在大将军连一个崔暹也保不住，让外人怎么想？父子之间恩情都不行，别人就更不行了。”高欢听陈元康这么说，就把崔暹给放了。

高慎叛逃前通知了高季式，但高季式不愿意跟哥哥走，就去把这事跟高欢说了。高欢也知道高季式跟他三哥一个脾气，对自己忠心耿耿，高家一门四杰就剩下这么个老兄弟了，所以也没对他怎么样。

高欢派封隆之到冀州一带，安抚河北大族。高澄主张杀一批人，挫挫这些人的锐气，但封隆之主张安民以抚。以封隆之的影响力，高慎还真不是对手，很快河北地便安稳了。但此事让高欢对跟从自己信都起义的河北大族保持了警惕，这些人，还真不得不防。

45. 第四次东西战争之邙山大战

北豫州是北魏所置，因为在九州中豫州的北部得名，隋朝时更名为郑州。

北豫州的治所在虎牢，三英战吕布的故事让虎牢关一战成名，熟悉三国的人大抵知道虎牢关。虎牢北连黄河，南靠嵩岳，山岭交错，当真是防守的好地方。沙苑大战后，西魏取河南，东魏守住了虎牢，所以很快将西魏势力赶出了河南。

虎牢对西魏染指河南地区意义重大，宇文泰亲自出马接应高慎，以猛将李远为先锋直趋洛阳，包围了河桥南城，于谨顺道攻占了柏谷（河南灵宝附近）。

高慎叛走，西魏出兵，晋阳震动。高欢亲率十万大军前来迎战。两大高手再次相遇，一场恶战不可避免。东西方交战，西魏永远处于弱者的地位。高欢这次带了十万大军，宇文泰新组建的六军满员也不过四万多人。

正面野战是要吃亏的。宇文泰退守瀍水岸边，他暂时还不想跟高欢开战，于是在黄河上游放出火船顺流而下，想把河桥烧了，以黄河天险阻挡高欢南下。

宇文泰要等一个机会。

守河阳的是斛律金，得到宇文泰要破坏河桥的情报，斛律金立即让人在小船上准备长索，长索上拴上钩子。火船靠近了，东魏军用钩子将船钩住，用长索拖向岸边，河桥得以保全，高欢从容渡河，背靠邙山列阵。高欢这次沉住气，一连数日没有任何行动，战场上出现了少有的宁静。大战前的宁静是可怕的，它只会让每一个参战者的心情更加紧张。

宇文泰终于沉不住气了，当天吃过晚饭，把辎重留在瀍水岸边，亲自率轻骑星夜赶往邙山准备突袭高欢，他要打高欢一个措手不及。

宇文泰刚一出发，高欢就得到了情报：宇文泰在四十里外，吃饱干饭突奔而来。高欢冷笑道：吃饱了，就让他们都渴死。东魏大军全副武装，摆开阵势静静等待宇文泰的到来。

黎明，宇文泰到达邙山，迎接他的是严阵以待的高欢。袭击变成了正面战，没什么可说的，冲吧。

刚一开战，东魏猛将彭乐率领本部千骑直冲西魏军右翼，西魏军一下被撕开一道口子，彭乐的人马直入宇文泰身后，越打越远，很快不见了踪迹。高欢正在指挥冲锋，有人报告彭乐反了。高欢非常震怒。对于彭乐，他有一种非常复杂的感情，这个人打仗是够勇敢，但没脑子，性情反复无常。当年行台于晖讨伐葛荣余党韩楼，就因为彭乐阵前反水，带两千骑兵投降了韩楼，才使得于晖无功而返。所以，高欢丝毫不怀疑彭乐会做出这样的事情。

但没过多久，彭乐的战报就到了，而且是大大的好消息。原来，彭乐直插西魏大军的司令部，撞大运将西魏战斗力最弱、平均爵位最高的指挥团队包了饺子，一下俘虏了西魏临洮王元东、蜀郡王元荣宗、江夏王元升、钜鹿王元阐、谯郡王元亮、詹事赵善等督将僚佐四十八人。打仗也得有运气！彭乐将这四十八个大人物反绑着手，刀架在脖子上，在两军阵前唱名。这一招的宣传效果太大了，一时东魏军心大振，西魏士兵闻声丧胆，不知所措。

高欢率领众将乘胜追击，西魏军大败，此战最终西魏留下了万颗头颅，可见战斗之惨烈。

宇文泰单骑逃跑，彭乐紧追不舍，宇文泰见自己很难脱身，于是眼珠一转，使出了超级大绝招：忽悠神功。

宇文泰忽然停住了，勒转马头，冲彭乐叫道：“你就是彭乐吧？”

彭乐一愣，嘿，怎么不跑了。“啊，是啊。”

“你傻吗？倘若今天没有了我宇文黑獭，明日还有你彭乐吗？赶紧回去打扫战场，分战利品去吧。”

宇文泰的意思就是，你彭乐确实厉害，高欢也重视你，但你知道为什么高欢重用你吗？那是因为我宇文泰是高欢最大的敌人，高欢要用你对付我。倘若我宇文泰死了，高欢留着你还有什么用？这句话的文言句式为：狡兔死，走狗烹；飞鸟尽，良弓藏。

文化程度不高的彭乐有点直心眼，听人家说得在理，一念之差就傻呵呵地放走了宇文泰，临走要了宇文泰的腰带回去请功。

彭乐回到营中，告诉高欢，宇文泰从自己刀下逃生，已经吓破胆了。

高欢反问道：“你这腰带是怎么得到的？”

彭乐事先还真没防备高欢有这么一问，好孩子从小没撒过谎，就如实地把宇文泰的原话报告给高欢，临末了嘟囔一句：“我可没有因为这个放了宇文泰。”

骗小孩子呢，高欢怒极反笑，一把将彭乐的脑袋薅过来，把他掩在地上，摁着脑袋在地上撞了好几下，一边撞一边数落。说着说着，又勾起沙苑惨败的往事，心中更加恼怒，拔刀在手，几次要把彭乐给剁了。

以彭乐的勇猛，杀了的确太可惜了。最终，高欢长叹一声，把刀扔在了地上，命人取三千匹绢压在彭乐的背上，算是惩罚和赏赐并行了。

第二天，宇文泰整顿残兵，双方再次开战。这一次，宇文泰领中军，若干惠领右军，两军双面夹击，直冲东魏中军，这就叫集中优势兵力。果然一击成功，场上的局势来了个大反转。特别是蔡祐，身穿明光宝铠，阳光下闪着耀眼的光芒，东魏军卒惊呼“铁猛兽来了”，掉头就跑。东魏中军溃败，混乱中高欢的战马也丢了，部下赫连阳顺势把自己的马让给他，拼死掩护高欢逃走。跑着跑着，高欢悲哀地发现身边只剩下了七骑相随，眼看大队敌人掩杀上来，卫士长尉兴庆道：“兴庆腰里尚余百箭，足以杀百人，让我抵挡一阵，大王先走。”

危难见真情，高欢感动得掉了泪：“倘若今天我们都活了，你就是怀州刺史；你若是死了，就让你儿子做。”尉兴庆说：“我儿子还小，就让我的哥哥做吧。”高欢答应了，尉兴庆拼死抵挡追兵，最后箭尽而亡。乘着西魏士兵一停顿的工夫，高欢飞马逃走。

头天夜里，军中有人偷驴被告发，高欢把人押起来准备等回晋阳再处理。偷驴的人乘乱逃走，跑到西魏军中，把高欢逃跑的方向报告给宇文泰，宇文泰令大都督贺拔胜率三千勇士立即追杀。只要逮着高欢这条大鱼，那一切都结束了，这是个天大的诱惑。贺拔胜跟高欢是老对手了，两个人之间的恩怨可谓一言难尽。现在的贺拔胜，对高欢唯有杀之而后快的心意。

英雄家族的大哥贺拔允一向看好高欢，为了这个，兄弟们都翻脸了。在高欢骗取尔朱兆六镇降卒的行动中，贺拔允甘愿做了苦肉计中的黄盖，功劳可谓天大。信都建义，贺拔允义无反顾地投入高欢的阵营。即便如此，高欢仍然不信任他，在元善见即位没几天便把他杀害了。老三贺拔岳，平定关陇，威震天下，正当如日中天之时，又是高欢指使侯莫陈悦在背后下黑手。老二贺拔胜，经营了半辈子的荆州老巢被占，一家老少被抓去做人质，还被迫在南朝做了三年寓公。国仇加上家恨，在西魏军中最恨高欢的就是贺拔胜，最想要高欢命的也是贺拔胜。

接到命令，贺拔胜跟贴身护卫十三铁骑催马如飞，沿着高欢逃跑的方向追了下去，很快就发现了高欢的踪迹。高欢见贺拔胜追过来，知道这是要自己命的主，于是打马拼命狂奔。最危险的时候，两人几乎是零距离接触，贺拔胜的大槊都触到了高欢的后背。贺拔胜吼道：“贺六浑，贺拔破胡今天必杀你。”

眼看高欢就要死掉。

46. 邙山大战之宇文泰之痛

离得近的东魏众将赶忙前来救援。东魏河州刺史刘洪徽一看不好，赶紧拈弓搭箭射向追骑，贺拔胜躲过，但他身后二骑中箭翻倒，贺拔胜的马步一刻也没有停顿。高欢危在旦夕。

另一员东魏大将也飞马搭箭射向追兵，还得说这人够聪明，他的箭瞄准的是战马而不是人，人知道躲，马可没有这么聪明。贺拔胜只顾挺大槊刺高欢，哪里防备有人对自己的战马下黑手？但听弓弦响处，战马中箭毙命，一下把他摔在地上。亲兵上前把他扶起来，换了马，再看高欢，早已经不见踪影。

射马的是谁啊？武卫将军段韶段孝先！关键时刻，还得说段韶脑子好使。

贺拔胜喟然长叹：天意啊，谁让我今天没带弓箭呢！

贺拔胜的骑射本领在那个时代属于顶尖的人物，跑马射飞鸟，十中其六。

那是射天上的飞鸟，距离远，自己在动，鸟也在动，这个难度是相当的高。

当年，贺拔胜从江南归来，总觉着自己的名望比宇文泰高得多，自己成名的时候宇文泰还是个小孩子，所以对大丞相不是太恭敬，弄得宇文泰也很别扭。可长江后浪推前浪，一浪更比一浪高，事实证明宇文泰有今天的地位依靠的绝不仅仅是运气，贺拔胜慢慢也服气了，开始觉着自己有点过分，毕竟属于自己的时代已经过去了。后来有一次，宇文泰在昆明池边上摆酒大宴群臣，有对水鸟在水上游弋，宇文泰把自己的弓箭递给贺拔胜，请老将军射鸟助兴。贺拔胜果然神箭无双，箭穿双鸟，惹得众人齐声喝彩，贺拔胜拜倒在地，对宇文泰说："倘若让我在您的指挥下讨伐叛逆，也是这样的结果。"贺拔胜这么说，暗示了向宇文泰屈服，宇文泰大喜过望，从此两人前嫌尽释。

以贺拔胜的神射绝技，倘若当天贺拔胜带了弓箭，那么高欢的命运就要改写了。然而，历史没有假设。

战场上瞬息万变，先是西魏中军大败，宇文泰差点做了俘虏，接着东魏中军失利，高欢险些丧命。尽管宇文泰的中军和若干惠的右军得胜，但是左军赵贵等五将的人马在东魏军组织的反攻下顶不住退了下去，宇文泰整军再战也没有效果，毕竟众寡悬殊。眼看天色将晚，宇文泰下令撤退，高欢率大军追击，西魏军大溃。于谨见东魏势众，率领本部人马立于道旁，扯起了白旗，告诉东魏将士：不要再进攻我们了，我们投降了。战场上反水的事情见多了，高欢深信不疑，也来不及举行受降仪式，越过于谨部继续追击宇文泰主力。

领军将军若干惠见东魏军追上来，知道就这样逃下去即使跑到长安，也摆脱不了追兵。死在长安和死在这里有什么不同？念及此，若干惠索性不跑了，命令所部就地安营，埋锅造饭，等吃饱了，有了力气再跑。东魏军看到若干惠大营生起阵阵炊烟，怀疑这是诱敌之计，居然不敢迫近。若干惠收拾残卒，安然退去。

于谨却是假投降，等高欢大军过去了，他随后从高欢身后发起了攻击。高欢回军来攻，前面独孤信又收拾残兵，杀了个回马枪。两个人这么一折腾，高欢军大乱，独孤信、于谨边打边撤，掩护西魏大军主力撤退。西魏大军总算平安撤到了潼关，宇文泰命达奚武防卫陕州，又急命王思政到弘农组织防守，这步棋极其重要。王思政当时正从一个叫玉壁的要塞赶往虎牢。

原来，第三次东西魏大战后，王思政受命镇守弘农。他开始加固城墙，修建城楼，建设粮库，将弘农城建成了一座易守难攻的碉堡。弘农的防务完成后，作为一个著名的战略家，他把眼光投向了黄河以东，跟弘农隔河相望的玉壁。玉壁是个高坡上的荒原，地势险要，三面是深沟大壑，一面有汾河天险，是易守难攻的好地方，在这里修一座要塞，就等于在河东安了一颗钉子。

高欢讨伐关中，汾水担负着粮道的作用。只要占领了玉壁，就等于切断了东魏大军的后勤保障。说办就办，在王思政的主持下，一座新城拔地而起，这就是史上著名的玉壁城。王思政亲自率军自弘农移守玉壁，玉壁城对西魏的未来将起到非常重要的作用。

玉壁城修起来不久，高欢就痛苦地发现了这个事实。作为同样有眼光的战略家，他知道这个地方的重要性，只要玉壁在西魏的手里，他就再也无法从容渡河，攻击关西了。高欢立即引兵十万，想一举拿下。在南北朝，要说到城池防守，如果王思政列第二，则无人敢称第一。高欢大军围困玉壁九日，玉壁城纹丝不动。碰上天降大雪，东魏士兵忍饥挨冻，冻死的人越来越多，无奈之下高欢撤走。

宇文泰领人在河对面静静等候，随时准备增援玉壁，但王思政根本没有向他求援的意思，宇文泰看到了王思政的实力。

这是玉壁给高欢的第一次教训。

王思政给宇文泰留下了深刻印象，当高慎来降后，宇文泰命令王思政出镇虎牢。抓住了虎牢，就等于在河南地安了家。然而，王思政还没到任，宇文泰已经自邙山大败而归。现在，虎牢已经不重要了，弘农作为关中的门户，成了重中之重，宇文泰让王思政立即回守弘农。接到命令后，王思政立即赶回弘农城组织防务。为了安定人心，他晚上睡觉都敞着大门，以示自己无一丝惧怕之心。在他的带动下，弘农守军就像吃了定心丸，开始一门心思积极备战。

反败为胜鼓舞了东魏高欢的谋士们，大家都建议乘胜追击，行台郎中封子绘慷慨激昂，“大魏统一，就在今天了。”高欢心动，召集众将商量。可众将几天里经过大败大胜的折腾，身心疲乏不堪，居然异口同声：“野无青草，人马疲乏，不宜远追。”总之，没有人愿意再打。

陈元康说：“两雄相争，旷日持久。现在我军大捷，锐气正盛，正是乘胜追击的好时机，这是老天的意思。”高欢还想替大家留点面子，就说：“倘若遇到伏兵怎么办？”陈元康道：“沙苑大败，宇文泰尚且没有伏兵，现在他大败之下，哪里还顾得上这个？倘若不追，必成后患。”

高欢让大家投投票，愿意追的站西边，不愿意追的站东边，结果大家“呼啦”拥到了东边，西边只剩下彭乐和刘丰生。

鉴于武将们没有斗志，高欢最后只好作罢，他命令刘丰生率千骑继续追击，大队人马回师。放这么点人追敌，不过是做做样子罢了。刘丰生兵到弘农，王思政已经等在那了。刘丰生知道这是个难啃的硬骨头，高欢以十万大军尚无可奈何，自己这两把刷子更是差得远了，于是掉头回了洛阳。

虎牢还在西魏手里。

侯景进攻虎牢，这地方强攻还真要付出点代价。但侯景撞大运，截获了宇文泰给虎牢守将下达的“死守城池”的命令，他就让人把命令改成了“立即弃城西奔”。城中守军在西魏大败的形势下早已成了惊弓之鸟，接到撤退的命令当然丝毫没有怀疑，立即趁夜逃走。侯景不费一兵一卒取了虎牢，高慎只顾自己逃命，一家老小全部被擒。高欢是个念旧的人，高慎犯了谋逆大罪，老高家没有受株连，只把高慎一家问了死罪，但高慎的老婆李氏成了漏网之鱼。

得不到的才最好，高慎叛逃事件的始作俑者高澄没把李氏搞到手，总是不甘心，于是从囚徒中把她救了出来，然后身着官服与她正式见面，问道：“今日怎么样？”

到了这般田地，李氏一个弱女子还有什么可说的，在死亡和帅哥面前，李氏最终选择了帅哥。谁也不曾想到，李氏的这次屈服，居然会影响到大齐朝后来的政局。为了这样一个女人，高仲密家破人亡，不知道身在长安的他后悔不后悔。

高欢回到晋阳，立即下令，杀害了一直留在邺城的贺拔胜全家。

贺拔胜闻听凶信，气急攻心，一病不起。他给宇文泰留下遗书，希望宇文泰解决好内部矛盾，等待时机，顺时而动。一代英雄含恨而终。

47. 太子打老虎

邙山大战的失败沉重打击了宇文泰，关中精锐几乎丧失殆尽，到哪里去找这么多的鲜卑人再补充兵员？无奈，宇文泰开始尝试收编地方部队，他采用的法子是让汉人或其他少数民族加入鲜卑族，一场轰轰烈烈的胡化运动开始了。

邙山的胜利鼓舞了高欢，尤其是虎牢的失而复得让他大喜过望。高欢一激动，天下的死囚们高兴了，全部死里逃生，由死刑改判无期。没办法，这就是命。鉴于暂时没有了西边的威胁，高欢有了足够的时间和精力整理内政。

前面提过，东魏除了极少数极自觉的人外，整个就是个贪污政权，高欢心知肚明，却只能睁一只眼闭一只眼，因为他手下的这些勋臣们一直有两个选项：选项 A，高欢；选项 B，宇文泰。大家手里都有些本事，在哪都能混饭吃，所以高欢不敢逼得太紧。但现在，很明显，选项 B 的吸引力和诱惑力下降了。

“水能载舟，亦能覆舟。”若干年后，后人总结出了这句名言。老百姓如果没有活路了，把心一横，逼急了什么事做不出来？六镇鲜卑造反的例子就是前车之鉴。一直这么下去，就是一条灭亡之路。

现在，高澄在邺城已经站稳，到了该采取行动的时候了。公元 544 年，高欢感觉时机成熟了，就听从高澄的建议，任命崔暹为御史中尉，宋游道为尚书左丞，开始着手整治贪污腐败。

但摆在高澄面前的一个现实是：如果肃贪搞得太严厉，所谓“洪洞县里没好人”，一刀切的结果必然会动摇朝廷的根基。从政治上讲，肃贪的目的不是将犯过错的人统统干掉，而是要让后来者不再犯错。

杜弼对高澄说：“治理政事再简单不过，就是赏罚分明——赏一人让天下喜，罚一人使天下服。”高澄的肃贪是从高层开始，上面正了，下面自然就不歪了。反贪如果每次只是抓些小虾米，那一定是作秀。

要真干，首先就要立威。高澄宴请众官的时候，让崔暹晚来一会儿，来了一报名，高澄亲自出门迎接，两个人牵着手，迈着四方步走进来。进来后，两个人对面而坐，崔暹也不谦让。刚喝了一圈，崔暹起身告辞，高澄挽留，崔暹道：“我那御史台正办着案呢。”撂下这么一句话，转身走了，高澄赶忙起身把他送出门外。又过了几天，高澄同众人出行，迎面遇到了御史的仪仗队，那帮人凶神恶煞一般，根本不管是谁，举起大棒子就打，高澄赶忙回马让道。

都是好演员，戏演得逼真，把满朝文武吓得够呛。

高澄的门规越来越严，高欢的亲妹夫厍狄干要见自己这个内侄一面，都要在门口站三天。至此，不管是谁，想要到高澄家拉关系、走门子，简直比登天还难。也有满不在乎、顶风作案的，其中尤以尚书令司马子如和太师咸阳王元坦最不像话，这俩人代表了朝廷内两大实力派：高欢起家的功臣和元氏皇族。崔暹弹劾司马子如、元坦及并州刺史可朱浑道元等罪状，宋游道更牛，一口气把司马子如、元坦及太保孙腾、司徒高隆之、司空侯景、尚书元羡等参了个遍。

总不能一锅端了吧，都弄到大牢里谁干活啊？

更重要的是，要起到杀鸡儆猴的作用，就得找一个有代表性的下手。司马子如不幸被选中了。谁让他跟高欢是布衣之交，谁让他对高澄有救命之恩，谁让他位高权重而不自爱。崔暹弹劾奏章递上去，高澄就派人把司马子如抓了起来。司马子如年少时追随高欢，后来受到尔朱荣的知遇，再成为东魏的权臣，仕途一直很顺利，没尝过监狱的滋味，他哪里受过这个罪，一夜之间，须发皆白。

伍子胥过昭关，一夜白头，是急的；司马子如一夜白头，是吓的。

面对高澄这个初生牛犊，威风扫地的司马子如可怜兮兮地说："我当初从夏州老家投奔相王（高欢以勃海王任大丞相，故尊称相王），相王给了我一辆牛车，半道上牛犊子死了，一对牛角我还留着，这是我自己的东西，其他所有的东西都是别人送的，你看着办吧。"高欢出面说情，毕竟是自己的故交，让高澄从宽处理。

高澄骑马上街，让人把司马子如押出来，给他打开了锁链。司马子如从鬼门关口走了这一遭，恍若再世为人，哪里还有半点锐气？过了一段时间，高欢看到司马子如，见他面容憔悴，无精打采，想到过往种种，不禁悲上心头。司马子如跪倒在地，抱住高欢的双膝，失声痛哭。高欢理顺他的一头乱发，亲自给他捉虱子，然后赐酒百瓶、羊五百口、米五百石，用来宽慰老朋友。

收拾了司马子如，太傅尉景又让崔暹给盯上了。尉景仗着对高欢有养育之恩，贪财纳贿，草菅人命，弄得同为功臣的厍狄干都看不下去了。厍狄干要去干御史中尉，这样的官职，一般贵族宿将们因为事务繁重都不爱干，所以高欢很奇怪。厍狄干说，当这个官就是为了去治尉景的罪。高欢对尉景这个姐夫很敬重，还拉不下脸直接去劝诫，就拽着尉景看石董桶的戏。

石董桶是北齐著名笑星，滑稽演员的祖师爷，一个著名笑话就是打他这传过来的。高欢读郭璞的游仙诗，有一句"青溪千余仞，中有一道士"，大家都说好。石董桶说："郭璞写的算什么啊，我作诗胜过他一倍。"于是吟道："青溪二千仞，中有两道士。"众人大笑。后人对此演化出了很多版本。

石董桶戏演得好，尉景看得也开心。可是演着演着，石董桶突然上前去剥尉景的衣服，尉景大叫："你想干什么？"石董桶大声说："你剥百姓，我为什么就不能剥你？"借着这个由头，高欢对尉景说："不要再贪污了。"尉景道："生活所迫啊，我不过取百姓的东西，你连天子的都要取。"

高欢只好笑笑算了。

不久，尉景因为藏匿逃亡之人被高澄抓了，尉景让人转告高欢："小儿富贵了，就要杀我。"高欢听闻后，亲自找孝静帝再三求情。表面上看是费了不少劲，但实际上大家还是很买高欢的面子，最后尉景只是降了官职了事。这件事对尉景打击很大，高欢去看他，他生气地躺在床上不起来，大叫："想杀我就早早下手。"

高欢姐姐说："我们都老了，活日无多，何忍如此煎迫？"说完，又伸出手说，"看看当初我为了给你取水磨出的茧子。"

高欢跪倒在地，唯有眼泪哗哗的。尉景后来又去做青州刺史，这次就像变了个人，操行颇改，留心政事，百姓交口称赞。

高欢和高澄一个红脸，一个白脸，京城权贵遭到罢免的不计其数。这边高澄指使崔暹彻查贪腐，那边高欢一次次忠告这些勋臣权贵，拿尉景、司马子如等的下场教育大家："这两个人都是我的布衣之交，我都救不了。崔暹执掌监察，铁面无私，大家都小心点吧。"

东魏政权官场风气为之一振。

48. 玉壁大战——高欢的最后一战

王思政离开玉壁后，推荐手下都督韦孝宽接替自己。这是个伟大的安排，如果说韦孝宽是千里马，那么王思政就一定是伯乐，他们两个人都将成为史上最牛的守城者。

邙山大战，西魏损失惨重，组建不久的府兵六军缺员太多，没奈何，只好征集关中地区的豪右子弟加入，以壮大府兵的声势。府兵是宇文泰弄出的新鲜玩意儿，周礼上的六军是壳，鲜卑八部大人制是核。设"八大柱国大将军"，第一批柱国大将军有宇文泰、元欣、独孤信、李弼、李虎、于谨、侯莫陈崇、赵贵八人，宇文泰是军事统帅，元欣以魏宗室挂名，实际统领六军的是其他六大柱国将军。六大柱国将军下设十二大将军，每个大将军下设两开府，每个开府下设两个仪同，其次大都督、都督、帅都督、子都督等。府兵制将对隋唐两代兵制产生深远的影响。

宇文泰设立府兵和八大柱国将军的目的却并不像表面上看到的这么简单。当这些跟宇文泰地位差不多的西魏元老高高兴兴地上任后，不久便惊奇地发现，自己成了摆设，因为一般的战事根本不用自己亲自出马，十二大将军直接奉总司令的命令就出征了。但八大柱国将军的荣誉是无与伦比的，今人只要谈到隋唐，就绕不过八大柱国将军。

高欢渴望在有生之年统一两魏，现在他五十岁了，已经不再年轻，可他仍然决定集全国精锐之师再次一搏。然而，玉壁依然是个绕不过去的障碍。只要玉壁一天不清除，就不能安心渡河，进攻关中，只要你的大军一过，玉壁守军就会趁机骚扰你的粮道，断了你的后勤。没有饭吃，还打什么仗！

公元546年，高欢召集十万人马再次西伐，第一站到达玉壁，将玉壁团团包围。

韦孝宽坚守城池，对高欢的挑战不理不睬，反正你爱攻你就攻，我是绝对不会主动出击的。玉壁险要易守难攻，韦孝宽选择了最好的战略。龟缩在城里不出来，我要把你逼出来，高欢想出了一条计策——断水。玉壁地处高原，城中没有河流，生活用水都是从城前汾河里所取，高欢命令在汾河上游筑坝，另开河道，使汾河绕过玉壁：没有水看你韦孝宽还能坚持多久。韦孝宽命人在城中打深井，由于靠近原河道，地下水丰富，基本解决了城中的用水问题。

渴不死敌人，还得接着想办法。在高欢的授意下，东魏军在玉壁城南筑起一座土山，企图居高临下，攻击城内。玉壁城内原有两座城楼，韦孝宽让人在城楼上扎木头架子，高过土山，架子上准备守城的战具，居高临下向土山射箭。在密集的箭雨的攻击下，高欢的人根本到不了土山上面，高欢的计策再次受阻。

高欢怒道："纵然你把楼绑上天，看我如何穿地取你！"于是，东魏士兵开始在城南开挖地道十余条，又用术士李业兴孤虚法，同时从北边佯攻。说是佯攻，反正虚虚实实，得手了就是实的。韦孝宽一面指挥守城，一面命人在城内挖深沟。东魏工兵好不容易挖进城里见到了光明，没想到刚一探头，立即被等候在沟里的西魏军擒杀。对付地道战，韦孝宽还有手更绝的，他让人在深沟外广置薪柴，等高欢的地道打通了，就把柴火往里一扔，点上火，外边用皮排鼓风，烟熏火燎，地道里的敌军顿时被烧得皮毛皆焦。

高欢又用攻车撞击城墙，这东西挟力而至，每下都有一大块墙砖脱落，对城墙构成了极大的威胁。韦孝宽命人取长布在城墙外布一道悬空布幔，随攻车挪移，攻车撞到布幔上，借助于布幔的弹力，将攻车的冲击力化为乌有。

高欢见攻车受阻，眉头一皱，又有主意了！这招好破：让人做了些长杆，一头绑上松香麻布，再浸上油，点上火，远远地伸过去烧布幔。受高欢的启发，东魏士兵们的思路也打开了，把长杆绑得再长一点，还想伸过去把韦孝宽那个可恶的木架子楼一并烧毁。这招够损，却难不倒足智多谋的韦孝宽，吃一次亏便有了应对的办法。根据他的设计，西魏士兵们做了些锋利的长钩子，火杆一伸过来，就伸钩子去割，烧得正旺的油布顿时散落在城下，在地上星星点点烧了起来。

看到韦孝宽如此难缠，高欢使出了看家本领。他再次下令，从城四面同时开挖二十一条浅地道，边挖边用木头把地道顶端支起来，一直挖到城墙下面，然后浇油纵火烧柱，柱折地陷，城墙就会坍塌。当年高欢刚刚起步的时候，就用这招对付过相州刺史刘诞，一下就把刘诞搞定了。但这一次，韦孝宽让高欢领教了什么是道高一尺、魔高一丈。他早让人准备好了削尖的圆木栅栏，哪里城墙塌了，哪里就立即把木栅栏竖上，形成一道强有力的屏障，高欢无可奈何。

韦孝宽又乘机占领了高欢的土山，居高临下，时不时往高欢的军中扔些滚石檑木什么的，让高欢更加头疼。

高欢挑了些神箭手，专门射杀城墙上的守军，韦孝宽就打造了一些铁皮面具，除非箭射到人的眼上，否则毫无作用。高欢彻底晕了！

高欢的攻击战术渐渐枯竭，韦孝宽的防守之术似乎仍绰绰有余。这次攻防战简直就是墨攻的实战版。“公输盘九设攻城之机变，子墨子九距之。公输盘之攻械尽，子墨子之守圉有余。”

攻城不成还有攻心。

高欢派出能说会道的祖珽劝降，祖珽对韦孝宽说：“你独守孤城，西面也不派援兵，城池早晚都会被攻下，干吗死心眼？投降算了。”

韦孝宽笑道：“我城池坚固，粮食充足。攻城的劳苦，守城的闲逸，哪里有守了半月十天就要援兵的道理？我担忧的是你们有回不了家的危险。我孝宽乃堂堂关西好汉，一定不会做投降将军的。”

祖珽又劝其他人道：“城主深受西魏荣禄，你们何必要追随他赴汤蹈火呢，没有理由啊。”

于是向城内射出悬赏文书：有斩城主投降的，拜太尉，封开国公，赏帛万匹。

韦孝宽把文书取过来，在反面书写：能斩高欢者照此执行。反射给高欢大军。

祖珽政治攻心宣告失败。祖珽是大魏名臣祖莹的儿子，祖莹因为支持高欢迁都深受高欢的器重，祖珽现在露脸不多，他将在未来书写自己独特的传奇。

就这样双方耗了五十多天，玉壁城坚如磐石，高欢大军战死、病死的达七万之众，高欢把这些人的尸体埋在了一起。现在，在当年的古战场原址上，由于多年取土，加上暴雨冲刷，万人冢渐渐暴露出来，远远望去，半坡上白骨森森，煞是恐怖。

高欢自出道以来，还从未像现在这么窝囊过，十几万人攻打一个守军不足万人的城池，打了近两个月，对方一点没事，自己却损兵折将，太丢人了。人一生气就容易上火，情绪低落就容易生病，在生气上火的连番进攻下，气急败坏的高欢终于一病不起。

49. 高欢的最后时刻

冬天一天天迫近，天气渐渐转凉，加上战事不利，焦躁不安的气氛在东魏远征军军中弥漫开来，碰巧有流星落入东魏大营，顿时驴叫声马嘶声连成一片，军士们更加惶恐。高欢预感到自己大限将至，这次得病恐怕凶多吉少，他不得不考虑后事了。得让高澄火速前来。对自己这个儿子，高欢有太多的不放心：自己身后他能镇住这些大佬吗？这些跟自己一起打天下的老人们会甘心听命于一个二十多岁的年轻人吗？还有，如果自己真的有个三长两短，邺城的元氏皇族会不会乘机发难？

高欢带病召集军中诸将商量接下来的行动，如果高澄离开京城，任领军的二子高洋能够控制邺城局势吗？这个孩子给大家的印象一直是傻呵呵的，但高澄又必须立即前来，折中的办法是找个人去帮助高洋。

高欢想到了段韶，这个外甥从信都起兵就跟在自己身边，从帐内亲信都督做起，如今已经成长为军中的重要将领，爵位现在是公爵。更重要的是，段韶文武全才，信都起兵后首次跟尔朱兆交手，正是他的一番分析坚定了高欢战胜尔朱兆的信心。邙山大战，又是他射死贺拔胜的战马，救下高欢的性命。从军中挑一个既有才干又忠心不二的将领，段韶无疑是不二人选。众将齐声赞同，这事就这么定下了。

于是，段韶立即出发到京都邺城，协同高洋办理京城防务，控制皇室禁军，以防万一。世子高澄奉命火速赶往军中。

东魏大军开始班师了。

然而，韦孝宽真是个难缠的对手。玉壁又不是菜市场，你说来就来，说走就走，也太拿我不当回事了，想走，没这么便宜。

作为一代名将，韦孝宽属于全面发展的典型，打仗守城没得说，玩政治也有一手，还发展了自己的谍报网。更令人称奇的是，韦孝宽蓄养了一批武艺高强的刺客，明的不行咱就玩暗的。按照他的思路，只要结果正确，过程可以忽略。高欢遇到韦孝宽算是霉运当头。韦孝宽利用自己的网络到处散播谣言，说高欢在玉壁中箭，现在生死未卜。一时，东魏军中风传高欢的死讯，弄得东魏上上下下人心惶惶，各地区的大军阀头子们开始蠢蠢欲动。

为了稳定局势，证明自己还没到交代后事的地步，高欢忍着病痛，强打精神在营帐中召见了各大军区的头头和大佬。只要我高欢还活着，看谁敢怎么样！在高欢的授意下，老将军斛律金弹唱起高车部落的流行歌曲《敕勒歌》："敕勒川，阴山下，天似穹庐，笼盖四野。天苍苍，野茫茫，风吹草低见牛羊。"斛律金苍凉悲壮的歌声在营帐上空响起，高欢和着曲调也吟唱起来。歌曲是用鲜卑语唱的，歌词古朴自然。那一霎，大家仿佛又回到了一望无际的大草原，故乡是那么熟悉，又是那么遥远，一种草原儿女的英雄气概油然而生。然而，随着歌声的消散，满营将士不禁悲从心起，涕泪交加。这似乎是个不祥的预兆。

高欢的最后时刻到了，一代枭雄面对自己少年老成的儿子，交代了最后的遗言："现在天下局势未稳，我死后不要忙着发丧。"大佬的死讯往往是新一轮权力斗争的开始，对他们而言，顺利移交权力要比披麻戴孝重要得多。

"侯景专制河南十四年，常有飞扬跋扈之志，我能驾驭得了，你不能控制，我身后其必然造反，能堪敌侯景的，唯有慕容绍宗，我一直没用他，就是为了留给你用的。厍狄干鲜卑老翁，斛律金高车老翁，生性耿直，一定不会背叛你。"高欢确实有识人之能，对这几位简直了解到了骨子里。特别是斛律金，不光老头忠心耿耿，子孙们也对高氏家族忠贞不贰，即使受到陷害、遭到灭门惨祸也没有让他们有半点二心。对侯景这个老哥们儿，高欢一直心存顾忌，但河南地位特殊，他又不得不用。慕容绍宗这些年起起落落，仕途也不太顺利，总有一双无形的手在压制自己，原来高欢是要把机会留给儿子，让慕容绍宗怀着一颗感恩的心辅佐高澄。

"可朱浑道元、刘丰生，万里之遥前来投我，必无异心。潘相乐心地忠厚，你们可以倚仗。韩轨性子直，你们要多体谅点。彭乐勇冠三军，但要提防点。”对彭乐的反复无常高欢一直心存芥蒂，但终高欢一世彭乐都是忠心的。彭乐做事一向稀里糊涂，最后以谋反的罪名被杀也是稀里糊涂，实在找不到他要谋反的理由。

“段韶忠亮仁厚，智勇双全，亲戚当中数得着他，军旅大事要和他多商量。”段韶没有辜负高欢的期望，未来他将成为支撑大齐的铁三角之一，成为北齐朝廷打仗最厉害的名将。

令人称奇的是，后来局势的发展无不暗合了高欢的交代。

天上出现了日食，按照当时的说法，这种不寻常的天象往往暗示着将出现大变。高欢叹道：“日食是因为我吗？果如此，死亦何恨？”于是坦然而去，享年五十二岁。日食成了高欢最后的安慰。

总结一下高欢的一生：打了一辈子仗，从北方边陲站岗的小兵成长为掌控王朝命运的大佬，完成了从士兵到元帅的转变。高欢的故事再一次告诉我们：“王侯将相，宁有种乎？”高欢是一个重感情、重义气的人，东魏的统治实际上是武人联合政权，他能把各路军阀合在一起，足见其有一定的政治手腕；而且，他对跟自己打天下的老人们始终如一，尽心维护：只要你不犯下叛国的滔天大罪，我高欢的刀就不会落在你的头上。高欢一生最大的遗憾就是把皇帝这块金字招牌拱手送给了政敌宇文泰，让宇文泰拥有了称霸的资本，留给子孙们一个三足鼎立的局面。正如他临终所叹，后悔当初没有听陈元康的话，乘胜追击，痛打落水狗，从而让宇文泰有了喘息的时间。

事实上，邙山大战对西魏造成的伤害是空前的。从此，西魏便有了迁都的预案，一旦形势危急就弃长安远走陇右。

跟宇文泰征战多年，虽然从兵力上始终占据着优势，却始终奈何不了这个跟自己一样的枭雄。高欢有优柔寡断的一面，在对待元脩上，我们可以看到他的心肠还不够硬，不够狠。宇文泰在这方面可强硬得多，元脩在宇文泰的手下只活了三个多月。对待侯景也是这样，明明知道侯景不是个容易驾驭的人，却让他出镇河南，几乎成了河南的土皇帝。疑人还用也说明了他的无奈：高敖曹死后，确实找不到更合适的人选了。

高欢还有个优点，就是对自己的女人特别好。弟弟勾搭小尔朱妃，他把弟弟杖毙，却让小尔朱改嫁了。高澄私通郑大车，他险些杀死高澄，郑大车却丝毫未受牵连。

打老婆是无能的表现。

总的来说，高欢作为一代枭雄，拼杀出这样一番霸业，的确不容易！对高欢我一直怀着一种复杂的感情，我知道这不是一个坏人，甚至还有仁慈的一面。作为东魏的“CEO”，他在事业上无疑是成功的。但他最大的失败就在于对儿子们的教育，他做梦也没有想到的是，自己身后的儿子们在历史上留下的种种丑闻劣迹。溯本求源，高欢难辞其咎：养不教，父之过！

高欢死后，责任传到了高澄身上。按照高欢的安排，高澄密不发丧，只有陈元康知道这个秘密，要想瞒住所有人就得有人跟自己一起表演，陈元康有这个忠心和能力。

几天后，丧父的悲痛还没有消散，一个巨大的考验压在了这个二十几岁的掌舵人身上：东魏最大的军阀头子侯景反了。虽然这事传了也不是一天两天，但来得如此之快，还是让人始料未及。因为，高欢去世的消息并没有扩散。

一时天下震动，人情汹汹。

为了安抚天下，高澄把晋阳托付给段韶和赵彦深，陈元康模仿高欢的口气，手书命令十余条，让二人照此执行。过去，高欢的命令一般也都是通过陈元康传达，所以，没有人怀疑这里面有什么不对。高澄来到邺城，在孝静帝的宴会上，他饮酒、跳舞跟平常一样，没有人看出这是个新经大丧的人，后人借此攻击高澄没有人性，实际上这正是高澄遵从父亲遗愿的表现，毕竟控制局势要比儿女情长重要得多。

50. 侯景反了

在高欢的哥们儿中，最早出头的不是高欢，而是侯景。

侯景自以为智慧第一，除了高欢，他没有一个服气的。从侯先生的实力和破坏力看，他对自己的估计并不是高得离谱。骄傲也得有骄傲的资本，碰巧老侯就很有本钱。侯景是个跛子，身体条件所限，骑马射箭一般般，他的长处在于动心眼、用心机。一个人要想成功，首先得有自知之明，了解自己的长处和短处，然后扬长避短，把自己的劣势影响降到最低，同时尽可能把自己的长处发扬光大。你这样做了，你就成功了，这是很自然的事。高敖曹、彭乐之流，在他的眼里就是一勇之夫，跟自己不是一个级别。在他看来，打仗比拼的是智力，而非臂力，胆识应表现在指挥艺术上，而不是带头冲锋上。高敖曹过高地估计自己，所以早早地死了。彭乐不了解自己真正需要的是什么，所以一辈子活得莫名其妙。侯景曾经跟高欢说：“给我三万人，我渡江去把萧衍老头抓过来，当太平寺的住持。”大家笑笑，不以为然。然而这不完全是吹牛，事实上后来侯景只带了八百人过江，就把萧衍老头弄了个饿死台城的下场。

高敖曹光荣后，为了稳定河南，对东魏形成战略缓冲，高欢让侯景取代了高敖曹，拜河南大将军、大行台，专制河南。高敖曹属于高欢最信任的人，侯景呢？高欢非常了解这个兄弟的个性，这绝对不是个肯久居人下的主，但高欢实在找不出第二个合适的人选。河南两面受敌，时刻处于战争的威胁中，在这样一个地方坐稳，非寻常人可以做到。

侯景一向没把高澄放在眼里，他曾经跟司马子如说：“高王在，我不敢有异心；高王若去了，我不能跟鲜卑小儿共事。”吓得司马子如赶紧捂上他的嘴。敢这么说得有底气，让人恨你、害怕你还不得不用你，这才是侯景有恃无恐的原因。司马子如跟高澄一向走得很近，同时高澄也知道侯景叔叔不待见自己，在高欢临死的时候，他脸上对侯景的担忧甚至盖过了对父亲病入膏肓的悲伤。其实，在高欢病危之时，高澄就开始密谋干掉侯景。他照着高欢的口气和笔迹给侯景写了一封信，让侯景速到晋阳。虎落平阳，龙翔浅滩，任你天大的本事也只有干瞪眼的份儿。只要侯景来了，自己想怎么收拾就怎么收拾。高澄的如意算盘打得挺美，但通常对付心怀异志的人用这招都没有效果，除非是昏君要害忠臣，因为忠臣不是不知道会上当，而是不得不主动上当，这是观念决定的。高澄不知道的是，在侯景受命经略河南地的时候，这个超级狡猾的人跟高欢约定，在来往书信的背面加个点作为暗号，有了这个记号，才证明绝对真实、如假包换。侯景信任高欢，却不放心高欢身边的人。

有了这个秘密约定，所以侯景见到书信后，就知道一定是高澄要对自己下手，他如何肯上当？何况，鉴于高欢现在的身体状况，就是真是高欢的命令，自己也得三思而后行。毕竟是非常时期，所以侯景拒不从命。从高澄写信这件事中，侯景知道高欢没有多少日子了，倘若高欢健健康康的，借高澄个胆子他也不敢算计自己。面对高澄的挑衅，侯景的应对策略是拥兵自固，静观其变。

高欢去世的消息虽然封锁得很严，但侯景似乎冥冥中有了感应。想到自己与高澄已经有了芥蒂，怕夜长梦多，就在高欢走了不到一个星期的时间，索性举旗反了！颍州刺史司马世云率先响应，司马世云是司马子如的侄子，在刺史任上因贪污受贿受到举报，一直惶恐不安，唯恐哪天朝廷就会派人来锁拿自己。现在侯景反了，自己正好浑水摸鱼。

侯景虽然是河南地最高行政和军事首长，但没有朝廷的敕命，要想调动各州人马并不是件容易的事；而且，河南诸州的刺史们大都是高欢的铁杆粉丝，要想让他们顺顺利利地跟自己一起造反，没有点过硬的手段是不行的。但这难不倒侯景。

很快，侯景以河南军事长官的名义诈取了豫州、襄州、广州等地，侯景以连哄带吓的手段使刺史高成、李密、暴显等人不得已加入了叛军。接着，侯景又派出二百多人，藏着兵器准备袭击西兖州。西兖州的刺史是大魏三才子之一的邢子才，这是个细心又文武兼备的人，他发现了一些不寻常的人和不寻常的事，侯景的人还没动手就被抓了。邢子才干净利落地把这些人全部干掉，然后，侯景造反的事情就暴露了。邢子才立即宣布全城戒严，加强防守。这还不算，为了不让侯景继续危害其他各州，他立即传檄东方各州，通报了侯景叛乱的情况。各州得到消息，立即开始积极备战，这样一来，彻底粉碎了侯景计取河南十三州的计划。

侯景的地位有点尴尬，势力范围一下浓缩在六州之内，以区区六州之力对抗东魏，真的不是难，而是很难。不过，侯景既然敢起兵，就是看中了河南地处边境的有利地位，是谁都想吃、谁都不愿轻易放弃的肥肉。大丈夫能屈能伸，西魏和南梁都是自己可以暂时遮风挡雨的大树，随便抓一个过来，替自己挡挡吧。

先试探一下宇文泰的态度吧。于是，刚举起反旗没几天，侯景便派人到长安，表达了自己同河南六州归降的意愿。这时候的西魏还没有完全从邙山大战的伤痛中走出来，对侯景不冷不热，只是给他加了太傅、河南道行台、上谷公的封号。

侯景叛乱的消息传到晋阳，曾经遭受崔暹打击的豪强们逮着机会了，他们根本不管侯景叛变的前因后果，一股脑儿把怨气撒到了崔暹的头上：就是你崔暹不顾历史功勋，一味打击豪强，才冷了这些元勋们的心。侯景是谁啊？那可是高王年轻时的伙伴，如果不是彻底凉了心，人家能反吗？大家这么一闹腾，高澄有点招架不住了。本来崔暹是自己的一根打虎棒，这是逼着自己砍掉自己的胳膊啊。可眼前的局势，让高澄很无奈，值此危机存亡之际，他还要依靠这些元勋贵族们牵制侯景啊。高澄不敢想象再有个侯景第二的后果，所以必须先处置好眼前的危机。

高澄下定决心杀掉崔暹。

关键时刻，还得靠身边的明白人。陈元康一语中的："晁错前事，愿公慎之。"西汉景帝时，晁错鉴于藩国枝大、危及根本的状况，提出了削藩的主张。这样一来，激怒了各方诸侯，大家打着"清君侧"的旗号，向朝廷宣战。汉景帝杀了晁错，但七个藩国并未退兵，最后还是用兵才消除了叛乱。晁错无错，正如今日崔暹正纲纪无错一样，晁错的悲剧绝不能再在崔暹身上重演。高澄幡然醒悟，立即派司空韩轨召集人马讨伐侯景。

韩轨出兵的消息传到河南，侯景显得满不在乎，不就是那个喜欢吃肠子的小子吗？没什么可担心的？大家都曾经是一个饭桌上吃过饭、一起扛过架打过仗的战友，彼此之间的了解就跟了解自己一样。

话虽如此，侯景从河南诸州只有一个司马世云拥护自己的可怕事实中，知道了自己的分量。他首先想明白了一个道理：自己暂时不具备同高澄对抗的实力。即使一个韩轨倒下了，高澄还会派更多的韩轨过来。东魏家大业大，经得起折腾，也就是说，单单凭自己的力量，是打不赢的。

西魏的态度也明摆着，似乎并没有把他当作自己人的计划。此处不留爷，自有留爷处，于是侯景再次派出请降使者，这次的目的地是梁朝首都建康。

自从元景和北伐失败后，梁朝和东魏度过了十年蜜月期。十年内太平无事，萧衍每日开庭讲经，日子过得倒也逍遥。但在佛门天子的内心深处，无论如何修行，心头的孽障却总是挥之不去。这不，八十岁的老人晚上又做了个梦，梦到中原的牧守们纷纷来降，天下统一在即，举朝欢庆。早上一觉醒来，老人家仔细回味了梦中的景象，感到意犹未尽，便找来中书舍人朱异，他对朱异说："我很少做梦，梦到的事情必定成真。"朱异一向善于揣摩皇上的心思，便顺杆溜道："这是天下混一的征兆啊。"君臣相视大喜。

就在萧衍的美梦还没有回味够的时候，侯景的使者丁和到了。

丁和带来了侯景愿意领河南地十三州归降的消息。令萧衍惊讶的是，据丁和所言，侯景准备起事的时间正是萧衍做那个梦的时候。老头这个激动啊：难道当真是神灵保佑，我要一统天下？我的梦真的要应验了！

但是，自从跟东魏讲和后，梁朝过了这么多年的太平日子，一旦接纳了东魏叛徒侯景，就等于向东魏宣战。兵者，国之大计。战争不是儿戏，弄不好是要死人的，梁武帝有点犹豫。

大臣们的意见也不统一，中书舍人朱异同意接纳，尚书仆射谢举认为风险太大，善于占卜之术的平西咨议参军周弘正则认为一旦接受了侯景，那么梁朝的乱子就开始了。

经不住河南广大领土的诱惑，萧衍最终决定接受侯景的投降，大概这是梁武帝有生之年做出的最后悔的决定。不久的将来，无可奈何的萧衍只剩下用阿Q精神胜利法来麻醉自己，他自嘲地念叨："天下是我打下的，也是我失去的。"

河南地会这么容易就落入梁朝之手吗？

51. 王思政图河南

梁武帝萧衍加封侯景为河南王、大将军、都督河南河北诸军事、大行台，总之，名义上把整个北方都给侯景了。萧衍开出的价码明显要比宇文泰高得多。梁朝出手也大方，许诺了侯景实实在在的礼物——粮食，这正是侯景所急需的。梁朝大将羊鸦仁率领兖州刺史桓和、仁州刺史湛海珍等，将兵三万趋悬瓠（今河南汝南），带着大批粮食前来接应侯景。比起西魏，萧衍要厚道得多。

东魏韩轨的大军推进缓慢，从正月算起，过去四五个月了，竟然还没有跟侯景交上手。看起来韩轨是真不愿跟侯景打，毕竟老侯在东魏诸将中还是有威慑力的。

高澄恼了，命令领军府的武卫将军元柱带领禁军部队万骑，日夜兼程赶往颍川。

羊鸦仁的大军还没到，元柱就到了。侯景毫不含糊，迎头痛击，在颍川北部大败元柱，元柱退走。鉴于韩轨大军在后，侯景不敢贸然北上追击，于是退守颍川，等待梁朝援军的到来。

元柱虽然败了，但他的行动给了韩轨一个明确的信号，即高澄对他迟迟未能与侯景决战已经很不满意了，韩轨感觉到了压力。

有压力就有动力，蛰伏几个月的韩轨动作突然快了起来。

元柱刚刚退下，韩轨的人马就到了，近十万大军将颍川团团围住。

面对韩轨大军，侯景感到了危险的迫近。不说别的，就自己这数万大军的吃饭就是问题，韩轨有后勤保证，自己没有啊。梁朝离得太远，羊鸦仁带着辎重粮食，行军速度快不了，一时半会儿还赶不过来。远水不解近渴，得想办法度过这眼前的危机，侯景再次想到了宇文泰。

要想让宇文泰出兵，不出点血本是不行了，有道是“舍不得孩子，套不住狼”。

侯景一咬牙，决定割东荆州（治北阳城）、北荆州（治伊阳）、鲁阳（东魏荆州治所）、长社（东魏颍州治所）四城献给西魏，请宇文泰派兵接收，顺便增援。侯景这是以四个大城作为诱饵，迫使宇文泰就范。

侯景的诱惑是巨大的，但侯景这次送来的却是带刺的诱惑，弄不好是会扎手的。要不要卷入与东魏的战争，要不要介入河南地的争夺，投入多少兵力合适，最终收益能有多少，这些问题让宇文泰大感头疼。西魏众臣再次争论起来，大家意见相左，莫衷一是。

西魏重臣于谨觉得侯景奸诈难测，不好对付，跟这样的人做交易，风险不可控，所以，他给出的建议是继续给侯景加官晋爵以观其变，至于发兵救援就免了。于谨一向以多智谨慎闻名，他的想法应该是老成谋国之举，但问题是侯景现在要的是外援，你只是给人家开空头支票，人家肯定不乐意。按照于谨的计策，实际上就等于把侯景拒之门外，让他自生自灭。

于谨代表了大多数人的看法，这里面不包括猛人王思政。就在西魏朝廷还没有做出最终决定的时候，西魏荆州刺史王思政已经等不及了。他按照“将在外，君命有所不受”的古老治军法则做出了自己的决定，机不可失，时不再来，当即率领荆州步骑万余，从鲁阳关向阳翟进发，自作主张接应侯景去了。说起来，王思政到荆州也有一年多了，西魏在鲁阳设置了荆州，宇文泰以王思政为尚书左仆射、行台、都督、荆州刺史，着手经营河南地。王思政到荆州的时候，荆州城墙损坏严重，他立即着手修城。荆州防务完成后，王思政又在武关以南一千五百里的地面上，一口气修筑了三十座要塞城池。王思政修荆州的时候，手下从地下挖出了地主老财埋的金子近五十斤，半夜偷偷送给王思政，王思政却光明正大地报告给了宇文泰。在那个贪污成风的年代里，王思政的清廉慎独让人肃然起敬。

对侯景这次献城之举，王思政的看法跟于谨不同，他认为这是上天送给西魏的一个机会。不管侯景是不是真心归降，这都是夺取河南诸州的大好时机，四城不要白不要，他也不管宇文泰是不是乐意，自己就做主了。王思政可不是贪小便宜的轻率之人，他有自己的想法。狐狸再狡猾能狡猾过猎人吗？侯景，你等着吧。

宇文泰听到王思政发兵的消息，没有怀疑，认为王思政这么做一定有他的道理，于是派李弼、赵贵率兵一万，前往颍川接应。西魏授侯景使持节、太傅、大将军，兼尚书令、河南大行台、都督河南诸军事，总之就是河南地区最高军事行政长官。宇文泰也豁出去了。西魏两路大军出动，韩轨恐怕自己受到两面夹击，以自己东拼西凑组织起来的这些人对抗西魏精锐，胜算不高。再说，韩轨一直对这次出兵态度消极，现在正好有了借口，于是撤围而去，顿兵暇丘。

在河南这边水深火热的时候，高澄一刻也没闲着。

为了稳定局势，高澄让弟弟太原公高洋出任邺城城防司令，控制了京城兵马，又亲自出巡各州，安抚各处。

在高澄的授意下，东魏朝廷对朝中人事进行了调整。以尚书右仆射、襄城王旭为太尉，以高洋为尚书令，领中书监控制两省。调青州刺史尉景回来任大司马，以厍狄干为太师，以录尚书事孙腾为太傅，以汾州刺史贺拔仁为太保，以司空韩轨为司徒，以领军将军可朱浑道元为司空，以司徒高隆之录尚书事，以徐州刺史慕容绍宗为尚书左仆射，高阳王元斌为右仆射。这次人事调整基本贯彻了高欢的遗愿，朝廷班子主要由元氏亲王、勋臣宿将和高家人组成，慕容绍宗出将入相了。

尉景调回来没几天就死了，这次出任青州干得还不错，总算是为他挽回了些影响。尉景的转变表明，肃贪还是有效果。

时间过得飞快，转眼间高欢去世已经五个月了，高澄看天下局势已经稳定，这才发布了勃海王去世的消息。从高欢去世到公开消息，高澄表现得从容镇定，完全是个政治老手的作风。要知道，此时的高澄不过二十多岁的年纪。

孝静帝亲自为高欢发丧，东魏郑重其事地为高欢举办了隆重的葬礼，把他葬在漳水之西。高欢大墓的位置现在基本确定，但当时高澄玩了个心眼：实际上，高欢大墓只是高欢的衣冠冢，他的真身葬在了响堂山石窟佛像后面的石洞里。早在石窟开凿完成的时候，开凿石窟的工匠们就全部被灭口，这个看起来天衣无缝的计划，最后却很容易被破坏了。北周灭齐后，一个石匠的后代从祖先留下的信息中得知真相，从容地盗取了高欢的陪葬品。

高澄继承了高欢的一切职位，进位齐王，东魏朝廷进入了高澄时代。

再说侯景。侯景见东魏兵马退走了，眼前的危机解除了，马上产生了一个大胆的新想法，捉了李弼和赵贵，夺了这一万生力军。过河拆桥，侯景就是这么做人的。于是侯景设宴，邀请李、赵前来一叙。说起来，大家当年都是尔朱荣手下的同事，见见面，叙叙旧，聊一聊也是应该的。可赵贵是谁啊，哪里肯相信侯景？作为武川和怀朔两大派系，当初就没有多少感情。赵贵也不厚道，不但不上侯景的当，反过来跟李弼商量，让侯景过来，乘机把侯景给逮了。还是李弼老成持重，觉着这么做不太仁义，也不符合自己出兵的目的。除掉了侯景，相当于白白为东魏除掉了一个祸害，对西魏夺取河南地有害无益，于是这事就放下了。

就在他们钩心斗角的时候，王思政率领自己本部人马到了颍川。看到王思政，侯景知道自己在这个人面前玩心眼是徒劳，他摸不清王思政的心思，对两人同处一城有点害怕，于是借口出去占地盘，带着自己的人马离开颍川，跑到悬瓠去了。王思政就这样不动声色地占领了颍川。

论斗心眼，侯景的阴谋比王思政的阳谋差了一点。

52. 决战前夕

为了办好河南的事，宇文泰又加了砝码。

宇文泰派同轨防主韦法保、都督贺兰愿德前往侯景军中助阵。看到宇文泰完全相信了侯景，一拨一拨地派人去，大行台左丞王悦着急了：侯景跟高欢从老乡开始就有了君臣之分，做了上将军，位高权重；高欢刚死他就叛乱，说明他想要的比这还大，恐怕终不能屈居人下；他能背叛高氏，又哪里会忠心于朝廷？现在派兵给他，恐怕将来要遭到天下人的耻笑。

宇文泰觉得王悦言之有理，就计划召侯景到长安。嘴上说，以侯景的大才，镇守一地是大材小用，不如干脆到长安辅政，主持全面工作吧。心里却想：离开了军队，我看你还能折腾什么。

军阀混战，军队是本钱，有了人才有话语权。侯景如何不明白这层关系，一旦到了长安，自己就成了人家案板上的肉，只有任人宰割的份儿了。见宇文泰开始琢磨着算计自己，侯景也不打算继续客气下去，反正东魏的威胁暂时解除了，梁朝援军马上也到了，西魏军已经失去了利用价值，于是他开始合计如何跟宇文泰摊牌。侯景是个见便宜就占的人，当初想占赵贵便宜没得逞，他又开始打韦法保、贺兰愿德的主意。侯景开始刻意跟这些西魏将军们拉关系、套近乎，时不时送他们点钱、粮、美女什么的。为了表达自己的诚意，他总是带着三两个人去造访他们，显得自己心胸坦荡，和他们亲密无间。别说，这一招还真迷惑了不少人，大家都觉得侯景没拿自己当外人。

但韦法保的长史裴宽很清醒，他一眼就看穿了侯景的阴谋，并且断定侯景一定不肯听宇文泰的命令入关，双方很快就要撕破脸皮。裴宽劝说韦法保，要么安排伏兵干掉侯景，要么早作打算，别中了他的圈套。韦法保自认为跟侯景差了一个档次，哪里敢随便图谋侯景？但裴宽的提醒很及时，让自己心里先设了一道防线，不管侯景对自己怎么好，始终跟他保持距离，而且严防自己的部下私底下跟侯景接触。这一招很管用，还真没给侯景留下什么机会。不久，韦法保借口老窝有事，带着队伍返回了自己的防区。

王思政也料定侯景不会轻易入关，于是决定在双方摊牌前，尽可能利用这段时间和时机抢夺地盘。他暗地里把贺兰愿德叫过来，让他加强戒备，同时把自己的军队分散开来，占据了河南地七州十二镇。从此，颍川以西的广大领土都纳入了西魏版图。侯景有异心，这大块的地盘就算是他付出的代价，王思政的账算得滴水不漏，一点便宜也不肯丢。但是，王思政所做的一切都是光明正大的，侯景一点毛病也挑不出来，只有打碎了牙往肚子里咽，一点辙没有。王思政为了保住胜利果实，把自己的大行台驻地放在了长社，对这个安排，西魏方面有不同声音，因为颍川太靠近东边，一旦有事，不容易救援。但王思政觉得，只要保住了颍川，那么七州十二镇就稳如泰山，王思政有信心打好这一仗。为了打消宇文泰的疑虑，王思政以水攻一周、陆攻三年为期，期限内不用援兵。

王思政非常清楚颍川的弱点。

侯景果然不肯入关，他狂傲地回书宇文泰："我以跟高澄共事为耻，又怎么会跟老弟你平起平坐呢？"

宇文泰大怒，立即召回起先派出去的各路援军，并把给侯景的一切官职封号全部转给王思政。王思政坚决不受，在西魏朝廷的再三敦促下，勉强接受了都督河南诸军事，开始一门心思经营河南。

西魏方面，只有都督任约受侯景的蛊惑，领本部千人叛魏，投了侯景。

到了这个时候，侯景也只有依靠梁朝了。可刚刚从西魏那儿拔出来，梁朝那能接受他吗？能，因为侯景这步棋是早计划好的。在请求西魏出兵援助的时候，他就派人跟萧衍做了说明，表达了自己暂时归顺西魏的苦衷——主要是因为东魏大军来伐，南朝军队迟迟不到，自己逼不得已，只好暂时委曲求全，自救而已。不过，他告诉萧衍，自己会以豫州以东、齐海以西的广大领土尽归梁朝，请梁朝只管派大军接收就是了。听侯景说得动情，梁武帝感到安慰，道："将在外，君命有所不受。见机行事没有错。"

萧衍老头子确实够宽容的，宽容已经变成了纵容。

为了切断西魏同侯景的联系，萧衍以前雍州刺史鄱阳王萧范为征北将军，总督汉北征讨诸军事，进军西魏穰城。虚张声势，目的是要逼迫王思政回师。

侯景降梁，悬瓠、项城一带即对梁军开放，羊鸦仁从容入悬瓠城。梁朝以悬瓠为豫州，寿春为南豫州，改合肥为合州，以羊鸦仁为司、豫二州刺史，镇悬瓠；西阳太守羊思达为殷州刺史，镇项城。原来梁朝的豫州治寿阳，南豫州治历阳。殷州即从东魏北扬州而来（项城为东魏北扬州治所）。

南北朝的州郡设置太乱，所以只说州名的话，就很容易引起混乱。

有了羊鸦仁的根据地，萧衍觉着大举进攻东魏的时机已到，于是向全国发出动员令，点起十万精兵开始北伐。此次北伐的主将是南康王萧会理，但萧会理本是个纨绔子弟，胆小如鼠，根本不是打仗的料。大军出征，他吓得让人把自己坐的车子用生牛皮蒙上，萧衍知道后非常不满意。

大军行进到宿预，又临时换将，以梁朝南豫州刺史贞阳侯萧渊明为督都水陆诸军。开局不顺为梁军的行动蒙上了一层阴影。对于今后的行动，萧衍做了特别指示："侯景志在洛阳和邺城，其率大军先行。你们可以在寒山筑坝，引清水灌彭城。大水一到，彭城不攻自破，切记不可妄动。"萧渊明倒是听话，按照萧衍的指示，兵锋直逼彭城，在离彭城十八里的寒山驻军。侍中羊侃（元天穆曾经讨伐过的泰山羊侃）于清水筑坝，江水改道，水灌彭城。东魏徐州刺史王则拼命死守，一时形成对峙之势。

可叹一鸟不如一鸟，萧家人卖弄文笔是内行，打仗大抵外行，萧渊明的军事能力也不及格，而且他还是个虚荣心强、优柔寡断的家伙，在跟诸将商量军机大事的时候，往往拿不定主意，唯用一句"临时制宜"的口头禅来应付。羊侃劝他乘水势大进攻彭城，萧渊明不从。

名将遇到了庸帅，眼睁睁看着战机丧失，也只有干着急的份儿。

南梁诸将欺负萧渊明软弱，开始纵容部下劫掠百姓。萧渊明不能制止，只是约束自己的部曲安分守己。

大战前夕，梁军已经露出了败象。

53. “狗脚朕”

高欢一死，孝静帝元善见的好日子也就到头了。

当初，高欢一念之差，逼走了孝武帝元脩，白送了自己的政敌一个金字招牌。痛定思痛，高欢对元善见那是相当的好，见面执臣子之礼，非常恭敬。事无大小，都跟他打个招呼，对错都听听他的意见。高欢如此，那么下面的人有样学样，同样能尽君臣之礼，东魏朝廷为之肃然。

孝静帝元善见十一岁登基，逐渐成长为一个从容优雅的热血青年，眼下二十多岁的年纪，正是血气方刚之时，他充分继承了拓跋皇族的优秀基因，容貌俊美，臂力过人，文武双全。时人都认为他有孝文帝的风度，高澄对此非常担心。老爹在的时候，高澄还不敢太放肆，入朝辅政，也尽心尽力做好臣子的本分。高欢一去，高澄当国，这下也没什么顾忌了，皇帝在他的眼里彻底变成了木偶。既然是木偶，那就只能随着牵线人的动作表演，独立思考不得。

高澄让自己的心腹崔季舒（崔暹同族的侄子）任中书黄门侍郎，陪伴在皇帝左右，时刻观察皇帝的动静，及时将情况向自己汇报。这样，皇帝的一举一动全部掌握在了自己的手里。高澄飞扬跋扈，上行下效，高澄的手下们也不把皇帝当回事，这就是传说中的狗仗人势。

有一次，高澄同孝静帝出猎，朝堂上生够了闷气的元善见在大自然中得到了彻底的放松，驰马如飞，尽情射猎。可让人扫兴的是，身边的侍卫居然一再提醒：马跑得太快，大将军会生气的。打猎也要看属下的脸色，孝静帝一下没了兴致。

还有一次，天子赐宴。酒过三巡，高澄举起大斛给皇帝说：“臣澄劝陛下酒。”如此劝酒，哪里是臣子向天子表达敬意，分明是下命令。皇帝终于忍无可忍，怒道：“自古没有不灭亡的，朕也不用这么苟且活着。”高澄也火了，“朕，朕，狗脚朕！”骂够了还不算完，又让崔季舒打了孝静帝三拳，气出够了，扔下羞愧难当的皇帝，气呼呼拂袖而去。一个臣子，对皇帝又打又骂，皇家的威严彻底扫地。似高澄这般二愣子脾气的，还真是前无古人，后无来者。

第二天，醒了酒的高澄也觉着自己有点过分，就让崔季舒代自己跟孝静帝道歉，元善见承认自己也有不是，这事就这么过去了。临末了，孝静帝还赐给崔季舒一百匹绢。挨了打还得送礼，孝静帝这个皇帝也算窝囊到家了。

可再怎么说，孝静帝也是个有为青年，哪里能容忍这般侮辱？说起来也巧了，自尔朱荣立元子攸以来，权臣们立的这些元氏皇族，一个个都是聪明慧达的血性男儿，这也注定了他们都不会有好结果。

孝静帝整天把谢灵运“韩亡子房奋，秦帝鲁连耻。本自江海人，忠义感君子”的古诗挂在嘴边，因此惊动了一个老臣。

荀济，颍川人，少据江东，以博学能文著称。说起来，他跟萧衍还是布衣之交，然而对萧衍却一点也不服气。后来萧衍做了皇帝，对荀济也没有好感，不肯用他。后来萧衍崇信佛法，荀济劝谏说浪费巨大，萧衍生气了，打算杀了他，幸亏好朋友朱异及时密告，荀济逃亡东魏。荀济名动天下，高澄做中书监的时候用他做侍读。知人善用的高欢曾说过：“我爱荀济的才干，不用他，只不过是为了保全他。倘若他入宫，将来必生祸乱。”荀济非常理解元善见。作为臣子，第一要务就是要替皇帝分忧解愁。于是，他联络祠部郎中元瑾、长秋卿刘思逸及华山王元大器、淮南王元宣洪、济北王元徽等宗室亲王一起谋划诛杀高澄。

他们想的主意说起来可笑，居然打算从皇宫内挖一条地道，直通大将军府，然后顺着地道跑高澄家里，悄悄地把他宰了。但是，要在宫中挖一条地道，还要保密，相当有难度。别的不说，就从地道里挖出的这些泥土放哪里能不让人起疑？秀才们有主意，他们放出风声，说要在宫中造一座土山作景观。当然，建造土山的目的就是放置挖出来的泥土。地道如期动工，保密工作做得很好，地道越挖越深。

可是，挖地道能不出一点动静吗？地道挖到千秋门，还没有出宫，千秋门的守卫就觉着地下不太对劲，赶忙报告给高澄。高澄一听，就猜出是怎么回事了：自己正纳闷呢，宫中没来由的造土山干什么。高澄带着亲兵闯入皇宫，见到孝静帝径直坐下，厉声质问道：“陛下为何如此？我父子功存社稷，什么时候辜负过陛下？一定是左右妃嫔所为了。”还没等孝静帝说话，高澄令左右将孝静帝的两个宠妃胡夫人及李嫔拖出去砍了。

孝静帝正色道：“自古只有臣反君，没有听说有君反臣的道理。大王要造反，又何必把责任推到我的头上。我杀了你则社稷安定，不杀你则国亡无日。

我自己的性命尚不爱惜，何况几个妃子。一定要弑逆，那你看着办好了。”

孝静帝这番话说得大义凛然，不卑不亢。由于事出仓促，高澄带着一股子火入宫，当时还真没想好，如果杀了皇帝下一步该如何。倘若直接杀了皇帝，无论如何是躲不过“弑君谋逆”的罪名了，就是咱真要当皇帝，也得来个合法继承吧，那样才名正言顺啊。念及此，高澄离座，跪在孝静帝面前，叩头谢罪。

孝静帝大摆酒宴，两人举杯痛饮，一直闹到半夜，算是和好了。

过了三天，高澄想好了下一步的计划，把孝静帝幽禁在含章堂。这下好了，皇帝直接成了阶下囚，军国政令皆出自高澄之手。现在连表面文章也不需要做了。高澄已经成了东魏事实上的皇帝。

高澄本打算饶了荀济，先是派侍中杨遵彦对荀济说：“你这么大岁数了，何苦这样？”荀济回答道：“壮气在耳！”高澄亲自问：“荀先生为何要造反？”荀济说：“奉诏诛杀高澄，怎么会是造反？”荀济为了自己的理想，死得其所。

参与谋划的大臣们都惨遭杀害，这次事件还连累到大才子温子升。高澄认为，温子升一定参与了阴谋。温子升在做好了高欢的碑刻后，就被下到晋阳狱中。大才子死的时候口里含着撕下的布片，他生生给饿死了。温子升死后，被扔在了道旁。天下人为了洗脱自己，竟然没人肯为他收尸。最后，是宋游道出面安葬了他。一时，人们议论纷纷，那些遭宋游道弹劾过的权贵们都等着看宋游道倒霉。可左等右等，高澄始终没有降罪。

因为，高澄看到了宋游道仗义的一面。

54. 寒山大战

南边乱成了一锅粥，高澄在北方却坐稳了江山，不动声色地处理了一起针对自己的政变。晋阳、邺城、山东、河北的局势渐渐稳定下来，高澄决定腾出手来，彻底解决侯景和梁朝的问题。

晋阳风言风语，传说侯景后悔了。侯景部将蔡道遵北归后，也说侯景有悔意，于是高澄决定先打一张政治牌，探探侯景的口风。

原来，在高欢让侯景经略河南的时候，他就安排了一步棋，把侯景的家眷留在了邺城。名义上关心老哥们儿，借口河南征战辛苦，带着家眷不方便，实际上就是留下你一家大小做人质，以此牵制侯景。对于侯景，高欢太熟悉了。对付这样一个目空一切、不甘人后的人，不留点后手怎么行?

让长眠于地下的高欢失望的是，侯景是个认为事业大于一切的人，当事业发展需要的时候，老母妻小是可以抛在一边的，家庭问题根本扯不了老侯的后腿，高欢的这张牌作废了。但高澄还想再试一试。

高澄修书一封，言辞恳切地告诉侯景，其一家老小安然无恙，只要他肯回来，一切都好商量。不但老母、妻子、儿女完璧归赵，他甚至可以以豫州刺史的身份养老，所有跟随叛乱的同案犯一概不予追究。高澄开出的价码不可谓不高。

但是，高澄实在是高估了侯景的情商。他现在一门心思要借助梁朝的势力克服中原，建功立业，甚至觊觎高澄的位子。为了事业做出点牺牲算什么，他已经顾不上老母妻小的死活了。

高澄的这一招对侯景不起作用，并不代表对侯景的部下们没有诱惑力。后来，形势的发展证明了高澄的高明。

既然政治攻势不好使，只有兵戎相见了。派谁好呢?这的确是个大问题。前者韩轨无功而返，东魏众将中得恐侯症的还真不少，想来想去，高澄锁定了叔父高岳，决定以高岳为大都督，统领诸军。

在东魏的这些骄兵悍将中，高岳也是大名鼎鼎。他是高欢叔叔的儿子，当年高欢还是军中邮递员的时候，高岳家就是高欢在洛阳的落脚点。韩陵之战，高岳统领右军，在高欢中军失利的危急时刻，他同左军高昂、后军斛律金奋力拼杀，反败为胜。高欢得势后，高岳同孙腾、司马子如、高隆之入朝辅政，号为“四贵”。后遇母丧，去职守孝。

消息传到颍川，侯景听说是高岳挂帅，满不在乎地说：“兵是精兵，可惜将军太平常了。”

有了总指挥，派谁做前敌总指挥呢?

高岳推荐金门郡公潘乐，这也是高欢遗言中提到的老将。

陈元康不同意，他认为潘乐在机变方面不如慕容绍宗。跟侯景打，比的是心眼，不是勇敢。况且，高欢临死时说过，慕容绍宗就是留给高澄对付侯景的，现在该派上用场了。高澄同意了，但同时有点担心。慕容绍宗现在邺城尚书仆射任上，如果直接下令让他来晋阳，恐怕他起疑。如果因为害怕而出点什么事，那就等于把好事办砸了。

大将们突然被召，多半是受到猜疑，一般没好事。高澄想到这一点，也说明现在很多勋臣宿将，虽然表面上表示效忠，但内心还是惶恐不安的。“不要紧。”陈元康道，“慕容绍宗知道我受您的宠信，曾经派人给我送礼。我为了让他安心，就接受了他的礼物，所以我们的关系非同一般。只要我修书一封，保管他安心来见。”

就这样，大都督高岳挂帅，慕容绍宗为东南道行台，杜弼为军司，彭乐、刘丰生这些东魏名将相随，东魏精锐部队开始进军彭城前线。同时，高澄命斛律金督彭乐、可朱浑道元等驻军河阳，对侯景形成夹击之势。

斛律金的真正作用是防止侯景趁邺城空虚北上，同时对西边也起到震慑作用，这一路不到万不得已之时，是不会主动进攻河南的。

侯景听到慕容绍宗带兵的消息，大惊失色道：“是谁教鲜卑小儿派慕容绍宗来的，难道高王没死吗？”要说这个世界上侯景能怕谁，除了高欢，恐怕就是慕容绍宗了。要知道，自己的这一身本事，可都是从慕容绍宗那里学的。要说这个世界上了解自己的，除了自己，恐怕就是这位慕容老师了。

慕容绍宗将兵十万，据橐驼岘，开始动手破坏羊侃修筑的堤坝。

羊侃劝萧渊明趁东魏大军劳师袭远、立足未稳之时发动突袭，或许可以一击成功，萧渊明不肯听。第二天，羊侃再劝萧渊明出战，可这家伙铁了心，坚决不听羊侃的。是啊，皇帝早就明确了“不准轻举妄动”的指导思想，听天子的，还是听你羊侃的？羊侃知道，再这样下去后果很严重，无奈之下只好领本部人马出屯堰上，这儿的地形进可攻，退可逃，羊侃也有自保之意。

驻扎在寒山的梁军好像不是来打仗的，而是来看戏的。他们希望侯景先跟东魏军交手，这也是坐镇建康、遥控指挥的最高统帅萧衍的想法。

然而，慕容绍宗的计划却是先破梁军，断了侯景的后援，然后再图侯景。慕容绍宗引步骑万人，攻击潼州刺史郭凤的大营，一时箭如雨下，郭凤拼命抵抗。军情报到中军大营，萧渊明喝醉了没醒酒，起不来，只好传令让诸将去救。主帅不亲自督战，众将慑于东魏军马气盛，你靠我，我靠你，居然没人敢出兵，所谓“将熊熊一窝”是也。谯州刺史赵伯超见东魏军势大，吓破了胆子，干脆对属下众将说：“敌人善战，倘若开打，肯定会败。不如早早回去，保全队伍，或者可以免罪。”于是他悄悄地独自撤军，但两军对垒，也并不是你想跑就能跑得掉的。眼看着郭凤要完了，北兖州刺史胡贵孙率麾下赴援，斩获东魏军二百多人，与郭凤里应外合，终于打退了东魏军的进攻。受到胡贵孙的鼓舞，梁军众将的心才算安定下来。萧渊明这时候酒也醒了，于是督众将主动出击。梁军轻骑直冲东魏军阵，东魏军有点顶不住了。慕容绍宗一看不好，悄悄对众将说："我将佯退，诱梁军追赶。我已经布置了伏兵，到时候听我一声号令，大家一起进攻，不怕梁军不败。"实际上，慕容绍宗此刻的目的只有一个，即平安撤出战场，保存实力。

事实上，慕容绍宗的奇兵根本不存在。两军交战，往往是前军败退引发多米诺骨牌效应，然后全军溃败，慕容绍宗见前军失利，故此撒谎稳定军心。

对于慕容绍宗的本事，东魏诸将深信不疑，所以大家丝毫没有怀疑慕容绍宗的心思。因此，众将由惊惧变成了从容，溃败演变为战略撤退。这里面有很大的不同，因为败退时想的是逃命，而撤退时想的却是反攻。对于慕容绍宗的狡猾，侯景是非常了解的，早就派人再三叮嘱梁朝众将，千万不要过远地追击慕容绍宗。侯景给出的标准是三里地。

但此时，梁军见东魏军败退，愈发斗志昂扬，早把侯景的话抛到了脑后，谁也不肯错过立功的机会，一股脑儿地掩杀上来：都说东魏的鲜卑军团厉害，原来也不过是纸老虎。就连那个未开战就吓破了胆的赵伯超也率领队伍冲了上来。反正有便宜可捡，不捡白不捡。

但这个便宜却不是白捡的，鲜卑人可不是纸老虎。慕容绍宗看梁军阵势也乱了，官兵互不统属，成了一群无组织、无纪律的乌合之众，机会到了。一声反攻令下，东魏军掉转马头冲了回来。大家没有思想负担，都以为这是人家慕容绍宗的妙计，既然南军中计了，现在不立功什么时候立啊。人精神头一来，打起仗就格外勇猛。

这下，梁朝这股乱军可就惨了，一下伤亡了几万人。萧渊明、胡贵孙、赵伯超等集体成为战俘。只有羊侃，带领本部人马结阵，慢慢退走，全军而回。关键时刻，还得是名将头脑冷静。

郭凤退保潼州，慕容绍宗乘胜追击，郭凤弃城而逃，东魏军占领潼州。

至此，梁朝北伐军主将被擒，北伐宣告失败。萧渊明被押解到邺城，东魏孝静帝把他又送到了晋阳。高澄倒没把他当俘虏，好吃好喝好招待，让萧渊明在晋阳做起了寓公。

高澄隐约感到，留着萧渊明一定有用。

55. 师徒恶斗

在慕容绍宗和萧渊明决战的时候，侯景也没闲着。先攻谯城，没占着便宜，转而占领了城父。

这时候，梁朝北伐军败退的消息传了过来，侯景听后很沮丧。梁军也太差劲了，十万对十万，一天的时间，一个回合就全完了，一下让自己陷入孤掌难鸣的境地。这哪成啊，得给萧衍老头子打打气才行。侯景赶紧派手下第一谋士王伟赶往建康，劝说萧衍继续北伐。

王伟没有辜负侯景的期望。王伟跟萧衍说，邺城文武都对高澄不满，大家跟侯景密约，共同讨伐高澄。然而事情败露，高澄把魏帝元善见幽禁，杀元氏宗亲六十余人。现在河北人心在魏，只要另立一个元氏宗亲为帝，那么黄河南北就成了圣朝之郗莒，国之男女，为大梁之臣妾了。萧衍还真不长记性，好好地做了五十年太平天子，让侯景一忽悠，不但没有得到河南地，相反，自己的十万人马折了一半，还失去了潼州。然而，王伟带着侯景的使命再次忽悠后，萧衍又动心了。还别说，元氏宗亲在南朝避难的还真不少，这次，萧衍拉出了太子舍人元贞，以其为咸阳王，资助其兵马，许诺他渡江即可即位。

集结兵马是需要时间的，但慕容绍宗已经不给侯景机会了。收拾完梁军，慕容绍宗立即挥师进攻侯景。 慕容绍宗带着士气高昂的十万士卒，旌旗蔽日，鸣鼓长驱而进。侯景见东魏大军势头正盛，不想硬碰硬，当即带着辎重数千辆、战马数千匹、士卒四万人，退保涡阳。

侯景道："老师是来送我的，还是来决一雌雄的？"

慕容绍宗道："想跟你一决胜负。"

慕容绍宗顺风结阵，侯景关闭营门不出，先避避风头再说。慕容绍宗知道侯景喜欢背后偷袭，于是在营帐四面放出岗哨，严密监视侯景的动静。果然，侯景率军悄悄摸到慕容绍宗大营后面，意图偷袭，但当他看到慕容绍宗大营的布置，知道老师早有防备，只好罢手。

第二天两军对垒，双方马队在前，侯景开始万箭齐发，东魏重甲奇兵掩护后军，结阵不动。这时，在箭雨的掩护下，侯景军突然抢出一队步兵，披短甲，执短刀，直入魏阵。这些人根本不跟魏军骑兵打，专门照着马足和人脚脖子下手，一下把东魏诸军砍了个人仰马翻。东魏兵哪里见过这种打法，顿时大乱。

侯景指挥大军冲杀上来，东魏军大败。这一仗，慕容绍宗坠马，险些遇难，刘丰生受伤，显州刺史张遵业做了侯景的俘虏。在那个时代，重甲骑兵的攻击力相当厉害，侯景以步兵短刀对付骑兵的战法可以说是一大创新，岳飞大破连环马，用的也是这一招。

第一个回合，徒弟稍占上风。

慕容绍宗一向败退有方，所以东魏军总体损失不大。

慕容绍宗退保谯城，裨将斛律光、张恃显这些年轻人本来很崇拜慕容绍宗，现在见偶像被侯景打得如此狼狈，笼罩在慕容绍宗身上的光环一下破灭——看来传说未必是真，天下闻名的慕容绍宗用兵也不过如此。

两人年轻气盛，对慕容绍宗的失利颇有怨言。慕容绍宗倒不计较，耐心解释说："我一生打了这么多仗，还从没见过像侯景这么难打的。你们如果不相信，可以自己去试试看。"

斛律光，字明月，宿将斛律金的儿子。在美男如云的那个时代，斛律光却是个标准丑男，他虽然长了一张大马脸，却虎背熊腰，威风凛凛，别有一番硬汉风度。斛律光的形象大概跟施瓦辛格相似。斛律光自小不苟言笑，擅长骑射，十七岁随高欢出征于阵前，驰马冲入敌阵，生擒宇文泰长史莫孝晖，因功被提拔为帐内都督。同时斛律光箭术高超，曾经一箭射下一只车轮般大的大雕，军中号为"落雕都督"。郭靖那个射雕英雄是杜撰的，斛律光才是名副其实的射雕英雄。

作为未来的名将，现在的他还只是一个不怕虎的初生牛犊，名将也是需要历练的。

斛律光，好好跟慕容绍宗学学吧。斛律光和张恃显要出发了，慕容绍宗再三叮嘱两人，千万不要渡过河水，过河易，回来难。慕容绍宗知道两个人根本不可能取胜，他只想通过实践教训一下两个傲气的年轻人，并不想他们有什么闪失。

慕容绍宗的一片苦心，斛律光很快就能体会到。

侯景于涡水南岸列阵，斛律光于水北摆阵对峙，斛律光率轻骑兵隔河向侯景射箭。侯景笑道："你们是为了立功才来的，我是因为怕死才去的。我是你父亲的老朋友，你为什么要射我？你怎么不渡河？是慕容绍宗不让你过来吧？"

斛律光无言以对。

侯景笑道："隔着河我也能置你于死地，但是看在老朋友的分上，我不会杀你。”

在侯景的示意下，侯景的神射手田光弯弓搭箭射向斛律光的战马，还没等斛律光反应过来，羽箭已经洞穿了战马的胸膛。斛律光换马藏在了树后，田光再发一箭，斛律光战马再次中箭倒地。无奈之下，斛律光退入军中，离开了田光的射程。

斛律光一向对自己的神射很自信，“落雕都督”也不是浪得虚名，但今天彻底败了，所谓一山更比一山高，在田光面前是甘拜下风。倘若侯景想要自己的命，自己还有命吗？念及此，斛律光冒汗了。

东魏军一下被震住了，他们看直眼了。在他们的心中，斛律光也是偶像级的人物，但在侯景面前，竟然如此不堪一击。就在大家一愣神的工夫，侯景突然发出冲锋令，大队骑兵渡河冲杀过来。斛律光大败，张恃显做了俘虏，但侯景并没有难为他，又把他放了。侯景是念着旧情，还是在为自己留后路，不得而知。

斛律光和张恃显垂头丧气地回到谯城，慕容绍宗道：“这下知道侯景的厉害了吧？”两人面有惭色，恨不得找个地缝钻进去。斛律光从此知道了自己的弱点，开始谦虚地向慕容绍宗学习了。

军中还有一个未来的三大猛人之一，他还要试试侯景的本事。

是段韶！在斛律光跟侯景对峙的时候，段韶偷偷在侯景大营上风点火，他要来一出“火烧侯景”。侯景见势不妙，果断地带领骑兵马踏涡水，然后立即回马草地。一来一去，草都湿了，火自然就烧不起来了，段韶的火攻失败。

自以为有两把刷子的将军们轮番折腾了一下，都没辙了，大家都看着慕容绍宗，“计将安出？”

慕容绍宗让大家少安毋躁。侯景不是厉害吗，既然一时半会儿打不过他，咱不跟他打了，咱把他耗死。慕容绍宗这一招相当高明。东魏军的背后是强大的东魏，后勤无忧。而侯景方面，一面受制于王思政，一面梁朝路途遥远，援军难至，羊鸦仁带来的粮食也没有多少。人要吃饭，马要喂料，要说打消耗战，侯景还真耗不起。果然过了没几个月，侯景军中就闹起了粮荒。

司马世云一看，侯景这也没有什么油水了，转身投降了慕容绍宗。

慕容绍宗见差不多了，亲率五千铁骑夹击侯景。面对北齐最精锐的钢铁猛兽军团，侯景知道硬碰硬的话，只有死路一条。

这下侯景被逼到了绝路上，看起来除了渡江投奔南朝，也实在没有更好的办法了。但是，侯景知道，自己手下这些武士们家都在北方，追随自己也不过是盼着能跟他复制一下尔朱荣、高欢的故事，做一个定策元勋。现在没指望了，所以大家能不能跟自己南奔，实在是个问题。侯景骗大家说："你们的家属们早就被高澄杀了。"众人信了——既然家没了，也只有跟侯景混到底了。

慕容绍宗太了解侯景和侯景的队伍了，他命军士们隔着老远大喊："兄弟们，万景已经完蛋了，再跟着他，只有死路一条。你们的家属好好的，只要你们放下武器，一切官职勋位都不变。"

为了表达自己的诚意，慕容绍宗面向北斗发誓。这可是少数民族人士最庄严的发誓方式，所以侯景的将军士兵们自然深信不疑。

暴显本来是东魏的广州刺史，被侯景袭击，被迫加入了叛军，听说自己一家老小无恙，而且东魏也不计较自己的变节，还等什么？于是，招呼部下投奔了慕容绍宗。

在他的带动下，侯景手下的将领们纷纷投降。一下子，拥有数万之众的侯景身边剩下了不到千人。败了，彻底败了！没奈何，侯景与心腹步骑八百人渡过淮水，一路南下。慕容绍宗紧紧追赶，侯景劝说老师道："我侯景若是被抓，留着你还有什么用处？"又是一个兔死狗烹的忽悠，不知道是这句话起了作用，还是顾念师生情谊，慕容绍宗最终放过了侯景。所谓"无心插柳柳成荫"，慕容绍宗的这次纵放居然对东魏起到了极大的利好作用。

梁朝豫州刺史羊鸦仁看侯景都跑了，自己待在这成了靶子，于是以粮运不济为由，弃悬瓠，向自己的根据地义阳撤退。殷州刺史羊思达见羊鸦仁跑了，也立即弃项城南归，慕容绍宗乘机夺取了悬瓠、项城。萧衍非常震怒，把一腔怒火都撒在了羊鸦仁身上，吓得羊鸦仁不敢回义阳，无奈之下，只好屯军淮河，静观时变。

至此，梁朝派出的十万之众，损兵折将，一点好处也没有捞到。如果萧衍就此打住，梁朝也只是砍了胳膊腿。

萧衍继续信任侯景，梁朝的噩梦远远没有结束。侯景这一去江南，从此梁朝多事，佛门天子四十七年的太平日子算是走到头了，史上最强大的破坏者开始了他的破坏之旅。

56. 颍川保卫战

侯景跑到了梁朝。

现在的侯景惶惶如丧家之犬，但萧衍到底是一副菩萨心肠，仍然对他表示热烈欢迎，并且从生活上、事业上，对他一如既往地关心和支持，侯景从此在梁朝安定下来。

然而，高澄却不想让侯景太得意，他走了极其高明的一步棋：策划跟梁朝讲和，以萧渊明为筹码交换侯景。

从以往萧衍对待他那些不成器的子孙们的态度看，老头子是慈爱的，他的慈爱同样适用于萧渊明。该让萧渊明出面了，不然白白浪费了自己的大米白面。

于是南北朝开始了一次次的书信来往。碰巧，侯景截获了部分书信。事情成功不成功尚在其次，透过这次交易，侯景明白了一个道理：在萧老头的眼里，他侯景的地位还不如一个混蛋萧渊明。

高澄赢了。生意虽然没做成，却促成了侯景和萧衍间的嫌隙，为侯景乱梁添了一把火。所谓“鹬蚌相争，渔翁得利”，高澄注定成为大赢家。

逼退了梁兵，打跑了侯景，接下来该清除西魏在河南地的势力了，王思政成为东魏军下一个攻击目标。王思政据颍川，长社城有士卒八千，慕容绍宗、刘丰生率领的是连战连胜的步骑十万，双方力量对比悬殊。

在统帅高岳看来，又是一场没有悬念的战争，赶走这些趁火打劫的西魏人，似乎并不是一件多么难的事。然而，当高岳大军到达长社城下的时候，他们惊奇地发现，城内没有鼓声，没有旗帜，没有生命的气息，长社城就像一座死城。

王思政要玩空城计，还是，王思政弃城逃走了？

南北朝时期，在敌我力量悬殊的情况下，弃城逃走也不是一件特别丢人的事情，毕竟保持有生力量才有翻盘的可能。

管你是不是空城，管你闹什么玄虚，先攻进去再说。高岳下令将颍川团团围住，然后准备听口令一起往里冲。就在进攻命令下达下去，兵卒们抬着云梯准备攻城的时候，城门突然打开了。城中冲出一队骁勇的黑衣战士，向着高岳的中军冲过来。高岳大军的计划是一个攻、一个守，他们做梦也没想到城中的守军会突然发动进攻，一下子就蒙了，惊慌之下竟然无法组织起像样的抵抗，于是东魏军大败。高岳费了好大劲，才把人马重新收拢起来。

这叫出其不意！

这下，高岳算是领教了王思政的厉害。

东魏诸将大都经历过高欢的第一次玉壁之战，尤其是刘丰生，在邙山大战后追击宇文泰，正是在弘农遭遇王思政后才止住了前进的步伐。那一阵，两人没有交上手。所以王思政是不可以轻视的。

高岳跟慕容绍宗、刘丰生一商量，既然闪电攻城是不可能的，那么就慢慢打吧，就像逼走侯景一样，把王思政也耗死。于是，东魏军在颍川城外开始修据点，步步为营，做好了打持久战的准备。

高岳等没有想到的是，王思政行军打仗有个特点，即到一个地方首先建粮仓，接着修城墙。做好粮食储备是守城的基础，修好城墙是守城的关键，王思政对城池防守特别有研究。在他的经营下，弘农、玉壁都成了铜墙铁壁。当初移军长社城的时候，王思政就信心百倍地跟宇文泰说，敌人如果从陆地攻城，长社城三年不需要救援。但水攻呢？王思政只许诺了一周的时间。

高岳在城外地势高处筑土山，又用飞梯、火车攻城。

王思政做火攒，顺风投到土山上，又以火箭射之。火起，烧毁了高岳的攻具。

王思政又从守城军士中选拔身手敏捷的人，用绳子从城上放入高岳军中，恰如神兵天降。东魏军哪里见过这个，当时就吓傻了，掉头就跑，后边的人不知道咋回事就跟着一起跑。守土山的人一看大家都跑了，咱也别死心眼了，于是丢下土山跟着跑，王思政就这样占领了土山，并在土山上搭建木楼，把土山变成了自己的碉堡。看着自己的新堡垒，王思政很感谢高岳，感谢东魏士兵，要没有大家的努力，凭自己的八千士卒还真腾不出手堆这么高大的土山，还是人多好。战役持续了近一年，颍川长社城纹丝不动，高岳军队却减员不少。

玉壁的噩梦再一次降临到东魏军头上。什么招都用上了，还是拿不下。长社拿不下，西魏在河南就是事实存在。

刘丰生一直都在思考，他观察着颍川的地形，突然脑袋灵光一闪。他看到了长社城的弱点。刘丰生看到的，正是王思政所担忧的——水攻！

一年，刘丰生用了一年想明白了。时间长了些，绝对不算晚。但刘丰生绝对想不到的是，他要栽在自己的这条妙计上。

57. 颍川终于拿下了

按照刘丰生的建议，东魏士兵开始由陆战转而谋求水攻。在一阵阵“改造自然”的号子声中，洧水河中起了一道围堰，河水被迫改道，冲向长社城。这下算是真正找到了长社城的软肋，一时，城四面洪水滔滔，孤城变成了孤岛。城中处处水如泉涌，堵也堵不住，守城军士只能悬釜而炊，城中也已接近断粮。

原来，王思政只准备了一年的粮食，庄稼是一年一熟，被困在城中，别说收割，就是下种也没有机会。大水离开了千百年冲刷出的河道，像脱缰的野马一样，顺着地势低洼处到处跑，颍川以北成了一片沼泽，宇文泰派来的援军赵贵部被挡在了外围。眼看颍川危在旦夕，上天却再一次垂青王思政。大水也把高岳的东魏大军跟要攻打的城池隔开了。陆战变成了水战，步兵要变成水兵才有攻击力，战马同样也要变战船了。

慕容绍宗造了一艘巨大的楼船，高度甚至高过城墙，站在楼船上可以俯视长社城，士兵们也可以居高临下，向城内射箭。这个怪物非常厉害，对城内守军造成了空前的压力。

然而，意外出现了。

慕容绍宗、刘丰生和部将慕容永珍站在楼船上观察城内的动静，突然起了一阵大风，大船一晃悠，拴楼船的缆绳断了，大风吹着楼船飘向城墙。城中守军一看楼船变成了冲车，赶紧放长钩子勾住楼船，同时弓弩齐发，射向大船。

慕容绍宗这两天一直做噩梦，总是梦到自己失足落水，自二十来岁就有的蒜发又突然脱落了。凶兆啊，慕容绍宗更加心神不安。他预感自己有水灾，于是故意上船洗澡，并从船上跳到水里，想以此破解。其行台郎中房豹劝道：“死生自有天命，哪里是人力能够干预的？三军之事在于明公，自该顺天应命。既然知道有水灾，就在岸上指挥，以防万一就是，何必还要下水化解？”绍宗笑道：“不能免俗啊。”至此，慕容绍宗认为噩梦应验：既然天要亡我，还有什么好说的。于是一代名将长叹一声，投水自尽，很少有名将死得这么不壮烈。

刘丰生还想做最后的努力，他跳船奋力游向土山，西魏士兵乱箭齐发，刘丰生中箭身亡。慕容永珍被俘，王思政含泪杀之。现在城中的士兵们都杀红了眼，就是王思政想留慕容永珍一条命，他们也不答应。

就这样，东魏三名主帅中的两位，已经稀里糊涂地死掉了。慕容绍宗、刘丰生在东魏军中属于名将系列，他们的阵亡震动了整个东魏。高岳彻底吓破了胆，从此再也不敢主动进攻。王思政得到了喘息的机会，但他的气息也越来越微弱。

颍川攻城失利的消息传到邺城，高澄坐不住了。十万大军对付一座城池，历时一年拿不下，还损兵折将，高岳这仗打得也太失水准了。

还是陈元康聪明。陈元康认为，王思政已经是强弩之末，高岳不能成功的原因主要是心理问题；现在，正是高澄建立军功的好时机。已经进位齐王的高澄听从了陈元康的建议，怀着摘桃子的心情，亲率步骑十一万增援高岳。他认同陈元康的看法：现在去打，就等于白捡一个大功劳。

别看高澄一直折腾，但行军打仗还是大姑娘上轿——头一遭。

高澄观察了一下对阵形势，认为还是要用水攻，于是下令继续围堰引水。水流湍急，围堰起了三次，都在大水的冲击下决口。高澄大怒，让士兵驱赶推土的人和推土的布囊一起往里填，终于塞住了口子。

长社城被围一年，食盐早吃光了。人缺盐就得浮肿病，死者十之八九。大水灌城，城墙也给冲坏了，王思政据于土山，继续抵抗。英雄已经到了末路。

高澄总算见识了什么叫顽强，什么叫忠心，他心中对王思政升起阵阵敬意，命令军士向城中喊话："生擒王大将军者封侯，若王大将军有任何损伤，左右全部处死。"

这道命令救了王思政的命。王思政以八千士卒，守城一年，身边只剩下士卒三千。援军不至，自知再守下去也没有意义了，于是仰天大哭，打算抹脖子了事。左右急忙拉住他，不让他有动手的机会。为什么？因为高澄有命令，如果王思政死了，那么这些人都得跟着陪葬。高澄对王思政以礼相待，王思政留在了东魏，但此后他就从时代舞台上消失了，终生没有为东魏献过一计。一代名将善终，也算是不错的结局。

颍川保卫战虽以失败告终，但王思政的威名丝毫无损。八千对十万，前后一年，无论怎么说，宇文泰的救兵不至都是不应该的：颍川存，则河南地有西魏一席之地；颍川亡，则西魏势力退出河南。也许，在宇文泰的心中，河南本来就可望而不可即，颍川也不过是一块鸡肋，前后几次的争夺令他早就厌烦了。如果这个假设成功，那么王思政的死守居然变得毫无意义。果然，宇文泰听说颍川城破后，立即命令河南诸州的守将全部撤回关内，东魏重新占领了河南诸州。宇文泰知道王思政已经尽了力，没有为难王思政的亲属。

由于侯景在南边折腾，梁朝内部大乱，东魏军队在南方战场也节节胜利，江淮之北二十三州尽归东魏。

塞翁失马，焉知非福。在侯景叛乱后，高澄领导下的东魏不但没有倒下，反而开疆拓土，在三国争霸中占据了绝对优势。

高澄接手了一把臭牌，却打成了至尊宝。

然而，就在高澄踌躇满志、准备大干一场的时候，一场变故突然降临。

58. 高澄之死

高欢去世后，高澄顺利接班，并且轻松化解了侯景叛乱带来的危机，让我们不由得对这位少爷刮目相看。

看一下高澄的简历：

公元 521 年出生。

公元 531 年，立为勃海王世子。

公元 532 年，加侍中、开府仪同三司，尚孝静帝妹冯翊长公主，时年十二岁（虚岁，下同）。

公元 534 年，加使持节、尚书令、大行台、并州刺史，时年十四岁。

公元 536 年，入辅朝政，加领军左右、京畿大都督，时年十六岁。

公元 538 年，领吏部尚书，废除停年格，时年十八岁。

公元 540 年，加大将军，领中书监，时年二十岁。

公元 546 年，高欢玉壁大战失利，高澄奔军中受命，时年二十六岁。

公元 547 正月，高欢死，秘不发丧。司徒侯景据河南反，颍州刺史司马世云以城应之。时年二十七岁。

公元 547 七月，魏帝诏以高澄为使持节、大丞相、都督中外诸军、录尚书事、大行台、勃海王。

公元 549 年四月，魏帝进高澄相国，封齐王，赞拜不名，入朝不趋，剑履上殿。时年二十九岁。

这份简历说明了两件事。第一，高澄显然早熟而且是个聪明孩子。十二岁完婚，在那个时代很正常；虽然靠着高欢的关系，十二岁做皇帝的政策顾问，但这个还算荣誉称号；十四岁当刺史，挂名的；十六岁入朝辅政，这就真刀实枪地处理朝政大事了，这时候没有两把刷子肯定不行，如果关系硬没本事，做来做去就变成阿斗了。第二，549 年，高澄的地位已经离皇位不远了，见了皇帝不用唱名了，看见皇帝的时候也不用低着头一溜小跑了，最重要的是还可以带剑上朝，皇帝把性命基本上交给他了：通常情况下，做到了这三项就是权臣要取而代之的前奏。

高澄确实在做着禅位的准备，身边这些人都赞成，唯有陈元康以为时机未到，故而持反对意见。高澄有点恼怒，马上还以颜色，以陆元规为大行台郎分陈元康的权，过了一些时候又打算让他做中书令，中书省经过高澄短暂的辉煌后，又恢复了幕僚本分，所谓明升实降。少爷一发火，陈元康这么多年的努力算是白费了。陈元康跟三国荀彧很相似，荀彧一直对曹操忠心耿耿，却是反对曹操篡位的第一人。

这件事高澄还没来得及做，陈元康也没来得及到中书省上班，一件匪夷所思的刺杀事件就突然发生了，改变了一切。

主宰者突然死了。根据官方公布的“新闻稿”，高澄竟然死于一个厨子之手。事情发生后，后知后觉的人们这才发现，高澄死前曾经有过些许征兆，比如邺城街头流传的一首童谣：“百尺高竿摧折，水底燃灯灯灭。”童谣中暗含了高澄的名字，聪明人从中看出了不祥的预兆。还有一件出人意料的怪事，崔季舒突然发神经跑到北宫门外诸贵之前，朗诵鲍明远的诗：“将军既下世，部曲亦罕存。”声甚凄断，泪不能已，大家都觉得很不吉利。当然，也许一切是穿凿附会，或许是故意造谣。照理说，高大将军位高权重，身边保镖肯定有一个加强连，怎么会死在一个无名小卒的手里？

原来，高澄在治国上颇有建树，讨伐侯景，逼走梁军，整顿贪污，还制定了一部法律文书《麟趾格》；但是他的道德水准很低，生性风流，私生活非常不检点。

生活作风问题是会害死人的。

早在高澄十四岁的时候，就因为私通高欢宠妾郑大车险些被高欢给废了，后来又因为逼奸李昌仪而导致高仲密叛乱，引发了东西魏邙山大战。高欢死后，他娶了高欢的妃子蠕蠕公主，并生了一个女儿。史书以据蠕蠕俗和柔然的压力为辩解理由，但所谓“入乡随俗”，蠕蠕公主既然嫁入魏朝，自应顺以魏俗，而魏自汉化后早已废除了“子蒸后母”的不伦习俗。但蠕蠕公主原本就是高欢打算为高澄娶的媳妇，我们很难推测高澄的心理。名士薛寘随孝武帝入关，留下个美貌妻子元氏在东魏，不知怎的被高澄盯上了，非要娶人家。可元氏属于贞节烈妇，死活不同意，高澄恼羞成怒，就让崔季舒把她送廷尉府治罪，幸亏御史中丞陆操还有些节操，坚决不办冤案，这位薛夫人才幸免。不过，看高澄对李昌仪“不到黄河不死心”的态度，薛夫人的结果恐怕也难说。高阳王元斌庶生妹元玉仪为家族所不齿，做了孙腾的歌妓，后来被孙腾抛弃了。高澄路上遇到，居然一见倾心，从此元玉仪便跟了高澄。为了这个心爱的情人，高澄亲自到孝静帝那讨封，元玉仪成了琅琊公主。高澄知道崔暹肯定会为这事跟自己过不去，所以来了个以攻为守，看到崔暹也不给崔暹好脸色了，崔暹心里透亮。过了三天，崔暹揣着名刺见高澄，故意把名刺掉在了地上，高澄很奇怪，就问拿这个干什么用。因为名刺一般是在私人交往中拜访不熟悉的人用的。崔暹回答道：“准备拜访公主啊。”高澄大悦，拉着崔暹的胳膊进去相见了。

崔季舒愤愤不平地说：“我这个侄子总说我奸佞该杀，到了他自己，比我还会谄媚。”元玉仪还真是个好妹妹，自己富贵了，没有忘记自己的姐姐，又把黄门郎崔括的妻子元静仪推荐给高澄。高澄来者不拒，把元静仪也封做了公主。夫由妻贵，崔括也跟着沾光，升官发财，高澄没少帮忙。是亲三分向，元斌也因此被提拔为仆射。就这样，加上自己的原配正妻——孝静帝的妹妹冯翊公主，高澄算是搞定了三个公主。

高澄甚至连自己的弟媳妇也不放过，公然调戏高洋的老婆李祖娥。按照高洋的说法，高澄给他戴了一顶绿帽。

为了跟情人琅琊公主约会方便，高澄在自己的办公室附近给元玉仪收拾了一个房间，办公室有了内室之嫌，所以侍卫们平时都在大门以外值班，无事不得入内。就是这个安排，惹下了塌天大祸。

当天的事情经过是这样的。高澄召集陈元康、崔季舒、杨愔开会，议题还是东魏禅让的事，高澄的厨师长兰京送食物进来，高澄喝令他退下，对众人说：“昨夜做了个梦，这个奴才要杀我，要赶紧先把他杀了。”这话被兰京听到，兰京又惊又恐，于是把短刀藏在盘子底下，端着盘子再次进了东柏堂。人家正在商量军国机密，一个厨子一会儿进来一趟，高澄如何不恼，断喝道：“我没有要东西吃，你怎么又进来了？”兰京从盘下抽出短刀，喝道：“来杀你！”高澄大惊，赶忙下床，不想把脚脖子扭了，于是一骨碌钻到了床下。在场的三人猝然遭此变乱，崔季舒扭身钻进了厕所，杨愔忙不迭地往外跑，靴子掉了一只也顾不上了。只有陈元康用自己瘦小的身躯挡在了高澄的前面，劈面去夺兰京的刀子，兰京在陈元康肚子上刺了几下，肠子都流了出来，陈元康倒在地上。这时，兰京的同伙一行六人冲了进来，他们把胡床掀翻，乱刃齐上，高澄就这样被弄死了。这时候，守在东柏堂外的侍卫闻讯赶了过来，一场恶斗，纥奚舍乐被杀，王纮受伤。

在城东双堂的太原公高洋闻讯，神色镇静地指挥手下的卫士们赶来讨贼，兰京等六人全部被乱刃分尸，脑袋也被砍下来做了漆器。一向愚鲁的高洋就像换了个人，让自己的手下统一口径，然后慢慢出来，对闻讯赶来的人们说：“有奴才造反，大将军受伤了，没有大问题。”

高澄死了，留下了六个儿子，长子孝瑜才十三岁。不过，高澄的儿子们都是好孩子，他们继承了高澄身上的优秀基因，从丧父的悲痛中走出来，逐渐成长为高家后代中最有出息的孩子，他们将逐渐登场，一直坚持到北齐灭亡。

高洋密不发丧。陈元康也不行了，他让祖珽代笔，给母亲留下遗言，挨到半夜就死了。高洋暂时把他安葬在东柏堂，然后宣布以陈元康为中书令，立即出使南朝，加王纮左右都督。

关于兰京行刺的原因，史书上说这个兰京大有来头，本是南朝名将、徐州刺史兰钦的儿子，被俘后做了高澄的厨师，兰钦多次要赎回，高澄不答应。兰京自己屡次请求，惹得高澄火起，就打了他一顿，并且警告说再想走就杀了他。于是兰京秘密结交了六个同伙，预谋对高澄下手。

这件事疑点颇多，《资治通鉴》《北史》记载也有出入，且查《梁史》也未有相关记载。从刺杀的经过看，显然是一场有计划的谋杀，但事后六人全部被杀，似乎又有灭口嫌疑。

明太祖曾经说，最不能得罪的人就是厨子，因为他要下手害你的机会太多了。高澄把一个异国名将之后俘虏后放在身边给自己做吃的，相当令人费解。很多专家论证说，高洋才是幕后主谋，但前后有好几个目击证人，要把这件事做得天衣无缝却不是那么容易。不管怎么说，这件谋杀案的直接受益者就是高欢的二儿子高洋。

就此，史上最残暴、最野兽的皇帝出场。

59. “著名演员”高洋

高洋，一名侯尼于（鲜卑言有相子），又名晋阳乐，是高欢初随尔朱荣入驻晋阳时所生。

皇帝出生的时候大都有不寻常的事情发生，即使最正统的史书也喜欢记录这些荒诞不经的异象。高洋出生的时候什么样没有记录，但他老妈娄昭君怀孕的时候，据说连着好几个晚上有红光照进室内，让娄妈妈感觉很是奇怪。另外，娄妈妈怀孕的时候还爱做梦，怀高澄的时候梦见了一条断龙，怀高洋的时候梦见了一条大龙，遮天蔽日，张牙舞爪，一副要吃人的样子。高洋在高欢十几个孩子中还真是个异类，作为汉人和鲜卑人的杂交二代，高家的孩子大都是美男子，唯独高洋属于高家的变种，高欢和娄昭君的优点一点也没有继承到，黑黝黝的皮肤，腮帮子上的肉向下垂，一身牛皮癣，脚脖子还有点畸形，一点也不讨人喜欢。就是这么个不让人待见的孩子，小时候却表现得异常聪明。为了试试孩子们的能力，高欢曾经把一团乱丝摆在儿子们的面前，让大家解开，别的孩子都在一丝不苟地梳理，高洋却抽出钢刀把乱丝一斩两段。高欢很不理解他这个奇怪的举动，高洋跟爹爹解释说：“乱者须斩。”另有一次，高欢又想试试儿子们的应变能力，就给每个人配备了一支队伍，然后派大将彭乐假装敌人突然来袭。其他的孩子，甚至是比高洋大七八岁的高澄都吓得面无人色，唯独高洋不慌不忙，带领自己的队伍杀了出来。本来是演戏，彭乐见高洋假戏真做，赶紧脱下盔甲，告诉高洋这是演练，但高洋依然不依不饶，把彭乐抓了送给高欢。

抓住彭乐没什么稀奇的，但高洋的当机立断，处变不惊，给大家留下了相当深刻的印象，使高欢对这个丑儿子刮目相看，也引起了其他兄弟们的嫉妒。

毕竟，在北朝尚武的风气下，勇敢者才受大家尊重。

晋阳有个和尚阿秃师，看上去疯疯癫癫的，据说有未卜先知的本领，经常说一些没来由的胡话。有人说他是神僧，有人说他是疯子，娄昭君曾经把自己的孩子们领给他看，到了高洋的时候，他一句话也没有，只是再三用手指天。

照这么发展下去，这个丑孩子的前途是一片光明。

可谁能料到，世事无常，“小时聪明，大则了了”的话居然应在了小高洋身上，随着年龄的增长，曾经的神童居然慢慢地变傻了。是因为发烧烧坏了脑子，还是哪一次顽皮摔坏了脑袋？娄昭君怎么也想不起来是不是有这么回事了。

反正，这孩子的智力是出问题了，反应迟钝，说话也说不利落，还整天挂着两条鼻涕虫，十来岁的人有这副尊容，一般都被看作智障人士了。

高欢为了培养接班人，早早就让孩子们跟大人一起上朝听政，高洋也跟哥哥弟弟们一起成为朝廷大臣，开始了按部就班的公务员生活。高澄风流倜傥，风趣幽默，善于说笑，到哪里都会成为中心；而高洋则显得局促不安，总是找不到自己的位置，尤其在大哥面前唯唯诺诺，从来没有自己的主见。

这个不幸的孩子不但被大家看不起，甚至还一度成为大家嘲弄的对象。高欢的第三子高涣文武兼备，深受高澄的器重，他常常拿自己这个又丑又傻的二哥开玩笑，动不动就在朝堂上故作严肃地呵斥左右："为什么不替二哥擦鼻涕？"逗得大家哄堂大笑。高洋也不恼，大家笑，他也跟着傻呵呵地笑。

高洋娶媳妇了，岳父家是中原大姓——赵郡李。李家的小女儿李祖娥生得如仙女下凡，却嫁给了一个傻子，在众人眼里，真是一朵鲜花插在了牛粪上，可惜了。在皇家宴会上，李祖娥成了贵夫人中的一颗明星。高澄的老婆冯翊公主也属于美女系列，但让李祖娥一比，简直成了平常姿色，高澄心里就有点不平：凭什么这么个尤物给了这个傻弟弟？作为著名的登徒子，高澄哪里控制得住自己内心的躁动？也是欺负弟弟软弱，居然公然调戏弟媳妇，甚至，可能，上过弟媳妇的床。

高洋有时候给媳妇搜罗点漂亮衣服、珍奇宝贝什么的，被高澄瞧见就给要走了，李祖娥气不过，就说："凭什么啊？"高洋哄媳妇说："这些东西我再给你找就是了，兄长要那是看得起我，给我面子。"人都是有恻隐之心的，有时候见弟弟这么委屈自己，高澄也不好意思要了，高洋就很坦然地拿了回来。一切都是那么自然，毫无做作之态。高洋在朝堂上总是一言不发，按说回到家该放松了，但他家里家外表现一致，最喜欢做的事情就是关上门坐禅，仿佛老僧入定一般，有时候跟妻子也是一整天不说一句话。有一天不知道哪根筋不对，居然在家里赤着脚丫子乱蹦乱跑。

一切迹象表明，高洋真的不正常。

要说高澄一点怀疑也没有，也不尽然。高澄当政后，曾经让心腹崔暹试探过，要是高洋是装傻，那就说明他居心叵测，绝对不能留了。大家在皇宫坐班的时候，崔暹站在高洋的后面，拿自己的手板打了高洋的后背一下，高洋毫无反应。崔暹伸手把高洋的手板夺过来，然后把自己的手板塞回去。高洋的手板是犀牛角做的，崔暹的是竹子做的，两者的价值相差悬殊，手板的材料也反映了地位的高低。高洋拿着这个竹板，用袖子擦了擦，端详了一会儿，竟然把玩起来，一点都没有发火的意思。这些事让崔暹相信，高洋有装傻的重大嫌疑。但崔暹留了个后手，他没有将自己的怀疑告诉高澄。他只是把自己看到的这些情况跟高澄做了汇报，一切让高澄自己判断和决定。

要说高澄原来对弟弟还有些顾忌，听了崔暹的汇报，一颗心放在了肚子里，心说：如果这样的人也能得富贵，相书作何解释？

高澄真的错了，相书本来就是胡说八道。

高洋真傻吗？

60. 高洋掌权

如果谁认为高洋是傻子，那么他一定是不折不扣的傻子。

所谓的挂鼻涕，所谓的言语木讷，所谓的反应迟缓，一切的一切，都是装的。高洋不但不傻，相反，他是个极端聪明的人，就是因为他看出了父亲的夸奖引来了哥哥的猜忌，为了自保，他学会了韬光养晦。他大部分时间都在沉默，大脑一刻也没闲着，朝内朝外的一切都没有逃过他的法眼。要说在家里像个傻子似的狂奔，那正是他活动腿脚的一种方式。对于三弟对自己的侮辱，哥哥送给自己的绿帽，他看在眼里，记在心里：总有一天，会有那么一天，我会让你们全部还回来。

其实，有个人一直对高洋看得很清楚，但他一直没有点破。

还是高欢。高欢始终认为，晋阳乐这个孩子在很多方面跟自己非常相似，他曾经跟自己的谋士薛琡说过："这个孩子比我还强。"高欢从来就没有把他看作一个愚钝的人，在他大病不起的时候，把邺城防务交给了高洋，并派段韶去帮他。

他相信，关键时刻，高洋一定会站出来的。

老谋深算的高欢没有想到的是，聪明儿子多，最高的位子只有一个，骨肉相残是迟早的事。

东柏堂事变发生后，高洋雷厉风行的作风让大家对他刮目相看。邺城文武大臣们到今天才看清了高洋的真面目，他们有的高兴，有的惊恐。不管怎么样，高洋属于法定继承人，忠于高家的大臣们大多倒向了高洋一边。司马子如、高隆之等劝高洋尽早赶到晋阳，掌握霸府，因为东魏真正的权力中心不是邺城，而是晋阳，而高家军的主力也在晋阳四周，只有控制了并州，才算真正掌握了局势。高洋认为大家的话不无道理，当夜，他命令心腹都护唐邕分派诸将，安抚四方将军。

高洋让高岳、司马子如、高隆之、杨愔留守邺城，其余权贵大臣立即跟自己前往晋阳。临走时，他前往皇宫辞行，所带甲士八千，有二百多人随他进了昭阳殿。这么多使刀弄枪的人往皇宫一闯，吓得孝静帝面如土色。

高洋大声道："臣有家事，需要马上到晋阳。"说完一拜而退。

高洋一阵风般来了，又一阵风般走了，留下孝静帝站在那目瞪口呆。

孝静帝在听到高澄遇害的消息时大喜过望，自己辛辛苦苦挖了半天地道没得手，想不到高澄这么容易就被干掉了。飞扬跋扈的高澄死了，压在自己头上的一座大山移开了。激动不已的孝静帝忍不住对左右说："大将军死了，这是天意让我重新掌权啊。"但现在，望着高洋远去的背影，当了十多年傀儡的元善见像泄了气的皮球，一下子蔫了，他喃喃自语道："这个看起来又是个不容人的人，我不知道要死在哪天了。"

晋阳霸府的勋臣宿将们一直为高洋的假象所迷惑，从来没正眼瞧过他，哪知道今日的高洋就像脱胎换骨一样，神采飞扬，言辞敏锐，对答如流。众人大惊失色，一个个拜倒在地，哪里还敢有什么别的想法。搞定了邺城和晋阳，高洋算是坐稳了高澄接班人的位子。然后，他着人把高澄去世的消息发布出去，东魏朝廷为高澄举办了隆重的丧礼。

孝静帝也算识趣，很快，丞相、都督中外诸军、录尚书事、大行台、齐王这些头衔便加在了高洋的头上。东魏进入了高洋时代。

通常，在一个人的位子越爬越高的过程中，他可能会遇到各种挫折和打击，但当这些都被解决掉后，他的威信也会与日俱增，同时，他还会发现自己越来越正确，不管自己说什么，大家都会说"对对对"。当反对的声音越来越微弱的时候，这个人的骄傲也会与日俱增，往往不需要别人的意见了——昏官就是这样炼成的。

官位越低越容易发现问题，所以才有了"新官上任三把火"的说法，这三把火一般都是上任前准备好的烧柴。

高澄在世时以刑法严苛著名，在他手底下栽倒的权贵有很多，这样一方面限制了权贵们的胡作非为，一方面也受到了权贵们的嫉恨，大家都不说话了，政事中的问题自然就多了。高洋把高澄发布的那些不合时宜，大家反对却不敢随便提出更改意见的政令进行了修正。既然高澄以严厉为主，高洋的执政理念就是宽和。

所以，高洋受到了欢迎。

当高洋带着邺城的权贵们前往晋阳的时候，崔季舒贪图自由，居然没有跟着一起去。这个疏忽给了自己那些敌人们一个攻击的借口和机会。

是的，为了整顿东魏朝腐败的吏治，作为高澄手里的棍子，崔氏叔侄确实得罪了太多的权贵。这些人像狗一样龇着牙，只要得到机会，就会扑上来咬一口。

高慎造反的时候是这样，侯景造反的时候也是这样，但因为高澄的绝对信任和陈元康的保护，崔氏叔侄安然无恙。现在，最信任他们的人已经离开了。新霸府刚刚开张，高隆之、韩轨等人便给崔暹和崔季舒上了眼药，

他们劝高洋对高澄刻薄寡恩、严刑峻法的作风进行修正，以收拢人心，而做这件事的风向标就是罢黜崔氏叔侄。貌似处处为高洋着想，矛头却直指崔暹和崔季舒。

这位霸府的新主人既需要笼络权贵为自己所用，又想杀鸡儆猴立威，崔氏叔侄就成了那只鸡，落了个鞭打二百、发配边疆进行劳动改造的命运。崔季舒是个随遇而安的人，在改造期间，他白天跟崔暹一起扛土包，晚上住地牢，就是在这样的艰苦环境里，他仍然潜心研究传统医学。一年过去了，崔季舒成为一代名医，跟李元忠一样，崔季舒也有普度苍生的胸怀，不管什么人有病，他都会认真诊治，从来不在乎病人身份的贵贱。崔季舒的医术后来还带给他一个天大的机会。

在崔氏叔侄在边疆受罪的时候，高洋也想甩开东魏单干了。

61. 传说中的禅让

拓跋家族开办的“魏朝公司”分拆后，两家的“董事长”基本都被高管们给架空了，特别是东魏这边，大权旁落，皇帝已经变得可有可无，孝静帝元善见说的话已经基本没人肯听了，“总经理”齐王高洋才是公司的真正主宰。但公司所有权属于拓跋家族，不管高洋权力有多大，他还是属于“高级打工者”。即使成了“首席执行官”，离“董事长”还是有点距离。

要说高欢还有所顾忌，靠元氏这个招牌笼络人心，到了高洋时代，所谓天下归心，崇拜权力的人性弱点使得人们唯高洋马首是瞻。

高洋小圈子的人早已迫不及待了，高洋早一日称帝，他们就早一日成为开国功臣，霸府变成朝廷，霸臣也就顺理成章地成为朝臣，这个诱惑同高洋称帝的诱惑有一比，于是高德政第一个跳了出来。

高德政的资料

姓名：高德政

曾用名：高士贞（别名）

籍贯：勃海蓨人（跟高乾、高欢一个家族）

职位：齐王府参军（知管记事）

高德政曾经做过高欢的相府掾，也算是高欢信赖的人。高澄时代，高德政同高洋一起在邺城参与机密，和高洋关系不一般，两个人到了无话不说的地步。但高德政的力度不够，何况，没有谁愿意做谋朝篡位的乱臣贼子，就是真要当皇帝，也要当得顺理成章。

古籍上记载了上古三王的禅让，那时候多好啊，民主。老王不行了，就选一个贤能的人继承自己的事业，而不是交给资质平平的子孙后代。现在，自然高洋才是天下最贤德的人，元善见应该好好学学三王本纪，主动把位子倒出来。元善见不愿意读书，得有人督促着让他提高思想水平。要让元善见让贤，让天下人心服，得有天命才行，有了天命就控制了舆论，否则天下人会说咱们虚伪，咱们不能担这样的骂名。王莽那个禅让很明显是逼着人家干的，那个不算，天下人都说王莽是个伪君子。因此千万不能学王莽，尽管他活学活用，靠禅让改朝换代，改变了用暴力夺权这个唯一的选择。要学也要学曹丕，大抵曹丕的位子是汉献帝真心相让的，毕竟汉献帝的江山都是人家曹氏父子打下的。曹丕从汉献帝手里接过大印时，曾经不无得意地说：“我今天才知道禅让是这么回事啊。”

孝静帝近臣、散骑常侍徐之才和北平太守宋景业以精通天文图谶闻名天下，高德政拉拢这两个高人去劝告高洋上应天命，早日行禅代之事。徐之才和宋景业知道这也是早晚的事，让别人干，还不如自己干，于是两人加入了高德政的队伍。

很少有人能抗拒得了至尊位置的诱惑，其实高洋早就心动了：高澄临死前在干什么？不就是商量这件事吗，兄长能做的，我如何做不得？

心动不如行动，说干就干。

高洋把想法跟母亲娄太妃讲了，没想到老太太坚决反对：你父亲是龙，你哥哥是虎，仍然认为天位不可妄想，一辈子恭恭敬敬地北面事君；你算个什么东西，居然想行尧舜禅代之事。

老母亲一席话弄得高洋灰头土脸，垂头丧气，一脸不高兴。

高洋把老太太的话转告给徐之才。要说随机应变、卖弄口才，徐之才要称天下第二，便没有人敢称第一。徐之才能言善辩，喜欢开玩笑，但为人刻薄。有一次，同为文化人的王昕拿他开涮，徐之才马上反击，拿王昕的姓说事：“王可不是个好姓，有言则为讧，近犬则狂，加头足而为马（繁体马字），安上尾和角就变成羊了。”王昕无言以对。另一位文化人卢元明要为王昕报仇，就嘲笑徐之才说：“卿姓徐字，刀未入人。”徐之才立即反击卢元明的“卢”（繁体作“盧”）字：“安亡为虐，在丘为虚，生男成虏，配马成驴。”又嘲笑元明二字：“去头则是兀明，出颈则是无明，减半则是无目，变声则是无盲。”卢元明也语塞。高德政拉徐之才做同盟算是找对人了，他将在这次禅让行动中发挥重要作用。徐之才说：“正因为不如他们，所以才要及早定下大位。”徐之才简直太有才了，一句话便坚定了高洋夺位的决心。要知道，高洋现在的位子，虽然实际上是真正的一把手，但名义上仍然是二把手。天下不知道有多少人在觊觎这个位子，一天成不了一把手，就有人会借一把手的号召力打击自己。既然咱不如父亲兄长有本事，更应该去把一把手的位子抢过来，让天下人都断了念想。

现在，高欢一辈的老人都走得差不多了，孙腾、尉景、娄昭、万俟干、段荣、刘贵、窦泰、蔡俊早已仙去，剩下的老人中以斛律金岁数最大，也是对高家最忠心的人，斛律金现在出镇肆州。高洋让表哥段韶跑一趟，探听一下斛律金的口风。斛律金在鲜卑、高车甚至汉人中威望都很高，他的意见很具有代表性。

没想到斛律金听到消息后，马上就赶到晋阳。让高洋沮丧的是，老头不是来劝进的，而是表示反对的，他请求高洋杀掉借符命惑主的宋景业。

接连在两位长辈面前碰壁，高洋有点灰心。高德政劝高洋召集大臣们到太后面前开个会，大家讨论讨论，如果大家都表示支持，那么老太太自然就无话可说了。

于是，不死心的高洋召集晋阳的文武群臣来到了太妃住所，然而，由于事前的沟通没有做好，大家意见始终不能达成一致，娄太妃一下火了，“我儿懦弱耿直，一定不会有这样的想法，一定是高德政教的。”看起来，老太太真的不了解自己的儿子，她没有看出儿子演戏，也不知道儿子心里到底在想些什么。

晋阳反对的声音太响，高洋想探听一下邺城的看法，毕竟晋阳这些人大多是军功起家，没文化，见识浅。邺城是东魏朝廷所在，以文臣为主，文化人多，加上知识分子的软弱，也许那儿能够得到更多的支持。

汉人文臣的领袖是官居吏部尚书的弘农杨遵彦。高洋亲自书写了一封信给杨愔，把众人劝进的情况告诉给杨愔，想听听杨愔的看法。高德政这下长心眼了，他怕杨愔犹豫不决耽误事，就自告奋勇去邺城见杨愔。

高德政到了邺城，还没等他把消息传回来，在晋阳的高洋就等不及了，召集大军出发来到平都城，召众将入见，告诉大家，自己这是到邺城行禅让之事。众人忽然听到这个消息，吃了一惊，这是要带人逼着孝静帝让位啊，大家猜不透高洋的心思，又感觉时机不到，没有人敢应答。长史杜弼待众人散去，悄悄地对高洋说：“关西是我们的大敌，现在倘若受了魏禅，恐怕西魏会挟天子东伐，到时候我们将如何应付？”

高洋把杜弼的担心告诉徐之才，徐之才笑了，“关西宇文泰与大王争霸天下，他也想称帝，比如大家都去追一只兔子，一个人抓住了，其他人才会死心。现在我们首先代魏，关西自应息心。即使他们仍然争强，不过随着我们一样称帝罢了。我们应该抓住机会先走一步，不要日后学人家。”徐之才的话让杜弼闭上了嘴。

高德政到了邺城，遍访公卿。邺城跟晋阳的情况差不多，基本没有人敢响应，毕竟这事太大了，站错队就是掉脑袋灭族的大罪。

听到高洋从晋阳出发的消息，司马子如立即从邺城出发，在辽阳（山西省左权县）见到高洋，司马子如明确表示，反对高洋禅代东魏。高洋受了这些打击，有点恼火，命令随行人员收拾收拾，立即返回晋阳。仓丞李集说：“大王您来这儿为的是什么？而现在就要回去？”高洋让人假装把李集推到东门问斩，暗地里却赐给了他十匹绢。这是个积极的信号，支持篡位的人更加卖力了。

高洋派信使疾驰邺城，命杨愔、太尉高岳、尚书令高隆之、领军娄睿、侍中张亮、黄门赵彦深等立即到辽阳，于是众人飞马直奔高洋的驻地高阳驿站，谁知大家到了，高洋却避而不见。高洋名义上说一个不见，却又独独召见了杨愔，邺城权贵们一时恐惧不已。

选择是痛苦的，一念之差就可能会掉脑袋。

高洋在杨愔这里得到了支持，同时他也了解到邺城众人的态度。看起来匆忙入邺确实不太理智，这要是一锅饭煮夹生了，后悔就来不及了，杨愔需要时间，所以最后高洋只好灰溜溜地返回了晋阳。

从此，高洋一直闷闷不乐。太小瞧人了，哥哥临死前在做什么？还不是密谋取而代之的事，怎么轮到我，阻力就这么大？可恼！高洋一发火，大家就该掂量掂量轻重了，当然杨愔的活动能力也不容忽视。

一切开始向预定目标发展。

62. 大齐代魏

高洋的决心很重要。

徐之才、宋景业一刻也没闲着，继续用那些应天命的手段怂恿高洋和糊弄大众，高德政也敦劝不已。他们觉着自己的力量还不够，又弄来了正宗专业术士李密，李密按照古法用荆条烧乌龟壳，得到的卦象是“大横”和“汉文之卦”。“孝文在代，兆遇大横”，讲的是汉文帝刘恒为代王，陈平、周勃等灭吕后选中他入继大统，刘恒犹疑不决，卜于龟，卦兆得大横。占辞：“大横庚庚，余为天王，夏启以光。”代王说：“我已经是王了，怎么还要称王？”卜人回答说：“所谓天王者乃天子。”大吉大利！

宋景业也起了一卦，“乾之鼎”，经过宋半仙一番解释，这是暗示高洋应该在五月受禅。另一个明白先生表示了怀疑：古书上说五月不能升官，否则就会死在那个位置上。宋景业道："天子当然是终身制，这有什么奇怪的？"是的，作为皇帝，没有谁是甘心主动退居二线的，如果没有天灾人祸，皇帝一般是终身制，都会在自己的职位上死而后已的。

高洋越听越高兴，看来自己真是天命所归了。

高德政按照典籍记载的礼仪，把进行禅位的步骤一条条列出，程序一点也不能少，虽然说繁杂点，但程序越严谨越显得庄重。

看看舆论造得差不多了，各项准备工作就绪，高洋命亲信陈山提（本来是尔朱荣的家奴，后来做到北周的柱国大将军，演出了一出从奴隶到将军的传奇）快马加鞭把高德政写的禅位程序传给邺城的杨愔，让杨愔立即准备禅位事宜并严密监视元氏诸王的动静。

杨愔接到书信，立即做了两件事。

第一件事，将咸阳王元坦等魏宗室诸王一起请到北宫，然后软禁。这是怕他们闹事，毕竟这是跟他们利益相关的事，保不住谁会狗急跳墙。

在东魏朝廷里，一直存在着三股势力，其一是跟高欢有布衣之交，后来又随他打天下的北镇的老哥们儿，如尉景、段荣、刘贵、司马子如等。这些人被称为勋贵，大都负责带兵，大都住在晋阳。第二股势力就是封隆之、魏收、邢子才、杨愔这些汉官，他们是高氏依仗治理天下的人，这部分人大都在邺城。第三股势力就是大魏的宗亲诸王，他们从血缘上是忠于魏室的，不过经过多次的屠杀和清洗，他们的势力已经很微弱了。

但，杨愔不得不防。

第二件事就是召集太常卿邢邵、七兵尚书崔䲹、度支尚书陆操、詹事王昕、黄门侍郎阳休之、中书侍郎裴让之等文臣们商议撰写仪注，秘书监大才子魏收起草九锡、禅让、劝进诸文。这些文人才子干这些事很容易。这是搞禅让所必需的。

按照预定程序，东魏孝静帝进高洋为相国，总百揆，备九锡，高洋向皇帝位又迈近了一步。

五月转眼就到了，晋阳的权贵们已经被高洋全部摆平，没有人再敢发出反对的声音了，于是高洋带领大家向邺城进发。刚到前亭，高洋的马突然跌倒，把他摔在了地上。刚出门就栽跟头，不是个好兆头，这让有点迷信的高洋非常厌恶和不安。毕竟这是在做一件惊天动地的大事，虽说事先准备充分，但前提是天命所归，难道徐、宋之辈都是在糊弄自己？大队人马走到平都城，高洋停下来不想走了。高德政等苦苦相劝：陈山提已经到了邺城，犹如箭在弦上，不得不发了，现在后悔已经晚了。是啊，事情搞了一半，现在倘若半途而废，消息传出去，自己的地位和威望将会受到不可估量的损伤，天下人会怎么看？

高洋也怕夜长了梦多，于是再派司马子如、杜弼先行一步，打探一下邺城的动静。司马子如、杜弼现在已经彻底倒向了高洋一边，都这时候了，谁还敢有别的想法，那不是找死吗？

高洋终于到了邺城，随行还带了一队携带工具的建筑工人，这让前来迎接的高隆之感到很奇怪。好奇你可以悄悄地去打听，老家伙却仗着自己是高洋的叔叔，竟然当面问高洋。高洋没好气地说："我自有用处，你管这么多干吗？想被灭族吗？"吓得高隆之连连叩头请罪。

一切准备妥当，该向孝静帝元善见摊牌了。

高隆之、杨愔同魏襄城王元旭、司空潘相乐、侍中张亮、黄门赵彦深在昭阳殿朝见孝静帝，请孝静帝禅位与齐王。

都到了这个份儿上了，还有啥说的？这么多年的傀儡，早就受够了，孝静帝表示认可。话说回来，孝静帝还有别的选择吗？除非是死。

"需要拟定禅位诏书。"

"诏书已经写好了。"

孝静帝接过诏书，签字盖章。从这一刻起，文件生效，大魏朝算是从法律上走到头了。

"怎么安置我？"

"北城已经准备好了，按照平常的仪仗备车驾去就行了。"

"我想跟六宫嫔妃道别可以吗？"照例，除了正宫皇后，宫内的宫女嫔妃要由皇宫的新主人接收和发落。

见伺候了十几年的皇帝说得如此可怜，高隆之鼻子一酸，也不知道哪里来的豪气，朗声道："现在天下都还是陛下的天下，何况是六宫？"

于是，孝静帝到后宫同妃嫔宫女们道别，众人莫不唏嘘掩涕。嫔妃李氏口诵曹植的诗："王其爱玉体，俱享黄发期。"

孝静帝登牛车出云龙门，直长赵道德在车中相陪，文武百官在门外拜辞，高隆之更是洒泪相别。大家毕竟君臣一场，人非草木，要说还是有些感情的。

高洋带的建筑工人们在城南修了一座祭坛，作为受禅坛。太尉彭城王元韶捧着玺绶献给高洋，高洋正式即位，改元天保，大齐宣告成立！

这一刻定格在公元 550 年，因为高洋死后的谥号是文宣，所以史称高洋为齐文宣帝。

按照惯例，既然是禅让，逊位的皇帝还是要加封的。保持表面上的和谐是必须的，于是高洋封元善见为中山王，见了自己可以不必行臣子的礼节，这称为礼遇先王。不过，这些表面文章做过之后，元善见的下场却是可以预知的。

高家的祖先们也跟着沾了光：高欢被尊为献武皇帝，庙号太祖，后改为高祖；文襄王高澄尊为文襄皇帝，庙号世宗。水涨船高，王太后娄昭君升格为皇太后，老太太接受了既成事实，高高兴兴地做她的皇太后去了。

不久，劝进功臣也加官晋爵，政事由高德政、杨愔负责具体打理。

就这样，元善见“被禅让”，高洋“被迫”上位，大魏在东部走到了尽头。

新朝开张，不知道高洋要怎样治理这个王朝。

63. 大齐初开

高家公司一开张，有人欢喜有人忧。照例，元家的宗室里那些靠祖荫封王的跟着元善见普遍降低一等，当然那些跟高欢打天下立了功的，或者从南朝、西魏叛逃过来的除外，毕竟要鼓励靠自己挣官位的人。

那个亲自将玉玺献给高洋的彭城王元韶也成为彭城公。只是亏了高欢的大女儿，本来是元脩的皇后，元脩扔下她跑了，高欢做主把她嫁给了元韶成为彭城王妃，现在，再降一等成了公爵夫人。元氏诸王的地位、势力已经是明日黄花，不过，新旧更替，能保住性命已经不错了。

高氏宗亲填补了空位，文宣帝高洋一点也不吝啬，他的十三个弟弟，高澄家的两个侄子，高岳等宗亲十人，包括出身北边的功臣健在者厍狄干等七人全部封王，一下子送出了三十二顶王爷帽子。

对已经故去的功臣宿将也没忘记，他派人到孙腾、尉景、娄昭、高敖曹、慕容绍宗、万俟干、段荣、刘贵、窦泰、刘丰、蔡俊墓前拜祭，对遗属们进行慰问。这也是个形式，大家走个过场，表明朝廷没忘了老人，家属们表示一下感谢，这事就算圆满了。

可偏偏有人不买账，尉景的儿子尉粲不干了，老爹爹既是帝室亲戚，又是佐命功臣，厍狄干封王了，娄昭封王了，凭什么尉景不能封王？一气之下，尉粲闭门谢客，班也不上了，窝在家里消极怠工。

高洋一连十多天没有看到这个姑表兄弟，就派人到尉府去看看出了什么事。使者到了，尉粲愣是不开门，隔着门对使者说："天子不封臣父为王，我这做儿子的感到生不如死！"

使者说："有什么事好商量，我来是带着陛下的关怀，说什么你得开门领旨谢恩。"

尉粲一听，沉默了，却拈弓搭箭要射死使者，吓得使者赶紧跑回去跟高洋汇报，说那位在闹意见呢！

高洋就让段韶再去看看，说都是自家的亲戚，有话好好说。尉粲见了段韶，任凭段韶如何劝解，一言不发，只是号啕大哭。没办法，皇帝高洋只好亲自前来，又是安慰，又是许愿，尉粲这才打起精神上班。

没过多久，尉景被追封为长乐王，尉粲袭封。按照古代的继承法规定，儿子继承老子的爵位，如果没有特别旨意，就降低一个等级，所以尉粲算是赖了一顶公爵帽子。所谓富不过三代，尉景还算差强人意，等到了尉景的孙子一辈，就在历史上留下了一个大大的笑话。

这时候的高洋是充满了人情味的高洋，看起来还是个有情有义的仁义君主。

祖宗和功臣该封的都封了，轮到皇后了。高洋的正妻是赵郡李希宗之女李祖娥，为高洋生了高殷和高绍德两个儿子，现在是齐王妃，按说夫贵妻荣，齐王升级做了皇帝，齐王妃自然跟着升级为皇后。

理所当然的事并不一定就顺理成章。

以李祖娥现在的身份地位，走法定程序开个会确认一下本来就是走走过场的事，但出人意料的是，议案一提出，便遭到了高隆之、高德政的强烈反对。这两位如假包换的汉人反对的理由竟然是李祖娥是汉人不适合当大齐的皇后，他们提出的皇后人选是段氏——段氏是鲜卑大族功臣段荣的女儿，段韶的妹妹，高洋的表妹。高隆之、高德政的意见得到了北镇权贵们的热烈拥护：汉人不能为后。

看起来高氏家族已经把自己看成了鲜卑人。

更重要的是，段氏的背后还有一座大靠山，姨母娄昭君显然是支持外甥的。虽然娄昭君不出面，但她的意向是明显的，是亲三分向，李家这些汉人怎么比得过段家这样的鲜卑贵族呢?

关键时刻，汉臣领袖杨愔引经据典，据理力争。要说摆在桌面上讲理，全部鲜卑权贵们加起来也说不过一个杨愔，这就是读书的好处。

立后大事引发了鲜卑勋贵和汉人高官两派的斗争。作为中原大族子弟和文化人，杨愔一直看不起高隆之，碰巧两家是邻居，杨愔坚守儒家“慎独”精神，一向杜绝私交，所以门可罗雀，而高隆之家每天都有些鲜卑豪强权贵们进进出出。杨愔对左右说：“我门前幸无此物。”

更重要的是，如果李祖娥当不成皇后，那么高殷也就丧失了嫡长子的身份。子以母贵，母以子贵，皇后定了，太子也就基本确定了，太子是储君，那是未来皇帝，关系着政权的未来。

到底是结发情深，再怎么说李祖娥陪自己度过了那段装傻的日子，为了自己，对哥哥的侮辱忍气吞声，该给她的一定要给她。高洋最后拍板：李氏为皇后，段氏为昭仪，高殷为太子，为避太子讳，殷州改名为赵州。赵州之所以著名，是因为若干年后有个叫李春的桥梁设计师造了一座石拱桥，俗称赵州桥。

高洋的一生，对宗亲、对勋贵、对后妃打骂杀戮是常事，唯独对妻子特别好。但是，由于高洋作孽太多，李后的命运也非常不幸。

64. 高洋的治国之道

每个王朝的头一个皇帝和最后一个皇帝往往会引起人们的更多关注。开国之君大多从苦难中来，了解民间疾苦，能借鉴前朝灭亡的教训，大都有一段君明臣清的岁月。高洋小时候在物质上没受多少苦，但在精神层面他一直是处于底层的，权贵们高高在上，只有处于底层的人对他是尊敬的，这样他更有机会接触和了解光鲜背后的东西。

马上得天下，但不能马上治天下，鲜卑权贵们大多不识字，更谈不上依法治理百姓了。正如杜弼所言：“治国需要用汉人知识分子，鲜卑人只不过是些牧马拉车之辈。”高洋受当时文化氛围的影响，早已把自己认定为杜弼所说的车马汉，杜弼的话高洋听进去了，却觉得有些刺耳。

作为大齐开国之君，高洋重用汉族文化人治国，一上台就在政治、军事、教育等方方面面采取了一系列措施，除旧布新，天下为之一振。

整顿吏治，重新核定并给各级官员们发放薪水（俸禄），这是肃贪的基础。原来自大魏孝昌年间，官员的工资就不能按时发放，再后来朝廷干脆也不发薪水了，但为官挣不上五斗米，靠什么过日子？总结一下，官员们之所以能活下去而且很多人过得还不错，一靠打仗抢劫敌人的财物，二靠上级的赏赐，三靠自己家田地收租子。这些东西往往不靠谱，所以一般人根本无法做到清廉，请托贪贿成了潜规则。对老百姓而言，贪得轻一点的就是好官，高澄打老虎主要针对的是高层权贵，也确实收到了一定的效果，尉景遭受惩罚被重新录用后，稍稍收敛，竟成为老百姓眼里的好官。可见，老百姓是容易满足的，只要不太过分；但哪里有压迫哪里就有反抗，让人活不下去了，那老百姓也只有豁出去了。

高洋对这种官场恶习很反感，他要重新定规矩。这时候发生了一件事，直长赵道德有事派人到黎阳太守房超处请托，房超不但没有搭理赵道德这个皇帝跟前的红人，而且一顿棒子打死了使者。说起来房超有点过分，关人家送信的什么事？打狗打的是主人，狗是倒霉蛋。这事报到朝廷，正合计着反贪污反贿赂的高洋非常赞赏，觉得如果天下的官员们都像房太守这样，那谁还敢随便托人办坏事。高洋一点也没有给赵道德面子，不但没有责怪房超，还把房超树成了典型和标准，命令各处的地方官各自立棒专门诛杀请托之人，杀了白杀，死了白死。有了这条规矩谁还敢替人送信？这个规定有点矫枉过正，请求办事就被杀，那做了枉法之事的人又该如何处理？此规定不久之后因为操作起来不好控制而遭到正反双方的共同反对最终被取消了，但从中我们可以看出高洋整顿官场腐败的决心。

高洋还组织官员对魏朝的法律文书《麟趾格》进行修订，作为执法的依据，最后成文的《北齐律》成为隋唐律的基础，也算是高洋对中国法制建设立的一个大功吧。

在军队建设方面，高洋对军队组织和制度也进行了改革。鉴于现在霸府和朝廷已经合二为一了，大丞相府已经失去了存在的价值，高洋于是宣布废除相国府，丞相府的下属单位骑兵曹、外兵曹升格为骑兵省和外兵省，其余单位全部撤销。枪杆子是要掌握的，高洋对这一点的认识也非常清醒，把两省交由亲信唐邕打理。

为了提高军队的战斗力，高洋从邺城禁军，在鲜卑、高车这些少数民族人士中精选武功高强之辈，单独组成一军。这支军队中的每一名士兵都具有技术全面、作战勇猛、以一当百的特点，这些人待遇很高，但属于敢死队性质，称为“百保鲜卑”。这是高洋的一支特种部队。另外，高洋又仿照百保鲜卑，从汉人中选拔勇敢绝伦的人，称为“勇士”，勇士团将作为守卫边疆的主力。

在文化建设方面，高洋改封孔子的嫡传后代崇圣侯孔长为恭圣侯，对三孔建筑群进行修葺，把孔子抬出来表示：我们大齐朝尊崇儒学，是有文化的，是华夏正宗所在。这也是获得山东、河北汉人大族支持的必要手段，因为汉人大族都有耕读传家的传统，官位可以没有，权力可以不要，但文化是不能丢的，这也是这些北方士族大姓百年不衰的可靠保障。文化是拉近齐皇族和士族的桥梁和纽带。高洋不只是喊口号，他还把自己的治国思想落到了实处，比如：修建学校，把高澄从洛阳搬过来的五十二枚蔡邕石经放在学校里供大家学习瞻仰，选拔才俊为官；立礼义，对吉凶车服祭祀制度进行修订。新皇帝下决心把齐国建设成为一个文化之邦、文化强邦，让自以为衣冠所在的南朝和用复古周礼糊弄人的西魏瞧瞧，咱才是正宗文化的传承者。

在经济社会发展方面，广劝农桑，作为皇帝的高洋亲自种植示范田，为天下人做出榜样。又派钦差大臣代表皇帝到四方观察风俗，了解民间疾苦，下情上达。根据需要，高洋将老百姓分为九等，富人缴税，穷人出工，有钱的出钱，有力的出力，共同建设新大齐。

总之，刚刚上任的北齐皇帝高洋革旧弊，察风俗，定赋税，复俸禄，尊文化，定礼义，兴学校，求贤才，修吏治，勤农事，立刑律，一位明君该做的事，高洋都做了，照着这条路走下去，高洋的前途不可限量，成为唐宗宋祖式的名人似乎也不是梦。

但世事难料，谁知道呢！

65. 崔暹复出

东边热热闹闹庆祝新君登基，西边不干了。虽然说过去两边打打杀杀，进行了你死我活的斗争，但有一点，双方都承认一个大魏，双方的目标都是打倒对方的伪政权，恢复大魏的全面统治。也就是说，不管怎么斗，都是大魏朝内部的事情。现在不同了，人家独立了，彻底抛开大魏单干了，这是公然违反一个大魏的分裂行为。是可忍孰不可忍，必须得有点表示，这是态度问题。当东魏禅齐的消息传到长安时，魏文帝是愤怒，宇文泰却是喜怒交集。宇文泰觉得统一东西的机会到了，过去不管怎么说两家都姓元，打来打去属于家务事，现在高洋这个无名之辈篡位了；奉天子命讨伐不臣，师出有名，理直气壮，于是整顿兵马，兵发长安开始准备东伐。

公元543年邙山大战后，两边再没有进行过大规模的战争，玉壁之战和颍川保卫战都是以一城的兵力对抗东魏的倾国之师,西魏本体基本没有受到损伤。

要说宇文泰这些年可没闲着，在邙山大战前他按照周礼创建了六军，邙山一战伤亡惨重，引起了他对军队建设的重视和思考，所以战后他在总结经验教训的基础上，把自己的中央军（六镇鲜卑为主，这是起家的老底子）结合关中豪强的乡间部曲（私人军队性质）建立了府兵。这是个新制度，取消了兵农的绝对区分，把其他民族的优秀人才吸收到军中，大家平时务农，农隙练兵，战时出征。仿照鲜卑部落兵制和周礼，设八大柱国大将军，分别由宇文泰、广陵王元欣、李弼、李虎、独孤信、赵贵、于谨、侯莫陈崇担任，其中宇文泰为全军统帅，元欣以宗室挂名不具体管事，其他六个柱国大将军每人统领两个大将军，每个大将军统领两个开府，每个开府统领一军，一军约有两千人。

府兵制对后世兵制产生了重大影响。

军情飞报邺城，高洋大喜，自己磨刀霍霍，正打算找人试刀，宇文泰就送上门来了。高洋让太子坐镇邺城监国，自己马上回到晋阳布置出征。晋阳仍然是大齐的军事中心，拱卫晋阳的六州鲜卑仍是大齐的军队主力。高洋亲自率军出晋阳，在东城列阵检阅；宇文泰带部分兵马到了建州，他要亲自到前线侦察敌情。宇文泰远远地就看到北齐大军似乎比高欢时代的东魏军军容更严整，士气更旺盛了。

宇文泰不由倒吸一口凉气：高欢没有死啊。高欢当然早已故去多年，宇文泰的意思是说高家军的锐气仍在，没有随着高欢的死去而失去。本来打算捡便宜的宇文泰感到有些胆寒，毕竟四次东西大会战留下的阴影太多。

也是运气不好，天公不作美，连日阴雨，牲畜病死了很多。战马死了，骑兵的战斗力下降；骡驴死了，等于断了军队的运输能力。后勤补给没有保障带来的后果就是军心浮动，宇文泰无奈自蒲阪渡河退回潼关。

西魏军不战而退，高洋一鼓作气，夺取了西魏在河东的大片领土，但也就此打住，有玉壁城的存在，关中是不可以染指的，越界是危险的。

后来，在两国的边界黄河边上便出现了一支奇怪的军队，他们的武器不是枪矛，而是锤子和凿子，他们的任务是在黄河结冰的时候把厚冰凿沉，防止敌人在冰上突袭。目前，这支军队是属于西魏的边防军。

高洋第一次出征就博了个头彩，没办法，有些人天生就是战争贩子。

西边的撤走了，南边也来了好消息。这些年，梁朝被侯景搞了个七零八落，梁国的湘东王萧绎投降了齐国，高洋封他为梁王。有了大齐这个靠山，萧绎开始了对兄弟们的屠杀之旅。

就在高洋外布边防、内修政治的时候，有人来告状，说崔暹要造反，这下又扯出了一年前的旧案，高洋命令把崔暹和崔季舒押到晋阳受审。就这样，被劳动改造了一年多的崔氏叔侄算是从马城地牢里解放出来了。这件事非常蹊跷，已经被打倒了甚至被遗忘了的人现在因为有人要痛打落水狗又出现了一线转机。负面新闻比没新闻好得多。如果这是司马子如这些权贵们所为，只能说他们愚蠢，而且不是一般的蠢。这件事更像是准备东山再起的崔暹布下了局，或者出于高洋授意要翻案的前奏。

我怀疑是高洋授意并非没有根据。

当年在给崔氏叔侄定罪的时候，高洋曾经让都督陈山提搜查崔暹家，结果不搜不要紧，一搜搜出个大清官，崔暹的家里除了高欢、高澄给他写的千余书信外，别无他物。而这些往来书信，都是关于军中大事的信函，高洋嗟叹不已。当时高洋一是对崔暹一直有意见，二是需要获取勋贵们的支持，所以崔氏叔侄最终落了个劳动改造的命运。

一年过去了，如果没有人提起，或许二人被人整死了也没有人过问。但现在，机会来了。高洋命人彻查崔暹的反状，结果自然是一无所获。一个被劳改的人要密谋叛乱，他也得有机会啊。高洋让人把崔暹带上来，恶狠狠地说："你当年欺负我，上朝的时候拿竹板打我，又夺我的犀牛板，你真是罪大恶极。"这才是高洋的心结。崔暹一听原来高洋还记着这个仇，当即回答道："在这件事上我不但无罪，反而对陛下有大功。"于是崔暹就把高澄安排自己试探高洋的原委和盘托出。高洋演得太逼真暴露了他装傻的真相，崔暹在高澄面前说了谎，高澄才对这个小时聪明的弟弟彻底放了心。

高洋惊道："原来保全我的就是先生你！"

高洋当着满朝文武的面对崔暹赞不绝口："崔公清正，天下无双，卿等不及也。"

就这样，崔暹被重新起用为太常卿，同案犯崔季舒也被平反当了将作大匠，这个活相当于现在的建设部部长，大齐皇朝百废待兴，还真是个好差使。从此，崔氏叔侄又恢复了往日的荣耀，成为高洋朝的重臣。人生于世，除了圣人不求名不求利外，凡人都大抵脱不过名利二字。崔暹一生不事产业，事母以孝，南北通使，别人都让捎些珍奇宝贝，唯独崔暹让使者给自己带些佛经回来。然而，不图利的崔暹对名却格外执着，甚至到了不择手段的地步。他曾经把别人写的《佛论》上书上自己的名字，还让高人给十三岁的儿子讲解周易，然后大集权贵让儿子开讲，博得了神童的美名。够虚荣吧。当然，瑕不掩瑜，爱名总比贪利要好些。

人情味挺浓的高洋觉得不明不白地把崔氏叔侄弄到牢里近一年，有点对不住，总想找机会补偿一下，表示自己的愧疚和感谢。当初，高澄打算把自家小妹嫁给崔暹的儿子崔达拏，事还没办，高澄遇刺，这事就搁下了，高澄的小妹也出嫁了，夫君是司马子如的儿子司马消难，崔家跟高欢做亲家是没指望了。不过，不要紧，我侄女比我妹妹还好，现在我做主，把我大哥的女儿乐安公主嫁给你儿子崔达拏吧，这也算遂了大哥的心愿。就这样，崔暹也成了皇亲国戚。终高洋一朝，崔暹一直是高洋身边的重臣，而且也是自始至终敢于向高洋说真话的唯一的大臣。

崔季舒是个记仇的人，他没有忘记司马子如、高隆之陷害过自己，他一直在等机会报仇。然而，还没等崔季舒动嘴，司马子如便自己主动撞到高洋的枪尖上了。

66. 齐、魏、梁都在忙着抢班夺权

司马子如一直很郁闷。跟自己比肩的老一辈的勋臣厍狄干、斛律金、贺拔仁、韩轨、可朱浑道元都封王了，甚至彭乐、潘乐也封了，就连尉粲都能替尉景赖个王爷，可唯独没有自己的份儿。司马子如觉得虽然自己战功不怎么样，但好歹也是跟高欢一起吃过苦的老哥们儿，就是高欢在世的时候也总是敬自己三分，不封王这老脸没地方搁，于是主动请求高洋给他一顶王爷帽子。

高洋一直因为司马子如阻挠自己当皇帝对他一肚子意见，北镇权贵们封王

的时候唯独把他排除在外，目的就是要晾晾他。没想到老家伙不但不好好反省，反而张嘴要了。要是谁要就给谁，这王爷帽子也太不值钱了吧。高洋气不打一处来：老东西真不要脸，也不掂量掂量自己的分量。一怒之下，高洋免了司马子如的官，司马子如灰溜溜地回家当老百姓去了。

学的曲不好唱，也不看看人家是什么关系。但生气归生气，毕竟现在老人越来越少了，不久高洋又让他复出了。司马子如遭受了几次打击，几经沉浮，现在才真正知道自己吃几碗干饭了，从此打消了一切非分之想，老老实实做人，踏踏实实做事，算是彻底安分了。司马子如的经历对他儿子影响不小，也养成了司马消难多疑反复的性格。

北齐建立的第二年，即公元551年，又是一个不安分的年份，齐、魏、梁三边都发生了一些大事。西魏那边，魏文帝死了；梁朝那边，侯景废了立，立了废，最后干脆自己过起了皇帝瘾；北齐这边先是太尉彭乐谋反被诛，接着前魏帝元善见被鸩杀。

魏文帝元宝炬也曾经是个血性男儿，想当年高欢初入洛阳，高隆之仗着自己是高欢的心腹，对洛阳公卿无礼，惹得元宝炬破口大骂："你一个镇兵有什么了不起的！"抡起老拳揍了高隆之一顿。朝廷大臣像市井无赖一样打架斗殴，也太有失体统了，时任皇帝元脩把元宝炬降级处分，高欢也因为高隆之情商太差让他出镇做地方官去了。后来元宝炬随孝武帝入关，居然登上九五之尊的位子，但做皇帝却不如做南阳王潇洒。

元宝炬很清楚自己这个皇帝的分量，深刻吸取了孝武帝的教训，早把心中那些不平收起，一切唯大丞相马首是瞻，跟宇文泰配合得倒是相安无事，唯一遗憾的是为了西魏的安宁，把自己贤德的乙弗皇后逼上了绝路。不管怎么说，总算是安安稳稳地在皇帝宝座上待了十七年，四十七岁的时候就病死了。那个年头，皇帝是个危险的职业，活在权臣阴影下的皇帝真正病死的有几个？

元宝炬走了，却没有把他明哲保身的见识传给他的儿子们。太子元钦即位，皇帝当了不到三年，就因为对宇文泰处理皇室宗亲元烈有些怨言而被废，宇文泰另立元廓为帝，西魏朝也基本走到了穷途末路。

中山王元善见说起来还是高洋的姐夫，禅位时说得好听，待遇不变，甚至见了高洋也可以不行臣子之礼，但那都是些废话。高洋的皇帝当了没多少日子，就开始惦记着要除掉这个心腹大患了。没办法，这就是皇帝这个职业的特殊性，只要下来了，就摆脱不了被人斩草除根的命运，除非像蜀汉后主刘禅那样被大家公认为大傻瓜才能成为特例。其实，说刘禅傻的人才是真傻。

高洋的姐姐太原公主知道弟弟不怀好意，千方百计地保护着丈夫。高洋每次出行都要元善见陪驾，太原公主死活也要跟着；吃饭时太原公主总是先尝饭菜，然后才让元善见吃。怎么说也是一奶同胞的姐姐，高洋不能不有所顾忌，一直没有找到下手的机会。

老虎也有打盹的时候，时间长了，太原公主便放松了警惕。俗话说不怕贼偷就怕贼惦记，防不胜防啊，高洋终于找了个机会先把公主给灌醉了，然后送给元善见一杯毒酒。同日，高洋的三个外甥同其父亲一同遇害。

面子上的事还是要做的，为了安抚元氏族人，高洋郑重其事地以皇族的礼仪安葬了元善见。说起来元善见也是有功的，尽管禅位属于不得已而为之，但这个形式保证了高齐地位的合法性。

后来，高洋发昏，又把元善见的尸体从陵墓中挖出来，扔到了漳水河里。根据这个记载，现在在临漳一带发现的据说是元善见墓地的天子墓一定是空墓了。倘若某日专家从里面考古出一具尸体，恐怕又要引起一场全国大辩论了。

夫死子丧的太原公主由娄太后做主嫁给了离了婚的杨愔，也算有了一个不错的归宿。说起来，杨愔这也算二度成为高家的女婿，不过，意义不同，这次娶的是正宗长公主加帝后，标准贵妇，寡居的贵妇本就是抢手货。

南边的事更是一言难尽，锦绣江南在侯景的折腾下变成了人间地狱。

侯景被慕容绍宗击败后，带八百亲信渡淮，占据了寿春，然后假惺惺地请求梁武帝处罚自己，慈悲为怀的佛门天子既往不咎，所以侯景仍然挂了豫州牧的牌子。自此，侯景缺什么就向朝廷要，要棉衣送布匹，要兵器送工匠，萧衍基本是有求必应。唯有一次，侯景请求跟王谢家族通婚，这让萧衍为难了，人家是几百年的高门望族，跟皇族通婚都得好好商量才行，萧衍答复说：王谢不行，朱张可以考虑。侯景大怒，发誓要把王谢家族的男男女女变成奴隶。等到慢慢缓过劲来，侯景的本性就暴露了。因为萧渊明的缘故，侯景知道萧衍不是个可以依靠的人，正好萧衍的义子萧正德觊觎帝位，两个人就暗中勾结上了。

侯景带千余人偷袭梁都建康，由于这时候的梁朝已经过了四十七年太平日子，京城根本找不出能打的将军，还是靠从北朝投过来的羊侃抵挡了一阵。而萧衍的那些在各地拥有重兵的子孙们，虽然迫于形势带兵勤王，但因萧衍已八十多岁时日不多，大家作为帝胄藩王都有争夺皇位的野心，都想保存实力，不肯出力进攻。侯景终于攻破建康。建康城内原有十余万人，在被围困了一百多天后，几乎都被饿死、病死、战死，全城只剩下两三千人。梁武帝萧衍也做了侯景的俘虏，这个八十多岁的佛门天子最后被活活饿死。

侯景立太子萧纲为主，史称简文帝。搞定了建康，侯景又派大将于子悦、侯子鉴、宋子仙开始了对江南最富庶的三吴之地的讨伐。三吴是南迁世家大族的聚集地，这些人吟诗作赋谈玄论道是高手，可打仗都是外行，甚至有人看见马都害怕，这样的人就是任人宰割的鱼肉，三吴之地很快被攻下。侯家军一律采取杀光抢光的两光政策，江南大族遭到了灭顶之灾，从此王谢等百年望族一蹶不振。侯景后来又废掉了简文帝，另立萧栋为主，不久又废掉萧栋自立，国号汉，过起了百日皇帝瘾。

这时萧衍的儿子们争夺帝位的混战逐渐结束，局势开始明朗，梁武帝第七子萧绎占了上风，其他宗室王侯们或是被消灭或是臣服。萧绎在江陵自立为帝，是为梁元帝。梁主萧绎作为齐国一直扶持的藩王，吃水不忘挖井人，刚刚登上帝位就忙不迭地派使者跟邺城通好。

西魏方面也从侯景乱梁中受益不少，一直在成都做土皇帝的萧纪对萧绎称帝不服，率兵出蜀，结果被西魏的尉迟迥乘虚而入，从此巴蜀纳入了西魏的版图，成为西魏的大后方。同时，岳阳王萧詧也向西魏投降，成为西魏一颗重要的棋子。

萧绎的部下王僧辩和陈霸先大败侯景，攻破建康；侯景外逃，后来在逃亡的路上被羊侃的儿子杀死，肚子里塞上盐运到京城，头颅被献给了梁元帝萧绎，算是为梁朝报了仇。萧绎把侯景的脑袋先挂在城头上示众，后下锅煮熟，去肉后晾干涂漆，放到武库里储存起来。侯景被曝尸后，愤怒的老百姓争着抢侯景的肉吃，剩下的骨头被一把火烧掉，那些遭受其祸的人们连骨灰也不放过，把骨灰和酒混在一块儿吃掉了。侯景身后只剩下了一个头骨。侯景在晋阳的家人也好不到哪里去。当侯景南逃的消息传到晋阳后，高澄命人把侯景妻子的脸皮剥掉，用大铁锅油炸了，女儿送入宫中做了奴婢，儿子被阉割做了太监。再后来，称帝后的高洋又把侯景的太监儿子们都用大锅煮了。史上最强的破坏者落了个身败名裂、凄惨可悲的下场。

侯景之乱的另一个后果就是陈霸先开始崛起，他将成为萧梁的真正掘墓人。一个有趣的现实是，南朝的建立者刘裕、萧道成、萧衍和陈霸先的家乡都在方圆五百里的一个圈里，这就是所谓的王气。

内部的隐患都解决了，高洋感觉浑身都是劲，大齐的领土已经不能让他满意了，混一东西、统一南北是英雄的梦想。这个梦宇文泰做过，高欢做过，萧衍也做过。但他们都没有成功。也就在这时，一个好消息传到邺城，让高洋激动不已。

67. 那些文化人

东徐州刺史、东南道行台辛术送来了传国玉玺。

这是大秦始皇帝制作使用过的玉玺，四方形，边长四寸，上面纽交盘龙，刻有 “受命于天，既寿永昌”八个大字。王莽篡汉时老太后王政君交印交得不痛快，玉玺摔在地上被碰掉了一个角，后来名家高手用黄金给补上了，所以又称金镶玉。

作为皇家的传家宝，传国玉玺经两汉皇帝代代相传，汉灭后又传到魏晋，晋怀帝败亡，落到了前赵刘聪的手里，前赵灭，后赵石勒得之，后赵灭亡后，玉玺不知下落。一直到了晋穆帝年间，濮阳太守戴僧施偶然得之，献于建康朝廷，从此南朝诸帝依次相传，历宋、齐、梁三朝，侯景乱梁，玉玺又落到侯景的手里。侯景在王僧辩大军压境逃出建康的时候，让侍中赵思贤将玉玺随身带着，并且嘱咐一旦自己死了就把它投到江里。我得不到，别人也休想得到，这就是侯景的逻辑。侯景完蛋了，梁朝新的势力还没有完全控制侯景占领的地盘，北齐东徐州刺史辛术用心填补侯景留下的空白，前后梁国的二十余州归附齐国，包括南兖州。赵思贤没有遵从侯景的命令把宝贝投水，奇货可居，扔了多可惜，而是带着玉玺投奔侯景部将南兖州刺史郭元建，郭元建投降齐国时又当作见面礼送给了辛术。辛术得到此宝，不敢怠慢，专人护送快马加鞭送到了邺城。

大吉大利，好兆头。高洋大悦，赶紧选了个良辰吉日，昭告太庙：有了这个传国之宝，咱就是正宗正牌的皇帝了，真正的中原之主。

按照惯例，本朝要撰写前朝的国史，高洋认为自己是大魏朝的正宗继承者，编修魏史义不容辞。他选的史官是魏收。

大魏有三位才华出众的人，温子升、邢子才和魏收。魏收出道稍微晚些，温子升因为牵连到荀济案子被高澄弄死了。邢子才和魏收同为北方文坛的领军人物，两人间的关系很微妙。其实，不光他们俩，汉族文化人间或多或少都有些疙疙瘩瘩，相比起来，北朝的少数民族权贵们要齐心得多。

文人相轻是绝对的。按说，在东魏、北齐这些武人当政政权里，汉族官员的生存很不容易，他们不断受到少数民族权贵的打压，但这些并没有让大家抱团取暖共度寒冬。事实上，汉人官员就是一盘散沙，政治斗争中失败的总是他们。

温子升前已多次叙及，此不多言。邢子才也是早年的成名人物，北魏永安朝（孝庄帝）即为中书侍郎，才名远播，传说中他的每一篇文章出炉，都曾引得洛阳纸贵，洛阳权贵们拜职，往往以请他出山作谢恩奏章为荣。高欢辅政后，崔暹推荐邢子才为黄门侍郎，与温子升一起陪孝武帝读书。但邢子才生性高傲，打心里看不起崔暹的不学无术，他就在高欢面前讽刺崔暹没文化。

相比之下，高欢更器重崔暹，毕竟崔暹那会儿正为他豁着性命打老虎。高欢对崔暹说："你一味说邢子才的长处，人家却处处说你的短处。"崔暹嘴上说我们俩说的都是实话，心里对此却很有意见。高欢也认为背后说人坏话不厚道，何况是诋毁举荐自己的恩人，对邢子才也反感。领导有想法，这事就大了，不久邢子才出为西兖州刺史。是金子在哪里都能发光，邢子才不仅文章好，为政也是好手，工作没多少时间，业绩即列为百官前茅。邢子才最大的功劳是破坏了侯景吞并河南十三州的计划。后来，邢子才以太常卿兼中书监，摄国子祭酒。

温子升活着的时候，与邢劭齐名，世称"温邢"；温子升死后，时人又称"邢魏"，把魏收列为文坛领袖之一。然而，魏收作为后起之秀，对此并不领情。魏收小时候更喜欢骑马射箭，让郑家的文化人嘲笑了一顿，从此立志读书，成绩斐然，后来成为魏孝明帝时的太学博士。尔朱荣河阴之变时，魏收是包围圈里的漏网之鱼。后来，魏收在节闵帝朝任中书侍郎，兼修国史。高欢入京后，作为建义元勋的崔长孺（崔悛，信都起兵时跟杨遵彦一起为高欢掌管文书）为常侍，找人修起居注，有人推荐了魏收，但崔长孺以魏收轻薄弃用，并以卢元明取代魏收为中书侍郎，魏收大为气愤。

说起来，崔长孺这人特有意思，是血统论的铁杆拥护者。自以为出身名门望族清河崔氏，天下人没几个能瞧得上的，甚至对卢元明说："天下望族只有咱们两家，博崔赵李算什么。"这下打击面太大，博陵崔氏就是崔暹、崔季舒这一支，赵郡李氏就是李元忠、李祖娥他们家。崔长孺得罪崔暹还不算，连高家也敢惹。高欢死后高澄做了领导，崔长孺大嘴一张，"黄口小儿能担当大任吗？"崔暹立即报告了高澄，把高澄气得要杀了他，最后还是以跟陈元康做儿女亲家为代价在陈元康的周旋下才过了关。娄昭君为儿子高济娶了崔家的女儿，婚宴上，高洋祝酒："新婚夫妇，富贵孝顺。"哪想到崔长孺再次张开大嘴，"富贵是皇家给的，孝顺是崔家的门风。"高洋被气得半死。崔长孺沾了大嘴巴的光，被出为徐州刺史，到底是世家大族，排场大，赴任时带去了清河部曲千人，广宗部曲三百。

魏收出使南朝路过徐州，崔长孺摆开刺史的仪仗队迎接魏收，并且得意地对魏收说："不要怪仪仗烦琐，都是祖上的功劳。"魏收回道："这都是建义挣的，跟祖上有什么关系？"一句话把崔长孺弄了个大红脸。

魏收常说会作赋的人才算有大才，但对于写抒情文章、搞典章制度是行家的他做秘书却一点也不能让高欢满意。

高洋禅位后，魏收以参与禅位大典之功被任命为中书令，算是官方承认了他文坛领袖的地位。现在，魏收被抬出来撰写魏史，成为国史第一人，也算高洋人尽其才了。高洋真诚地对魏收说："你一定要直笔，我一定不会像魏太武帝一样诛杀史官。"从此，魏收洋洋自得，"小子，小心点，我想让你上天就上天，想让你入地就入地。"崔长孺怕魏收在书中胡写自己的祖上，赶紧跟魏收套近乎："昔有班固，今则魏子。"一下把魏收提高到孔子、老子的级别了，魏收鼻子哼了两声算是笑应了。

文人间的小摩擦无伤大雅，干活的时候大家还能顾全大局通力合作，北齐的各项典章制度粗具规模，文人们功不可没。后来，大隋代周后礼仪制度更多地借鉴了早已灭亡多年的齐国，这就是文化不死的见证。

文治有了模样，高洋开始彰显武功了。

68. 宣威北疆

西渡黄河打到长安，跨过长江征服全中国，这是高洋的理想。现在，是实现这个理想的时候了。百保鲜卑军建立了，华人勇士团成立了，高洋就像个一直在磨刀的屠夫，随时准备着试试自己刀的锋利。

要统一全国，制定好的战略很重要。高洋计划首先巩固好大后方北方大草原，安抚好放马的邻居们，然后饮马长江消灭南朝，最后兵发长安干掉西魏。之所以把西魏放在最后，主要是因为关中地势险恶，易守难攻。高欢几次军事行动的失败让东魏轻易不敢渡河作战，同样宇文泰也不敢轻易出关，现在西线无战事。而北方骑马的邻居们不讲规则，想什么时候开打就什么时候开打，收服他们才是当务之急。

在晋阳以北，广大的高山峡谷中还散落着步落稽等称为山胡的不服王化的山民，再往北就是草原霸主柔然的地盘，这是个让高欢和宇文泰都头疼的强大对手。在柔然西边和东边，广阔的大草原上，一些部落正在兴起，西边的是突厥，东边是库莫奚和契丹，他们将在不同时期成为草原的主人。

第一个主动找倒霉的是库莫奚，这个部族在北魏政权建立之初曾经被道武帝打败，牲畜十余万尽归大魏，但道武帝认为跟这些野蛮部落打没有出息，便带领鲜卑勇士乘中原大乱之际开始南下逐鹿中原。北部的真空给了库莫奚人以喘息的机会，几十年过去了，库莫奚人生息繁衍，逐渐强大，成了魏朝的北部边患。高洋即位的第三个年头，库莫奚大举进攻代郡，高洋亲自率领百保鲜卑出征。高手一出手便知有没有，一战便击溃了库莫奚人，俘获四千人，牲畜十余万。高洋把俘虏们通通发往山东各地，这些人逐渐融合在当地百姓之中。从此，库莫奚一下老实了，变成了大齐北部边疆的乖孩子，年年派人到邺城朝贡，遇上灾年实在活不下去的时候，就去抢劫契丹等北部部族。只要高洋还在，库莫奚人便没有胆子招惹北齐。

库莫奚安分了，北部还有好几个刺头需要收拾，高洋一直在准备着。一个消息传到了邺城，柔然的头兵可汗死了。消息是太子庵罗辰带来的，一同过来的还有头兵可汗的堂弟登注俟利、库提父子以及追随他们的部众。柔然在头兵可汗的统治下空前强大，成为魏朝北部最大的敌人。为了笼络这个敌人，宇文泰和高欢都用尽了心思，甚至进行了一场和亲竞赛，对这个可怕的邻居，无论西魏还是东魏都一直赔着小心。所谓物极必反，最强大的时候往往就是走下坡路的转折点。

柔然西部的突厥人兴盛起来，《北史》中记载，突厥人的祖先是狼的孩子，狼头是突厥人的标志。突厥人一直为柔然打铁，柔然人称其为锻奴。北部另一个少数民族铁勒要攻打柔然，不想螳螂捕蝉，黄雀在后，已经拥有强大力量的突厥在背后插了一刀。铁勒人够倒霉的，柔然没有打成，却被突厥打得落花流水，五万户铁勒人投降，突厥的力量一下壮大了。突厥就像个暴发户，突然间有钱了，自己都觉得茫然失措。于是，财大气粗的突厥酋长土门开始有政治诉求了，仗着消除柔然后患的功劳，土门派人向头兵可汗求婚，两家成了亲家，以后有什么事也好相互帮忙。

头兵可汗勃然大怒，在他的眼里，突厥人就是自己的奴隶，是替自己打铁的工匠，奴隶帮主人干活是天经地义的，奴隶要是妄想跟主人平起平坐，简直是做白日梦。

头兵可汗也是骄傲惯了，你不想嫁闺女不嫁就是了，居然派人当面侮辱土门："你是给我打铁的奴隶，怎么敢说这样的话？"

活着是需要尊严的，碰巧土门酋长是个有自尊的人，造头兵可汗的反成了他唯一的选择。土门也很猛，立马杀了柔然使者，跟柔然断绝了关系。既然柔然眼里没有咱们，咱们又何苦热脸往冷屁股上贴。但是想到柔然王庭的强大，土门还是有点后怕，怎么办？他想到了西魏，或许西魏会成为自己的盟友。

西魏政权建立之初便感受到了柔然的威胁，宇文泰曾经派出使者广泛联络一切可以争取的朋友。在魏使者到了突厥部落的时候，突厥人高兴了：这是我们兴旺的标志啊。西魏给突厥留下了很好的印象。果然，西魏的政策一如既往，当土门派来的求婚使者说明来意后，西魏朝野上下非常重视，大丞相宇文泰当即拍板将长乐公主远嫁突厥。反正不是自己的闺女，嫁就嫁吧。

有了西魏支持的突厥发动了对柔然的战争，柔然大败，王庭失守，头兵可汗阿那瓌自杀身亡。太子庵罗辰领着部众跨过齐边界，逃亡到齐；剩余的部众在东边的拥立阿那瓌侄子铁伐为主，在西边的拥立阿那瓌的叔叔邓叔子为主，柔然也变成了东西柔然。

突厥酋长土门称汗，自号伊利可汗，号妻为可贺敦，记住后边这个称呼，在大齐的历史上也将出现一个可贺敦。

高洋派人把铁伐的父亲登注俟利、弟弟库提送了回去，不久铁伐在同契丹作战中阵亡，登注继承了儿子的汗位。然而，登注一向没有什么人望，大臣阿富提等人不服，找了机会把登注杀了，又立库提做了可汗。

为了巩固北部边境，高洋亲自自晋阳来到离石，观察山形地势，主持设计边疆防务，从黄栌岭起长城，北至社平戍，在四百里长的边境线上一共设置了三十六个戍所。第二年正月，山胡包围了离石戍，高洋亲自率军救援，山胡听说朝廷大军来了，没等见面就撤围跑了。高洋仗没打成，觉着很不过瘾，就在三堆戍搞了一场军事演习，以豺狼虎豹做了敌人，满载猎物而归，也算是不虚此行了。

库莫奚的兄弟部族契丹也时不时不请自来到大齐东北部边疆做客，边报雪片般飞向邺城，高洋决定再次披挂上阵，御驾亲征。

但是，高洋知道如果自己就这么去，不等自己到敌人早跑了。

69. 草原争霸

高洋是个善于总结的人，他熟知魏武帝曹操远征乌桓这段历史。契丹的老巢就在乌桓故地。这事简单了，高洋开始了复制粘贴。战略思想、战前准备、行军路线，甚至胜利后抒发感情的方式都拷贝了曹操的故事。只不过，二十四岁的高洋代替了五十三岁的曹操，一个老骥伏枥，志在千里；一个少年英雄，意气风发。

讨山胡无功而返，原因就在于大队人马出征闹得动静太大，人家害怕，听到消息就溜号了。对少数民族弟兄来说，打仗是次要的，抢东西才是硬道理。他们的政治诉求一般不高，游击战术使用得很熟练，等你费劲地把队伍拉过去，就找不到对手了，然而当你再费劲地把队伍带走，人家又回来了。去人少了只有挨打的份儿，人多了又找不到仗打。游击战是最让正规军烦的，不说别的，从晋阳发一次兵，仅粮草运输就是笔不小的开支。

战争自古以来就是烧钱机器。

当年曹操在进军乌桓前采取了很多措施让乌桓人相信自己没有进攻的意思，然后出其不意，一战成功，高洋充分领会了曹操声东击西的战术。

契丹人的营地是活动的，哪里有草哪里就是家，北部大草原辽阔无垠，如果事先让他们得到消息，他们一定会逃遁躲避的。高洋没有直接从晋阳誓师出征，而是先放了一颗烟幕弹，大张旗鼓地宣布巡视冀、定、幽、安四州。皇帝出巡，大批护卫人马跟着也是正常的，不正常的是高洋带的警卫部队是特种兵百保鲜卑。

大队人马到了平州后，高洋突然改变了行军方向，带着他的特种部队西走卢龙塞（喜峰口），从这里踏上了曹操征乌桓所开的古道长堑。

公元 207 年曹操为了消除袁绍残余分子的威胁，出卢龙塞远征乌桓。中间经过五百里人迹罕至的高山峡谷，他边开道边行军，历时近一个月才到达乌桓营地，然后在白狼关一举歼灭了乌桓主力。

现在，高洋弃辎重轻装上路，沿着曹操长堑，翻山越岭，昼夜不停地急速行军。他一马当先，帽子也扔了，头发散开来，袖子挽起露着胳膊；饿了，吃一口肉，渴了，喝口山涧水。冬十月的天气在北方地区已经转凉了，但斗志昂扬的齐军心里却有一团火在燃烧，对战士来说，有什么比跟着皇帝同甘苦厮杀战场更令人振奋！只用了五天的时间，高洋走完了曹操一个月的行程到达了白狼——感谢曹操，这也算是前人栽树后人乘凉。白狼无战事，高洋马不停蹄继续前进，第二天便到了昌黎，第三天到了阳师，猎物已经越来越接近了。

同时，另外两路齐军也出发了，五千精骑在潘乐的率领下自东道直扑大青山契丹别部，韩轨带轻骑四千东趋断契丹的后路，三路齐出，开始了对契丹的全面战争。

第四天，当高洋出其不意地出现在千里之遥的契丹人面前时，契丹人惊呆了。面对这样一支风尘仆仆从天而降的野人队伍，契丹人慌作一团。少数民族全民皆兵，但平时各自照顾各自的牛羊，只有在战争期间才会集结。高洋选择突袭营地的确是最好的战术，仓促之间契丹人根本无法组织起像样的队伍来抵抗。契丹惨败，十万契丹人做了俘虏，高洋缴获的牲畜有十万头之多。

潘乐也不含糊，在大青山大破契丹别部，同样俘获了大批人口牲畜。

俘虏们被迁徙到内地，慢慢消融在汉人、鲜卑人中。

经此一役，契丹从此一蹶不振，终齐一代再没有积蓄起可以跟大齐叫板的力量。

高洋回师的时候专门探寻了曹操留下的足迹，临碣石，观沧海。那一刻，高洋心中定是充满了跟曹操一样傲视天下群雄的情怀，毕竟，高洋才二十五岁，比魏武帝要年轻得多。

高洋走了，然而契丹人的噩梦并没有结束。屋漏偏逢连夜雨，刚刚送走了瘟神高洋，突厥人又赶着牛羊要强行霸占契丹人的牧场。刚刚遭逢新败的契丹哪里还有心情照顾突厥人，而依附习俗迥异的突厥人同样是契丹人所不能接受的。留得青山在，不怕没柴烧。契丹人为了保存实力开始了又一次的大迁徙，万余户契丹部众逃遁辽东，依附在高丽国内。虽然同样是寄居，但高丽人在地缘上要亲切得多。契丹的兴起从此被推迟了四百年，一直到唐末才再次成为中原的边患，契丹人建立的大辽成为中原政权最大的敌人。

契丹人离开后，草原上的宁静并没有维持多少日子。随着实力的增强，突厥又开始野心膨胀，逐渐变成了草原上的战争贩子，很快战火再次点燃。

突厥大举进攻柔然。强大的柔然日落西山，可汗库提无奈离开生他养他的地方，带着部众和牛羊逃到大齐境内，向齐国称臣，寻求政治避难。

高洋没有因库提的归降而善待他，要跟突厥人争霸，一个软弱的可汗是不行的，于是高洋废掉了库提的汗位，立庵罗辰为主，把柔然部众安置在马邑川，给他又送吃的又送穿的，原柔然故地成为突厥的地盘。安顿好庵罗辰，高洋决定会一会草原新霸主突厥：让突厥人领教领教鲜卑人的厉害，当年鲜卑健儿称霸草原的时候，突厥人还是些只懂得打铁卖苦力的奴隶。双方在朔方交手，结果是高洋的武力让突厥人心服口服，一战之后即请求称臣，高洋愉快地答应了。突厥人后来称高洋为英雄天子，由此可见高洋定是亲自上阵，他的勇猛震撼了突厥人。

草原上的弟兄们暂时搞定，高洋决定彻底解决掉境内的山胡。在齐国境内众山胡中，以石楼的山胡部众最多，势力最强大，而且石楼地势险要，山胡据险有恃无恐。打仗就要打最难打的，高洋亲自从离石进军，斛律金从显州道出发，常山王高演也从晋州道赶来，三路人马一起向石楼进攻。石楼山胡这下可倒了大霉，数万部众被杀，十余万牲畜成了高洋的战利品。

高洋也够狠的，鉴于山胡不服王化，反复无常，下令所有十二岁以上的男子一个不留，女子和十二岁以下的男子赏给诸军，石楼山胡遭到了灭顶之灾。

在攻击山胡的战斗中，一个小人物载入了史书，他的名字叫路晖礼。他既没有立下赫赫战功，也没有什么值得一书的行为，只是因为作为一个十人小队的队长，在顶头上司都督负伤遭遇危险的时候没有尽力相救。战斗结束了，高洋召开了战后总结交流大会，让人把路晖礼押上来，宣告了他的罪状和处罚决定。路晖礼既没被砍头，也没被腰斩，但那一刻他一定很后悔出生在这个世上，他被活生生开膛破腹，五脏六腑被剜出来分成了九份，然后小队其余九人作为执行者吃掉了这些东西，包括最恶心的部分也一点没剩。没有人敢恶心，没有人敢呕吐，有的只是恐惧，恐惧也可以让人忘掉一切。这是高洋第一次向人们展示了他的凶残。

路晖礼只是个小角色，只是一念之差就遭到如此惨绝人寰的结局。从此，这支军队变成了野兽军团，百保鲜卑的名号更加令人胆寒了。

山胡中最厉害的石楼山胡遭到灭顶之灾的消息传开，远近山胡震惊了，高洋皇帝不好惹，如此残忍，如此灭绝人性，得罪了他根本没活路，于是再也没有人敢轻易地骚扰齐国了。从此，山胡想抢东西的时候就专门跑到西魏控制区去抢，于是史书上关于西魏众将同山胡作战的记录多了起来，相反齐国这方面的记录就少得可怜了。

对少数民族政权而言，对抗高洋就意味着灭亡，连草原新贵突厥都称臣了，其他大小部族还有什么不服气的？可偏偏就有人不信邪。也该着柔然灭族，不知道是吃错药了，还是受到齐国人的压迫，估计后一种可能更大，毕竟寄人篱下的日子不好过，庵罗辰在马邑川又反了。

高洋很生气，自己看在两代姻亲的分上，帮着柔然人又是建营地又是打突厥，最后人家不但不感恩，反而造反了，真是狼子野性，不服教化啊。百保鲜卑再次出发了，高洋亲自带队，庵罗辰根本不是对手，带领部众落荒而逃，再次逃回大草原。在辽阔的草原找个容身的地方倒也不难，难的是这么多人的吃饭穿衣等基本生活怎么保障。

这一仗中，太保贺拔仁在高洋征兵的时候居然送了五百匹劣马，把高洋气得够呛，让人把老头叫到身边，摘下帽子，把贺拔仁的头发一根一根地拔光了。最终高洋没有杀这个高欢时代的老人，而是把他还原成老百姓，成了高洋晋阳宫的烧炭工人。但没过多久，贺拔仁脱下烧炭的工作服，重新穿上了北齐的官袍。毕竟，勋贵中的老人家基本变成国家一级保护动物了。

庵罗辰回到北方，没有牲畜，没有粮食，活不下去了，没办法再次到肆州地面上借东西。高洋恼了，再次亲自带队北上，大军到了恒州，柔然人闻讯早已散走，眼看此次又要无功而返。

高洋不甘心，他非常清楚庵罗辰的需要，他们暂时跑了，但回去仍然没有解决吃饭问题，回来是必然的，高洋决定冒冒险。齐国大军班师回朝，高洋率麾下两千精骑殿后。

70. 高隆之之死

高洋的两千精骑走得很慢，慢到大部队快到晋阳了，他们还没有出黄瓜堆。

柔然人得到齐军主力撤退的消息，果然以最快的速度跟了上来，游击战的精髓就是见大部队就逃，见小部队就吃。

晚上，高洋在黄瓜堆宿营。柔然数万骑兵悄悄包围了黄瓜堆，齐军的侦察兵探得消息赶紧向高洋报告。高洋一阵冷笑，面对十倍于自己的敌人，他的心里没有一丝恐惧，有的只是眼见鱼儿上钩的喜悦。高洋带来的代北勋贵后人高元海、高阿那肱等富二代吓得胆战心惊，一夜没敢合眼，高洋照样安安稳稳睡大觉，他算定了柔然人不敢贸然进攻。

天亮了，高洋起来整顿人马，立即进入了战斗状态，指挥自己这两千来人向柔然人发起冲锋。高洋打仗非常勇敢，每次都是冲杀在最前面，所以很多原本怯弱的将领在他的感染下都爆发出勇敢的一面，高元海、高阿那肱此刻就像变了个人一样，那一刻忽然忘记了生死，脑子里只剩下杀杀杀。这两个人后来成为大齐历史上的重要人物。别看高洋人少，到底是百保鲜卑健儿，皆能以一当百。按照这个比例，柔然人的几万人马忽然变成了弱者，柔然人溃败，齐军乘胜追击，方圆二十里到处是柔然人的尸体。

庵罗辰还真不愧是逃跑的高手，这次又让他跑了，不过老婆孩子还有三万部众就没那么幸运了，乖乖地做了俘虏。其实他们也是幸运的，做俘虏虽名声不好，但回到大齐吃饭还是有保障的，跟着庵罗辰只有挨饿的份儿。

后来，高洋又两次对柔然用兵，都获得完胜，特别是第二次，高洋亲自领着五千轻骑兵追杀柔然人，从白道镇追到怀朔镇，又从怀朔镇追到沃野镇，俘获柔然部众两万余人，没收了柔然人好不容易养大的十万头牛羊，终于打得柔然人彻底服输了。东边的柔然人从此远离了大齐边境，再也没有力量侵扰大齐。

西边的柔然可汗邓叔子运气也不好，守着突厥这个邻居哪里会有好日子过，被突厥一阵猛打，部众溃散，邓叔子率三千人逃到西魏寻求政治避难，然而，他没有庵罗辰那样的好运气，因为突厥与西魏一向关系很铁，宇文泰就把这三千人交给突厥使者杀了。就这样，柔然作为一个独立的政权，一个独立的民族，慢慢消失在历史的长河中了。对草原兄弟的战争暂时告一段落，高洋彻底征服了北方各族，从此北边无战事。

高洋又把目光瞄向了南方，那曾经的衣冠所在，号称中华正统的地方。

仗还没开打，录尚书事高隆之突然被高洋杀了。

高隆之被杀其实也是预料之中的事。作为北方权贵的领袖，高隆之一向飞扬跋扈，倚老卖老，高洋早已忍无可忍了。高隆之感情丰富，喜欢附庸风雅，但仔细推敲就能发现这是一个活得比较简单的人，换句话说是一个性情中人，然而，他的政治敏感度非常低。就是这样一个人，居然可以做到当时“最高行政长官”，关键是上边有人罩着他。高隆之早在高欢没有发迹的时候就做了高欢的弟弟，深得高欢的信任，高欢甚至为他改了祖籍，把他吸收为勃海高家的一分子。实际上，高隆之本来姓徐，洛阳人。

高隆之的确没有辜负高欢的期望，作为总设计师，他征集十万民夫把洛阳城拆了运到邺城重建，并且把邺城南部扩建二十五里，说起来邺城全靠他才有了现在的规模。为了保障京都安全，他又在漳水北岸修建长堤，大大提高了漳水的防洪级别；他还引漳水入城，制造水碾代替人力，促进了经济的发展。高隆之是个技术全面的专业人才。高隆之处理政事也有一套。鉴于魏末开始刺史太守兼管军政，弊端不少，也失去了文武相互牵制的作用，因此高隆之建议高欢除了边境紧要之处的刺史军政一肩挑外，其他地方采用分治，对高欢打击地方豪右和防止地方拥兵自重起到了关键性的作用。公元 545 年，高隆之和孙腾任括户大使,从河北、山东一带一下检查出没有登记的人口六十万,令豪强侧目。

高隆之的问题也不少，作为邺城四贵之一，贪污受贿是少不了的，为此还多次受到高澄的批评。高洋一直对高隆之心存不满：当初自己当演员的时候，高隆之没少侮辱自己；后来自己要当皇帝的时候，老家伙又百般阻挠；送孝静帝时的场面也有人报告了，看他的样子跟元善见感情还不浅。

对于这样一个功勋卓著的亲戚，高洋心里反感，却不得不倚重他为自己出力，因为高隆之实际上已经成为代北勋臣故旧的领袖。

崔季舒因为高隆之的原因做了一年牢受了一年罪，所以他当仁不让地成为高隆之的仇人，崔季舒时刻想着报仇。

高隆之还得罪了高洋倚重的另一个更加重要的汉臣，杨愔。高欢曾经把自己庶出的女儿嫁给了杨愔，这个女人却与高隆之的儿子勾搭成奸，没奈何，把礼义纲常看得比自己命还重要的杨愔只好跟妻子离了。高家人觉着对不住女婿，后来由娄昭君做主把元善见的遗孀嫁给了杨愔。所以，杨愔对高隆之一点好感也没有，而且，二人在政治上代表了不同的阶级，除了私恨，还有公仇，杨愔即使为人再包容，也没有理由不说高隆之的坏话。

崔季舒终于找到了打击高隆之的突破口。原来，高隆之从尚书令到录尚书事，主持政务，但他到底属于心肠不够狠不够硬的人，特别是面对那些到死都在喊冤的囚犯的时候，有时候难免动动感情，为他们说几句开脱的话。

于是崔季舒找机会对高洋说：“高隆之每次看到诉讼的人，都是一副悲天悯人的样子，表示不是他能决定得了的。”

高洋大怒，“有冤申冤，这才是大臣的本分。他这是干什么？他都是录尚书事了，有冤情他可以翻案，他决定不了，暗示冤案都是我造成的？这还有大臣的样子吗？”

高洋一生气，高隆之就被双规在尚书省，失去了自由。墙倒众人推，人们一看曾经权焰熏天的高隆之被软禁了，这是个风向标，谁不想趁早跟他撇开关系？于是纷纷上表说高隆之的坏话。这些都是人之常情，高洋没在意，但其中有一份告密信让高洋很吃惊。

高隆之跟旧皇室走得很近，曾经跟元昶喝酒时说过跟元昶生死不相背的话。

大臣结交旧皇族势力，这是图谋不轨啊，联想到高隆之在自己称帝前后的种种表现，高洋越发相信高隆之跟自己不是一条心——他还在做大魏复辟的梦啊。这下可真要了高隆之的命了。高洋大骂“徐家老东西”，令左右打了老东西百余拳，打得老头半死不活。流血过多，高隆之渴得难受，可是他连要求一滴水的权力也没有了。不久，高隆之就死了，高洋连个谥号也没给他。高隆之的噩梦并没有随着他的死去而结束。几年后，已经不太正常的高洋不知道为什么突然想起了他，命人把他从坟墓里挖出来。说也奇怪，都死了好几年了，高隆之的尸体居然没有腐烂，容貌跟生前没有太多的变化，高洋更加气愤，拿刀把高隆之的尸体剁了剁，火化了，骨灰撒到漳水里。这还不够，高洋又把高隆之的儿子高慧登及家人二十多人抓到跟前，带领武士们马踏刀砍，死尸全部投入漳水。高隆之就此绝了后。

太残酷了，这就是高隆之鞍前马后几十年的结果。

公元 2010 年 8 月，河南安阳县水冶镇在高隆之的塑像前举行了隆重的祭祖仪式，在高隆之死后 1500 年，他的事迹被挖掘出来，他成了中国的“冶炼老祖”。依据是高隆之曾经在这里以水力鼓风大炼钢铁制造兵器。

高隆之死后，高洋以四弟高淹为录尚书事处理日常朝政。

此时的高洋，文治武功小有成就，踌躇满志，该对南边和西边用兵了。

71. 梁朝皇帝萧绎之死

高洋令段韶、高涣等在洛阳西南新筑伐恶城、新城、严城、河南城四镇，作为大本营准备对西魏用兵，但是西魏坚守城池，任凭你如何挑战，只是不出。

西魏边关的地形都是一夫当关万夫莫开的险要，攻不足但守有余，人家既然不愿开打，高洋也无可奈何。

南部战事也不尽如人意。

双方进行过州郡级别的摩擦，齐军一点便宜也没占到。北方军队以骑兵为主，南方军队以步兵为主，在长江上打仗，水军则占据优势。高洋是个善于总结的人，很快他就明白过来，要征服江南，一定要有一支强大的水军。于是，高洋让从南边投过来的原侯景的部将郭元建在合肥训练水军两万，准备在必要的时候袭击建康。两国边境再次紧张起来，建康笼罩在合肥的威胁之下。

梁朝皇帝萧绎这个皇帝也做得不容易，内部兄弟子侄们不服，外部又有魏、齐两大强敌，萧绎采取的措施是对外讨好两大强敌，对内下狠手。

齐国方面步步紧逼，萧绎很头疼，既然卑躬屈膝换不来和平，那就战场上见吧。

说起来，萧绎的底气主要来自王僧辩和陈霸先，这两人都是从跟侯景的作战中一刀一枪打出来的，都不是熊茬子。王僧辩和陈霸先一合计，决定联合给北齐方面一点颜色。梁军开始反击了，梁将东方白额头一个出动进攻宿预，宿预失守。东方白额本是淮南地的土豪，因为不满齐国在淮南的统治，起义了，他的态度代表了淮南人民的心声，响应者很多，可见，齐国占领了淮南，却没有治理好。实际上，齐国高层从来就没把这块地盘放在心上，只不过把这儿看作进攻江南的跳板。

淮南地的战略地位非常重要，南北将在这里不断掀起争夺战。

陈霸先自丹徒渡江围攻广陵，梁秦州刺史严超达进攻泾州。王僧辩也派南豫州刺史侯瑱、吴郡太守张彪引兵出石梁声援严超达，但侯、张二人虚张声势，推进缓慢。晋陵太守杜僧明率三千人援助东方白额，将军尹令思率一万人突袭盱眙。

齐军这边，王球反攻宿预，遭到杜僧明的阻击退归彭城。齐将步大汗萨将兵四万驰援泾州，主将的名字挺威武，仗却打得不顺利。在这种形势下，齐国方面真正的猛人出场了，冀州刺史段韶带人来了。大家把希望都寄托在段韶身上，广陵、泾州都送来了军情告急文书。

面对梁军咄咄逼人的攻势，齐国众将有点害怕。关键时刻，段韶充分显示出名将特质，他认为梁国丧乱，人心不稳，别看陈霸先的人来了，王僧辩的人也来了，表面上看是一伙的，其实离心离德，各怀鬼胎，所以梁军虽多，根本不足为虑。

段韶看问题善于抓大势，他眼光独到，看得很准。段韶的分析给北齐众将吃了定心丸，大家决定跟段刺史好好干一场。段韶留下部将敬显携继续围困宿预，自己引兵急行直奔泾州，路上经过盱眙，突然向尹令思发动了攻击。尹令思做梦也没有想到齐军会冲着自己来，一点思想准备也没有，一触即溃，一万人的队伍望风而逃。段韶接着进攻严超达，严超达也不是对手，齐军大胜。解决掉严超达，段韶一刻也没有停留，立即回师向广陵赶来。陈霸先见段韶来势汹汹，不敢硬碰硬，连忙撤走。陈霸先一带头，梁朝诸将谁也不想继续打了，杜僧明直接退回老窝丹徒，侯瑱、张彪也赶紧返回秦郡本部。段韶回到宿预，继续围城，同时派手下善辩之人劝说东方白额投降，东方白额也为段韶的气势折服，开门请盟。两人对天立誓的仪式结束，东方白额的好日子也就到头了，段韶怕留着他终究是个祸害，就借着盟誓的机会把他抓住杀了，首级送到邺城。

欲图染指淮南地的梁军至此全部缩回去了。

段韶一战成名，终于完成了从将军到名将的过渡。回到晋阳，高洋也不吝啬，便把高隆之那顶平原王的帽子戴在了他的头上。

仗打完了，齐梁两家互派使节，再次恢复了往日的友好往来。

西魏方面对萧绎越来越不满。柿子拣软的捏。近些年，西魏方面对大齐高挂免战牌，对萧梁却一点也不客气，不断蚕食着两国边界的领土。

梁元帝萧绎一直采取对北边这两个强敌都不得罪的策略，比如侯景完了，他分别派出两路使者到北方报喜。对看似更加强大的北齐，萧绎更是倾心接纳，逢年过节或者其他庆贺日，都要过去意思意思，高洋和萧绎越走越近，相反，对西魏更多的却是敷衍。齐梁结盟后，高洋答应，只要西魏出兵，北齐一定抗魏援梁。

萧绎对西魏的态度越来越强硬，甚至派使者到长安，要求两家按照旧地图重新划分边界线。吃下去再让人家吐出来，可能吗?

宇文泰怒极反笑：古人有言“天之所弃，谁能兴之”，说的就是萧绎这种不知进退的家伙。于是，宇文泰命柱国大将军于谨率领中山公宇文护、大将军杨忠、韦孝宽等步骑五万讨伐梁朝。

宇文护、杨忠率精骑占据了江津，断了萧绎的后路。于谨亲自包围江陵。

从于谨发兵到兵临城下，算来也有些时日，各种信息也不断地传到建康，可无奈萧绎根本就不相信西魏真的敢来攻打自己，每天照样集合群臣上课。那么到底是什么课程这么重要，需要皇帝当老师，群臣做学生？

是《老子》。萧绎精通《道德经》，但写《道德经》的老子真的不是太上老君，所以无论他怎么崇拜老子，老子也变不成太上老君来救他。

萧绎派人到建康让王僧辩赴援，王僧辩错误地判断了形势，他令侯瑱等为前军，杜僧明为后军，但以西魏兵勇猛而不敢直接迎战，指望魏军劳师袭远，粮草不接，不战自败。然而，没有等到魏军断粮，不到二十天的时间，江陵城破，彻底认命的萧绎率领文武百官投降。这个饱读诗书的博学皇帝在城破前将自己珍藏的十万多部书籍悉数烧毁，这是个读书无用论的经典案例。

于谨处死了萧绎，然后把梁百官及士民押送到长安，沦为奴婢者十余万人，另立萧詧为梁主，统领江陵周围三百里，作为西魏的附属国，史上称为后梁。

得到西魏进攻江陵的消息后，高洋兑现了自己的承诺，马上派高岳、潘乐、段韶等率众赴江陵相救，但消息来得太晚，梁军又败得太快，还没等北齐大军赶到战场，江陵已经陷落。

梁朝京都失守，皇帝被杀，一下整个江南陷入群龙无首的境地。有便宜不占白不占，无主的地盘谁抢到就是谁的。于是齐军转而进军临江，梁郢州刺史陆法和举州投降，高岳还师，留仪同三司慕容俨守郢州。

但是，即使皇帝没有了，只要王僧辩还在，陈霸先还在，梁朝就不算灭亡。

高岳前脚刚走，王僧辩的大军就杀到了。侯瑱、任约、徐世谱、萧循四路大军会师，将郢州包围得跟铁桶一样。

慕容俨跟慕容绍宗一样都是鲜卑慕容皇族的后代，兵法战略有家传，也不是等闲之辈。面对凶恶的敌人，慕容俨开始从容不迫地实施他的守城方略，对于这样一个高人，侯瑱的攻城部队无计可施。慕容俨瞅着梁军懈怠，开城突袭梁军，斩获不少。城中被围日久，粮食吃完了，又吃草根树叶，甚至煮皮带吃，慕容俨同士卒同甘共苦，人人皆肯用命，就这样坚守郢州半年之久。一直到北齐同梁朝再次结盟，侯瑱等奉命撤退，郢州才算解围。

北齐方面因为郢州在江南守卫困难，就顺水推舟还给了梁朝。

慕容俨九死一生，回到晋阳，见到高洋，匍匐在地，悲不自胜。高洋握着他的手，摘下他的帽子看着他的满头白发，叹息良久。梁朝大将王僧辨、陈霸先推晋安王萧方智为皇帝。对于这个安排，高洋很不爽，因为他早就有了新帝的人选。

72. 塞给梁人一个皇帝

说起来出人意料，高洋选定的梁帝人选是萧渊明，慕容绍宗寒山大战的俘虏，当初高澄见奇货可居，不但没有为难他，还对他礼遇有加，把他留在晋阳做寓公。一晃七八年过去了，萧渊明已经彻底变成了齐国人，现在该派上用场了。

北魏末年，北方大乱，所谓“城头变换大王旗”，萧衍北伐采取的策略就是不断地把投奔自己的魏宗室王爷们派到北方浑水摸鱼。

比着葫芦画瓢一向是高洋的拿手绝活，这个我们在他伐契丹的时候已经领教过了；同样，在扰乱敌人的方式上高洋认萧衍为师父，开始趁南方大乱不断地把梁朝宗室们护送到南方争帝位。

这次萧渊明带领的是一个班子，随行的还有一些梁朝方面的俘虏或者降将。护送萧渊明的是高洋的七弟上党王高涣。

高涣虽然也属于富二代，却可以归于将门虎子之类。他天姿雄杰，倜傥不群，从高家十五兄弟中脱颖而出，与老三高浚、老六高演一起被认为是高家兄弟中的潜力成长股。上小学的时候，高涣就显得很另类，他讨厌像个老学究一样整天念叨子曰诗云，却对孙子兵法之类的武学著作感兴趣，他的最高理想就是当个带领千军万马上阵杀敌的大将军。高澄遇难时，小高涣闻乱持弓冲出书房要去平叛，这的确是个胆气壮的孩子。

高欢很喜欢高涣，常常说高家的孩子中最像自己的就是这个孩子，其实，还有更深层的原因，高涣的母亲是韩轨的妹妹，也是高欢的初恋情人，爱屋及乌，高欢没有理由不对高涣另眼相待。几年过去了，高涣长大了，生得力大无穷，武艺超群，这次高洋给了他这个带兵的机会。

临行前，高洋给王僧辩写了好几封书信，告诉王僧辩自己替他选了个主子，希望他好好听话，迎接新人登基。

你想，王僧辩又不是个傻瓜，他能接受吗？

这有点欺负人，人家早就搭好了班子，你又硬送个皇帝过去，没有公理，只有用武力说话了。王僧辩传令边关守将，坚决把来犯之敌拒之门外。

当高涣一行到达东关的时候，吴兴太守裴之横严阵以待，拒不放行。

高涣练了十几年武艺，正愁没有地方练练手，现在机会来了：既然你好话不听，咱们就来个实力对决吧。战斗的结局是东关城破，裴之横战死。齐军势不可当，王僧辩害怕了，只好同意接收这个人家硬塞给自己的领导，可萧渊明来了，萧方智怎么办？王僧辩也很会和稀泥，他提出一个条件：要萧渊明过来当皇帝可以，但必须以现任皇帝为皇太子，这样对大家都好交代。

先登上大位再说，萧渊明答应了王僧辩的要求。

萧渊明也提出了一个要求：请王僧辩给他配备一支三千人的卫队。王僧辩怕萧渊明有别的想法，哪里肯把部队精锐交给他，最后东挑西拣费了好大劲，给他配备了一千人的散卒。

所谓散卒，就是没有统一编制的队伍，说白了，就是没有战斗力的散兵游勇。这支队伍摆摆花架子装装样子还行，但上了战场就只剩下任人宰割的份儿了。

王僧辩派大船到江北接萧渊明进入建康，即皇帝位，萧方智退位为皇太子，以王僧辩为大司马，陈霸先为侍中，高涣率领大军撤退回齐国控制区。

高洋满意了，有人却愤怒了，陈霸先借题发挥跟王僧辩翻了脸。

几个月后，梁将陈霸先举兵奇袭石头城，杀死王僧辩，重新把皇太子萧方智请出来再次就职。为了安抚高洋，萧方智告诉高洋，自己就是大齐的藩属，在别人面前我是皇帝，在你面前，我就是大齐的臣子。

高洋虽然不甘心，但暂时也没有办法，既然萧方智继续称臣，那就先这样吧，有机会再收拾你们。

现在的梁朝内部很复杂，陈霸先势力范围有限，而梁朝的地方军阀们大多与王僧辩有千丝万缕的联系，很多人对陈霸先的行为表示了不满。有实力的人表达不满的方式就是兴兵开打，第一个跳出来的是王僧辩的女婿震州刺史杜龛，他联合义兴太守韦载、吴郡太守王僧智（王僧辩的弟弟），一起宣布不接受陈霸先扶持的领导的领导。搞不定这些刺头，自己的地位就不会稳固，陈霸先对此有很清醒的认识，他决定亲自率军征讨。

陈霸先前脚刚离开，谯、秦二州刺史徐嗣徽在堂弟徐嗣先（王僧辩的外甥）的鼓动下也造反了。这位不但反陈霸先，而且直接投降了齐国，跟南豫州刺史任约一起举兵响应杜龛；齐国这边也很支持，并且赞助了不少军粮，这表明了一个态度：你们尽管折腾去，我大齐就是你们坚强的后盾。

趁着陈霸先主力离开，徐嗣徽乘虚而入，占据了石头城，建康城危在旦夕。

这时候，陈霸先和平解决了义兴，义兴太守韦载本来就属于起哄型的，他跟王僧辩没有什么特殊关系，陈霸先派出的说客族弟韦翊一劝说就反水了。陈霸先让部将周文育继续攻打吴兴，部将黄他、裴忌攻打王僧智，自己率主力回师救援建康。

高洋见机会来了，立即发兵五千，占据了姑孰，与徐嗣徽遥相呼应。齐国淮州刺史柳达摩等领兵万人，自胡墅渡口运米粟三万石、马千匹增援石头城。

打仗打的是后勤，因此颇有头脑的韦载建议陈霸先一是保证自己的运输线畅通，二是伺机打击齐军的运输线。韦载的意见无比英明。说到底，在南方打仗不存在数万铁骑横扫疆场的壮观场面，两军对垒往往打的是消耗战。

陈霸先命部将侯安都率水军夜袭胡墅渡口，一把火烧毁了齐军在胡墅的千余艘运输船；另一位梁将周铁虎率领战船封锁江面，切断了齐军的运输线，并擒获了北徐州刺史张领州。韦载又在秦淮河最大的浮桥朱雀桥头侯景旧营处构筑防御工事，齐军也在石头城仓门和秦淮河南岸设置两处栅栏，与梁军对峙。齐大都督萧轨屯兵江北，随时准备渡江增援。

陈霸先开始攻击石头城的齐军，齐军大败。徐嗣徽见柳达摩不管用，就让他继续坚守，自己则率心腹往采石渡口接应齐国的后继援军。陈霸先烧毁了齐军所立二栅，齐国水军又败，大批船舰落入梁军之手。徐嗣徽、任约领援兵前往石头城的路上，又被陈霸先部将侯安都的水军突袭，全军覆没，徐嗣徽单船逃走。援兵没有了，石头城成了一座孤城，陈霸先要把齐军困死。他切断了石头城内取水的道路，又堵塞了所有水井，一时城内闹起了水荒，水价陡涨，一盒水换一升米，一升米换一匹绢。

柳达摩无计可施，但他不承认是自己作战不利，于是对部众们讲：在北边的时候，民间有歌谣说“石头捣两裆，捣青复捣黄”，侯景的军装是青色，我军是黄色，看来我们失败是天意啊。柳达摩认输了，要跟陈霸先讲和，陈霸先也不想把事情做绝，毕竟柳达摩背后是强大的齐国，陈霸先答应了。

双方订立盟约，梁军答应放开一条通道，城中的军队愿意向北就北还，不愿意向北就留在南方。为了表达诚意，陈霸先还派出小队人马护送齐军北走。不知道是故意找事，还是发泄心中的郁闷，齐军渡江后，居然立刻消灭了这支护送小队。

齐军撤退后，陈霸先很快就平定了各处叛乱，杜龛被杀。

柳达摩宣传的天意没能改变他败军之将的命运，回到邺城高洋就把他杀了。

73. 高岳的下场

当柳达摩在石头城签订城下之盟的时候，高洋正在塞北狂追柔然人。

这时候的高洋，连连胜利，正是志得意满的时候，他怎能接受江南失利的结果？柳达摩的死是必然的，继续对江南用兵也是必然的。柳达摩既然死了，他跟陈霸先立的盟约自然就是废纸一张了。

大齐政坛也经历了一场地震，曾经的京城四贵之一太保清河王高岳死了。

比起柳达摩来，高岳的死着实有点冤，柳达摩毕竟打了败仗，而高岳虽然援救江陵未果，却也乘机侵占了梁国的大片土地呢。

高岳，高洋的堂叔，北齐的开国元老和勋臣，几乎每次重大战役都有他的身影，可谓战功卓著，就是这么个老臣，高洋无端将他杀害了，起因竟然是一个妓女的牵连。高欢没有发迹的时候，受族叔高徽恩情不少，高徽死得早，留下个九岁的私生子高归彦，高欢负起了抚养遗孤的责任，让堂弟高岳领养了这个苦命孩子。

平白多了个弟弟做儿子，高岳并没有怎么高兴，加上这个孩子私生子的身份，所以大家对他都不怎么好，高归彦在高府上基本没什么地位，能吃饱穿暖不饿着冻着就不错了。然而，人小鬼大，高归彦是个有心计的孩子，表面上对高岳很恭敬，内心里却恨得牙根疼。

有高欢的关照，长大后的高归彦前途一片光明。高欢主持为他娶了元天穆的女儿做媳妇，后来又做了领军大将军，高洋篡位后封他为平秦王，深受高洋的宠爱。

高岳自从寒山大战后，声望日隆，但他有个毛病，就是生性奢华，于酒色一关过不去，家里歌伎舞女、各种乐器，在大齐显贵中也算是独一无二，所以，到高岳家宴饮是一种享受和荣耀。

高岳造了所大宅子，为了进出方便，他特地留了个后门，从后门出来是一条深巷。就是这个布置给他惹来了塌天大祸。

高归彦找到了报仇的机会。高归彦告诉高洋：高岳逾制了，也就是违反制度超规格了。高归彦诬陷高岳建宅子是仿照皇宫的样式，还设置了永巷。永巷就是后宫，这还了得。超出制度允许，就是大不敬，就是犯罪，但当时高洋还要依靠高岳为他卖命，所以暂时没把他怎么样，但心里已经对他产生了恶意。

邺城薛老头有两个漂亮女儿，薛姐姐是高岳府上的歌伎，因为这层关系，薛妹妹也经常出入高府。后来，薛妹妹让高洋看上了，接到后宫里变成了薛嫔，高洋非常宠爱这个妃子。

妹妹绝色，姐姐也不差，时间长了姐姐跟高洋也勾搭上了，所以高洋经常半夜三更跑到薛家去约会。当然，作为国丈级别，薛老头也因此有了爵位。

人心不足蛇吞象，薛老头感觉自己作为皇帝的老丈人，官位可以无限上升。老头跟薛姐姐说了，薛姐姐一口答应，凭自己跟皇帝的关系，这还不是小菜一碟。

这一天，高洋再次来到薛家，薛姐姐伺候得不错，高洋很高兴，薛姐姐看到机会来了，就撒娇让高洋封她爹做司徒。司徒是什么？是宰相，薛老头的想法太过大胆，高洋当场就翻脸了。穿上衣服谁还认识谁，当即让手下人把薛美女吊起来，找来一把大锯，任凭美人花容失色、惨叫连连，大卸八块。

杀完了还不解气，一股火又撒到高岳的身上，他指责高岳曾经强奸了薛姐姐，强奸民女，性质是严重的！高岳辩解道："臣本来打算娶她，但她太轻浮了，就打消了这个念头，不是强奸。"换句话说，我高岳不屑用的女人，你还真当宝贝了。越描越黑，高洋更加愤怒。

高归彦奉命到高岳家训话。高归彦得到这个机会，自然有一分说八分，吓得高岳面如土色。想到自己抚养高归彦，他还真把高归彦当自己人了，希望高归彦讲讲情让高洋放自己一马。找错人了。报复心重的高归彦哪里肯放过这个千载难逢的机会，他劝说道："你还是把毒酒喝了吧，只有这样我才能保证你家人的安全。"高岳万般无奈，仰药而亡，时年四十四岁。

人死了，高洋也解气了，顾念高岳的卓著功绩，咱也不能冷了功臣勋贵们的心，大家放心，高岳只是个案。

高洋为高岳安排了风光大葬，又是封赠，又是赐谥，不知道的还以为他们依然是亲密的叔侄和融洽的君臣。

高岳的后代在北齐亡国后成为高家唯一幸存的一支，他的孙子高士廉成为贞观宰相并上了凌烟阁功臣谱，孙女嫁给长孙晟，生了个儿子叫长孙无忌，女儿是唐太宗的长孙皇后。

然而，高岳死了，薛家的噩梦却仍未结束，因为高洋的疯狂才刚刚萌芽。

虽然高洋对塞北用兵战无不胜，但以其正规部队跟游牧民族的游击队打，既浪费金钱又浪费精力，高洋不堪其扰；再说到处找敌人打仗的滋味实在不好受，高洋决定启用对付草原敌人的第二种武器——修长城。

修筑的路线是高洋亲自勘探的，监工他选择了堂弟高睿。

高睿是个孤儿，他的父亲，高欢的亲弟弟高琛因为跟小尔朱王妃私通被高欢活活打死了。高琛死后，高欢把高睿从高琛妻子魏华阳公主元季艳（元脩的妹妹，也是政治联姻）身边接到了自己府上，让王妃游氏抚养。高睿四岁的时候，自从母姊郑氏的口中知道自己不是游氏所生后，闹着要见亲生母亲；高欢无奈把元氏接到宫中与他相见，母子抱头痛哭，弄得高欢也悲伤不已。

高睿是个孝顺孩子，十岁的时候母亲元氏病故，他三天不进汤水，高欢和娄昭君两口子好说歹说这才开始进食。居丧期间，戒荤吃斋，弄得形容消瘦，连走路都得扶着拐杖，高欢心疼不已，让六子高演跟他同住，日夜相劝，就是这样，中午他也不肯进食，高欢没办法每次吃饭都让他跟自己一起吃，看着他吃了才放心，所以高睿对高欢也有父子恩情，高欢死后，高睿痛哭泣血。

苦孩子往往有出息，高睿十七岁出为定州刺史、六州大都督，在任留心政事，颇有政绩，深受高洋的赞赏。这次修长城高洋第一个想到的就是高睿。

高睿领命后，发数万山东兵带着一百八十万民夫前往塞北。

高睿与大家同甘共苦，当时正是六月酷暑，定州长史宋钦道取深窖藏冰追到路上，高睿因三军同行，不肯独自用冰。高睿解释说：“三军都喝温水，我不忍独饮寒冰，我不是为了博取跟士兵同甘共苦的名声，实在是于心不忍。”于是任由冰块融化，要知道古代没有冰箱制冷机，六月寒冰是稀罕物，极其珍贵，随行将士们深受感动。

长城修好后，朝廷一纸解散公文，任民夫们随意回家，不管了，于是年轻力壮的先跑了，剩下老弱病残，半道而亡的不计其数。高睿不忍心，让自己的士兵们把大家组织起来，强弱相持，救下了十之三四。数万山东兵从此随高睿留在了北方。高睿修的长城起自幽州北夏口，西至恒州，共九百余里。高睿虽然带走了山东兵数万，但大齐在山东、河北一带还有数量可观的地方部队，特别是原来属于高敖曹系统的汉军，战斗力也不弱，更重要的是，这些地方豪强出身的地方军阀具有相当大的独立性，朝廷对他们并不是一百个放心。

六州鲜卑忙着在北方用兵，高洋决定动用汉军再征江南，塞北人不习惯江南的酷热和潮湿，山东兵适应性能好些。

74. 再征江南

就在高洋计划南征的时候，南方传来喜讯，徐嗣徽、任约袭击采石得手。

机会来了！

高洋命水军仪同萧轨为大都督，侍中裴英起为军司，督郑州刺史库狄伏连、仪同三司尧难宗、洛州刺史李希光、南兖州刺史东方老、东广州刺史王敬宝，与任约、徐嗣徽、王僧愔等兵合一处，总步骑十万出栅口（今安徽和县西南），再次向建康进军。

北齐汉军名将悉数出动，李希光、东方老都是当年跟高昂起兵的山东豪杰，裴英起是能跟皇帝说上话的人，王敬宝早年即登高位，大家都有两把刷子。

大军团作战相互间的协调很重要，搞不好就出现一加一小于一的情况，大家资历差不多，得有人压住阵才行，问题就出在这儿。萧轨、李希光、东方老、裴英起、王敬宝五人名望相当，互相不服气，所以别看萧轨挂名总指挥，他的境遇跟当年侯景奉命在虎牢练兵一样，说话根本不好使。军令不行是兵家大忌，齐军的战斗力被画上了一个大大的问号。

齐军第一个目标是长江南岸的梁山（今安徽省马鞍山市当涂西南），要从水路进攻建康，梁山是绕不过去的。梁山有梁军的重兵把守，梁军主力有侯安都部和周铁虎部，两人都是陈霸先手下的猛将，但这部分兵力最初并不是用来防范齐国的。原来，在与北齐战事暂停后，陈霸先一直在努力清除王僧辩的残余势力。别看陈霸先占了挟天子以令诸侯的优势，但他的庶族身份决定了他只有通过战斗才能取得江南各大军阀势力的支持。盘踞江州的侯瑱、湘州的王琳和广州的老上司萧勃是陈霸先最大的威胁。

齐军北渡后，陈霸先立即命侄子陈茜和周文育讨伐江州，命侯安都和周铁虎驻军梁山与周文育遥相呼应，正是这个安排不经意间起到了遏制齐军的作用。

齐水军还没有跟侯安都接上头，便遭到了陈霸先帐内荡主（帐内都督一类，副将）黄丛的攻击，齐水军先头部队大败，大批船舰被烧毁，被迫退保芜湖。出师不利，似乎是一个不祥的预兆。

其实，对于这次齐国倾巢来犯，本在陈霸先的预料之中。

当初，陈霸先将柳达摩围困在石头城的时候，处于守势的柳达摩开出的讲和条件中有一条是让陈霸先把自己的亲侄子送到齐国做人质。

就是这个条件让陈霸先很为难。原来，陈氏家族人丁凋零，江陵陷落的时候，陈霸先的一子一侄流落到长安下落不明，留在江南的只有两个侄子。

陈霸先对讲和本不以为然，但建康朝臣对和平盼望已久，他们一致要求陈霸先答应齐国的条件签订盟约。陈霸先倘若不答应则会落得顾小家不顾大局的埋怨，无奈之下陈霸先同意了。但他也提出了一个条件，他判断齐国方面一定不顾盟约再次进犯，所以要求大家到时候一定和自己一起血战到底。

得到齐国大军来犯的消息，陈霸先非常愤怒，但面对这样一个强盗般的邻居，除了兵来将挡，水来土掩，别无他法。

万众一心才能得胜利，所以陈霸先发动了宣传机器，充分调动建康臣民同仇敌忾。建康诸臣到了此时自然无话可说，只有听陈霸先的了。建康城大司马门外，陈霸先举行了祭天仪式，痛斥齐人不讲信用，慷慨激昂，涕泪交加，一时士卒百姓无不愤慨，誓死保卫家园。陈霸先派定州刺史沈泰等协助侯安都防守梁山，他还亲自到梁山视察防务，安抚各路人马。侯安都给陈霸先送上了一份大礼，就在陈霸先视察梁山期间，他率领一支轻骑偷袭了历阳（安徽和县），大败齐国大将司马恭，俘虏上万人。侯安都的这个举动对齐军有很强的震慑力，齐军也不敢轻举妄动了。

双方对峙了一个多月，齐国方面放出消息说，只要梁朝方面放了萧渊明，那么齐军可以撤退。按照惯例，倒台的皇帝没有好下场，所以高洋的要求冠冕堂皇，然而，说到底，只不过是为自己的行为寻求道义上的支持罢了。

就这么个要求，太简单了，太好办了。萧渊明放在建康也是个烫手山芋，杀不得，放不得，既然齐国方面要人，咱们放人就是了，早知道为这么个事开战，早早通知一声就行了。陈霸先痛快地答应了。

这个要求太简单了。可惜，太简单的事情要办好了还真是不容易，就在陈霸先准备好舟舰敲锣打鼓准备欢送的时候，萧渊明却背部疮发而死。

这下齐军有借口了，让送个人来，不但人没送到，还给弄死了。

陈霸先早有准备，他命周文育紧急撤军回师建康，他已经预感到大战即将来临。徐嗣徽却不愿意让周文育顺利返回，在青墩江面上将水军舰艇一字排开，一直列到七矶，他要阻止周文育通过。

当晚，周文育的水军冲过来了，徐嗣徽根本抵挡不住，双方打了一夜。天亮的时候，周文育发起了反攻，徐嗣徽到现在能全军而还就烧高香了，于是让手下猛将鲍砰殿后，收拢船队向芜湖撤退。周文育不依不饶，乘快船紧紧追赶。

周文育船快，眼看船头就要碰上鲍砰的船尾，双方仅有一步之隔了，周文育纵身一跃，跳入鲍砰船中，手起刀落，鲍砰人头落入船舱，周文育驾着鲍砰的小船返回本队。

这下，齐国水师傻眼了，这位周将军忒猛了，众人不禁胆寒。慑于周文育水军的厉害，徐嗣徽等再也没有胆子继续从水路进军。北边过来的众将不习惯水战，见徐嗣徽害怕了，自然更不愿意继续走水路了，于是，齐军弃舟登岸，打算自陆路进攻建康。这一招歪打正着，给了陈霸先一个出其不意，这样一来，梁山的防线就成了摆设。

齐军行军迅速，自公元556年五月初十出发，五月十六进入丹杨县，五月二十九到了秣陵故城（今江苏江宁南），在秦淮河上设立桥栅，引军渡河到达倪塘，前锋骑兵甚至开始在台城城下游荡。

建康城内一片恐慌。

75. 建康决战

陈霸先派周文育屯兵方山，徐度屯兵马牧，杜稜屯兵大桁，同时召回梁山侯安都、周铁虎诸军，开始组织建康保卫战。梁帝萧方智带禁卫军进驻长乐寺，对建康城实行军事管制，陈霸先将指挥中心设在白下城。

从这一天开始，延续十三天的建康决战拉开了帷幕。

侯景时代的惨象还没有从人们的记忆里抹去，北人再次杀到，妥协和战败都将是江南人的死路，冒死一战或能出现一线生机。

齐军从建康南面开始进攻。

陈霸先沉着迎战，他采取的还是韦载的老办法，对着齐军的后勤补给线下手，以沈泰领精卒三千渡江袭击齐后勤部长行台赵彦深，在瓜步聚歼了赵彦深的运粮船队，缴获百余艘大船，上万斛粟米。

齐军东方老部到达耕坛南，侯安都已经在此等候。见齐军上来了，侯安都一挥手，手下十二精骑突然冲向齐军队伍，齐军阵形仓促间竟被冲乱，齐将乞伏无劳被活捉，东方老被刺受伤坠马，齐军骑兵围上来将东方老抢回。

齐将王敬宝打到蒋山（紫金山），在龙尾也遇到了侯安都。侯安都上次突袭东方老得手，当下故技重演，又派从弟侯晓、军主张纂再次突袭。王敬宝不是东方老，双方对阵，王敬宝刺侯晓坠马，杀张纂于阵前。侯安都见突击队进攻不利，与大将萧摩诃急忙赶上来搭救侯晓，两人一连斩杀齐骑兵十一人，齐军不敢进逼，侯安都取张纂尸首而退。王敬宝部推进到莫府山。

齐军徐嗣徽部到了陈霸先的大本营白下城，恰好周文育也领兵赶来与陈霸先会师。就在陈、周二人准备下进攻令的时候，大风忽起，齐军顺风，梁军背风，陈霸先以兵法云兵不逆风为由下令暂停进攻。周文育急了：都火烧眉毛了，还背兵书干什么。他也不管陈霸先同不同意，抽槊上马，率所部逆风冲了上去。说也奇怪，这时风突然转向，梁军大受鼓舞，士气高昂，锐不可当，杀得徐嗣徽毫无招架之力。徐嗣徽在损失了数百人后，移军莫府山，与先期到达的大部队会合。

陈霸先再次瞄上了齐军的粮道，命钱明领水军在江上攻击齐军的运粮船，将齐军的大批船米截下。这一下，齐军可惨了，粮食运不上来，将近十万人的队伍吃什么？没办法，先从运输装备的驴子开始，吃光了驴肉又开始杀马，反正在江南作战，骑兵有劲也用不上，先解决眼前的问题再说。

齐军陆续集结于城北祭坛，梁军各部集结到坛北，两军开始了近距离对峙。江南的天气多变，尤其在夏季，大约是台风登陆了，天突然又下起大雨，当夜雷电交加，暴风拔木，建康城一片汪洋。这下可苦了北齐这些北方战士，昼夜坐在泥中，脚指头都烂了。

而梁军的据点，位于城池排水沟以北，水退得快，所以基本没有闹水灾，而且梁军还可以倒着班到屋子里休息。

一条沟的差距就是这样大。

战事到了这个程度，到处是作战部队，到处都是战场，外围的粮草根本无法运进，梁军也闹起粮荒。建康城内人口凋零，老百姓也没有多少余粮，从市场强行征调的都是些用荷叶裹着的麦屑饭，士兵们饥困交加。

就在陈霸先一筹莫展之际，天无绝人之路，陈霸先的侄子陈茜送来了三千石大米，一千只鸭子。这可真是雪中送炭，梁军一下又有了生气。

陈霸先命令生火蒸米饭煮鸭肉，他告诉士兵们：“这是咱们最后一顿饱饭了，吃饱了，英勇杀敌，夺一条生路，否则，大家也只有困死了。”梁军美美地吃了一顿鸭肉大米，在陈霸先的率领下精神百倍地向齐军发起了总攻。

侯安都对部将萧摩诃说：“你一向以骁勇善战著名，千闻不如一见。”

萧摩诃说："今天就让您见识见识。"

混战中，侯安都不慎坠马，齐军一下围了上来，眼看侯安都就要完蛋，这时候萧摩诃单骑叫喊着冲了过来，大槊飞舞，沾着死碰着亡，齐军一下闪出一条通道。萧摩诃将侯安都提上战马，冲出重围。

陈霸先与吴明彻、沈泰等众军一齐杀上，侯安都整军从侧面横击，齐军大败，践踏致死者不计其数。梁军生擒徐嗣徽、徐嗣宗兄弟，战前枭首，号令三军。

萧轨、东方老、王敬宝、李希光、裴英起、王僧智等将帅四十六人全部被俘，只有任约、王僧愔逃跑成功，士兵返回的有十之二三。北齐军逃跑时落入江中溺死的不计其数，尸体把江岸都塞满了。

这次，陈霸先没有善待俘虏。不久，被俘的齐军将领全部遇害。北齐方面针锋相对，杀死了陈霸先留在邺城的人质陈昙朗。

建康保卫战的胜利提高了陈霸先的威望，又一个权臣诞生了。

此战北齐损失惨重，汉军主力消耗殆尽。但是，一个残酷的事实却是，死的人大多是齐国地方豪族的代表，他们的死正好帮高洋消减了地方势力，并成为高洋实施新政的一个契机。

此战的另一个结果是产生了大批寡妇，高洋突发奇想，从山东一带挑选了三千六百名寡妇分配给边疆战士。从理论上讲，高洋的这个措施既解决了边关将士的婚姻大事，又帮助寡妇们开始了新生活。但问题在于，出发点好不一定有好的结果，好好的佛经让歪嘴和尚念歪了，这些寡妇中竟有三成是"被寡妇"的，高洋无意间使一千多个家庭破裂，这是他没有想到的。在那个黑暗时代，还有什么事不会发生呢？

南边遭到惨败，西边却传来了振奋人心的消息，宇文泰死了。

76. 并省郡县

作为一代枭雄，宇文泰带领户口不到东魏四分之一的西魏，屡次挫败高欢大军，虽然胜得很凶险，却让强大的敌人无可奈何，最终形成三分鼎立的局面。

战争就是烧钱，表面上打的是军事，实际上最终起作用的却是经济。东西魏争斗多年，东魏的损失要大大高于西魏，但首先恢复元气的却总是东魏，这就是经济基础在起作用。

经济上拼不过东魏，军事上又处于守势，西魏转而在文化上下功夫，拿着本《周礼》当了宝贝，处处号称因循古制，官号都变成了西周的名词。这对那些言必称古，常常感叹世风日下，人心不古的文化人无疑具有很强的吸引力。

鲜卑人的情绪也得照顾，魏孝文帝全盘汉化，精华和糟粕一并吸收，结果吃下去消化不好，大魏没能延续往日的辉煌，反而陷入更大的危机之中。

宇文泰天才地发现，汉族人民情绪并不是那么敏感，他们更在意的是文化传统。所以，以周礼搞定汉人后，宇文泰想出了调和胡汉矛盾的另一条途径。让汉人加入鲜卑人的行列，既然让鲜卑人融入汉人阻力大，那就开展一场轰轰烈烈的胡化运动，让汉人融入胡人中吧。这下不但把孝文帝改的汉姓又改回了胡姓，还有选择地把那些豪门勋贵的姓氏改成胡姓，比如李虎成了大野虎，杨忠成了普六茹忠。这条路如果一直走下去，那么唐太宗就成了大野世民，隋炀帝叫普六茹广了。

赐姓对汉人来说并不陌生，只要文化传统不改变，改个姓算什么，改姓的这些人不但不反感，反而引以为荣，没能改的倒觉得低人一等。

宇文泰成功了，从此西魏的国力蒸蒸日上。

高洋对宇文泰毫无办法，有时候喝多了就气得甩酒杯，有一次还下令让魏收立即拟定檄文，要亲征关中。但酒醒后的高洋是冷静的，赔本买卖他不会做，终高洋一生基本没有同西魏打过大仗。

还有一次与群臣聚会，高洋忽然涕泪交加，痛声道："黑獭不听话，怎么办？"都督刘桃枝上前道："给臣三千铁骑，我这就到长安把他抓过来。"高洋大喜，命令赏帛千匹。赵道德进谏道："东西两国，势均力敌，要真如刘桃枝所言，我们能把黑獭抓来，他们就能把我们抓走。刘桃枝妄言当诛，陛下不能滥赏。"高洋听赵道德言之有理，就把赏赐刘桃枝的布帛赏给赵道德。

既然东西混战不现实，双方就都把目标对准了南梁，偏偏梁朝皇族不争气，不顾两个强邻的照应搞内讧，让人家占了大便宜。北齐得到了淮北和淮南，把国界线推进到长江一线，而显然西魏占的便宜更大，巴蜀、荆襄全部纳入了西魏版图。

宇文泰虽然永远离开了他终生为之奋斗的事业，但他为他的关陇集团留下了一个好底子，为将来中国的再次大一统做出了卓著的贡献，历史不会忘记这个枭雄。

对西魏而言，虽然目前暂时不能跟北齐比拼，但守土保国还是绰绰有余。西魏并没有随着宇文泰的死去而衰落，事实是，西魏正像早晨八九点钟的太阳，给点时间就会光芒万丈。

高洋连年对南北用兵，即使北齐积累了些家底，财政上也有点吃不消了。何况，修长城、开凿石窟、建佛寺都需要花钱。高洋觉得，钱真的不够花了。

弄钱的方法有很多，但综合起来不外乎开源节流两条路子。在古代，开源就是增加税收，那时征税是按人头，人口一定，增税无疑会加重纳税人的负担，这个潜力是有限的。

高洋想到了节流，即减少财政支出，降低行政成本。

汉朝共十三个州，一百零九个郡国。而现在的大齐只有三分之一的天下，却有八十个州，三百四十九个郡，一千零四十六个县。在大齐实际控制区内，东汉设置不到七个州，西晋为七个，而东魏增至八十个，多了十余倍，伴随着机构的增加，多出的是财政支出。赋税是一定的，财政支出少了，结余自然就多了，就有钱了，有钱才好办事。

高洋算术不错，他一下看到了问题的核心，于是中国历史上一次较大规模的行政体制改革开始了。高洋下令天下州郡该合并的合并，该撤销建制的撤销建制，官员们该下岗的下岗。这算是中国制度史上的一件大事，同崔光的停年格、高澄的废除停年格一样，前后有因果关系，都属于政治体制上的管理创新。

其实，地方行政体制到了这个局面，有着深刻的历史背景。

中国的行政体制自秦始皇统一六国，废封建、立郡县以来，一直在三级体制和两级体制间转悠。秦的郡县到了汉代不好使了，于是形成了十三刺史部，最终州成了基层行政单位。到了北魏，州的数量激增。

北魏末年，王朝的控制力下降，也没有钱了，可国内叛乱越来越厉害，没办法，朝廷就发动广大老百姓有钱出钱，有力出力。

朝廷虽然要人没人要钱没钱，它却掌握着一项稀缺资源——官位，而官位对绝大多数人来讲是具有吸引力的，所以朝廷就发现送顶空官帽子就能换来钱粮兵马。魏末朝廷多次以诏命的形式下达募格。明码标价，童叟无欺。比如公元528年的诏书规定，带私马入伍的，原来有官职的升两级，老百姓给予官员出身，也可以给授实官。为了进一步鼓励大家，朝廷又下令能组织起数百到上千兵马的直接授予各种将军名号，比如咱们前文提到的牛人薛修义，响应号召组织起一支七千人的家乡子弟兵，朝廷立即给他戴了顶假安北将军、西道别将的官帽。

朝廷连官服也不给，一切都要自己置办，唯有朝廷的委任状是货真价实的。

天下有打不完的叛乱，北魏统治者不得不一次次发布悬赏告示。就这样，官员的数量激增。大家辛辛苦苦带着自己的私人财产出兵打仗并且立了功，仅仅给个名分，一开始还觉得是个荣誉，等这些荣誉泛滥了就不值钱了，于是充个实官谋个实缺就成了大家盼望的事；但实际职位有限，僧多粥少，不够用。

为了解决大家的竞争压力问题，崔光发明了停年格，不论你是贤是愚，大家都从上一次停官开始计算下岗工龄，在有缺的时候，谁的空闲时间长谁就优先补缺。

这个办法解决了大家争官时谁先上的矛盾，但没有解决实际问题，更多人还得在下边苦苦地等待。

善于创新是我们这个国家的优良传统，他们想到了一个更好的办法，即增设州郡。一个州分成三个州，就相当于增加三个编制，一下子就解决了三个官位，让三个官满意了；虽然管辖范围小了点，但有聊胜于无，大家的满意度提高了。像高敖曹他爹高翼在葛荣作乱期间，率领宗族部将移居河、济之间，朝廷特地设置了东冀州，以高翼为刺史，这样凭空就多了一个东冀州的建制。另外还有类似流亡性质的州郡，这个州郡已经陷入敌人之手，就把刺史府迁到其他州郡暂时寄住下来，有不少州郡空有郡县编制而无实土。

州郡所辖的人口也相当少，十二万户的冀州地位相当于今天人口近亿的山东省。有的州郡人口少得不可思议，南汾州北吐京郡领四县，八十八户，三百五十一口，平均一个县才二十多户，百十口人。虽然北齐鉴于这种情况分出上上州、上中州一直到下下州等九个等级，但只要有建制，麻雀虽小，五脏俱全，一百口人的县照样要有一套行政班子，机构、编制一个不少。

这就是“十羊九牧”。

由于战乱，州郡又设置兵府，兵府设置幕僚，使得州郡的管理人员激增。据资料介绍，北齐最低一级的州也有属吏 232 人，最高一级则有 393 人。高隆之看到这个弊端，曾经建议高欢将战略地位不太重要的州解除刺史的兵权；而不领军府的刺史称为单车刺史，大家都以之为耻。

不管怎么说，机构增加了，编制增加了，大家都有官做，大家高兴了，皇帝又不高兴了。因为编制多了开支就大，原来一个官跟朝廷分税银，现在三个官来分，下边花得多了，上缴的就少了。正是在这样的情势下，高洋下诏并省州郡县。结果并省了三州、一百五十三郡与五百八十九县等,约有33429人下岗。

并省的目的是减少财政支出，降低行政管理成本，减轻老百姓的负担；同时，也借机削弱了那些靠私兵起家的地方势力，从根基上动摇地方豪族势力，稳固了中央政权。

不管历史最终对高洋的评价如何,仅此一项就说明高洋绝非暴君这么简单。假设高洋不再玩创新，一步一个脚印地沿着这个足迹继续走下去，那么中国历史就要重写了。然而，历史没有假设，只有血淋淋的现实。

77. 日渐昏聩

时间过得飞快，转眼间高洋在皇帝岗位上兢兢业业地干了七年多了，总的来说他还是称职的，无论文治还是武功，都有不错的成绩：修订律法，并省郡县，修筑长城，整顿吏治，宣威四方。闹腾了多少年的山胡消停了，正准备崛起的契丹被消灭在萌芽状态，曾经强大的柔然名存实亡，取而代之的草原新贵突厥也臣服在他的脚下。

渡江征梁的惨败是一个转折，这件事让高洋明白，长江是一道不可逾越的防线，继续向南推进是危险的。高洋统一南北的计划再次受阻，三国出现了久违的和平局面。

公元557年又是一个不平凡的年份，形势发生了重大的变化。

南方的梁朝终于走到尽头，陈霸先取而代之建立了陈朝，这是南朝最后一个朝代，也是南朝中统辖区域最小的一个朝代。陈朝刚刚宣告成立便忙不迭地向齐称臣，陈霸先的内忧太重，所以北部安宁很重要。

西边的宇文家族也终于甩开大魏朝单干了，在宇文泰的侄子宇文护的主持下,西魏最后一个皇帝也是大魏朝最后一个皇帝禅位给宇文泰的继承人宇文觉,从此西边又出了一个周朝，史称北周。天下大势变为齐、周、陈三国鼎立。初立的北周只能在南边用兵，对北齐但求自保。据说，在宇文泰时代就做好了应急预案，即一旦高洋进逼，就抛弃长安退守陇右开展游击战争。当然，预案只是应对危机留的后手，一般情况下是用不上的。

北周内部矛盾也不少，宇文护面临的局面跟当初高澄接手的东魏差不多。

曾经跟宇文泰实力、地位相当的柱国们同样对突然冒出来的上司宇文护不感冒，赵贵甚至打算拉着独孤信一起把宇文护做掉，但宇文护取得了于谨的支持。很快，宇文护向反对自己的勋臣们痛下杀手，赵贵、独孤信、侯莫陈崇等柱国大将军先后被杀。宇文护终于向权臣迈出了关键性的一步。

宇文护对宇文泰一家也毫不留情。当他发现宇文觉英明神武不好控制时，便毫不犹豫地弄死了他，另立宇文泰的长子宇文毓为帝。宇文毓是独孤信的女婿，宇文泰庶出的长子，当初因为宇文觉的母亲是西魏公主，所以他没有成为继承人，为此，独孤信差点和支持宇文泰的其他勋贵翻脸。皇冠最终还是落在了他的头上，不过，他的这顶皇冠只是权力的象征，他要真当了真，那么皇冠便是催命钢刀。

三方争霸中，北齐毫无争议地成为第一霸主，这就是资本，这就是高洋曾经赖以骄傲的资本。资本有时候也会演变为负担，统一梦做多了也有醒的时候。事实上，对梁战争的失利和西部战事的毫无进展已经彻底粉碎了高洋统一天下的梦想，高洋悲哀地看到，自己终究只能做齐国的皇帝，大一统只是个遥不可及的梦想。

理想的破灭击倒了曾经的英主高洋。在骄傲和失望的交织下，高洋个性中的另一面逐渐暴露出来。再也不用忍辱负重了，再也不用苦着自己了，想干点什么就干点什么吧，目标降低了，伴随的往往就是随心所欲。

高洋在京都城东举办骑射大赛，要求所有京师官宦人家的女人必须前往观赏，不去的军法从事，活动一连搞了七天。本来看表演是一种娱乐，人们“被参加”后变成了一种痛苦。这项还算正常的活动搞了几次，高洋也腻了，不好玩，不刺激。高洋又迷恋上了饮酒。酒是好东西，魏武帝不是说过吗：“何以解忧？唯有杜康。”喝吧，喝醉了就不用再想什么身前身后了，不用再挂念西边和南边的事了。

最终，高洋陷入了苦恼、饮酒、忘忧、酒醒，更苦恼、再饮酒的循环中，循环往复以至无穷，跟抽大烟一样，上瘾了。借着酒劲，他会夺过鼓手的鼓槌，亲自充当鼓手，在鼓点的伴奏下与左右亲近们唱歌跳舞，通宵达旦，不分昼夜。

当一个人的生活失去目标的时候，无聊往往会像毒蛇一样缠着他，为了摆脱这条蛇，他只好不断地变换各种花样，折磨人或者折磨自己，以使自己显得不那么无聊。无聊是痛苦的。于是人们惊奇地看到，皇帝居然会光着身子，像个女人一样梳妆打扮，脸上涂脂抹粉，然后穿上胡人的衣服，披散着头发，带领着自己的御前侍卫们，张弓搭箭，挥舞着佩刀，在京城市面上游行。走累了，就在大街上随便一躺，开始体验露宿街头的乞丐生活。

对京城勋贵们的府第，更是随心所欲，不分时候，随时光临。有时候上来兴致了，不用备鞍子，骑上白象、骆驼、牛、驴就上街了。

骑够了牲畜还要骑人，让崔季舒、刘桃枝轮换背着自己在大街上跑。刘桃枝是个体力劳动者还不觉累，崔季舒这个文人哪里吃得消，不一会儿就气喘吁吁，好在他曾经在流放地锻炼过一年，不然早就累死了。然而，坐骑累得要死要活，骑手却敲着胡鼓哼着小曲悠然自得。

高洋的创造力是无穷的。现在我们有时候走在街上，忽然看见地上躺着一张百元大钞，你千万别兴奋，没准那就是个陷阱，钞票上可能拴着细线，等你去捡的时候钱自己就跑了，那纯粹是逗你玩呢。这招高洋也想到了，不过他是玩真的，真的往大街上撒钱。天上掉馅饼的事八百年遇不到一回，街上立马乱套了，谁不想不劳而获啊，看着人们争相扑过来的贪婪相，高洋高兴地哈哈大笑。

接下来的游戏可就不是谁都能玩了，如果电视直播，没准要加上字幕：纯属专业人士所为，切勿模仿。

在烈日炎炎的夏天，皇帝会光着身子进行日光浴，强烈的紫外线有杀菌作用，晒晒健康，这个还算靠谱。而在隆冬苦寒的天气，别人穿棉衣围火炉还嫌冷，皇帝陛下却脱光光在露天里奔跑。生命在于运动，大冬天如果不穿衣服会冻死人的，之所以皇帝还活蹦乱跳的，可能是运动起了主要作用。高洋当作锻炼身体，把这些当作平常事，他身边这些侍卫、近臣们可是苦不堪言。

还有更惊险的。

当年，曹操大败袁绍后，开始经营邺城，以邺城北部城墙为基建设了金虎台、冰井台、铜雀台等三座高大建筑。金虎台在南，冰井台在北，铜雀台居中，三台距离六十步，中间有浮桥相连，铜雀台高十丈，屋百间，金虎台和冰井台分别高八丈。高洋认为三台还不够高大，于是征三十万民夫，开始了大规模扩建工程，一连忙活了几个月，三台宫殿群落成，遂更名铜雀为金凤，金虎为圣应，冰井为崇光。三台落成，高洋带领大臣们登台游览，喝过小酒的高洋酒兴大作，想起了魏武帝曹操在铜雀台上横槊赋诗高歌的豪迈，也端起大槊舞了起来，诗没作出来，却发生了一起事故，借着酒劲，高洋的大槊刺向都督尉子辉，尉子辉应声而毙。

在三台之上支起来的木楼，高达二十七丈，两楼之间相距二百余尺，工匠们在上面干活都系着安全带，高洋却在上头卖弄起杂技艺术。他顺着宫殿的屋脊快跑，一点也不害怕，时不时还在上面来个舞蹈动作，下面的人看得目瞪口呆，胆战心惊。估计很多人心里默念：掉下来摔死你。可是，没练过杂技的高洋却来去自如，玩的就是心跳，着实过足了瘾。

高洋不可理喻的行为成为全国人民茶余饭后的笑谈。

78. 皇帝也疯狂

虽然南北朝时期通讯不发达，但好事不出门，恶事行千里，这是老祖宗总结出的经验。皇帝不可理喻的行为作为小道消息传遍了大街小巷，当然，只要传不到皇帝的耳朵里，大家过过嘴瘾没有问题。私下谈论没什么，对着错误的人说错了话是要命的。邺城一个不知名的妇人就因说话不注意惹来了杀身之祸。

那一天，高洋又带着人在大街上闲逛，当他看到一个妇人匆匆走过的时候，忽然心血来潮要做个随机调查，想了解一下自己在人民中的形象。我们从这里看，高洋内心未必不知道自己行为的荒唐，刻意求证往往是不自信的表现。

高洋叫住妇人张口就问："当今天子怎么样？"

高洋就跟微服私访似的，妇人做梦也想不到眼前偌大的黑汉就是当今圣上，也没多想，张口就说："疯疯癫癫的，哪里像个天子的模样？"

这一下戳到了高洋心底最脆弱的那一块，顿时恼羞成怒，手起刀落，一个冤魂产生了。残酷的事实告诉我们：不要随便跟陌生人说话。

高洋的游戏不断升级。慢慢地，只是有悖常理的娱乐活动已经不够刺激了，他迷上了杀人游戏。过去没有电脑游戏供人们模拟，玩的都是真实。杀人有瘾，这已经被历代昏君们证实了。

高洋杀人的时候，只把人弄死还觉着不过瘾，他还喜欢尝试各种杀人方法，用残忍的手段试探人们的心理承受能力。死了的人大多被大卸八块，然后用火烧成灰烬，或者直接投到河里喂鱼。

大量事实表明，高洋的心理素质超强。

大司农穆子容惹恼了他，他命令穆子容脱衣伏地，在百步之外当作射箭的活靶子。由于酒喝多了，醉眼朦胧的老是射不中，高洋一时火起，顺手抄起一根木橛子，朝穆子容下面捅进去，入肠，毙命。三台殿上，他又用大锯把都督穆嵩分割成两半。还有一次，他带人到开府暴显家做客，酒酣耳热之际，没来由忽然叫出随行的都督韩哲，挥刀斩为数段，把暴显家当作了屠宰场。更绝的是，高洋让人把死囚犯们押到三台上，让大家举着草席，像风筝一样从台上往下落。那些勇敢地跳下去侥幸活下来的，免除死罪；害怕不敢跳的，推下去摔死。这算是有文字记载的关于人类飞行的最早实验了。

皇帝胡闹到了这个地步,大臣们能无动于衷吗？但面对这样一个杀人魔王，进谏是需要勇气的，要担负被处死的风险，大多数人选择了沉默。

也有不怕死的，典御丞李集，实在看不下去了，仗着自己也是当年的劝进功臣，一直跟皇帝处得还不错，就当面劝告高洋收敛点。高洋当然不服气，俩人话赶话，李集的犟脾气也上来了，头脑一热，也不顾什么君臣大体了，直接说高洋就是当今的夏桀商纣。这两位都是有名的反面典型——亡国之君，高洋哪里受得了这个，“自己没这么差吧”。

皇帝生气的后果是严重的。

李集被五花大绑扔到河里，沉下去一会儿，估摸着喝饱水了，高洋让人把他拉上来，问道：“我比桀纣怎么样？”李集也不想活了，“你连桀纣也比不上。”高洋就让人把他再次沉到水里，然后拉出来再问，如此反复四次，李集应对如初。真碰上硬茬子了！奇迹出现了，高洋不怒反笑：天下竟有这样的傻子，今日才知道龙逄、比干一定也不是聪明人。

高洋把自己也比作成夏桀商纣，李集居然死里逃生。然而，死里逃生就限于这一次。过了几天，李集见到高洋，似乎有话要说，这次他便没有那么幸运了，高洋还没等他话说出口，就让人把他推出去腰斩了。

类似的故事还有。

有一次，高洋催马舞槊搞军演，大臣们在一边做观众。这时候，高洋忽然将大槊捅向了斛律金老人家，那一刻，大家惊呆了，人人都以为这个高欢时代的老臣要没命了。还是斛律金，面对突如其来的变故，老头面不改色，他眼中没有丝毫恐惧，只有无限的怜悯，就像看自己的孩子胡闹一样。眼看槊尖触到了斛律金的前胸，高洋忽然移开了大槊，哈哈大笑。

高洋要杀要放，根本不按常理出牌，没有人能看得出，一句话不如意，往往就是性命攸关的时刻。都督王纮因一句话也差点送了命，王纮就是那个在高澄遇刺中奋力与刺客搏击的卫士。

高洋召集大臣们痛饮，边喝边说：“高兴啊。”左右随声附和：“高兴。”唯独都督王纮应声道：“有大乐也有大苦。”高洋听到不同声音，就问：“为什么这么说？”王纮回答说：“作长夜之饮，想不到国破身亡，就是大苦。”

这是诅咒啊，高洋大怒，让左右把王纮绑起来砍了。王纮高喊：“那些遇到灾难只顾自己逃命的，现在不是尚书就是仆射，我这样拼命保护主子的人落下这样的下场，可悲啊。”在高澄遇刺的时候，杨遵彦、崔季舒跑得快幸免于难，陈元康拼命保护高澄送了命，王纮拼死同刺客搏斗，九死一生。高洋听王纮这么一喊，不禁心中一动，往事历历在目。王纮就这样逃过一劫。

高洋也有后悔的时候。比如酒醒的时候，那个英明神武的英雄天子又回来了。他交代过的事情，一般不会忘记，左右大臣们还真没有人敢随便糊弄他。

高洋有次醉酒乘马要下漳水河，赵道德抓住马头不放，高洋要杀了他，赵道德说：“我死不足惜，我死了就要到地府找先帝说此儿纵酒癫狂，不可教。”高洋默然而止。在清醒的时候，他对赵道德说：“我如果喝醉了，你就痛打我一顿。”赵道德果然听话，碰到高洋醉酒举杖就打，打得高洋到处跑。

当然，这些只作得玩笑看，因为这都是高洋跟近臣们的嬉闹，但从中我们也确实看到了高洋的两面性，正常的皇帝和不正常的皇帝就这样合成一个人。

高洋如此昏聩胡为，大齐竟然在三国鼎立中不落下风，就不得不提一下杨愔了。

79. 王朝靠杨愔在支撑

设想一个场景，一个人在如厕，旁边环绕着十几个美丽少女提供各种服务。

石崇为了摆阔，不但把自家的厕所装修成五星级，施以各种香水香料，还弄了十几个美艳少女在里面候着，把茅坑弄成了香艳福地。这些，有钱就可以办到。而在另一个场景里，一个人蹲在茅坑里，另一个人恭敬地在旁边立着，随时准备给那个人递递厕筹什么的。这是北朝一大奇观，如厕的人是北齐皇帝高洋，递厕筹的则是宰相杨愔。这绝对不是有钱就可以做到的，甚至，也不是每个皇帝都能做到，因为伺候皇帝如厕说起来总不是什么光鲜的事。

人们一定认为杨愔是个谄媚佞幸小臣，有骨气的大臣怎么会干这样的事呢？士可杀不可辱一直是儒家门徒的处事原则，然而，历史的事实却告诉我们，以高洋的荒唐残暴，北齐能做到正常运转并让北周和南陈时刻感受到威胁，宰相杨愔及他的一班人马功不可没。事实上，杨愔也无愧于一代名相的称号。

高家对杨愔是有恩的，作为被尔朱家族灭门的弘农杨氏的幸存者，杨愔当初投奔高欢为的就是报家族的血海深仇。

尔朱集团灭亡后，大仇得报的杨愔向高欢请求解职回家安葬父兄，高欢也够意思，跟皇帝商量对杨家一门进行封赠。到底是名门望族，几代积下的人望，在丧柩进发的时候，自发前来参加葬礼的有上万人。当时正值隆冬严寒，杨愔赤着脚走在厚厚的积雪上，号啕痛哭，见者无不动容。杨愔以其门第出身和出色的政治才能逐渐成为东魏北齐的汉官领袖，深受高氏三代领导人的器重和信任，杨愔知恩图报，更加尽心尽力地为高家做事。在高洋的称帝过程中，杨愔的支持起到了关键性的作用。之后杨愔为高洋执掌吏部，为高氏王朝选拔任用了大批人才，后来官居仆射再转尚书令，成为高洋朝的重要宰臣之一。

杨愔自居大位后，更加谦虚谨慎，公事办公室谈，家里从不欢迎想私下谈事的人。他一向又轻货财，重仁义，前后皇帝的赏赐，积累巨万，基本散发给九族中人，架箧之中唯有数千卷书。杨愔的记忆力特别好，只要见过谁一面，就能记住人家的名字和容貌，所以，当他选拔任命官吏的时候，往往一次面试便有了结果。很多人据此认为他只是以貌取人，岂不知他早已掌握这个人各方面的信息，脑子里早就有了综合考察的结论。所以，当别人以此攻击他的时候，他从不屑于辩解，爱谁谁，只要咱问心无愧即可。有一个叫鲁漫汉的人，在面试时跟杨愔说自己身份比较低，杨愔不认识他，希望杨愔能全面地了解自己。杨愔笑了，他说："漫汉先生啊，我怎么不认识你呢？某年某月你鲁漫汉在元子思坊，骑一头短尾巴母驴，路上遇到我也不打招呼，还用一块黄帕遮住脸假装没看见我。"有骨气有本事的人大都以谄媚为耻，鲁漫汉看见杨愔的时候，不知道自己应不应该主动去打招呼，但想到跟这样的上级说话，万一人家不理自己，岂不是自讨没趣，他才假装用手帕擦脸没看到杨愔走过去。鲁漫汉听杨愔说得如此详细，当时就晕了。

杨愔也有忘事的时候，杨家遭难后，同族的杨宽曾经出卖过他，但发迹后的杨愔面对杨宽就好像从来没有发生过那些事一样。有如此超强的记忆力，居然还能选择性失忆，更显示出杨宰相的风度。人对自己有恩，终生不敢忘记，相反，人对自己不好，却从不计较，这才是宰相，真正肚里能撑船的大度宰相。

事实上杨愔的确是大腹便便，为此高洋还给他起了个“杨大肚子”的绰号。

俗话说伴君如伴虎，特别是整天跟高洋这样的神经病皇帝请示工作，风险太大了。但杨愔知道，要想做事，首先就得保住自己的位子，所以除了正事，他总是跟高洋打成一片，高洋要玩，他就陪他玩，高洋要办正事，他就一本正经地做事。

这就是传说中的大隐隐于朝，这是个会玩的人，高洋一直把他看作贴心人。饶是如此，杨愔也有好几次差点被废了。有一次，高洋喝醉了，眼睛盯着他的大肚子，手里拿把刀子，非要给他动个手术，剥开他的肚皮看看里面都装了些什么。幸亏崔季舒机智地说：“老少公子开玩笑呢。”嬉闹着把刀子给夺了下来。还有一次，高洋把杨愔装到棺材里，用车拉着，玩送葬游戏，棺材盖合上，高洋就要钉钉子，锤子举起四次，四次都没落下。

闹归闹，关键时刻高洋还是有底线的，倘若真把这么能干的宰相弄死了，这江山社稷谁帮他收拾啊。

高洋纵酒无度，日渐昏聩，在高台上演杂技，大锯活人，尝试各种弄死人的技巧，创造性地玩各种花样来挑战人的极限，成为史上荒唐皇帝之一。荒唐归荒唐，高洋做得很正确的一件事就是把大事交给了杨愔。这就够了！对杨愔这样的儒生来说，是以修身齐家治国平天下为己任的，任何侮辱、打击都不能改变他的理想。皇帝虽残暴不仁，但他能够信任自己，提供了施展抱负的平台，自己还有什么不能忍受的呢？让自己伺候他如厕，让自己装死人陪他玩大出殡的游戏，甚至打得自己皮开肉绽都算不了什么，只要我在，我就要保证让这个政权正常运转。

然而，让杨愔不能接受的是，高洋迷上了杀人，甚至到了一天不杀人就心痒难耐的地步，就像抽大烟一样，控制不了自己。问题是这是皇帝，皇帝身边的都是大臣，精英阶层啊，死一个就是朝廷的一个损失啊。

杨愔开始琢磨如何应对这一新情况，正面阻止是自讨苦吃，弄不好还得把自己搭进去，这样的事，我杨愔才不会做呢。还别说，终于让杨愔想出了一个好主意，那就是想法让高洋杀那些该杀的人。杨愔从死囚牢弄了些死囚，打扮一番充当皇帝的侍卫，只要皇帝杀人瘾一上来，就赶紧塞一个上去，名曰“供御囚”。为了能让这些死囚心甘情愿地做好这项工作，他还设立了奖励制度，只要这个死囚三个月不死，就可以免罪回家。这样一来，死囚们反倒有了生的希望，大家都积极配合杨宰相的天才设想。

跟皇帝在一块儿，说话办事都是需要技巧的。面对这样一个残暴的主子，杨愔总结出三条行为准则：第一、要设法保护自己；第二、要善于揣摩皇帝的心思；第三、要掌握语言的技巧。杨愔以其聪明机智一方面保护自己，一方面尽力帮助和保护那些忠臣们。高洋在即位之初曾经下诏让大家多提意见，现在他最烦的就是别人在他耳边聒噪。

有几个人能虚心听取别人的意见？就是圣明的唐太宗也曾几次动过杀死魏征的心，而且魏征死后连墓碑都被太宗给毁了。当忠臣难。

参军裴谓之不顾李集的前车之鉴，仍然多次劝说高洋不要滥杀无辜，高洋气呼呼地对杨愔说："这个蠢人，不想活了，居然敢这么做。"

杨愔赶紧接话说："这个人是个儒生，他就想让您杀了他，好让他成就做忠臣的名声。"

高洋一下就中了套，"我偏不杀他，看他怎么成名！"

这段故事在一千年后又有了翻版，当海瑞把自己那个著名的骂皇帝的报告递上去的时候，狂怒的嘉靖大叫："赶紧给我把他抓起来，别让他跑了！"这时，旁边一个太监小声说："他不会跑的，人家早就把家人遣散，把自己的棺材准备好了。"就这一句，嘉靖居然放过了海瑞。所以，多读书是好的，因为历史总在不断地重复。

皇帝在上头昏头昏脑，但下面的政事却清明有序，功劳要算在杨愔的头上。

杀人的事让杨愔天才地解决了，高洋又开始挑战人类的道德底线了。

80. 禽兽行为

只是残暴，我们一般称其为野兽，野兽跟暴力有关，而禽兽大抵跟情色关联。

每个人脑子里都会冒出些乱七八糟的东西，我们不是圣人，只能以圣人制定的规则来约束自己。有一句话说得好："百善孝为先，论心不论迹，论迹贫家无孝子；万恶淫为首，论迹不论心，论心天下无完人。"

人有各种欲望是正常的，只要我们能约束自己，我们仍不失为一个好人。

年轻时当演员，人性被压抑得太久，当了皇帝又忙着政治和战争，现在闲下来了，各种欲望都迸发了出来。高洋把心里想的罪恶念头都付诸现实了。高洋现在越来越荒唐，越来越离经叛道，作为至高无上的最高权力者，酒色不分家，他开始放纵情欲。高家的女人们，那些处于金字塔最顶尖的上流社会的贵妇们，首当其冲成了高洋放纵的牺牲品。

先是高澄的老婆，被高洋封为静德后的冯翊公主元氏。当初为了自保装孙子，高洋不惜忍受高澄送给他的一顶绿帽子，现在高澄没了，自己也说了算了，该报仇了。他先把元氏移居到高阳之地，把高澄家的库房占有了，然后亲自跑到元氏的屋里，宣称："过去哥哥强奸我的老婆，我得报仇。"于是霸王硬上弓，强奸了元氏。算起来元氏也是快四十岁的人了，姿色上本来就不如高洋的老婆李祖娥，高洋只是把她当作了报复的工具。

接着是尔朱荣的女儿，两代帝后，高欢见了就称"下官"的大尔朱氏。不管是考虑政治因素还是出于真心，高欢对大尔朱是很尊敬的，当初因为她娄昭君还差点被废。高欢后来迫于家庭压力让她出家做了尼姑，并且亲自为她建了一所佛寺。高洋有一天酒后忽然想起了那段往事，母亲险些被废，都是这个小妈在作怪，可恼！高洋借着酒劲来到大尔朱修行的地方，开口骂道："你当初是怎么逼我的母亲和兄长的？"大尔朱氏早已心如止水，面对眼前这个凶神，低眉垂目，一言不发，唯有垂泪而已。高洋看着梨花带雨、风韵犹存的大尔朱，心头忽然有了异样的感觉，上前搂住就要霸王硬上弓。大尔朱也是文武双全的奇女子，如何肯让高洋得手，恼羞成怒的高洋挥刀把她砍为两段。

更令人咋舌的是，高洋把邺城的淫娃荡妇们征集起来，脱光光，命从官们上去跳双人贴面舞，他在一旁乐呵呵地看黄色表演。看久了，不过瘾了，他又想出了新花样，用荆棘扎成马，让这些裸体美妇骑上去，然后用草绳拴着，牵来牵去。美妇们被扎得下体流血，高洋却兴奋不已。自己快乐不是快乐，大家好才是真的好。高洋尝到了放纵声色的乐趣，于是在宫里开了性爱舞会，把高家的媳妇、姐妹们统统接到宫里，和宫廷侍卫们开起了无遮大会，还用葛布拧成绳索，让原魏朝的安德公主（孝武帝元脩的从妹）骑在上面，让人推着玩。高洋让左右胡人武士们与大家相交，看得兴起，他亲自上前给大家做示范表演。

皇帝闹成这个样子，一直住在晋阳的娄昭君听说了，老太太知道继续下去，高家的江山恐怕就要断送在这个荒唐孩子手里。当高洋前来宣训宫请安的时候，老太太开始数落儿子，越说越生气，情急之下举起拐杖打了下去，口中念叨："如此你们生如此儿。"养不教父之过，连带高欢也捎上了。高洋过来的时候，刚喝过酒，此时已经醉意朦胧，被太后打几下也没什么，但他听到太后这样说，这火上来就控制不住自己了，开口道：“再喊我就把你个老东西嫁给胡人。”胡人在当时指的是北部边疆那些不服王化不知礼义的野蛮民族。娄昭君万万没想到儿子会说出这样的话，一下就呆在那，眼含泪水，一声不吭。高洋也觉得自己的话有点过分，现在看老娘真的生气了，就想把她逗笑。他爬到老太太坐的胡床底下，用身子把胡床驮了起来。老太太毕竟上岁数了，身子一晃一下摔在地上，弄得身上青一块紫一块的，幸好，只是些皮外伤，要是伤筋动骨，这事就大发了。

眼见玩笑开大了，高洋吓醒了，看着很受伤的老母亲，感到非常后悔，就跪在母亲面前请求老太太原谅自己的不孝与混账。但是，此时已经气得说不出话的老太后哪里肯理这个混蛋儿子？高洋看软的不行，就让人架起劈柴，要对自己用火刑。这个疯狂举动把老太后吓得够呛，儿子虽然很可气，但毕竟是亲生骨肉，要真有个好歹自己也不能原谅自己，只好强忍怒火上前劝解。

看起来这次高洋是真心悔过，虽然老太太口口声声说已经原谅他，他却仍然不肯放过自己，不受点惩罚心里总是过意不去。高洋让左右在地上铺了一领草席，然后脱了衣服，露出后背，趴在席子上，命令亲信平秦王高归彦操杖行刑，并且传下敕旨：“打不出血，就杀了你。”老太后哪里经历过这个，上前抱住高洋让他起来。高洋流着眼泪，苦苦请求受责：“儿子不对，如果不受罚，儿心难安！”太后知道高洋的倔脾气，点了点头，但让他把杖背改为抽脚，于是高归彦动手笞脚五十。打完了，高洋再次跪倒在地，一再磕头，发誓要戒酒，再不做荒唐之事。

高洋果然说到做到，还真戒酒了，不过，总共持续了十天便破戒了。

折腾了老娘一顿，高洋觉得气不过，这天喝过酒后，他提出要去看看丈母娘。女婿想着丈母娘，本来是好事，但是高洋的见面礼却让人无法接受。到了李祖娥家，李家全家老小列队迎接，人家是皇帝，长辈不如君臣礼大，没办法。

高洋远远地看见李祖娥的母亲崔氏，忽然飞快地举起弓，弯弓搭箭向崔氏射去，这支箭带着哨音正中崔氏面颊，当即血流满面。幸亏是鸣镝，属于一种没有箭头的响箭，否则崔氏哪里还有命在？高洋翻脸了，射完还不算，又提起马鞭照着崔氏胡乱抽打了百余下，边打边骂：“我醉酒的时候连太后都不认，你算什么东西？”

平白无故遭了一顿打，你说崔氏冤不冤。最合理的推测就是，崔氏在娄太后面前告了高洋的黑状，换了别人谁有这个胆量和机会啊，而一对儿女亲家见见面拉拉家常是合情合理的。

收拾完两边的娘，高洋开始向自己的兄弟们下手了。

81. 大刀向弟弟们的头上砍去

高欢有十五个儿子，其中娄昭君生了六个，即高家的老大、老二、老六、老八、老九和十二。

对大户人家来说，一个妈的弟兄才算真弟兄，异母兄弟感情还不如外人。

高洋一直对高家老三高浚心存不满，这个老三在高洋当演员的时候瞎了眼，以为高洋真的是傻子，在朝会这样严肃的公开场合居然拿自己的两行鼻涕开玩笑。那时候，高洋虽然很生气，但他很能忍，把仇恨埋在了心底，一直没有忘记。

永安王高浚是高欢的第三子，王氏所生，高欢娶王氏的当月，王氏有孕，高欢怀疑自己一箭中的的能力，从此有了心结，一直怀疑高浚不是自己的亲生儿子，从这里看大约王氏也是寡妇。然而，高浚靠自己的聪明伶俐逐渐获得了高欢的欢心，成为高欢心爱的儿子之一。高浚读书很用功，看问题角度独特，八岁的时候把大学者卢裕给难住了。

师生问答如下：

问：俗话说祭神如神在，为有神邪？无神邪？

答：有。

问：如果有神，应当说祭神神在，为什么要加个如字？

答：……

擅长问为什么的孩子不好教，但这样的孩子往往有出息。成年后的高浚文武兼备，有一身好气力，善骑射，为人豪爽，成为高家弟兄中的翘楚人物，历任中书监、兼侍中、青州刺史。

高浚对高洋的认识颇为曲折，一开始以为他是个真傻子，后来见识了高洋的能力，见高洋因酒败德，就打算亲自进京劝说。某些对二哥不满的话说得随便了些，也没注意保密，被报到了高洋那里，高洋更加气愤。高浚进京后，跟在高洋左右，高洋在宫内开裸体舞会，高浚劝阻，认为这些不是做皇帝的应该做的，弄得高洋很扫兴。高浚又秘密约见杨愔，讽刺他不敢劝说皇帝。按照北齐律法，诸王和大臣秘密见面是死罪，杨愔受了高浚一顿埋怨，又怕两人见面的事传到高洋的耳朵里，为了保护自己，就把这件事向高洋做了汇报。高洋更加恼恨：小人真难忍受！

回到青州后的高浚没拿自己当外人，觉着为了老高家的事业，自己有责任帮助哥哥纠正错误做个好皇帝，于是给高洋写了个奏折，恳请高洋知错就改。这下可彻底把高洋惹翻了，一道旨意下到青州让高浚立即进京，高浚知道不好，就推托自己病了不肯前来。高洋就让人把他抓过来，关在铁笼里。

高浚的铁笼生活并不寂寞，因为高洋很快就给他送来了伙伴。高家老七高涣也进了铁笼。

在东魏时代，有术士预言，“亡高者黑衣”，高欢很忌讳这个，那时候和尚们穿黑衣，所以高欢终生不主动跟和尚见面。宇文泰也知道这个预言，他高兴地说：“我名黑獭，应该应验。”于是西魏军皆黑衣，专门用来恶心高欢。

高欢死了，这个预言就压在了高家子孙的身上。

有一天高洋忽然问左右：“世界上什么最黑？”左右随口道：“漆最黑。”古代的漆是从漆树上收集的汁液，深褐色，纯天然环保型。我们把伸手不见五指的夜晚形容为漆黑的夜，这个漆果然够黑。左右说了个实话，高洋却由此联系上了七弟高涣。漆和七同音，难道老高家的事业要毁在他的手里？看来老七这个人不能留。

高涣天姿雄杰，倜傥不群，也是高家兄弟中出类拔萃的人，历任冀州刺史、中书令、尚书左仆射，曾经率众送梁王萧渊明还江南，东关一战斩杀梁将裴之横，威名甚盛。高洋对这个异母弟弟是颇为忌讳的，至此，为了破解那个恼人的预言，他要拿弟弟开刀了。库真都督破六韩伯升奉命到邺城捉拿高涣，事情倒也顺利，高涣很听话地跟破六韩伯升回晋阳，然而，走到紫陌桥的时候，高涣突然发难，杀伯升而逃。高涣没逃出多远就再次被抓。你不是强悍吗，你也入铁笼吧。

就这样高家的两只猛虎被关在了铁笼子里，铁笼子放在地牢里。

两人在地牢里的日子已经不是人过的日子，吃饭拉屎，都在斗室之内，但两人的生命力超强，谁都没有被折磨死 。

一年之后，有一次高洋喝醉了，想起了这两个弟弟，就来到地牢口上，高歌一曲，令两个弟弟唱和。一年的非人折磨，已经把两位王爷弄得志气全消，两人哆哆嗦嗦跟着高洋唱歌，声音里充满了颤抖和恐惧，高洋被这种情绪感染，竟然升起恻隐之心，放声大哭，“到底是我的弟弟，还是放了吧。”

眼看着两人的命运出现一丝转机，可惜还没等两人高兴完，就听旁边有人冷冷地说：“怎么能放猛兽出笼呢？”说话的也是高家兄弟，娄昭君亲生的老九长广王高湛，他一向跟高浚不和，现在乘机落井下石。

高浚等大喊：“步落稽，黄天在看着你呢！”步落稽是高湛的字。

喊已经没有用了。

高洋默然。实际上，什么应预言，什么小时候的恨，都是托词罢了，高洋真正忌讳的是，在自己十五个兄弟中，除了已死的高澄，高浚和高涣两人都有雄才大略，在高氏诸王中颇有威望和号召力，两人出镇地方政声又好，这不能不引起高洋的警觉。

理智终于战胜了情感，高洋的兽性又上来了。

高洋亲自挺起大槊隔着铁笼刺向高涣，卫士刘桃枝也横枪向铁笼乱刺。高浚和高涣两位够猛，虽然已经被折磨得不成人形，但一股豪气仍在，身手仍然利落，大槊刺进来，就被他们伸手捉住，然后用力将枪尖折断，如是折了四五根大槊，两人愈发声音凌厉，地牢里哭声震天。

据考证，矛超过一丈八就称为槊。实际上，跟枪、矛一个类型。

高洋命大家向笼子里投火，终于将两个猛士烧死了，一时两人皮发皆尽，尸色如炭。高洋让人直接把地牢用石土填上，算是做了坟墓。

还不算完，高洋又把高浚的老婆李氏赐给了冯文洛，把高涣的老婆陆氏赐给了刘郁捷，两人都是随从高洋杀两王的家奴。

在利益和权力面前，兄弟反而不如外人。

82. 令人发指的暴行

高洋看起来越来越不正常了，据某现代医学专家考证，高洋患的是酒精中毒型精神病。高洋只要一喝酒，就不能用常人的思维考虑问题了。但透过表面，我们却看到高洋更多的时候是在借酒发威，俗称耍酒疯。

比如，崔暹妻子的死，历史记载是这样的：

在高洋日渐昏聩的时候，天下人除了高演一直不怕死地进谏，还有一个崔暹也不要命地劝说。高演感谢道："现在太后都不敢说话了，我的兄弟们更不用说，只有仆射你敢犯颜进谏，我深感惭愧啊。"

高洋对崔暹是敬重的，无论崔暹怎么说，高洋都知道他是为自己好，所以一直没有对他怎么样。崔暹死了，生老病死，自然规律，高洋伏棺痛哭，为失去了一个好臣子而悲痛不已。接下来发生的事却让人觉得匪夷所思。崔暹死后的某日，高洋又来到崔家，按理说老部下走了，当领导的去看看遗属，安慰一下，帮助解决一下实际困难，这些都是应该做的。然而，谁想到这次高洋是来找碴的。

高洋见到崔夫人的时候，忽然问了一个非常人之常情的问题："你还想念崔暹吗？"

老夫老妻多少年了，如果说不想那不说明你无情无义吗？崔暹妻子李氏非常自然地回答道："结发情深，当然想念。"

"既然想念，你去看看他吧。"

这句很平淡的话的内容其实非常恐怖，因为这就好比说你到地府里去看看你的丈夫吧。还没等李氏品出这层意思，高洋已经手起刀落，然后李氏的脑袋就被扔到墙外去了。这一刻，大家都认为高洋精神病犯了，毫无道理啊，如此残忍地对待一个老臣的遗属。然而，对高洋来说，却并非没有缘由。

原来，当初由高洋做主将高澄的女儿乐安公主嫁给了崔暹的儿子崔达拏，过了一段时间，高洋就把侄女叫过来问："在崔家过得怎样？崔达拏对你好吗？"

公主回答道："夫君对我很好，不过婆婆看不惯我，经常欺负我。"

高洋对高澄的子女们都很疼爱，拿他们跟自己的孩子一样，听到侄女受气，心里就气不打一处来。但碍于崔暹的脸面和博陵崔家的声望，高洋将不满压在了心里。最终，这颗仇恨的种子发芽生根了。

原来高洋杀李氏是为了给侄女出气，不过方式太过激烈，太不近人情，这样让侄女今后如何在崔家混？事实也是如此，北齐亡后，没有了后顾之忧的崔达拏亲自杀死了过气的公主，算是报了杀母之仇。

与崔暹夫人相比，高洋最宠爱的妃子薛嫔的死则显得更加阴森恐怖。高岳死后，有一个疙瘩一直压在高洋的心里。薛嫔是高洋的最爱，但一想起高岳这个糟老头子曾经跟她有一腿就浑身不自在。终于有一天，高洋一刀砍下了薛嫔的脑袋，揣在怀里，然后让手下把美人尸体肢解，用髀骨做了一把琵琶。在君臣同乐的宴会上，正当大家酒酣耳热之时，高洋突然把美人脑袋从怀里掏出来，放在酒桌上，满朝文武无不大惊失色。高洋不慌不忙地弹着人骨琵琶，口内吟唱：“佳人难再得！”竟然失声痛哭。

“北方有佳人，绝世而独立。一顾倾人城，再顾倾人国。宁不知倾城与倾国？佳人难再得！”这是李延年的一首名曲，曾经听得汉武帝心旷神怡，忍不住问李延年这样的佳人哪里有。李延年告诉武帝自己的妹妹就是，于是武帝认了李延年为大舅子，史上著名的李夫人就此入宫。

佳人已逝，往事已成追忆，只是吓坏了满朝文武。

而后，高洋为薛嫔举办了隆重的葬礼，他跟着装棺材的大车，披散着头发，号哭不止。不知道此刻他的心中是否真有一丝悔意。

高洋对薛嫔是有感情的，但妒忌和仇恨蒙蔽了他的心灵。而高洋跟李祖漪的故事告诉我们人类的道德底线是如何的脆弱，为了爱或者欲，高洋亲自策划了一起杀人夺妻案。

李祖漪出身赵郡李氏，皇后李祖娥的亲姐姐，夫家是原魏乐安王元昂。因为妹妹的原因，李祖漪也经常到宫中走动，不巧被妹夫看上了，并且上了妹夫的床。高洋这次居然动了真情，不顾一切要把李祖漪弄到宫里长相厮守，封号也想好了，让她先做个昭仪。高洋也要成就一段娥皇女英的佳话。问题是，李祖漪是有夫之妇，这事有点麻烦。当然麻烦是对普通人而言，对高洋这种蔑视一切人类规范的荒唐皇帝来说，有什么难办的？高洋有自己解决问题的方式，他把元昂叫到宫里，命令元昂趴在地上。

皇帝有旨意，做臣子的哪里敢不照做？

高洋取出弓箭，搭上响箭，拿元昂做靶子，开始练习射击。虽然响箭没安箭头，但那刺耳的声音和钝箭杆的冲击力，加上高洋的力道也能要人的命，一百多箭射出去，元昂已经遍体鳞伤，流血一石。元昂的血肉之躯哪里经受得起，就此一命呜呼。元昂的丧礼上，高洋亲自带文武大臣们前往吊唁。一身孝衣的李祖漪，白衣如雪，更显得冷艳动人，高洋一股邪火上来竟至克制不住，抱起李祖漪在大庭广众之下开始了云山雾海。参加丧礼的群臣们目瞪口呆，还没等他们闭上惊讶的嘴巴，心满意足的高洋下令大家立即脱掉袍服助兴，并奉上钱物做信物，让大家见证自己的爱情，一日之内，便收取了上万礼金。

高洋如此胡闹，皇后李祖娥终于忍不住了。这个不幸的女人本性是懦弱的，面对丈夫的胡闹一直默默地忍受。自己的丈夫是皇帝，是君主，自然跟一般人不一样，既然选择做皇后，就要比一般女人做出更多的牺牲。高洋似乎跟天下的女人都有仇，唯独对李皇后不曾失礼，这是跟自己一起吃过苦帮助自己度过黑暗岁月的女人。但现在，李祖娥终于忍无可忍。李祖娥绝食了，除了哭一口饭不吃，告诉高洋自己这个皇后不干了，让李祖漪当皇后好了。这事又惊动了太后，太后也发话，不准高洋再这样胡闹下去。高洋这才打消了迎李祖漪进宫的念头。

正在此时，洛阳方面传来消息，司马消难叛逃了。

83. 司马消难叛逃

高涣被抓，引起了远在成皋的北豫州刺史司马消难的不安。司马消难是高涣的姐夫，这个不重要，重要的是，两人一向走得很近。当高涣杀死解差开始逃亡的时候，京城内纷纷传言高涣一定是到成皋去了。

高洋很头疼，因为司马消难背后有一个强大的司马家族，这两人要是连起手来，无疑将引发北齐政坛的一场地震。

虽然后来的事实证明他们并没有走到一起，但高洋心中嫌隙的种子已经播下。本来就性格多变的司马消难内心充满了疑惧，以高洋现在的精神状态，杀人还需要多少理由吗？只要是有一丁点怀疑，自己就危在旦夕了。

其实，司马消难当年出镇北豫州时确实没安好心。一是受了他父亲司马子如的影响，一个佐命元老，在高洋的手下就像一个蚂蚁一样微不足道，人家想怎么折腾就怎么折腾，司马子如的故事告诉司马消难，伴君如伴虎，功劳是靠不住的；二是司马消难虽然贵为驸马，但跟媳妇关系不好，这很正常，高欢的闺女自然有些大小姐脾气，脾气太大自然就无趣得很，碰巧司马消难又是个好色之徒，当年父亲的小妾他都敢上，拈花惹草的事是避免不了的，夫妻间为这个吵架是必须的。

他老婆高氏没少在高洋面前告状，崔达拏夫妻的悲剧也让司马消难很害怕，说不定哪天高洋一翻脸，自己可就危险了。

高氏也非等闲之辈，丈夫不待见自己，做事从来不多加考虑，她只好以自己的方式保护自己和孩子。

就在司马消难在北豫州惶惶不安的时候，朝廷派来采风大使。采风大使负责调查各地州郡的施政情况，官职小责任重，抓住刺史郡守们这些地方大员一个风传的罪名，就可以把他双规。

让司马消难更加害怕的是，采风大使张子阶是御史中丞毕义云派来的，属于毕义云的心腹，而毕义云跟司马家族有仇。毕义云出身豪族，少年时即是家乡兖州一带的强人，打家劫舍的事没少干。后来改邪归正走上仕途，以干练严酷著称，为高澄、高洋兄弟所赏识，做到了御史中丞，史书上把他列入酷吏行列。

司马消难的堂弟司马子瑞为尚书左丞，看不惯毕义云的做派，跟毕义云较上了劲，三番五次弹劾他："窦皇姨去世的时候，百官都去吊唁，唯独毕义云派手下应付"，"毕义云家里豪富，对外却总是哭穷"，"毕义云娶后妻的时候用衙门里的工作人员充当仪仗队"，如此等等，前后列了十余项。但毕义云的后台是高洋，司马子瑞劳而无功，毕虽被下到廷尉府大牢，最终只是罚款了事，就此两家结仇。

张子阶一到北豫州，就把北豫州典签官和司马消难的一个门客抓了。这个信号很不好，明摆着是来找碴的。这是明目张胆地公报私仇，这是把咱往绝路上赶啊。

司马消难知道不好，他判断不出一切是否是高洋指使——倘若是皇帝要查办自己，自己还有什么希望？满怀恐惧的司马消难立即做出了反应。他让自己的心腹裴藻以休探亲假的名义赶往河东，然后转道去了长安，向宇文毓请求举州归降。

这件事跟当初高仲密叛逃如出一辙。当年身为高欢佐命功臣高乾家族的老二因为跟高澄闹别扭从这里叛逃向西魏，并且引发了东西邙山大战，那一仗，宇文泰败得很惨。成皋县城和虎牢关城在战乱年代是合二为一的，当初高欢为了防备高慎曾经搞了军政分治。虎牢关的地位很重要，只要虎牢不丢，河南地就不算丢。当初听到虎牢投诚的消息宇文泰很兴奋，仿佛河南已经收入囊中，但后来的事实给了他当头一棒，不但进军河南的计划没有成功，还使得刚刚组建的六军损失殆尽。

宇文泰走了，宇文家的人长了记性，并没有像当初那么激动，因而这一次没有举国出动，只是派达奚武、杨忠率五千轻骑兵前往接应。人过来就行了，地盘就不跟大齐争了。达奚武、杨忠都是北周十二大将军之一，皆是骁勇善战的主。达奚武在东西第二次大战中曾因深入敌营侦察情报而获得了史上最牛侦察兵的荣誉称号——当然这个荣誉是笔者送的，但达奚武胆子大是出了名的。达奚武、杨忠从小道直入齐境五百里，路上先后派出三拨联络人到虎牢送信，然而，蹊跷的是，派出去的人一个也没回来。开弓没有回头箭，没有消息也得硬着头皮继续前进。

很快，周军已经来到距离虎牢关三十里的地方，还是没有消息，牛人达奚武终于顶不住了：司马消难不会是假投降吧？这整件事会不会是个陷阱？

达奚武停下不愿意走了。副将杨忠说话了：“有前进死的，没有后退生的。”

达奚武不为所动，杨忠无奈只好自己单独行动。五千人中杨忠能指挥的只有一千多人。当夜，杨忠来到城下，虎牢城关依山而建，四周都是险要。杨忠不敢贸然行动，在城下就地静静等候。毕竟自己就这么点家底，经不起折腾。

达奚武担心杨忠有失，带亲随亲自前来再三劝说杨忠撤退，杨忠置若罔闻。达奚武一怒之下招呼杨忠带过来的五百骑兵西走，杨忠这下只剩下了五百骑兵，这五百人可都是忠于自己的亲兵，五百就五百，杨忠依然按兵不动。

其实，司马消难早就等候多时。他探听确认是北周接应自己的人后，悄悄打开城门，迎接杨忠入城。杨忠赶忙派人通知达奚武，达奚武这才率领大军进城。

五千人搞这么大的动静，已经谈不上秘密行动了。得到司马消难叛变、西魏军入城的消息，齐虎牢镇城大将伏敬远反应很快，他立刻做了两件事：其一，亲率重甲兵士两千人占据东城，关闭城门，布置防守；其二，立即举烽火向周围各州示警和求援。

虎牢关一分为二。司马消难和周人勾结致虎牢危险的消息很快传到了周围各城，各城在加强防守的同时，开始预备增援虎牢。

达奚武再次恐惧了，他担心一旦周围的齐军集结，自己可就成了人家案板上的肉了。达奚武久经战阵，他不想自己这一趟赔了夫人又折兵，司马消难没接着，反而赔上身家性命，这趟买卖可就赔大了；关键是周主早有交代，此次出兵更多考虑的是政治影响，一城一地的得失是次要的，所以达奚武命令将城内财物洗劫一空，然后带着司马消难出城向关中转移。

这次达奚武很慷慨，配给杨忠三千人殿后。

周军到了洛水南岸，杨忠命人下马解鞍就地休息吃饭。周军慌了，杨大将军这是犯的哪门子糊涂：齐军已经追至洛水北岸，形势万分危急，还有心情吃饭？杨忠让大家把心放到肚子里，尽管安心吃饱饭，齐兵一定不敢渡河。

真被杨忠说中，齐军果然不敢贸然渡河，只是在对岸虚张声势，周军从容撤退。这下，达奚武彻底服气了：我达奚武自认为是天下勇士，今天我算见到真正的勇士了。达奚武已经成为老将，在变得更加稳重之余，胆气变小了。

经过这次相遇，司马消难和杨忠成了好朋友，杨忠的儿子杨坚也认了司马叔叔。后来，杨坚辅政，司马消难联合柱国尉迟迥发难，失利后又投奔陈朝，陈朝灭亡入隋，正是靠了这层关系，杨坚也没有为难他，司马消难得以善终。

司马消难出镇地方的时候只带走了自己的小老婆，高氏就跟杨坚告状，说司马消难一向无情无义，把老婆孩子留在长安，肯定不安好心，劝杨坚一定要留意他的动向。就是这个举动，救了司马消难一家。可见，高氏还是很高明的。

司马消难叛逃，高洋虽然很生气，却放过了司马一门，也算是奇迹一件。

放过司马家族还是有缘由的，毕竟司马家族为高家江山出过力流过汗。可旧皇族元氏家族可就没这么幸运了。

84. 旧皇族很本分

由于虎牢防城大都督（类似城防司令）伏敬远反应迅速，处理果断，司马消难事件除了带给北齐负面的政治影响外，基本没造成大的损失。但这件事在高洋的心中留下了阴影，正如当初高仲密的叛逃影响高欢对河北大族的信任一样，高洋对自己身边的代北勋臣们变得更加不放心。当初刚刚接班的时候，高洋对代北勋臣主要是笼络，等到政权稳固后，打击成为主旋律，高岳、高隆之等的死无疑都跟这个有关联，甚至斛律金都险些成为他的槊下冤魂。

高洋的高明之处在于，他不搞株连，所以基本没有出现一个家族或者一个团体联合反抗的情况，出问题也是个人问题。

美国人的胡萝卜加大棒政策在古代中国被高度浓缩为一个成语：恩威并用。

放过了司马家族，高洋的一股火没发出来，直到次月，他连本带利算在了西门豹的身上。西门豹可谓妇孺皆知，因为小学课本里有一篇《西门豹治邺》。西门豹把假借河神坑害百姓的巫婆扔到漳水河喂了鱼，邺城百姓感激西门豹，就在临漳一带修建了西门豹祠。西门豹不信神，结果自己身后成了神。

这一年的六月，邺城一带的天空烈日炎炎，土地干裂，老天吝啬到连一滴雨也不下，眼看庄稼都要干死了，高洋亲自到西门豹祠祈雨，巴望西门豹能够显灵再次拯救邺城的百姓们。然而，天道自有其自然规律，哪里会因为皇帝的请求就改变呢？折腾了半天，一滴雨也没见着，高洋生气了，一腔怒火撒在西门豹身上，把西门豹祠拆了，连西门豹的坟冢也毁掉了。此刻的高洋就是个混入人间的魔王。

按说面对这样一个嗜杀的君主，大臣们最应该做的事就是向杨遵彦学习，想方设法减少高洋杀人对朝廷的损伤。

人和人不一样，也有助纣为虐的，仆射高德政多次提醒高洋元家人不能留了。原来高洋在五月已经对元家人下达了格杀令，现在监狱里还关着十九家元家人。

作为曾经的东魏政权的名誉领导，旧皇族的元家人一直是高洋的心病。虽然大齐建国已经快十年了，元氏族人的势力此时已相当衰弱，但人家是正宗鲜卑贵族，从血统上来说比高家要古老高贵得多，即使他们没有复辟之心，可谁又能保证不会有人打着恢复元魏的旗号作乱呢？高洋对这件事却很慎重，毕竟这不是一家一户的小事，不说别的，就高家跟元家都有扯不清的联系，自己的重要助手加亲弟弟常山王高演的王妃也姓元。谁能想得到，最后让高洋下决心的竟然是元家的人。

东魏的彭城王、大齐的彭城公元韶，饱读诗书却生性懦弱，自从娶了元脩的弃妇后，作为高家的女婿，享受到了别的元氏族人没有的待遇，彻底投入了高氏集团的怀抱，慢慢都忘了自己也曾经是龙子龙孙。

然而，皇帝小舅子却一点也看不上他，对他极尽侮辱。高洋胡闹的时候让人把元韶的胡须剃光，然后为他涂脂抹粉。元韶本来就是带点脂粉气的美男子，让高洋这么一弄，俨然成了个仪态万方的美妇人，高洋让他跟在自己的身边，跟人家一本正经地说这是自己新纳的妃子，闻者无不嬉笑。这么开玩笑显然是高洋对旧皇族的侮辱，难怪同为元家人的元晖业看不下去了。

如果说元家人还有草原遗风的，美阳公元晖业算是一个，这是个硬骨头。此君出道很早，青年时代曾经在考城跟陈庆之掐过架，也算是元家地位名望都很重的人物。有一次高澄跟他开玩笑说："听说你喜欢读书，都读什么书？"元晖业回答说："数寻伊、霍之传，不读曹、马之书。"以此讽刺高澄为曹操、司马昭。

后来，元晖业看穿世情，知道大魏朝气数已尽，从此开始自甘沉沦，破罐子破摔，敞开肚皮大吃大喝，一天吃一只肥羊，三天吃一只牛犊子。

当初，元善见禅位高洋的时候，是元韶亲自捧着印绶交到高洋手里，事后元韶遭到元晖业一顿痛骂：“你还不及一个老太太，为什么不把玉玺打碎了？”老太太指的是西汉末年摔了传国玉玺的老太后王政君。元晖业知道自己逞一时口舌之快虽然够解气，但高洋是不会放过自己的。大魏都灭亡了，我一个旧朝遗老怕什么？原来元晖业早怀有必死之心，要为大魏朝殉葬。过去，高洋一直隐忍不发是因为元晖业威望太高，既然他不识抬举，非要跟新朝作对，那留着就是祸患。不久，高洋就找了个借口把他杀了，元晖业死得很坦然。

元家的其他人都很本分，老老实实做人，踏踏实实做事，从来没给高洋惹过麻烦。作为高家的女婿，元韶以为自己已经融入了高家，但高家真的拿他当自己人了吗？

85. 诛杀元家人

公元559年（北齐天保十年），太史启奏：“今年当除旧布新。”天象异变，显示天下将有变化，这是任何一个帝王都必须重视的大事。古时候天人合一的思想深入人心，地上要发生什么事之前，天上的星星月亮总要弄出点不寻常的景象来。据《后汉书》记载，刘秀当皇帝后见到老同学严子陵，聊天聊得痛快，当夜俩人大被同眠，严子陵的脚压在刘秀的肚子上，吓得太史官一大早跑来报告：“昨天晚上客星犯御座甚急。”刘秀笑道：“我跟故人严子陵一起睡觉呢。”

天象有了，地上一定会发生什么。为了把坏事转化为好事或者把坏事的破坏力减弱，皇帝们往往人为制造点事来感应，也就是俗话说的破解，比如孝武帝出走关中的时候，天象显示“荧惑星进入南斗星”，太史解释这暗示着天子下殿走，梁武帝萧衍就光着脚丫子满院子跑。前秦时天象显示国有大丧，皇帝苻生就把自己的皇后和辅政大臣杀了，应在老婆身上比应在自己身上好，这就是皇帝逻辑。至于除旧布新的天象得够身份的人才能破解，高洋瞄准了旧皇族。

于是某天一件看似自然的事情发生了。高洋跟元韶闲聊，忽然问了一个很严肃的历史问题：“为什么刘秀能够中兴汉室？”说者有心，听者无意，元韶是个单纯的人，他没有想到高洋的真正目的。元韶从小是个乖孩子，好好学习天天向上，知识面很丰富，但博学不一定有脑子，也难怪元晖业看不起他，学愚了。现在听高洋这么一问，又勾起了他卖弄学问的兴致。

“因为姓刘的没有杀光。”元韶忘了自己姓元，元姓就是王莽篡权时的刘姓，历史何其相似。

元韶的话让高洋下定了最后的决心。高洋对元氏皇族下了诛杀令，五月份杀了元世哲、元景武等二十五家，幽禁了元韶等十九家。

高洋开始玩猫捉耗子的游戏。

他把部分要犯押上近一百米高的金凤台上，每人发一领席子，再次开始了他的飞行试验。有些人吓死了，有些人掉在台下摔死了，唯独一个叫元黄头的，试飞非常成功，从金凤台开始滑翔，一直飞到邺城郊区，居然毫发无损。然而，这件新鲜事除了让高洋啧啧称奇外并没有给元黄头带来多少好运，他一样没有逃过被杀的命运。

七月份高洋再次大开杀戒。元氏宗亲中那些父祖做过王的，或者身处显贵的，或者兄弟强壮的，一股脑儿全被杀掉，就连婴儿也不能幸免——凶残的士兵们把婴儿高高抛到空中，用大槊接着，大人号啕、孩子哭叫，现场惨不忍睹。高洋疯了，越血腥残忍，他就越兴奋。前后杀死 721 人（有记载说是 2000 人），随后一股脑儿全部投到漳水中，尸体成了漳水鱼鳖的美食。从此之后较长一段时间里，漳水河边的渔民都不敢捕鱼了，因为抓上来的鱼的肚子里往往有些人指甲之类的东西。

元韶也未能幸免，被关进大牢后，心情很糟糕，最终绝食而亡——至于是自己不吃饭还是人家不给吃，我更倾向于认为自杀——高欢长女两度做了寡妇。

元韶一定很后悔自己卖弄学问的那句话。其实，没有那句话，元氏族人的命运也是可见的。新朝成立，诛杀旧朝皇族的事这不是第一次，也不是最后一次。乐不思蜀的刘禅，作为过气帝王而善终，少之又少。刘禅不傻，他是真聪明。

鲜卑元氏皇族遭遇了毁灭性的打击，但没有灭族和绝种，否则一个著名大诗人就被扼杀在爷爷辈上了。

当然元家没有亡族，西边还有一大家子改回拓跋的，东边也有幸运的，比如曾经被元晖业赞为“王佐才，千里驹”的元文遥。元文遥没有受到牵连源于一场莫名其妙的牢狱之灾。元文遥是大魏昭成皇帝的六世孙，高澄时代征为大将军府功曹，齐受禅时，他以中书舍人的身份登坛宣传文武号令，但过了没多久，突然无缘无故被抓进大牢，不明不白地过了好几年的囚犯生活。

高洋有一次视察监狱工作，无意间看到了他，自己也奇怪，也不知道为什么抓他进来，便亲自脱下自己的金带和黄袍给他穿上，即日起用。元文遥后来做了中书侍郎，参与军国机密大事。不知道是不是平白让人坐牢高洋觉着有愧的缘故，虽然他符合被诛杀的条件，但高洋居然没有动他。

元文遥后来赐姓为高，算是高氏皇族正式接纳了他，他一直在北齐做到了宰相位置，算是旧皇族漂白漂得比较彻底的。元文遥对高家王朝忠心耿耿，在创新管理上颇有见数，他的一项革新改变了北齐政坛结构，为史家所津津乐道。

另外，元蛮一家因为高演的关系躲过一劫，元蛮的女儿是高演的王妃。元蛮一家经此事后被赐姓步六孤。个别从一开始脱离皇族跟着高家创业的也幸免于难。

高洋下令原来赐姓为元的人家不管多少年都可以恢复旧姓，原来姓元是一种荣耀，现在却避之唯恐不及。

具有讽刺意味的是，嗜杀成性、杀人如麻的高洋居然自认为是个虔诚的佛教徒。他禁止道教，强令道士改宗浮屠，原因是在一场公平辩论中道士输了，他认为和尚比道士好。根据正史记载，高洋崇尚素食，从天保七年开始就不再吃肉；第二年又下诏禁止捕食虾蟹蚬蛤之类，鉴于渔民以打鱼为生，捕鱼不在禁止范围内；他还下令禁止随便烧荒，原因是防止昆虫等被烧死。史书说高洋信佛是受了高元海的蛊惑，实际上南北朝正是佛法在中土攻城略地的时候。当佛门承认皇帝拜天子就是拜佛的时候，皇帝们纷纷跟佛结缘，北齐继承了原北魏的大部分领土，同时也继承了北魏崇尚佛法的风气。天子信佛，百官百姓纷纷效仿，北齐境内又出现了佛法昌盛的局面。北魏末年有佛寺三万所，僧众二百万，到了北齐，佛寺扩大到四万所，僧众多达四百万。

塑佛像，开石窟，造寺院，这些统统算作佛法的衍生品。问题是，念佛不产粮食，佛法神通也不能创造一所寺院，和尚们的吃穿用度，寺庙的一砖一瓦，不管是泥塑的还是石雕的佛像都是普通民众一滴滴汗水凝结而成。据说汉朝时代有用不完的黄金，皇帝赏赐大臣动辄万金，但后来这些金子莫名其妙地消失了，有人考证，正是魏晋南北朝时期广塑金佛消耗了数不尽的黄金。和尚们还占有大量田产土地。和尚们的主要工作是念经，土地自然要用那些称为编户的百姓耕种，和尚们就跟老地主一样收租子。

按照北齐两千万人口计算，相当于十个人就要供养一个僧侣。

事实上，十个人不单单要供养一个和尚尼姑啥的，还有官员和只负责打仗的军人需要供养，这样人民的负担很重。

因此，关于“亡高者黑衣”那个预言，我认为硬靠在出生于寺院并且在寺院里生活多年的普六茹那罗延（另一个名字叫杨坚）身上有点牵强，纯粹是事后诸葛亮。我的理解是，二百万和尚尼姑和佛法带来的巨大耗费促成了北齐国力的衰弱，这个不是北齐灭亡的直接原因，却一定是重要原因。

不管怎么说，高洋算是皇帝中不多的对生态环境做出贡献的人。在高洋眼里，众生不包括人类，牲畜、鱼虾都需要怜悯和保护，唯有人该杀。

高洋的身体越来越差，那个强壮的野人皇帝如今早已不见踪影。也难怪，就他这么贪图酒色，再好的身子骨也被掏空了。

高洋开始考虑身后的事情，虽然他才刚刚过了而立之年，为了儿子在将来能顺利接班，他还要为儿子挑刺，有一个人坚决不能留。

86. “高德政也该死”

高洋对高德政越来越不满。

在北齐的文臣武将中，高德政是个充满矛盾的人，他骨子里和杜弼一样看不起那些大字不识几个的代北勋贵，对于治国之道，高德政的建议是去鲜卑用汉官，杜弼干脆说鲜卑人就是赶车牧马之辈。但高德政在表面上又总是站在勋臣权贵一边，比如当初高洋立李祖娥为皇后的时候，他站在汉官们的对立面，支持高隆之为首的勋臣故旧们立段氏，把自己看成高家人，鲜卑化的高家人。高德政想做一个两面都吃得开的人，但他有一个致命的弱点，其为人器量小，睚眦必报。名士裴让之早年跟高德政有矛盾，高德政就在高洋面前说裴让之留恋旧朝，虽然杨愔竭力营救，可裴让之还是被赐死，对这样的人，杨愔从骨子里是反感的。

高德政和杜弼都是文化人，有共同点但却做不到求同存异，两人关系不怎么好。

杜弼脾气犟，说话不留情面，跟谁都敢顶嘴，当年曾经顶得高欢要杀他，但高欢爱惜他的才华一忍再忍。现在，杜弼算起来也是三朝元老了，还写过一本道德经注解流行于世，因此有点卖老资格，脾气随着年龄阅历的增长变得更大，有时候弄得高德政下不来台，让高德政觉得很难堪，心里恨死了杜弼。

高德政一有机会就在高洋面前说杜弼的坏话。说起来杜弼大意了，他根本没把高德政放在眼里，也懒得去辩解。杜弼一直认为自己跟高德政的矛盾是人民内部矛盾，是工作矛盾，他哪里想到高德政可没他这么大度，早就把他看成了阶级敌人——两人之间已经是你死我活的敌我斗争了。

杜弼终于被高洋赶出朝廷，出任外州刺史，离开了高德政的视线，但高德政仍然不打算放过他。终于让高德政抓到一个机会。那天高洋醉了，高德政赶紧给杜弼上眼药，终于惹得高洋火起，觉得非杀杜弼不可，于是派出了诛杀杜弼的特使。高洋酒醒，意识到杜弼不能杀，赶紧派出第二个特使去追，可惜晚了，等第二特使赶到的时候，杜弼已经身首异处，高洋后悔不迭，这件事让高洋对高德政很不满。

作为劝进功臣，高德政一直受到高洋的信任，身居要职，位列宰辅，从骨子里希望高洋做个明君自己做个良相，对于高洋的胡闹他很紧张也很痛心。想到自己跟高洋亲密无间的过去，他觉得自己有责任帮助好朋友改正错误。高德政已经不是当年的小黄门，但高洋也不是那个拖着鼻涕装傻的京畿大都督了。芋老人说过，芋头还是那样的芋头，人也还是那个人，不同的是人的身份地位变了。高德政以为自己还能跟高洋说上话，他成为极力劝阻高洋节制饮酒的为数不多的几个人之一。有时候让高德政说烦了，高洋就答应下不为例。可过了些时日，高洋又找高德政宴饮，高德政真恼了，也顾不得君臣大义，抗声道："陛下告诉我很快就戒酒了，现在又开始饮酒，江山社稷怎么办？太后怎么办？"

高洋不高兴了，对左右说："高德政恒以精神凌逼人。"

这话传到高德政的耳内，把他吓了个半死，他感觉自己跟高洋的关系一下从云端掉到了地上，真得罪了高洋有好结果吗？怎么办？高德政于是称病不去上班，并且住到了佛寺里，每日修炼坐禅。

高洋几天看不到高德政还挺挂念，问杨愔："我很担心德政，他的病情怎么样了？"

高德政跟杨愔的关系很微妙，当初禅代之时，高德政抢了头筹，高洋跟他又是旧相识，他盛气凌人的脾气和有仇必报的性格，让杨愔一直很忌讳他。现在抓到机会了，杨愔也做了一次小人。

"陛下不用担心，我开个方子保证高公的病立马就好。"

"什么方子？"

"陛下下一道诏令，放高公到冀州做刺史。"

其实，高德政纵然有万般不是，但有一条，在胡汉之间，他支持用汉人治理天下，就此一条，足以成为杨愔的同盟，然而，杨愔心急了。

高洋不知道杨愔葫芦里卖的什么药，可他一向信任杨愔，人家肚子大学问高，开出什么奇怪方子都不奇怪，高洋因此听从了杨愔的建议，下令任命高德政为冀州刺史，克日上任。

高德政哪里想到这是有人下套，接到圣旨，很高兴，他的想法是离皇帝越远越安全，也不装病了，立即打点行李准备赴任。使者将高德政的情况报告给高洋，高洋震怒：“原来高公得的是心病啊！”高洋最难容忍的就是被人欺骗，名士王昕装病不参加他的宴会被他杀了头，更何况他现在刚刚喝过小酒，正准备撒酒疯呢。

高洋把高德政叫到宫里，亲切地说：“听说你病了，我给你下针吧。”

高德政吓了一跳，没听说皇帝还会下针啊，刚想说：“不劳……”高洋的一张笑脸突然变得面目狰狞，拔出刀子在高德政的身上胡乱戳了下去。高德政惊呆了，也不敢躲，一会儿就浑身是伤，血流满地。高洋针灸练够了，让亲信刘桃枝砍下高德政的脚趾头，刘桃枝跟高德政关系一向不错，迟疑着不敢下手。高洋吼道：“你也不想要脑袋了吗？”随手夺过左右所执大刀，就要上去砍刘桃枝。刘桃枝见不动手就是自取灭亡，也顾不了许多，拽过高德政，咔嚓切下了他三个脚趾头。

高洋还不解气，不顾高德政一身伤，把他锁在宫中不准回家。一直到了半夜，高德政已经奄奄一息，高洋才让人把他用毛毡裹着送回家去。第二天，高洋醒酒了，想起高德政过去的点点滴滴。有句话说“人生不如意者十之八九，常想一二”。高洋这“一二”一想，心里就有点后悔，于是摆驾到高府探望。

高德政一家哪想到这个混世魔王会突然造访，一点准备也没有。让高洋大开眼界的是，高府乱七八糟的，到处都摆满了金银珠宝。

87. 高洋的心病

原来高德政半夜被抬回家后，高府上下顿时陷入惊恐不安中，高德政的老婆见势不妙，担心皇帝会有进一步行动，于是连夜收拾家中财物准备转移，没想到被高洋碰个正着。“哼，我皇宫里的宝贝也没有你家多！好！”高洋气不打一处来，当即把高府变成公堂，开起了现场审判会。高德政气息微弱，高家人本已成惊弓之鸟，让高洋一吓唬，很快就招认了，原来这些宝贝大多是元氏皇族的贿赂之物，普通人家根本就看不到。受贿加上跟旧皇族的联系，高洋不想暴怒也不行了，他手起刀落砍死了高德政，然后将高德政的妻子和大儿子东阁祭酒高伯坚一并杀害。

高洋对左右说：“高德政常让我用汉人除鲜卑，这就该死。他又教我杀诸元，我这是为元氏诸人报仇啊。”

高德政的次子高仲武和孙子高王臣躲过一劫。后来，清醒后的高洋又后悔了，感觉有点对不住高德政，就对高德政进行封赠，启用了高仲武，并让高王臣承袭了高德政的爵位。高德政并不是高洋必须要除掉的那个人。

就在高洋杀尽旧皇族消除后患的时候，南方的陈霸先早走一步。

五十七岁的陈霸先在皇帝位子上干了两年，生命便走到了尽头。虽然不算长寿，但在那个乱世时代也算大大高于平均寿命了，尤其是皇帝的平均寿命。

老陈家香火不旺，陈家的后人只剩下一个儿子和两个侄子，但除了侄子陈茜在身边，儿子陈昌和陈茜的弟弟陈顼都在江陵陷落后流落长安下落不明，作为陈家在江南唯一的后人，陈茜在大将侯安都等支持下，顺利接班。

但随即，陈茜便遇到挑战——北周开始凑热闹了，把陈霸先的儿子陈昌礼送回国，这不是给陈茜添堵吗？

陈昌也不是个有自知之明的人，他觉得天下是自己老爹挣下的，陈茜只不过暂时替自己管管而已，只要自己回到建康，陈茜一定会乖乖地把皇位还给自己。陈昌很傻很天真，不，是太愚蠢了，愚蠢害死人啊。

陈茜的确跟大家说过，只要陈昌一到，自己一定会让位。但陈昌能否平安到达却是一个问题。侯安都请求亲自去迎接陈昌。就在陈朝臣民翘首以待要看看故事的结局时，侯安都送来了一个不幸的消息：陈的法定继承人陈昌在路上不慎失足落水淹死了。嘿，真不幸，陈昌真是个苦命的孩子，皇帝没当上，命却送掉了。没办法，陈茜只好继续把皇帝干下去了。

陈茜是个好皇帝，他接手的朝廷危机四伏，但南陈在他的掌控下，逐渐稳定下来，很快他就同陈霸先的死对头王琳干上了。陈霸先没有做到的事他做到了，王琳和他的梁帝萧庄被迫投奔北齐，萧庄在邺城被北齐恩养起来，并且得到了北齐帮助复国的承诺，王琳被任命为扬州刺史继续同南陈作对。

南边的皇帝死掉没几个月，北边的皇帝也行将就木，穷凶极恶的高洋生命之火在逐渐停息。说起来高洋在皇帝职位上已经工作了近十年，荒唐事也做了三四年，不管是宗亲勋贵还是普通百姓，盼着他赶快完蛋的大有人在。

其实，民间一直流传着一些谣言。有拆字的高手说，大齐初建改年号为天保，把天保拆开了，就是一大人只十，意思是皇帝在位不会超过十年，天保十年该是高洋的末日。不管传闻有没有依据，高洋赶紧见阎王的确是众望所归。民间还流传着一首童谣："马子入石室，三千六百日。"高洋是马年出生，邺城是后赵石季龙的国都，讲解一下是说：高洋这个皇帝，就是三千六百天也就是十年的皇帝命。

高洋还有一项特异功能，就是第六感特别强，有超强的预见能力。

他曾经问著名的能掐会算的泰山道士："我能当几年皇帝？"

道士回答道："三十。"

高洋二十岁登基，三十年就五十岁了，虽然不算长寿，但对古人来说也大大高过平均数了。

高洋却听出玄机，三十年？天机不可测，一定要透过表面看本质。高洋对李皇后说："十年十月十日，不也是三十吗？看来我要走了。"

高洋对待死亡倒是很坦然，他的手中沾染了太多的鲜血，身上背负了太多的孽债，该杀的杀了，不该杀的也杀了，传说中昏君干的事情他干了，他们没有做到的他也做到了。

在预测学方面，高洋的造诣要比明太祖厉害得多。传说中朱元璋让著名预测专家刘伯温推算一下大明朝的未来，刘神仙回道"万子万孙"，朱元璋大悦，还以为自己的天下真的会千秋万代呢。历史的发展证实了预言那是相当准确，大明朝在万历皇帝的孙子崇祯皇帝的手里结束。

太子高殷一直是高洋的心病，这个孩子没有一点草原英雄的遗风，没有高洋的戾气，整个一个懦弱书生。高殷，字正道，打小聪明好学，为人温文尔雅，擅长儒家经义。天保七年高洋亲自召集朝臣中的饱学之士和礼官在宫内对太子进行会考，高殷对答如流，在座者莫不赞叹。

高洋在晋阳，高殷在邺城监国，没事就召集众儒生讲《孝经》，平时处事，也以儒家礼法约束自己。他曾经在北宫宴请众人，唯独不让河间王高孝琬入内，原因是此处是高澄遇害的地方，高孝琬不宜在此。

高洋看儿子懦弱，非常着急，在北齐这个虎狼环伺的地方，书生哪能镇得住？于是，他开始着意培养高殷的霸气，让胡人武士康虎儿入居东宫，与高殷朝夕相处，目的就是不让高殷整天跟汉人大臣在一起，让他也沾一沾胡人的做派。

高洋又学习突厥制度，加皇后李祖娥为可贺敦皇后，可贺敦相当于古代匈奴王庭的阏氏。为了儿子，高洋可谓用心良苦，刻意为儿子打造一个胡化的环境。

高洋带高殷登上金凤台，然后押上来一个死囚，他要让高殷当一回刽子手，该项训练称为“练胆”。可怜高殷平时连杀只鸡都害怕，现在面对一个大活人，心中惊惧不已，犹豫再三下不了手。在高洋的怒声呵斥之下，勉勉强强举起屠刀，一咬牙一闭眼砍向了死囚的脖子，但刀落后，只蹭破了点皮，再砍，颈动脉断开血如泉涌，一连砍了三刀也没把死囚的脑袋卸下来。死囚惨叫连连，高洋怒极举起马鞭抽了高殷一顿。

父亲的怒斥，囚犯的惨叫，让又惊又怕的高殷精神一下垮了，从此落下个气悸语吃的病根，时不时精神恍惚。可怜天下父母心，这就是揠苗助长的一个范例。高洋从此有了换太子的念头，有时候喝醉了就对大家说自己将来要传位给常山王。

高德政不是一定要拔的刺，真正对太子有威胁的还是皇室中人，常山王高演才是高洋一直打算除掉的人。

88. 常山王是高家的好人

常山王高演是高家兄弟中的异数。高演，字延安，高欢正妻娄昭君所生，排行第六，在高家弟兄中，高演算是比较正常和有情有义的，为人孝道，也没有哥哥们那些花花事，深受娄太后的宠爱。小时候，参军刁柔被高澄请来做霸府小学的老师，但刁柔性子急而严厉，少爷学生们都不喜欢他，学习成绩也不好，高澄就给大家换老师了。刁柔离开的时候，高演亲自把他送出学校，眼泪哗哗的，在场的人无不动容。高演长大后以亲王身份参与朝政，比起其他兄弟们，他具有很高的政治天赋，处理政事深得高洋的信任。毕竟是一个娘的孩子，在政治家族里，同母同父要比同父异母亲近得多。高洋自天保七年开始偷懒，让高演和宰相们先把群臣的奏章理一理，然后捡重点上奏，高演的活干得非常漂亮，高洋很满意。

后来，高洋沉溺于游宴玩乐，做事越来越荒唐不经，高演无法劝阻哥哥的胡闹，脸上常有忧愤之情。高洋看出来了，就对他说："有你这么个好弟弟在，我为什么不能纵乐呢。"高演哭拜在地，一句话也说不出。到底是血浓于水，高演的悲声让混世魔王动了心，于是高洋把酒杯扔在地上，泣声道："既然你为了这个嫌弃我，从今往后，有敢进酒的，杀！"说到做到，高洋命令把宫内所有酒杯全部扔掉，那一刻，高洋是真心打算戒酒的。

然而，高洋饮酒级别太高，酒鬼级的高洋痛苦地忍受了几天没有酒的日子，终于忍不住了，酒杯扔了，可以再找回来，摔坏了可以再制造，从此变本加厉，酒喝得更凶更猛了。高洋胡闹的时候，不分贵贱，不分尊卑，同乐乐，大家乐，和左右宠臣卫士们一起玩角力，做游戏，但只要高演一到，大家就不敢再乱来，北齐宫内便重新恢复了秩序。

高演娶开府元蛮女为妃，家里也没有什么美女乐工等好玩的东西，高洋喜欢巡幸勋贵亲王之家，并乐此不疲，唯独不喜欢到常山王府，因为在高演家大家都觉得索然无味。看到高演夫妇的恩爱，高洋居然有点妒忌，加上他那时计划对元家动手，为了消除障碍，高洋要拆散他们。在高洋看来，男人不花心只是因为诱惑不到，于是挑了些美女送给高演。皇帝赏赐的，不要不行，高演接受了美女，但对妻子的爱意却一点也没减。高演是个有责任心的男人。

高演无数次的劝告，高洋渐渐当成了耳旁风，对高演越来越不满。想想也可以理解，大家玩得正高兴，高演一脸怒容闯过来，多扫兴啊。

高演把需要劝告皇帝的事情写进奏折，准备再次进谏。他的好朋友王晞极力劝阻，但高演铁了心，坚决不从，果然，这次惹得高洋大怒。不过，高洋没有像往常那样直接动手，而是突发奇想要走正常程序让高演心服口服地认罪。

原来平时高演为人严厉，又继承了高欢教育孩子的手段，手下做事失误后常常非打即骂，这一点高洋早有一份名单。所以，高洋叫来那些被高演罚过的人，告诉大家有我皇帝撑腰，大家要是对高演有意见尽管提——高洋有诱供的嫌疑。出乎高洋预料的是，居然没有人理睬，大家闭着嘴一句话也不说。高洋火了，拿刀架在大家脖子上，"不告发高演就取尔等的人头。"还是没有人肯从。这些人虽然受过高演的惩罚却心服口服，打人是过分，打人的理由是站得住脚的，高演并不是一个不问青红皂白的人。见大家没有人肯随便诬陷高演，高洋只好放过了高演。这件事对高洋的内心冲击很大，看起来老六威望不低。

随着高洋身体越来越坏，高洋对高演越来越不放心：皇室身份加上卓越的个人素质，孱弱的太子能够驾驭得了这个人吗？更让高洋担心的是，高演背后还有个高人，北海王晞。北海王家自六代祖王猛在关中起家，经过百年的发展已经成为当地望族。王晞的母亲出自清河崔氏，兄弟八人皆是人中龙凤，其中又以王昕、王晞兄弟更为著名。王昕恃才傲物，出仕很早，魏收曾经做过他的副手出使梁朝。高洋因为其行为放诞对他非常不满，好几次要借故杀了他，都是杨愔设法相救。王晞跟他哥哥截然不同，谋略过人，为人低调，不喜欢抛头露面，只是由于他名声在外，很早就被高澄选中辅佐高演。从此，两人深相结交，成了要好的朋友。高洋怀疑高演的奏折都是王晞代笔，就想先把王晞除掉。高演在高洋身边安排的眼线起作用了，他当然不能眼睁睁看着好朋友挨刀。高演有办法。当夜，高演把王晞叫来，告诉王晞对不住了，为了保命王晞必须要忍受皮肉之苦，俩人要合演一场苦肉计。第二天，高演无来由发火了，并且迁怒于王晞，当众狠狠地打了王晞二十杖。

89. 杀不杀高演?

高演成功了，他成功地打破了高洋的顾虑。看来两人并非铁板一块，原来的情报有误，那么王晞也罪不至死。高洋尽管饶了王晞的性命，仍然找个理由把他发配到勋贵之家做家奴。对一个出身高门的儒生来说，做奴也是一种凌辱，你们不是整天吆喝士可杀不可辱吗，我就这样侮辱你了！

回想起大哥王昕从前关于朝士为奴的言论，王晞不禁苦笑。当时，高洋迁怒于临漳令嵇晔及舍人李文师，把两人都发配给勋臣为奴，郑子默私下对王昕说自古没有朝士做奴隶的。王昕回道：“箕子也曾为奴，怎么能说没有呢？”郑子默恼恨王昕毫无怜悯之心，借机把这句话的演义版向高洋做汇报，并且加上一句注解：“这是把陛下比作了殷纣。”高洋本来就对王昕很不满，这小子在孝静帝被禅位的时候曾经痛哭流涕，要不是顾虑他名声太大早就把他杀了。

高洋觉得自己忍无可忍了。关键时刻，幸亏杨愔在旁边，两人是文友，不能见死不救，杨愔赶紧为王昕辩解，人家只是卖弄学问， 不是比喻。高洋这才放过了王昕。只是王昕终于因为欺君之罪而被砍了脑袋，在此不再赘言。

不管怎么样，王晞这次总算保住一条小命，吃点苦没什么，留得青山在嘛。何况，新主人知道王晞跟高演的关系，自然不会为难他。好好地活下去，只要活着，一定有出头的那一天。

高演演戏能骗过著名演员高洋，说明高演的演技、心机当不在高洋之下。

天保十年，高洋已经以酒为饭，一刻也离不开杯中之物。高演出于维护家族事业的责任，依然力争劝谏，这不，这次不巧又碰上高洋发火，于是被高洋痛扁一顿。高演绝望了，开始绝食，谁劝也不行，铁了心不活了。娄太后最疼高演，可是到了这个时候母亲的话高演也不听了，老太后唯有以泪洗面，日夜痛哭，最后哭得还算有孝心的高洋心烦意乱，不知所措。他知道一旦高演命绝，那么自己同母亲的关系也就算完了，高演的性命是小事，惹老母亲伤心却是天大的事。

无奈之下，高洋放下身段三番五次亲自前去探望高演，最后许诺如果高演吃饭，就把高演的好朋友王晞给放了。高洋算是做出了巨大的让步，要知道这时候的高洋已经是杀人魔王了。

高洋把王晞放出来，让他去劝高演。王晞见到高演，两人抱头大哭，高演道："我现在还剩一口气了，恐怕以后不能再跟你相见了。"

王晞哭道："老天也不愿意让你命丧这里。皇帝虽是你的兄长，然而更是天子，你用这种方式劝谏哪里会管用？你不吃饭，太后也不吃饭，你纵然不爱惜自己的身体，难道也不体念太后吗？"

王晞的话管用，高演还真听进去了，于是勉强坐起来开始进食。高洋大喜，当即宣布解放奴隶王晞。

过了段时间，高演看高洋实在闹得太不像话，忍不住又要劝谏，王晞高低不让他去。然而，对家族的责任让高演没忍多久，他再一次劝说高洋。高洋令左右将高演按倒在地，拔刀压在他的脖子上，怒声骂道："是谁教你小子来劝我的？"高演也豁出去了，"天下人都闭嘴了，除了我谁还敢说话！"高洋拿起廷杖，开始捶打高演，他要就此结果了高演。打了数十下，高洋酒精发作醉倒在地，高演才侥幸逃过一劫。

高殷这个儿子实在让高洋放心不下，拿他跟高演比那就是鸡蛋碰石头，留不留高演成了高洋最大的心病。有时候高洋生气了，喝醉了，就想撒手不管了，管谁继承大统，高殷要真是扶不起的阿斗，干脆就让高演接位算了。

皇帝金口玉言，这样的话可不是随便说的，往小里说是高家内部的事，往大里说事关朝局的稳定。魏收私下劝说杨愔不能不管这件事，皇帝怎么闹腾都行，传位大事关系国本，不能当作儿戏。杨愔找机会把利害关系跟高洋一说，高洋从此就不再提这件事了。

事实上，高洋这个混世魔王也有仁慈的一面。上高澄的老婆带着复仇心理，但对高澄的几个儿子却很照顾，尤其是高澄的小儿子高延宗，一个肉滚滚的胖娃娃，从小高洋就特别疼爱他，把他养在自己的身边，比自己的亲生孩子还亲。高延宗十二岁还骑在高洋的身上撒娇，照着高洋的肚脐眼撒尿，此刻的高洋是多么好的慈父！高延宗长大了，高洋照例要封高延宗为王，竟然征求孩子的意见，高延宗一脸天真，“我要做冲天王。”乖乖，换了别人，就“冲天”这两个字，脑袋早就没有了。高洋却不恼不怒，居然还郑重其事地找杨愔商量，看看天下有没有哪个郡县叫冲天的，如果有，大概就遂了高延宗所愿吧。杨愔摇头，天下没有这么个郡县，看到高洋如此溺爱高延宗，杨愔觉得这样下去会害了他，娇生惯养的孩子能有什么出息？于是杨愔建议高洋封他为安德王，取安于德之意。

在这里，我们又看到了高洋仁慈的一面，高洋对母亲娄昭君很孝顺，他虽知道高演对高殷的威胁，但他不能以对待高涣、高浚那样的方式对高演，高演是老太后的心肝宝贝，他要有个三长两短，老母亲会伤心死的。

也正是这一念之慈留下了无穷的后患，枝大干弱注定了高洋身后的悲剧。

90. 荒唐皇帝驾崩了

公元 559 年十月，高洋死了，这位前无古人后无来者的荒唐帝王终于走完了他三十一年的生命之路，北齐众臣们总算松了一口气。跟着一个时而清醒时而迷糊的残暴君主实在太累了。高官们上朝前都要跟家人拥抱一下，因为不知道还能不能安全地回来。

在这种作死的精神病皇帝手下工作都是这么个心态，尤其是离皇帝越近的人越是朝不保夕。

临走前，高洋把国内形势过了一遍，他悲哀地发现自己仍然不够狠，他留给了儿子一个威胁，那就是常山王。以高演的威望和实力，正道怎么是他的对手呢？高洋没有想到的是，其实另一个祸患也始终存在，要说高演还不是坏人，那个人才是彻头彻尾的大坏人。

但躺下了的高洋已经没有精力再行杀戮，他真的累了。人之将死，其言也善，鸟之将亡，其鸣也哀，高洋对皇后李祖娥说：“人有生必有死，死不足惜。但可怜我儿正当年幼，人家会来夺他的位子。”

他又为儿子做了最后一件事。高洋把高演叫来，单独对高演交代：“如果你想当皇帝你就当，不要杀我的儿子。”高演唯有叩头不止。

纵观高洋的一生，少年时代生活在屈辱中，为了活下去他把忍耐发挥到了极致。做了皇帝后，开始也能励精图治，对北方蛮族恩威并用，保证了大齐北部边疆的安宁，在三国争霸中立于不败之地。但皇帝做了六七年后，他变成了一代暴君，残忍，淫荡。北齐建国在汉儒文化圈里，他却把一切伦理道德当作垃圾，毫无顾忌地去践踏，无所不用其极，他充当了道德沦丧的先行者。史书上说他是受酒精的毒害，总有些难以令人信服。把一个英明神武的英雄天子变成天下最荒唐不经的暴君，酒精的作用有这么厉害吗？

翻看史书的时候，我忽然发现了另外一个案例，一个跟高洋症状相似的皇帝。北魏雄主拓跋珪，把拓跋家族从大草原的帐篷迁到平城皇宫的北魏皇帝。道武帝拓跋珪是一个功业卓著的帝王，北魏的首任皇帝，他败匈奴，破柔然，吞后燕，建国称帝，制定礼仪制度，将一个代北部落整成了一个王朝。但后来他突然变成了神经病，以至于数日不吃饭，数夜不睡觉，多疑，变着花样杀人，他的病因是寒石散。由此，我忽然想到，会不会高洋也是吃寒石散中毒了呢？寒石散又称五石散，是用石钟乳、紫石英、白石英、石硫磺、赤石脂五味石药合成的一种中药散剂。据说是大医学家张仲景发明的，本来是用来治疗伤寒的，但人们后来发现这还是一种兴奋剂，一种吃了可以提高人的某方面功能的补药。服用五石散后，人会觉得浑身燥热，大冬天也要暴露身体，大喝冷饮才舒服。魏晋以来服用五石散一直是上流社会的一种时尚，魏晋风流就是让五石散给闹出来的。

我们不妨大胆推测，高洋也会赶这个时尚。事实上，高洋宫中确实有为他炼丹的道士，甚至为他准备了成仙的金丹，高洋郑重其事地把丹药收藏好，准备在他要死的时候再吃。按照他的观点当时还不想做神仙，因为人间的快乐还没有享受够。如果说高洋吃五石散，那么他的种种异于常人的表现——残忍杀人，甚至放纵情欲等都可看作是服用兴奋剂后的癫狂了。酒精会使人乱性，使人产生酒精依赖，但变成高洋那样的人仅仅靠酒精是不够的。所以，我认为高洋服用五石散的可能性很大，而且高洋后来崇佛灭道是不是也与此有关？是不是后悔自己服石上瘾不能自拔的一种发泄？当然这些仅仅是一种推测，缺乏资料印证。

但有一点是值得玩味的，就是他对威权的迷恋，终其一生他都是把威权看成与生命同等重要，哪怕有谁有一点点可能威胁到他对权力的掌控，只要让他起了疑心，他也要强力打压以至无情消灭。他养丹士，想长生不老，是为了威权永在。

高洋虽然疯狂，诛杀的大多是朝廷的代北权贵，打击的是北齐胡人力量，而重用和支持汉人，说明他还是认同杜弼关于治国用汉人的观点的。终高洋一朝，汉官能平安做事，基本没有受到鲜卑化胡人们的欺压，高洋无疑起到了重要的作用。

对于汉人才子们，他还算宽容，比如魏收，因为写作《魏书》侵害了许多人的利益，遭到汉官们一致攻击，甚至《魏书》被污蔑为秽史，但高洋一直坚定地支持魏收——公道地讲，《魏书》还是一部水平很高的史书。祖莹的儿子祖珽又是做小偷又是贪污受贿，按照律法早就该判死刑了，但高洋以其才高舍不得杀他。就是杜弼的死，也是被高德政钻了空子。至于高隆之、高德政、高岳这些人本来就不算在汉官行列里。

高洋死了，平衡打破，汉官们将会遇到前所未有的挑战。

根据高洋的遗诏，以尚书令开封王杨愔、司徒平秦王高归彦、侍中燕子献、黄门侍郎郑子默为辅政大臣，名单中没有一直担任首席宰相（录尚书事）的高演。以高洋的强势，高洋在世的时候没能把高演怎么样，高洋死了，却要把高演排斥在权力圈之外，这个安排实际上存在着极大的风险。倘若高演心存异志，为了权力他一定会铤而走险。

发丧的时候，群臣号啕大哭，却掩饰不住内心的欣喜，几乎没有人真正落泪，大家只是应景干号而已。但有一个人是真哭，杨愔杨遵彦！这一年，高洋三十一岁，杨愔四十九岁，残暴的高洋死了，满朝文武都做猫哭老鼠状掉鳄鱼泪，只有杨愔悲不自胜，他在哭什么？士为知己者死。高欢为自己报了血海深仇，高洋给了自己施展抱负的机会，高家两代对自己可谓恩比天高。杨愔是懂得感恩的人，他对高洋是有感情的，但今后呢？太子高殷生性懦弱，高洋的弟弟们大权在握，汉人和鲜卑人面和心异，前面的路，可谓是危机重重，稍不注意，就会跌入万丈深渊！

事实上，还有个应该真哭的人，他确实也掉泪了。

91. 高殷即位

婚丧嫁娶仪式是文化的重要组成部分，所以要办一场风风光光的丧事，离不开文化人的参与。

全北齐国最有文化的人是邢子才和魏收，魏收对典章制度前代掌故熟谙于胸，另外魏收的老搭档阳休之纸上功夫也甚了得。阳休之成名也早，普泰年间即与魏收合作修国史。高欢曾经在汾阳天池得到一块神石，隐约可见“六王三川”四个字，阳休之为高欢作注解：“六者，大王字。黄河、洛水、伊水为三川，大王若应天命，终将统有关右。”高欢字贺六浑，所以六代表高欢；三川比附三川之地，代指河东。高欢虽然口头上责怪阳休之妄言，骨子里还是高兴的。

高洋立国，阳休之作为文化名人参与禅位礼仪的制定，但高洋因为其在大位未定之时擅自泄露机密而对其相当不满。上司不满意，升迁就困难。高洋一朝，阳休之最后做到中山太守，连个刺史也没混上。

但阳休之作为文化名人还是很响亮的。高洋一死，杨愔赶紧召集邢子才、魏收、阳休之等人参与丧礼的制定。阳休之、魏收赶赴晋阳，魏收、阳休之跟杨愔关系还不错，平常也喜欢开开玩笑，现在相遇于中书省，谈到丧事，魏收不禁悲从中来，掩泪失声，阳休之不过皱皱眉头而已。第二天杨愔问阳休之：“人家魏少傅提到尊讳涕泪交加，你为何没有一点悲声？”阳休之坦然道：“天保年间，魏侯受到特别恩遇，他应该悲伤；而拿我不过当作常人看待，心里不悲伤却装模作样哭泣，不是我所做的。”

阳休之说得对，高洋爱才，对待魏收可谓恩比天高，如果不是高洋，魏收早就被朝臣们的唾沫星子淹死了。天保二年魏收受命修《魏书》，至天保八年书稿大样出来，当即引起轩然大波。为什么？修史难，修魏史更难，难就难在北齐跟大魏关系太过密切，立传的大人物们的子孙后代仍旧在北齐任职，倘若都是好话还好些，如果据实将先朝众人事迹列出，大家一定不乐意。于是，诋毁魏收的人排成了队，弄得高洋不胜其烦。高洋虽然胡闹，却也知道修史的困难，早在给魏收布置任务的时候就说绝对不会学习道武帝对待崔浩那样。

崔浩修国史，修来修去遭到了灭门之灾，最重要的原因是把北魏先人们那些不宜见光的乱七八糟的事都据实写了出来。

所以，《魏书》能有今天，高洋可谓功莫大焉。

高洋见不满意的声音不少，也没有找魏收责问，而是让尚书省召集大族子弟们讨论讨论：我也不管你怎么说，听听公议吧。前后来投诉魏收的人有上百人，都是身居要职的权贵朝士。有人说，自己的祖先曾经当过什么大官，魏收漏了；有人说自己的家族也是世家大族，魏收竟然不给立传；有人说魏收诋毁自己的先人。

魏收却非等闲之辈，兵来将挡，水来土掩，有什么疑问，一一作答。

这些还不算，中原大家子弟卢家和李家也有人站出来指责魏收，把《魏书》贬得一文不值，更有甚者把《魏书》贬为秽史。魏收终于忍无可忍，情急之下告诉高洋卢家和李家的人要害自己。高洋大怒，亲自把两大家族的人找来责问，最后将诽谤的人抓的抓，杀的杀，一场风波这才平定下来。

那么，魏收到底有没有问题？可以说有，也可以说没有。

写文章肯定会带着作者的倾向，即使作者自己想公正，笔下也会对自己喜欢的人多写几笔，对不喜欢的人用上几个贬义词，这其实很正常。魏收跟杨愔关系好，自然竭力要为弘农杨氏美言几句；尔朱文畅送了不少财物，不经意之间对尔朱荣的下笔就轻了，只是轻了点，这不能算是太过分。《魏书》虽然有些毛病，但以今天的眼光看来，该书在北朝八史中的地位仍然是不可动摇的。

高洋临终交代，丧事从简，丧期以三十六天为限，也算是最后关心了一次自己的王朝。

在魏收的提议下，高洋谥曰文宣帝，庙号显祖，史称高洋为文宣帝。但正如北齐才子祖珽所言：文宣狂暴，何以称文？既非创业，何得称祖？前世有汉高祖，后世有宋太祖、明太祖，称祖的都是白手起家打下一片江山的，而高洋虽然是大齐第一个皇帝，基业却是父亲和兄长打下的。最关键的是，以高洋的残暴荒淫，称“文”称“宣”实在说不过去，魏收不可谓不存私心。

按照高洋遗嘱，太子高殷即皇帝位（高殷的结局不妙，史书称为废帝），照例颁布大赦令，以右丞相、咸阳王斛律金为左丞相，以录尚书事、常山王高演为太傅、录尚书事，以司徒、长广王高湛为太尉，以司空段韶为司徒，以平阳王高淹为司空，以高阳王高湜为尚书左仆射，以河间王高孝琬为司州牧，侍中燕子献为右仆射。这个安排，各位勋臣权贵普遍升职，而实际上大部分都是虚衔，因为掌握朝政、处理日常政务的还是高洋遗诏里的几位辅政大臣，称为执政，他们才是事实上的宰相。

中国的历史事实表明，在皇帝专制时代，宰相不过是皇帝手里的棋子，愿意怎么摆布就怎么摆布，只要皇帝愿意，谁都可以成为宰相，不管你本职是多么的低微。要真抬杠说一人之下万人之上，不过是痴人说梦罢了。那些这样认为的宰相们大多没有好的结果，纵然权倾一时，总有秋后算账的时候。

娄太后被尊为太皇太后，李祖娥被尊为皇太后。大齐历史进入高殷时代。

高殷朝刚刚开始，新皇任命的尚书左仆射就被打死了。

高洋的弟弟，高欢强娶的郦城游氏生的儿子高湜对哥哥的过世不但不悲痛，而且居然在居丧期间以吹笛、击胡鼓为乐。高湜过去因为说话滑稽幽默深得高洋喜爱，经常充当高洋的打手，得罪了不少人，有人就把他大不敬之事报告给娄太皇太后。老太后命人把高湜押来打了百余杖，没过几天高湜便死了。高湜刚刚位列宰仆便意外被打死，可见娄老太的强势。

高湜的死是一个先兆，更多的人围绕权力将展开你死我活的较量。

高洋尸骨未寒，朝廷内的斗争已经开始了。

92. 胡汉之争

高家自高欢爷爷开始鲜卑化，到了高澄、高洋，也都把自己看成鲜卑人，按照陈大师的观点，民族也不是只看血统，更多的是文化传承，即风俗习惯。高家非汉非胡和又汉又胡的双重身份对获得胡人和汉人双方的支持很重要。

偏偏到了高殷这儿，一心向汉人靠拢，处处学习汉人的礼仪文化，身上鲜卑人的影子一点也看不到，所以高殷这个皇帝除了汉大臣们几乎一边倒地支持外，鲜卑人除了可朱浑道元的弟弟可朱浑天和外，几乎没有人肯公开支持；甚至，娄太后在高洋丧期里就打算让高演夺取位子继承大统。高演在鲜卑贵族中拥有很高的威信，同时又是高家子女中娄太后最心肝宝贝的儿子。

对这些，高洋洞若观火，他不停地强化儿子的胡人身份，并且努力给儿子挑刺，同时他又一直很矛盾，几次要除掉高演，终于没能下得了手，以至临死前的高洋为了儿子只有求高演的份儿了。大丧期间，高演主持丧事，朝中大小事务无不先过他这一关，身为辅政大臣的杨愔等对此非常担心。朝廷内外议论纷纷，高演无奈采取了以退为进的策略，大丧完毕后即退回常山王府，从此不再过问政事。此时的高演并没有特别的想法，想得很简单，既然高洋不希望、大家不喜欢自己占执政的位子，咱引退就是了，这么多年跟着二哥这个疯子混，每天神经紧张，这下正好放松放松。

高殷即位后，一改其父残暴不经的执政路线，处处以宽仁治国，让在高洋时代每天战战兢兢朝不保夕的群臣们松了一口气，高演也有如释重负的感觉。但王晞的一番话却让他刚放下的心又紧张起来。王晞认为高演应该一如既往地去辅佐新君，把权力牢牢抓在手里。如果像现在这样主动退出，大权旁落，就是你想做你的闲散王爷，别人也不会让你安生。因为你有能力，有威望，有条件向新君叫板。王晞给了高演一个学习榜样，即辅佐成王的周公。高演要像周公那样不能恐惧流言，尽心尽力帮助侄子治理朝政，这才是真正为自己作打算的正确路子。

高人的见识就是不一样，接下来形势的发展果如王晞所料，你退一步，人家就进一步，交出权力并不是斗争的结束，只要你人还在，你带来的威胁就没有解除，就会有人继续打你的主意。高殷要回邺城，毕竟邺城才是国都，但晋阳是王朝根本所在，一直是朝廷的军事中心，战略地位之重要不言而喻，而且鲜卑豪强贵族们大都居住在晋阳，让谁来留守晋阳实在是大伤脑筋。

朝廷勋贵们提出应该留常山王镇守晋阳。杨愔、燕子献不同意，把高演留在晋阳无异于放虎归山，一旦高演据晋阳发难，谁能制止？于是大家商量要让高演随大家一起到邺城去，留下长广王高湛镇守晋阳。这个决定刚做出，执政大臣们又反悔了，高湛也不行，他和高演两位一体，一向走得很近，也是个危险人物，最后在大家的建议下，高殷下旨让二王都跟自己到邺城。

圣旨朝令夕改，皇帝也太没主意了，一时，鲜卑权贵们议论纷纷，大家很不满意。

杨愔知道王晞很厉害，有这么个高参在幕后，高演更加难以对付，所以必须把两人分开。杨愔有办法，他在高殷那请了一道敕旨任命王晞为并州长史，名义上给王晞升职了，实际上是让王晞无法分身跟高演一起到邺城。杨愔为朝廷选拔人才，高演于公于私都很难开口阻止，高演很无奈，只好独自踏上了回邺城之路。

王晞一直把高演送到城外，高演怕有人监视，让王晞赶紧回去，临走拉着王晞的手嘱咐道："努力自慎！"然后上马远去。

离开晋阳的时候，杨愔多了个心眼，他以尚书令、执政大臣的身份从护驾禁军中留下五千人驻扎在晋阳西中城内，以备非常之需。杨愔的做法没有错，但他犯了一个致命错误。工作是有分工的，越级指挥是危险的。

杨愔只顾着社稷的安危，却忽略了执政大臣中分管禁卫工作的高归彦的感受，调动禁军时没跟高归彦打招呼，结果回到邺城好几天高归彦才知道这件事。高归彦恼了，面子上很是挂不住，认为杨愔这是不信任自己，既然这样还有什么好合作的？这件事是个引子，把高归彦推向了执政大臣们的对立面。

高归彦审时度势，认为以现在的局势，倘若真的摊牌，杨愔一伙并无胜算。于是，高归彦转投高演，不断向二王传递情报。高归彦表面上不动声色，往往杨、燕等人商量的事他都透露给高元海，然后由高元海跟二王汇报。

政治投机是需要智慧的，押对宝很重要。

高殷的师傅侍中宋钦道劝高殷早早对二王动手，不然，以高演和高湛的地位和威望，将来必然会影响皇位的安全，即使不能取他们的性命，削除他们的权位是必须的。生性仁慈懦弱的高殷犹豫不决，让宋钦道找杨遵彦商量，这事就拖了下来。领军可朱浑天和更狠，他是代北权贵中唯一跟杨愔扯在一起的。可朱浑天和娶了高欢的女儿东平公主，说起来跟杨愔算是连襟，同为高殷的姑父。出于对高殷的忠心，可朱浑天和认为要让少主安安稳稳地把皇帝坐稳，一定要诛杀常山、长广二王。燕子献跟高家的关系也不寻常，他娶了高欢的养女阳翟公主（韩贤的女儿，韩贤死的时候她还小，被高欢收养）。燕子献看到了更深层次的原因，高演、高湛之所以扳不倒，最重要的是身后有太皇太后娄昭君撑腰。娄昭君长居晋阳宫中，统领后宫，干涉晋阳政令。燕子献的意见是把娄太后送到邺城北宫中颐养天年，让皇太后李祖娥执掌晋阳后宫。

可惜大家都是说得多做得少，秀才造反十年不成就是这个道理。大家都是理论家，是研究做什么的，而不是研究如何做的。

就在形势越来越危急的关键时刻，杨愔又做了一件蠢事。原来，高洋末年，赏罚不取常法，爵位滥赏，领工资不干活的人越来越多，对财政造成了极大的威胁。杨愔作为一个清流，哪里肯容忍这种状况继续下去，现在自己说了算，决定革除此项弊制。

杨愔是个理想主义者，他首先从自己开始，请皇帝批准撤销自己开府和开封王的爵位，以自己为榜样，把天保八年（556 年）以来高洋胡乱赏赐的人该撤职的撤职，该降级的降级。一时失去职位和爵位的人怨声载道，大家都投入了二王的怀抱。

以身作则是种好品质，问题是杨愔撤了开府和王爵还是宰相，仍然位高权重，而那些被撤职和失去爵位的可能就此丢个饭碗，在这里榜样的力量等于零。

杨愔做这件事没有错，也该做，但他选错了时机。有时候正确地做事和做正确事不一样，比如明代大清官海瑞，做的都是正确的事，天下人包括皇帝都知道海青天做得对，但海瑞被官场老手们当成了权力斗争的一架杆炮，轰倒了对手，他也最终丧失了做事的权力。杨愔很早就在高欢身边做事，当初勋贵们贪赃枉法横行无忌，但高欢一直隐忍不发，不是他不愿意管，而是时机未到，等到国内安定了，高澄作为一把利剑就刺出去了。

做事不能仅凭一腔热血胡乱冲杀出去，时机选择很重要。选择好了，事半功倍；选择不好，事没办成，连自己也会赔进去。杨愔在二王势力不减、政治危机四伏的时刻，让敌人增加了同盟军，实在是不聪明的做法。

胡汉矛盾越来越尖锐，胡人们紧密团结在二王周围，而汉官集团内部却矛盾重重。在执政之初，杨愔就以高洋遗诏的名义免除了崔季舒和崔昂的仆射职位，而在执政班子内部，他本来就跟宋钦道、燕子献关系疏远，只是因为两人过去都是东宫师傅，不得已合作而已，以这样的阵营对付团结而强大的勋贵集团，无疑是以卵击石。

事实上，一个强大的倒杨同盟已经形成。

93. 夺位

杨愔决定动真格的了，一行人商量让二王离开京都出镇刺史，远离权力中心。他们恐怕高殷仁慈不会答应，于是秘密地启奏皇太后李祖娥，让太后做皇帝的工作。

皇太后李祖娥不是搞政治的材料，竟把杨愔的奏折拿给别人看了。碰巧这个别人不是别人，乃高仲密的老婆李昌仪。高仲密西逃后，李昌仪跟了高澄，高澄遇刺后她又留在宫中，由于李昌仪和李祖娥都出自赵郡李氏，双方就有些来往，在鲜卑人为主的后宫里，李祖娥把李昌仪当作心腹。

然而，从李昌仪的经历看，活下去才是她的处事原则，所以李昌仪立即将这件事密报给太皇太后娄昭君。

在关键时刻，选择很重要，站错队是会带来灭顶之灾。

大约李昌仪对李祖娥一伙的计划没有信心，抑或李昌仪本来就是娄昭君安排在李祖娥身边的眼线。这样说并非毫无根据，李昌仪能在宫里活下来，正是因为娄昭君的照顾。

这件事的后果是让德高望重的太皇太后痛下决心，彻底加入二王阵营，成为二王的靠山。计划泄露，京城内出现了风言风语，勋贵们跃跃欲试。执政大臣们犹豫了，他们担心造成不可收拾的局面，毕竟，保持王朝稳定发展才是最重要的。

出二王到地方的计划没有实现，他们又计划先把二王分开，让高演出任司州牧，继续保留录尚书事，更重要的是要解除高湛对京畿兵马的控制权，只要两王手里没兵，恐怕真要谋反也没有实力。

这次，高殷听从了杨愔的建议，以高湛为并省录尚书事、并州刺史，解除其京畿大都督之职，高演为太师、司州牧、录尚书事。

圣旨下达，二王平静地拜谢皇恩，一切看起来似乎很正常。

但，平静的表面下暗流涌动。

被人家摆布来摆布去的高演终于想明白了：正如王晞所言，就是自己想过太平日子，以自己当前的位置人家能放过自己吗？高演决定放手一搏。高演约高湛外出打猎，兄弟俩见面后一合计，决定趁现在京城警备部队还抓在自己手里，一不做二不休，来个先发制人一网打尽，永绝后患。高演许诺将来一旦有那么一天取得帝位，高湛就是皇太弟，所谓皇太弟就是在继承位次上采用兄终弟及，由高湛做高演的接班人。

高湛又联络贺拔仁、斛律金、薛孤延等勋臣宿将，大家对汉大臣把持朝政的局面早就心存不满，乐得二王出头，于是皆欣然同意加入。

摊牌地点选择在尚书省高演的办公室。不是要我继续录尚书事吗？为了日后工作方便，我要在尚书省办个酒会跟大家见见面。

杨愔、燕子献等都接到了高演的邀请，两人准备前往，中书侍郎郑子默阻止道："事情没有弄清楚，不宜轻易去。"

杨愔生气了，"我等公忠体国，哪里有常山王拜职不去的道理？"

不去，说明自己心中有鬼，去是一定要去的。可即使去也得有些准备啊，可惜的是，杨愔一点准备都没有，他不相信高演会公然发难。

高湛埋伏家兵数十人在录尚书事办公室后屋，与贺拔仁、斛律金等相约："行酒到杨愔等，我各劝双杯，他们一定推辞。我先说执酒，再劝执酒，三劝何不执，这就是口令了，到时大家一起动手。"

一切照计划而行，轮到高湛敬酒时，高湛一下要敬双杯，杨愔果然推辞不喝，高湛一劝再劝然后一声"何不执"，满座众人突然站起拔刀，埋伏的家兵们也围了上来。杨愔高声喝道："诸位王爷造反，要杀害忠良吗？我等尊天子，削诸侯，赤心奉国，何罪之有？"

杨愔说得大义凛然，高演有点发蒙，打算暂缓动手，高湛哪里肯停，权贵们蜂拥而上，拳头棍子齐下。杨愔、可朱浑天和、宋钦道顿时头破血流，杨愔的一只眼也被打瞎，十几个人对付一个，将三人抓了起来。燕子献力大无穷，头上又没有几根头发，双拳开处，冲出了尚书省大门，斛律光追上来，燕子献哪里是斛律光的对手，三招两式束手被擒。

太子太保薛孤延等在尚药局抓住了郑子默，郑子默叹道："不用智者之言，这是命啊。"

高湛、高演、斛律金、贺拔仁、高归彦等拥着气息奄奄的杨愔等往皇宫跑去，在云龙门碰到都督叱利骚，大家招呼一起闯皇宫去，叱利骚不听，被跟随高湛前来的京畿骑兵当场格杀。开府仪同三司成休宁率禁军挡在云龙门，抽刀高声呵斥让高演等停步，高演让高归彦劝降，成休宁不从，高归彦使出厉害杀招，直接命令禁军们放下武器。原来高归彦一直在领军府统领禁军，在禁军中威望很高，禁军们见上级的上级下令，哪里有不听的道理，大家放下武器闪开一条通道，成休宁无奈长叹一声把佩刀扔在地上。

靠着高归彦的老关系，众人一路畅通无阻，一直冲到了朱华门，再往里就是昭阳殿。高湛、高归彦带人等在门外，高演与贺拔仁等走进殿门。

昭阳殿内还有两千余名宫廷侍卫，负责保卫皇宫内殿的安全，这些人的态度很重要，倘若摸不清局势大家一起往里闯，混乱中要是打起来，结果就难说了。

高演知道，母亲早已等在里面，事情成功与否全在母亲那里。

94. 霸府再起

果然，昭阳殿内，太皇太后坐在大殿中间，高殷和皇太后立在两边。高演一颗心放回肚子里，一头叩在地砖上，先声夺人道："臣与陛下是骨肉至亲，杨遵彦等独霸朝纲，作威作福，若不早图，必成社稷之害。臣与高湛、贺拔仁、斛律金为了先帝创下的江山，把杨遵彦等抓来，请陛下裁处。"

高洋对宫中卫士们一直不错，宫中受过高洋大恩忠于高殷的还大有人在，殿中及两侧长廊内的禁军卫士两千余人，一个个披甲持刀等皇帝的命令；武卫大将军娥永乐，叩刀仰视高殷，就等高殷一句话，就要带着卫士们扫平暴乱。

然而，高殷早已被眼前变故吓蒙，根本不敢看娥永乐，甚至急气怒惧攻心，口吃病又犯了，仓促之间一句话也说不出来。

娥永乐失望了，跟错了人是要付出代价的。

还得说太皇太后见多识广，拿眼一瞅就知道是怎么回事了，她自然站在好儿子高演这一边，当即命令卫士们退下。但宫廷卫士的主要任务是保护皇帝，在这个时候谁敢后退？太皇太后大怒，厉声道："你们不怕掉脑袋吗？"

皇帝仍然一言不发，既然不反对，等于默许了太皇太后的命令，娥永乐无奈带着卫士们退出大殿。

太皇太后问道："杨郎在哪里？"杨愔是太皇太后的女婿，老太太还是关心他的。

贺拔仁答非所问："一只眼已经被打出来了。"

太皇太后怆然道："留着杨郎不好吗？"一转身，老太太又开始责骂皇帝孙子："这些人心怀逆心，要杀我两个儿子，甚至打我的主意，你为何纵容他们？"

高殷仍然一句话也说不出。

老太太既怒又悲，"岂能让我母子受汉老太婆的算计？"

这下摊牌了，矛头直指皇太后。李祖娥知道自己彻底失败了，到了这个地步还有什么可说的，唯有跪倒在地谢罪不止。太后母亲和皇帝儿子一样懦弱，杨愔等的失败是必然的。

太皇太后又对太后说："延安并无异志，不过是被人逼得自保罢了。"

高演叩头不止。

太后又对高殷道："你为何不安慰你叔父？"

高殷于是道："天子的位子也不敢为叔父吝惜，况且这些汉人！孙儿这就下殿去，这里的事任叔父处分。"

皇帝的话就是圣旨，高演理直气壮地开始发号施令，让高归彦带宫中侍卫们到华林园集合，宫中保卫工作由京畿兵接管。

高归彦除掉了娥永乐，收服了忠于皇帝的卫士们。

高演下令将一干人等全部问斩。长广王高湛恼恨郑子默曾经说自己的坏话，先拔了郑子默的舌头，然后砍断了他的双手，凌辱够了才把他杀死。

太皇太后亲临杨愔的丧礼，哭道："杨郎是因为忠心而获罪。"以御金做了个假眼，亲自给杨愔安上。

可见，太皇太后并非不知道执政们的忠心，但政治斗争的残酷在于只有利益，没有对错。换言之，箭在弦上，即使是太皇太后也保不住杨愔。

高演见母亲如此伤心，居然有点后悔杀杨愔了，既然人死不能复生，家口就不问了。但这也就是一念之间的事，回头想到斩草要除根，不能留后患，因此依然要把五家满门查抄。这有点过分了，五家经营多年，枝叶繁茂，与京中权贵和中原大族都有剪不断的关系，真要赶尽杀绝，牵一发而动全身，还不知道要出什么乱子呢。王晞和中书令赵彦深坚决反对，最终总算对五家进行了宽大处理，每家各抄没一房，所有孩幼尽死，兄弟皆除名。

高演以赵彦深代杨愔处理政事，时人甚为杨愔可惜。

当时的三个文化名人对事变作出了评论。阳休之私下里说："要行千里，杀千里马而用蹇驴，可悲啊。"在阳休之的眼里，如果把杨遵彦比作千里马，赵彦深不过是一头毛驴子罢了。邢子才流泪道："杨令君死的时候连个好伙伴也没有！"这是暗指杨愔一向轻视燕子献和郑子默，最后却一同被害。魏收暂时未作评论，但把《魏书》中弘农杨氏一节改动了几笔，把"弘农人"改为"自云弘农人"，把"有魏以来一门而已"八字删掉了。①三大才子之高下可见一斑。

事变后，权力重新分配：高演为大丞相、都督中外诸军、录尚书事，算是集军政大权于一身；高湛为太傅、京畿大都督，继续领导京都的军队。

高演也学父亲当年进驻晋阳，遥控指挥邺城朝廷，还占着皇帝位子的高殷

① 笔者注：后人修北史，拨乱反正，又给改回去了，由此也可见魏收患有软骨病。

下旨："军国大事，一律到晋阳由大丞相处理。"

消亡十余年的霸府政治死灰复燃。

95. 高演当国

大齐一场标准的鸿门宴解决了高洋留下的辅政大臣，高演大权独揽。好歹，皇帝高殷还活着，不过是没权了，而北周的皇帝们可就没这么幸运了。

宇文泰留下的辅政大臣宇文护已经成长为大权独揽的权臣，当初有点小聪明的皇帝宇文觉跟一帮小弟兄密谋做掉宇文护，被宇文护毫不留情地干掉了。然后宇文毓上位，两人合作了不过三年，宇文护再次祭起屠龙刀，宇文毓驾崩，于是宇文泰另一个看起来不太聪明的儿子宇文邕当上了皇帝。宇文邕即位后，吸取两个哥哥的经验教训，努力装孙子，灰溜溜地做老板，朝廷大事统统交给宇文护打理，宇文护对这次废立挺满意。权臣一得意，离末日就不远了。权臣本来就是个高风险的职位，一方面要努力当好演员博取大众的同情，另一方面还要时刻防备来自各方面的明枪暗箭。宇文护万万没有想到，宇文邕也是个好演员，演得比自己还真。在相当长的一段时间里，皇帝和权臣相安无事。在乱世之中，演戏是政治高手的基本技能，演技的高低决定了政治上的成败。

高演依靠鲜卑权贵们发动政变一举扭转了朝中汉臣林立的局面，鲜卑贵族们终于能够把持朝政。然而正如杜弼所言，打仗要靠这些勋臣故旧，治国还是要用汉人的，因为，与这些贪污受贿、残暴粗俗的代北人士相比，汉人的文化底蕴决定了他们更适合治理朝政。

高演本人仰慕汉族文化，从小受孔孟教育，身边又不乏文化人，他的汉化程度很深。虽然靠鲜卑权贵们的支持打败了汉官们，但他知道要搞好王朝还得用汉人，只是眼前的朝局让他不得不顾忌鲜卑权贵们的感受。所以，高演还不能光明正大地启用汉人，自己身边就有治国高人王晞而不能用，真是痛苦。高演想到了一个主意，白天在办公室故意不跟王晞说话，晚上让人用马车把王晞送到相府密室，向他咨询军国大事。

实际上，高演的日子并不好过。名义皇帝高殷因为政变的事对他越来越疏远，因此高演表面上大权独揽，很风光，内心里却充满了恐惧，因为他知道，不管自己权势如何大，在天下人眼里，自己还是老二，只要老大一发威，下面的人再跟着一起哄，危险就接踵而至。

更何况，那些权臣宿将们虽然迫于形势，在民族矛盾空前尖锐的局面下跟自己联手，但如果自己跟天子对决，大家还会继续支持自己吗？昭阳殿发生的事高演一辈子也忘不掉，倘若不是老太后的强势和李祖娥母子的软弱，自己的脑袋早就不知道被砍下来踢到哪去了。这事想起来就让他后怕。

那个位子很重要，坐在那，做错了也是对的。

王晞早就劝高演取而代之，高演一直在犹豫，毕竟，以叔叔的身份取代侄儿的位置，就是说得再好听，说破了天，也逃不过谋朝篡位的名声，这不是件小事。

如果不是王晞，自己如果不早一步动手，也许今天的高演早已经身首异处。别人的话可以不听，好朋友王晞的话不能不重视。

丞相府的官员们跟王晞一个看法。从事中郎陆杳奉命出使，临走前特意找到王晞，握着王晞的手说了一席掏心窝子的话，说来说去就一个主题：让高演当皇帝。王晞把陆杳的话转告给高演，并让高演深信，现在取而代之是天下人的共同心愿了。

高演自己也很矛盾，要说自己一点这样的念头也没有，那是骗人，但……高演终于说出了自己的心里话：若是内外都有这层意思，为什么赵彦深一言不发呢？原来高演担心的是这个，王晞这下彻底放心，他终于知道了高演的真正想法。

赵彦深，南阳人，小时候家里穷，做过人魏宰相崔光的奴仆，很受崔光的器重。后来投入司马子如门下，帮着写写文书之类的，在司马子如的保荐下，他做了高欢的秘书，专门执掌机密文件。高澄亲自征讨颍川的时候，赵彦深受命入城说服王思政不要再做无谓的牺牲，高澄把王思政的佩刀赠与他。高演发动政变后，以赵彦深代杨遵彦总理政事，所以赵彦深的态度对高演来说很重要。

王晞找到赵彦深，秘密探听赵的口风。赵彦深对时事看得相当透彻，对最近的风言风语早有所闻，大势所趋，他没有理由反对，何况自己也是政变的既得利益者。听了王晞询问，他当即道：“我也想这么做，不过一直没敢直说，现在老弟你带头，我也没什么可担心的了。”于是赵彦深跟王晞一起劝说高演早正大位。

高演终于心动，但他还有一个绕不过去的障碍，即太皇太后娄昭君的态度。

高演将下边的风言风语跟老太太做了汇报，委婉地提出合法地废掉高殷取而代之的意思。高演是娄老太太最喜欢的儿子，打心眼里她就希望高演做皇帝，当初由于杨愔等人从中作梗让自己的计划落空，现在听高演这么说，老太太也心动了。

可旁边赵道德接话说："相王不学习周公辅政成王，却打算骨肉相争，不怕后人说你篡位吗？"赵道德以高欢家奴的身份起家，也算是高家的老人，其为人性格粗俗而耿直，说话没那么多顾忌。

一语惊醒梦中人，娄老太太听赵道德讲得有理，便让高演回去老老实实待着，好好干好自己的丞相工作，做个忠臣孝子。然而，高演的心已经拨动，绝难再平静下来。

高演不死心，过了一段时间后再次请求娄老太后，详细地跟太后诉说了自己面临的局面，现在的形势就是如果自己不走这一步，早晚自己就得被人算计了。老太太还是疼儿子的，最终答应了高演的请求。太皇太后下了一道懿旨，令高殷退位为济南王，搬出皇宫，以常山王高演入继大统；但老太后同时再三告诫高演一定要保证济南王的安全，毕竟那也是自己的亲孙子。老太太也觉着亏欠孙子的，对这事还挺上心。

高演正式即位，成为大齐朝第三任皇帝，照例，新皇登基，该封的封，该赦的赦，北齐臣民又过了一次年。

太皇太后还原为皇太后，皇太后称为文宣皇后，所居宫殿改名为昭信宫。

北齐朝廷最正常最仁慈的皇帝就此登场。

96. 高演的皇帝生活

作为皇帝，高演是称职的，至少比高洋和高殷称职，他为人仁慈，既没有高洋的残暴，也没有高殷的软弱。由于在高洋时代一直作为台阁处理政事的缘故，即位后立即把当初自己想做而高洋不同意做的事情做了，事无巨细，都要亲自过问。

皇帝太注重细节管理，大臣们就得累死。为什么啊？你想，你做的是职责范围的事情，皇帝亲自过问，如果看法不同必然要顺着皇帝的意思做，反过来就约束了你的自由发挥。这就是矛盾。大家都佩服高演皇帝明察秋毫，却又讥笑他占着皇帝的位子做大臣的事。

高演当了皇帝，跟好朋友王晞的距离却远了，倒不是高演的问题，是王晞故意这么做的，他不想给大家种下一个皇帝亲信的印象。

高演不干了，既然上班不好说话，就下了班到家里来吧。在高演的授意下，王晞、阳休之、崔晞等三人分内事务做完后，就到宫里一起讨论历代礼乐、职官及田市、征税等，对照当前的制度，详细推敲，写成报告呈上来供皇帝参考。

在高欢的十五个儿子中，高演是最孝顺的。娄太后病了，高演顾不上穿好鞋就往太后家里跑，衣不解带地亲自照顾母亲，吃不香睡不好，人也熬得憔悴了。别以为他这是做样子，老太太一病近两个月，高演就这样照顾了母亲两个月。母亲的病加重了，高演就在老太太寝宫外搭了张小床，时刻准备给母亲端茶送药，至于饮食药物，都要亲自过问。太后犯了病心口疼，痛得忍受不了，高演就伺候在床前，急得用指甲抠掌心，滴滴鲜血流出了宽大的袍袖。

对待弟弟们，高演也跟平常人家一样，毫无君臣之隔。在家里，高演并没有把自己当作皇帝，而是尽儿子和哥哥的本分。对待亲戚，高演也是如此。他曾经对高睿和厍狄干的儿子显安说："须拔跟我亲兄弟一样，显安是我姑姑的儿子，咱们之间就不要拘泥于宗室君臣之礼了。我有什么做得不好的，你们尽管跟我说。"

厍狄显安斗胆道："陛下说话不算数。"

高演很惊讶，"何出此言？"

显安道："过去你看见文宣皇帝拿着马鞭打人，常常说这不是人君该做的，现在你也这么做。"

高演握着显安的手激动地说："谢谢，一定改正。"

厍狄显安受了鼓励，就劝高演不要像个小官吏一样沉湎于具体事务，"活都让你干了，大臣们做什么？"高演叹道："我也知道这样不好，却总不放心。"

其实这就是个习惯问题，过去做惯了的，一下都扔给别人还真不放心。就跟历代很多喜欢抓权力的人一样，整天累得要死要活，却欣然为之。

累，并快乐着，也是一种活法。

高演将厍狄显安的话告诉给王晞，王晞也认为厍狄显安言之有理。

天下安定后，高演照例对老婆儿子进行封赠，妻子元氏为皇后，儿子高百年为太子。这个决定招致长广王高湛的不满。作为高欢的嫡子，高湛也一直在觊觎那个唯一的位子，而且，诛杀杨遵彦的时候高演就承诺过，一旦窃得大位，就封高湛为皇太弟。高演似乎已经忘记了自己当初的承诺。

北边的库莫奚人在高洋死后蠢蠢欲动，高演亲自带兵出击，库莫奚人一看这个主也不好惹，于是仓皇北逃。高演穷追猛打，缴获牛羊七万头。

这次练兵，让高演对自己的武力有了重新的认识，看来打仗也不是多么难的事，从此，高演有了统一东西的志向，暗暗做起西伐的准备。

高演在国子寺设立官署掌管教育，国子寺的前身就是晋朝的国子学，是专门培养高门大族子弟的。高演建立了学生年考制度，督促学生好好学习。国子寺在隋唐发展为国子监，成为培养官吏的学校。

高演做了一阵子皇帝，自己对自己还挺满意，觉着自己应该算是明君了。有一次，高演于殿前亲自处决了一个罪犯，一脸得意地对王晞说："你看这个人该死吧？"言外之意我高演可从来不像我二哥一样胡乱杀人，咱杀的都是该死的人。王晞没有顺杆溜，他正色道："死是该死，但死得不是地方。"按照法度，杀人应该在闹市，而不应该在宫殿里。处决罪犯有两个目的，其一惩罚罪犯，其二警示后人，而第二个目的更加重要，古代杀人的地方一般是菜市口，当着大家的面杀人更能起到震慑犯罪的作用。

高演一听汗就流了下来，王晞言之有理啊，从此高演再也不在殿前杀人了。

王晞是个高人，他不求官，不求利，一心一意帮助好朋友，高演有这样一个朋友是他的造化。高演要任命王晞做侍中，王晞坚决不答应，按照他的说法，不是自己不想当官，而是多年的阅历让他懂得了自保之道。

那些沉湎于权力鸦片的高官权贵，得意扬扬自我感觉良好，却不知道大祸就在眼前。

高演是个好皇帝，他有抱负，也有建功立业的雄心，不过，他没有好运气。

中庶子卢叔虎献上伐周之计：他分析齐周形势，齐强而富，周弱而贫，然而齐一直不能灭周的原因在于战术上的问题——双方一开战，都想一口吃掉对方，往往都是倾国之师，组织大规模会战，而骑兵野战胜负难料；人多并不是取胜的充分条件，所以继续采取这样的作战方针不是上策。

卢叔虎提供了另一条思路。他建议在平阳设置要塞，与北周的蒲州相对，蒲州兵马不出，就慢慢蚕食河东之地；蒲州要是出兵，没有十万人不是我们的对手。打仗打的是后勤，他们的粮食需要从关中运来，需要越过崇山峻岭和黄河，而我们后勤有保障。就是关中真的集结起十万人也不是我们的对手。他要打，我就坚守不出；他若退走，我们就追击。长安以西人口稀少，城池相距甚远，兵马往来困难重重，与我军相持农业就会废弛，不过三年，不用我们打，他们也就自废武功了。卢叔虎的策略的确高明。分析一下东西大战，往往西边以少胜多，原因就在于求胜心切，总幻想一战而全歼敌人，往往适得其反。稳打稳扎，步步为营，这才是万全之策。

卢叔虎绝非泛泛之辈，他出自范阳卢家，从小以诸葛亮为榜样，专门研究兵书战策，一脑子计谋，早年追随贺拔胜经略三荆。贺拔胜南逃时他回到家乡，过了几年乡村生活，高澄请他出山没请动，高洋请他他没敢抗拒，杨愔听说他来了，亲自出城迎接，可见卢叔虎声望之重。高演登基后把东宫门下坊的重担交给了他，专门负责东宫教育工作。

卢叔虎为人仗义疏财，在家乡时家里有粟米千石，每到春夏交会之际，乡人断粮的可自行来取，到了秋天你愿意还多少就还多少，据说秋天总能取回一倍多的粟米。对此，我很怀疑，因为接下来史书记载了他的贫穷。卢叔虎在朝为官后，魏收为了撰写《魏书》，常常到他家里向他询问一些洛京旧事，到了吃饭的时候，魏收不想让他破费总是借故离开，卢叔虎不让走，盛情难却魏收就答应留下来吃饭。然而等了很长时间饭菜才端上来，这下魏收可开了眼了：每人一木碗小米饭和葵菜，几片肉飘在上面，家里不分主仆，都是一样的饭食。这顿大锅饭让魏收终生难忘。另外交代一句，齐亡后，卢叔虎冻饿而死。卢叔虎无疑看到了东西战争问题的关键，按照他的方法，北周灭亡指日可待。

同样，在西边，有一个人也在不断反思东西战争的经验教训，韦孝宽也看出了北齐的软肋。韦孝宽后来呈给北周皇帝的《平齐策》的中策跟卢叔虎的观点不谋而合。但是，卢叔虎的策略却正好遏止了韦孝宽的上策。

历史终究没有让两人对决，最终我们也不知道两人的计谋孰高孰低。

高演大喜，让元文遥和卢叔虎一起把一些细节再推敲推敲。两人领命很快做出了一份详尽的计划书，卢叔虎自告奋勇愿意亲自前往平阳，实现自己的平周方略。

然而，北周方面很幸运，卢叔虎很不幸，因为他的方略还没有实施，一只小兔子居然要了高演的命。

97. 皇帝死于一场意外事故

高演制定平定关西的方略，还没等实施，自己先病了，谁又能想到，这次竟一病不起。

原来，高演打猎的时候，一只兔子突然从草丛里蹦出来，御马受惊把高演掀翻在地，肋骨折断了。古代大约也不能动接骨手术，只能采用保守治疗，即靠自己慢慢调养。太后听说宝贝儿子受伤，亲自前来探望，母子见面不免拉拉家常，太后随口问济南王过得怎样了。高演竟无语以对，因为高殷早就被高演给杀了。

退位的皇帝必须死，因为即使本人没有想法，保不住有人有想法。只要高殷发一道檄文，告诉天下人自己被废的真相，肯定有忠义之人会愤而起兵响应，也会有人怀着浑水摸鱼的想法跟着起哄。所以，高殷虽然退居藩邸，却是高演心头一个挥之不去的阴影。

高演常驻并州，高殷住在邺城，高湛留守，负有替高演监视高殷的使命。

会望气的人说邺城上空弥漫着天子气，一时谣言四起，人们认为天象应在高殷的身上，暗示着高殷才是真龙天子，迟早有一天还会重登大位。

这件事惊动了一个不该惊动的人，平秦王高归彦。

在高演与勋臣们发动政变诛灭杨愔的时候，高归彦功劳最大，高演即位后，不免对高归彦高看一眼，命其以司空兼任尚书令，在朝堂坐班的时候排在平原王段韶的前面，而且高演还赏给他一个殊荣。按照齐制，上朝的时候只有皇帝戴纱帽，文武百官戴绒帽，高演特别批准高归彦可以戴纱帽，整个朝堂里，只有天子和平秦王戴的帽子跟大家不一样。

高归彦反戈一击，成功地把自己包装成新朝功臣，但他内心深处未必没有负罪感。高归彦受高洋遗命辅佐幼主，他却背叛高殷并帮助高演篡夺帝位。高归彦最害怕高殷东山再起，如果高殷真的复辟成功，恐怕头一个挨刀的就是他。高归彦严肃认真地思考了自己的前途命运后定下主意：先下手为强。高归彦添油加醋地将天子气的事跟高演做了汇报，劝说高演除掉高殷以绝后患。高演本来对此就有些犹疑，至此被高归彦说动，于是命高归彦到邺城把高殷带到晋阳。

消息传到邺城，高湛大惊。之前，高演为了不让自己的儿子步高殷后尘，已经刻意消减高湛的权力，他下令调高湛的心腹领军厍狄伏连为幽州刺史，以斛律光的弟弟斛律羡为领军大将军。高湛大怒，他立即做出反应，一是不让厍狄伏连上任，二是不准斛律羡过问邺城禁军事务，明目张胆地对抗高演的旨意。

倘若是高洋，高湛这条小命就交代了，然而，毕竟高演心软，顾念亲情，竟然容忍了弟弟的背叛行为。高演犯了跟哥哥一样的错误。

然而，高湛对哥哥却没有那么多的亲情，这是大齐皇族中最没有人性的人，在高浚那一声“黄天见汝”的怒吼中我们已经领教了他的无情。高湛很清楚高演让济南王到晋阳的目的，他很担心，但他担心的不是高殷的安危，而是自己。皇帝六哥对高殷一个拔了牙的老虎尚且如此顾忌，而对手握重兵的自己是什么态度？高湛越想越害怕，情急之下请高元海商量对策。在倒杨斗争中，高元海曾经充当高归彦和高湛间的联络员，现在算是北齐政坛的一颗新星，这是一个自我感觉超好的人。高元海，高欢侄子上洛郡王高思宗的儿子，早在高洋时代，年轻的高元海即出仕为散骑常侍，这个官顾名思义就是陪在皇帝身边，帮皇帝出出点子什么的。

在皇帝身边做事职小权大，关键时刻能直接跟皇帝说话，跟现在的领导秘书一样，秘书官职大吗？可领导秘书潜权力大，理论上计算，领导官有多大，秘书的潜权力就有多大。

有一阵高元海迷上了佛法，竟然请求辞官归隐山林，专门研究佛门宝典，号称要做清修之士，高洋答应了。然而不到两年，高元海就受够了佛门的清淡日子，要求回来。重返红尘的高元海把忍了两年的欲望统统发泄出来，一下找了一个连的美女，每天纵酒肆情，流连于声色之中。

高演即位后，高元海继续以散骑常侍的身份留在邺城处理机密要务，这充分体现了新皇帝对他的信任。

高元海跟高湛关系不错，常常为高湛出个主意什么的。因为有两年的山林经历，他常常摆出一副高深莫测的模样，把自己当作当今诸葛亮，然而实际上高元海志大量小，连给诸葛亮提鞋的资格也没有。

高湛将自己的担心告诉给高元海，要高元海拿出个意见来。

这种事弄不好就要掉脑袋，高元海敷衍道：“皇太后万福，天子是非常孝顺的人，所以只要老太后健在你不必过虑。”

高湛道：“这不是真心话。”

高元海就让高湛给他一夜的时间好好考虑考虑。高湛当夜把他留在后堂。高元海一夜未睡，围着床边踱来踱去，反复权衡利害得失。

天刚麻麻亮，高湛就来了，他也是一夜辗转不能入眠。

“算得怎么样了？”高湛一露面就急切地问。

“已经想好了三条计策，不知道能不能用。”

“快讲。”

高元海的计策也未能逃出流行的上中下三策。

上策：学汉景帝年间的梁孝王故事，乘数骑入晋阳，先求见太后，哀求太后帮忙说话，然后再见天子交出兵权，从此终生不干预政事，保得一世平安。

中策：上表以威权太盛恐众人诽谤，请求出镇为青、齐二州刺史，收敛行藏，好好把刺史干好，一定不会招来非议。

然而，上中策说完，高元海又不说话了。

恐怕高湛对两策都不满意，放弃当前拥有的一切，能放得下吗？毕竟权力的诱惑力极大，那种诱惑是不容易压制的。

高湛要听听高元海的下策。

高元海道：“不敢说，说了怕招来灭门之灾。”

高湛刷一下把佩刀拔了出来，恶狠狠地说：“不说现在恐怕就没命了。”

高元海道：“下策嘛，济南王皇帝干得好好的，主上假借皇太后的懿旨夺了他的位子。现在你在邺城召集文武百官，把真相跟大家说清楚，把主上征济南王入晋阳的旨意给大家看，然后把斛律丰乐抓起来，把高归彦宰了，重新把济南王推上去，号令天下，以顺讨逆，则万世一时也。”

高湛大喜，对他来说，权力比什么都重要，这才是他想听的。

然而，高湛内心实际上非常怯弱，毕竟这是个天大的事情，不得不慎重从事。于是，高湛找来精通阴阳算术的郑道谦算了一卦，郑道谦回道：“举事不利，静则吉。”

高湛更加狐疑，又找来另一个神算曹魏祖，曹魏祖回答是大凶之兆。

继续算下去，没有一个人说举兵是好事。

高湛泄气了，既然如此，就算了吧。于是高湛接受了高演的命令，派数百骑兵保护济南王前往晋阳。

高殷到了晋阳，等待他的使者递上来一壶毒酒，高殷高低不喝。到这时候了还容得你反抗吗？使者卡住高殷的脖子把毒酒灌了下去。

然而，坏事也不是谁都能干的，不是谁都能够心安理得地做坏事。碰巧高演不算是坏人。高殷的死不但没有消除高演心头上的阴影，反而带给他更大的灾难。

到底是心慈，到底不是恶人，杀掉侄儿后高演后悔了，可人死不能复生，高演陷入了深深的自责中。另一方面，高演又担心老母亲责怪，整天在患得患失中过日子，时间长了竟然成了心病。加上肋骨受伤后整天躺在床上，人闲的时候就容易胡思乱想，高演时不时看见高洋带着杨、燕等人前来索命，当真苦不堪言。

当初太后答应帮自己登上帝位的时候就有言在先，必须保证高殷的安全，高演最怕老太后问起高殷。现在，太后再三追问，高演一言不发。老太后明白过来，气急而怒，“你把他杀了吧？不听话的东西，还是赶快死了吧。”

老太太到底心硬，竟然不管高演如何哀求，径自头也不回地离开了。

高演更加气丧，病情加重，不久就死了。

临死前，看着自己六岁的儿子和生性柔顺的皇后元氏，这哪里是能保住江山的人，与其被人夺位，还不如早作打算，说不定还能保住妻儿的性命。念及此，高演命尚书右仆射赵郡王高睿宣旨，让长广王高湛速来晋阳接替自己。另外高演修书一封给高湛，大意是高百年无罪，皇帝你做就做了，千万不要学前人。他的意思很明白，就是要高湛好好对待高百年，不要学自己容不下高殷。但是高演这样做有用吗？说起来，他还是不了解自己这个弟弟，步落稽哪里是个有亲情的人？

高演临终还挂念着老母亲，恨自己不能为母亲养老送终，带着遗憾离开了人世。

一句话，高演是个好人，一个有家庭观念的人，一个至孝的人，但不是一个好的政治家，政治家不能做好人。假如，二十七岁的高演多活几年，以他的沉稳和练达必将带着北齐走上一条强大之路，然而，历史永远没有假如。

随着高演的驾崩，统一东西成了梦，卢叔虎的《平西策》只能作为文件束之高阁。然而，周齐边境上的韦孝宽却一直在严密注视着大齐的动静。韦孝宽还在坚守玉壁。为了表彰韦孝宽的功劳，北周要为韦孝宽加官晋爵，但玉壁一时半会儿没有合适的人选来换防，于是北周在玉壁设置勋州，以韦孝宽为刺史，同时任命加官为小司徒。韦孝宽善于用间谍，他在北齐境内暗中部署了一个间谍网，通过收买等方式不断发展齐人加入，这样北齐方面的情报源源不断地传到勋州，韦孝宽对北齐动静了如指掌。不唯如此，韦孝宽还蓄养了一批刺客，北周大将许盆计划以所镇守的城池当作见面礼送给北齐，韦孝宽得到消息后，没有走复杂的法律程序，直接派刺客把他杀了。

在周齐边境地带靠近北齐的大山里，生活着桀骜不驯的山胡（步落稽人），他们让高洋吓得不敢惹北齐，便转而骚扰北周。为了对抗居住在北齐境内山胡的侵扰，韦孝宽发河西民工十万在与两国临界的险要处筑城，让开府仪同三司姚岳带百名士兵监工。对面就是北齐的边防军，自己带一百来人，这不是找死吗？姚岳害怕了，高低不愿前往，韦孝宽却心中有数，他耐心跟姚岳算了一笔账。按照他的预算，大约十天的时间就可以完成筑城任务，玉壁距离晋州四百里，第一天开工，第二天齐人才明白我们的意图，然后晋州征兵又得三日，军事谋划也得三日，行军也得两日，这样一来十天的时间就有了。

韦孝宽计算得不错，果然，齐军十日后方到。韦孝宽命汾水以南的村子晚上点起火把，远远望去营火连连，齐人以为是北周大军的营盘，摸不清有多少人，不敢贸然进攻，韦孝宽从容完成了筑城任务。

有这样一个复合型的奇才驻守边疆，真是周人之幸。

98. 高湛上台

高家最有人情味的皇帝高演带着壮志未酬的遗憾走了，接任者高湛是一个比高洋更没有人味的问题青年，他将为北齐王朝增添更多的禽兽色彩。

高演去世后，按照高演的遗命，赵郡王高睿使黄门侍郎王松年飞马到邺城，召高湛到晋阳登基。

什么？让我当皇帝？不是做梦吧？能有这样的好事？高百年是太子，怎么会轮到我？六哥死了，这个消息没有引起高湛一丝悲伤，此刻他正被一种复杂的情绪包围着，里面有惊讶、喜悦和恐惧，就是没有伤心。他想起他爹高欢，想起他妈娄昭君，一母生六子，高洋、高演轮着当了皇帝，轮来轮去，还能轮到他这个小青年？在高演立高百年为太子的时候高湛就觉得心灰意冷，他已经彻底断绝了做皇太弟的奢望，却没有想到青春正旺且没有任何不良嗜好的六哥说完就完了，而且居然抛开太子立下传位给自己的遗诏，当真太不可思议了。

高湛暗自庆幸自己没有采纳高元海的下策起兵造反，还是相士们说得对，一动不如一静，这不，好事自己找上门来了。

生性多疑的高湛虽说才二十五岁，却已经看到了太多的宫廷阴谋，其中的巧诈让他丧失了对人的基本信任，所以高兴之余又有几分担心，一切会不会是六哥布下的一个局呢？不久前，自己抗命阻止朝廷新任命的领军赴任让六哥很不满，是不是六哥布下陷阱，诱使自己前往晋阳，然后咔嚓给高百年挑刺呢？

机不可失，时不再来。高湛犹豫不定，高元海着急了，即使高湛不想当皇帝，他高元海还想着做宰相呢。高元海拉上毕义云一起劝说高湛赶快动身。

毕义云当初因为跟郑子默沾亲带故受牵连被免职，目前在邺城闲居，他看中了高元海的潜力，就以讨论佛法为名跟高元海套近乎，高元海也很欣赏毕义云的家世和名声，两人成了无话不谈的好朋友。

高元海和毕义云排除了高湛的部分怀疑。

高湛在怀疑和不安中派出自己的亲信飞驰晋阳，探听虚实。高湛的亲信来到高演的停尸之处，亲自掀开棺椁，看到了高演的遗容，然后飞报高湛。

真的死了？哈哈哈，高湛开怀大笑。就是这样，高湛还是不放心，预先让河南王高孝瑜带京畿兵先行入宫，将宫中卫士全换上自己人。

高孝瑜是高澄的长子，王妃宋氏所生，跟高湛同岁，自小养在高欢的身边，跟高湛从小玩到大，是无话不说的好朋友。高湛图谋杨、燕，甚至准备听从高元海的下策起兵造反，高孝瑜都曾参与过。所以，高孝瑜是一个令高湛信任的人。但阴谋家之间的友谊是靠不住的。

高湛率领自己的亲兵卫队赶奔晋阳，平秦王高归彦亲自出迎。作为高演最信任和器重的宗室贵族，高归彦清楚自己这时候的一举一动关乎自己的前途和命运。

左丞相斛律金带着文武大臣们一起劝进。按照礼义，高湛不能表示同意，不管心里咋想，表面上还要说自己德薄才浅不堪大任。不同意就再劝，如此反复三次，算是礼成，高湛欣然应允。

公元 561 年 11 月，高湛即位，改元太宁，接着主持了高演的葬礼，为高演议定谥号为孝昭。按照高演的意愿，要为高百年找个好地方安置，高湛倒也没让六哥失望，封高百年为乐陵郡王，乐陵郡是河北的上上郡。

不过，在前皇后步六孤氏随灵柩到邺城的时候发生了一个小插曲。高湛不知道听谁说高演的皇后元氏有奇药，具体这个药是什么，干什么用的，史书无载不好乱猜，反正高湛特别想要，就派人追上牛车索要。步六孤氏不予理睬，高湛生气了，派小太监追上去骂了一顿。这开了一个不好的头，预示着高百年母子的命运不是太妙。

照例，新帝登基，免不了一场人事变动，所谓一朝天子一朝臣，但北齐朝的特色就是变来变去离不开代北权贵们，无非又是一次权力的再分配。

如果参照公司组成，现在的北齐高级管理人员如下：

董事会成员有：高湝（太师）、高归彦（太傅）、尉粲（太保）、高淹（太宰）、高济（太尉）、段韶（大司马）、娄睿（司空）。

经理层成员有：高睿（尚书令）、高湝（尚书左仆射）、斛律光（右仆射）。

公司的日常运作主要由经理层负责，但董事会决定重大事项，当然到底谁的权力大，最终还是董事长说了算。

长广王妃胡氏升级为皇后，儿子高纬被立为皇太子，然后照例大赦天下。北齐朝正式进入高湛时代，一个比高洋朝更疯狂的时代。

随着高湛的即位，史上最牛的宠臣和士开也出场了。为什么说和士开牛呢？因为此君文无安邦之才，武无定国之力，却靠着一项业余爱好封王拜相，成为史上最另类的宰相。

和士开的资料

姓名：和士开（本姓素和氏，冒姓为和）

曾用名：和彦通

籍贯：清都临漳

民族：汉族（出自西域胡，汉化深，所以代北人以其为汉人）

特长：握槊，音乐（善弹胡琵琶）

社会关系：父亲和安，弟弟和士休，妻元氏，情妇胡皇后

和士开，字彦通，出自西域胡人，祖上以经商为业，本来姓素和氏，后入乡随俗改为和姓，从父亲和安开始从生意场转战政坛，曾经做过仪州刺史。和士开打小就聪明，在国子学上学的时候，是标准的三好生，这个优等生不光学习好，综合素质也不错，弹一手好琵琶，还是个握槊高手——握槊大约跟现在的国际象棋差不多，是当时流行的一种战争棋。

高湛为长广王，听说和士开的大名，于是请他到长广王府为开府行参军。高湛喜欢附庸风雅，也是个握槊爱好者，两人趣味相投，竟然发展成比朋友关

系更进一步的好朋友。两个人好到什么程度？和士开说高湛不是天人，是天帝；高湛说和士开不是世人，是世神。相互吹捧肉麻不堪。

高洋知道后，怕和士开带坏弟弟，就找个过错把他发往长城戍边去了。后来高湛想方设法又把他弄了回来。高湛从长广王升级为皇帝，和士开也飞黄腾达做到了给事黄门侍郎。和士开的升迁引起了高元海的注意和不满，他感到了威胁的逼近。高元海作为高湛的高参，在高湛登基后毫无意外地升职为侍中、开府仪同三司，继续充当高湛的高级顾问。自命不凡的高元海把和士开看成自己的敌人，他认为自己一直是高湛最信任的谋士，和士开的获宠必然会动摇自己苦心经营多年得之不易的地位。

皇帝现在有些事都跟和士开讲，跟自己掏心窝子的话越来越少，这可不是个好信号。高元海组织了一个小圈子，荣升御史中丞的毕义云毫无疑问地成为核心成员，毕义云又把黄门郎高乾和拉了过来，小圈子唯高元海马首是瞻，高元海指到哪里，他们的火力就攻击到哪里。现在领导发话了，目标——和士开，上！于是，高元海、毕义云、高乾和三人开始轮番在高湛面前说和士开的坏话。

然而，他们这次打错了算盘。他们不知道和士开是高湛的朋友中的朋友，他们间不仅是男人之间的感情，还掺杂了些其他感情，很乱很复杂。

在皇帝高湛的眼里，诋毁和士开就等于诋毁自己，三人没有成功。倒是和士开轻轻地提示三人结党擅权，高湛马上就疏远了三人。

毕义云见风向不对，马上调转山头，开始用重金巴结和士开。和士开接纳了他，推荐他到兖州做刺史。毕义云离开风暴中心有自救的意思。

高演死后，太后娄昭君病情恶化，虽然老太太不能原谅高演杀侄的罪行，但到底是自己最疼爱的儿子，尤其是高演临终遗言以不能为母亲养老送终为憾，老太太的内心不能没有震动。高湛即位了，老太太一直不太喜欢步落稽，相士们曾经说过自己“九龙母死不作孝”，暗指的可是这个孩子？

公元 562 年春天，娄昭君开始精神恍惚，衣服时常无故自举，找巫婆看，说要改姓才能消除祸灾，于是老太后改姓为石。在晋阳和邺城历史上曾经有石勒建立的后赵政权，不知道个中有何关联，野史专家们据此得出了一个大胆的结论：高家那个长得最丑的高洋是娄昭君年轻时跟石姓野人通奸所生。

公元 562 年 4 月，生育了三个皇帝两个皇后的伟大母亲娄昭君终于撇下家族和王朝走了，享年六十二岁。

当太后驾崩的消息传到邺城的时候，高湛正同和士开在三台上饮酒作乐，母亲去世并没有让他有任何心动，如同听到哥哥高演死去时一样，好像根本不关自己的事，依然奏乐饮酒。当宫女将孝服呈上的时候，身着红袍的高湛将白袍扔在了台下。和士开看不下去了，上前劝说道：“咱们撤宴举哀吧。”高湛很扫兴，拉过和士开狠狠地抽了他几个大嘴巴子。

这就是高湛，大齐朝的皇帝，一个没有人性的皇帝。

99. 高归彦反了

高湛即位不久就遇到了一次考验，平秦王高归彦反了。

高归彦是不是吃饱了撑的，怎么能说反就反了呢？想当初，高归彦亲自迎接高湛赴晋阳登基，高湛即位后以高归彦为太傅，领司徒，成为勋贵宗亲的首领。高归彦受到三朝恩遇，高洋因为他的原因在领军将军前加了个“大”字，从此领军府的主管由领军将军成为领军大将军。高演鉴于高归彦有额骨三道戴绒帽不舒服，特批高归彦上朝时戴纱帽，而按照制度规定大齐朝廷只有皇帝本人可以戴纱帽。高湛又特批高归彦将三名私兵带刀进仪仗队，那是何等的荣耀，何等的威风。

在哪里混都能混好，走到哪里都能吃得开，也说明高归彦自有其过人之处。

为人至孝，对嫡母和生母都很好，这是高欢最欣赏的。一个人对自己的父母不好，又怎么会对别人好呢？高欢一向喜欢和敬重有孝心的人。

高归彦小时候还是个老实孩子，挺质朴的，后来随着威权日深，生活作风问题就出来了。高欢为他娶了元天穆的女儿，而这位元氏姿色一般妒忌心却很强，两口子拌嘴吵架成为生活中的常事，高归彦私下里多次要求高洋允许自己离婚，高洋都没有答应。高归彦有匹宝马，号称日行七百里，尔朱荣的儿子梁郡王尔朱文略眼馋，就以自己的一个姿色绝佳的婢女为赌注跟高归彦打赌。高归彦爱美女胜过爱宝马，就答应一赌，结果又输了，不但美人没得到，连宝马也丢了。高归彦气不过，就找人连哄带吓想要回宝马，尔朱文略也够混蛋，用两个银盘把两件宝物送还给他，美人头和马肉。高归彦气得够呛，去找高洋告状。

高欢一直对尔朱家遗留的后人不错，但尔朱荣的四子尔朱文畅主谋刺杀高欢，高欢一是为报答尔朱荣，二是看尔朱氏的面子，只将尔朱文畅问罪，并且赐尔朱文略十次不死。

一百次不死也没有用，在高归彦的努力下，尔朱文畅最终还是被处死。

事实上，几位皇帝对高归彦的特别待遇里笼络的意味更浓，高归彦善于驭下，一直兼任领军大将军，在禁军中威望很高。所谓物极必反，坏就坏在高归彦的位高权重上。天下人都知道高归彦受皇帝宠爱，托他办事比直接找皇帝还管用，他家里总是宾客盈门。朝中权贵都去巴结他，一来二去就把高归彦捧上了天，最后自己也忘了自己吃几两干饭了，说话旁若无人，动辄对同事和属下凌辱，很嚣张很跋扈，激起了大家的公愤。一时弹劾他的奏章雪片般飞到了高湛的手里，高湛也因为高归彦反复多变，心里早存了几分顾忌。

“高人”高元海一向自命不凡，哪里能容忍高归彦在自己头上作威作福，于是发动自己的小圈子在高湛面前不断地说高归彦的坏话，甚至大才子魏收也卷入“倒高”阵营。他们瞅准高归彦回家不在办公室的空当，紧急商量出台了一个意见，获准高湛的批准，由魏收拟定诏书，让高归彦到冀州做刺史，想到高归彦接旨后肯定会来找皇帝，俩人要见了面结果难以预料，所以高元海命宫门守卫从此不准高归彦入宫。

高归彦在家纵酒作乐，美美地睡了一觉，他哪里想到宫里的对头们忙活了半晚上。天亮后高归彦收拾收拾准备入朝，到了宫门才知道已经有旨意禁止自己入内了，不禁大惊失色，不知道究竟发生了什么事。正在疑惧和纳闷呢，圣旨到了，让高归彦立即赴信都接任刺史。

可能高湛也觉着这么让高归彦走了有些过意不去，就特地为高归彦准备了不少礼物，什么钱财、医药、鼓吹一并赐予，又特许禁卫督将们到青阳宫为他送行。人走茶凉，青阳宫里的气氛很压抑，众人虽然奉旨跟高归彦拜别，但没有人敢随便说话，只有赵郡王高睿毫无顾忌，窃窃私语，也不知道都跟高归彦说了些什么。

高归彦离开自己为之奋斗半生的权力中心，心里除了不甘心还是不甘心。

明摆着是高元海陷害自己，皇帝支持他们，接下来会不会……越想越不对劲，越想越害怕，高归彦就动了武力夺权的心思。

高归彦把家财分给冀州的大小将领们，开始收买人心，密谋等高湛到晋阳后，出兵偷袭邺城。

冀州是高氏的老巢，长史、司马、别驾这些人对中央忠心耿耿，他们见新刺史大把花钱不停送礼，怀疑高归彦别有所图，于是联名上书，提醒朝廷注意高归彦的动静，但高归彦早有准备，书信毫无悬念地被截下，几个人都被高归彦杀了。

冀州郎中令吕思礼通过秘密渠道把情报传到了邺城，高湛立即派出两路兵马，平原王大司马段韶、司空娄睿（娄昭君的侄子）领大军突袭信都，这是明的；封子绘单人匹马返回冀州，这是暗的。

高归彦在冀州通往晋阳的道路上设置了秘密情报站，段韶大军刚出晋阳，冀州方面就得到了讯息，高归彦立即下令紧闭信都城门，自称大丞相，打算靠着四万冀州兵，据城一战。

封子绘的任务是联络冀州人士搞策反工作。冀州可以说是封家的老地盘，封家的人望哪里是初来乍到的高归彦能比的，所以封子绘一到，冀州军民纷纷来降，这样城中的情况基本让段韶摸透了。段韶大军逼城，高归彦登城大叫："孝昭皇帝驾崩之时，我掌握六军百万之众尚且不反，今日哪里有异心？恨只恨高元海等欺瞒圣上，陷害忠良，我不过要清君侧而已，杀了他们，我就自刎谢罪。"

段韶哪里肯听这些话，下令攻城。信都军心不稳，哪里是晋阳北齐精锐的对手，很快信都城破，高归彦被俘，段韶将他锁拿入京。为了保命，高归彦开始乱咬。他举报高元海曾经接受过毕义云的宅子，高元海枉法让毕义云做了刺史，他希望通过立功减免自己的罪责。鉴于高归彦曾经位高权重，对他的处置需要顾忌国内外的影响，高湛于是召集大臣们商量。也是高归彦平时过于飞扬跋扈，关键时刻没有一个人为他说好话，大家一致认为高归彦罪大恶极，罪不容赦。

高湛宣判了高归彦的死刑，这就叫现世报。

负责执行的刘桃枝将高归彦嘴里塞上木条（防备他胡说八道），五花大绑游街示众，然后与子孙十五人同日问斩。

解决了高归彦，高湛忽然想起了把高归彦抚养成人的高岳。说起来，高归彦真是死有余辜，乌鸦还知道反哺，他却恩将仇报害死了高岳，于是高湛把高归彦剩下的家口不分贵贱全部赐给高岳的儿子高劢，封赠高岳为太师，为高岳平了反。

冀州的事刚处理完，南边又出事了。镇守扬州的主将刺史王琳和尚书卢潜掐上架了，两个人都给高湛上表，请皇上评理为自己主持公道。

100. 王琳的传奇故事

王琳是梁朝历史上的一个传奇。

王琳的父亲做过梁湘东王国常侍，姐姐和妹妹双双得到了湘东王萧绎的宠爱，因为这层关系王琳很小就成为萧绎的将军。虽然靠裙带关系上去了，但王琳没有一辈子靠这个吃饭，他收编网罗江淮盗匪组成了一支上万人的王家军，成为萧绎手下最能打的生力军。

侯景乱梁的时候，王琳的王家军隶属于王僧辩军团，投入反侯的战争中。

萧绎平定侯景叛乱，作为王僧辩的部将，王琳和杜龛并列首功。王琳少年得志，他这支队伍打仗没得说，军纪却有点差劲。王琳身上的江湖气很浓，对部曲义气大于制度，攻入建康后纵兵行暴，引起了王僧辩的不满，王僧辩一度打算把他干掉。

王琳预感不好，命长史陆纳率部曲奔湘州。王琳平时对属下跟亲人一样，所得赏赐从不独吞，深得部下们的爱戴。陆纳走后不久，萧绎听从王僧辩的建议把王琳锁拿狱中，然后让廷尉卿黄罗汉和太府卿张载招抚王家军。这下可捅了马蜂窝了，陆纳等拒不从命，不但扣押了黄罗汉，还残忍地杀死了张载。

王僧辩率部前往讨伐，陆纳等跑到长沙投了武陵王萧纪。萧纪是萧绎的对立面，对萧绎称帝一直心存不满，现在收拢了王琳的部曲，开始准备讨伐萧绎了。

一时江陵公卿恐惧，可就在这个时候，陆纳带来口信，承诺只要王琳无恙，自己愿意永为奴婢。

为大局着想，也不排除后宫吹了枕头风，萧绎放出王琳招降部众，陆纳等见故主前来，立即弃武陵王投降，于是王琳指挥部曲反戈一击打败萧纪平定了湘州。

然而，萧绎到底不是会用人的明君，对于王琳和他这支虎狼之师，总是心存顾忌。他想的不是如何好好利用这支队伍为自己出力，反而时时想如何将王琳的危险降到最低，最后终于将王琳远迁为广州刺史，镇守岭南，离自己远远的。

于谨攻打江陵的时候，梁元帝又想起了这位能征善战的小舅子，于是以王琳为湘州刺史驰援江陵。王琳接到命令立刻出师，但远水不解近渴，王琳刚到长沙，便得到江陵陷落、元帝驾崩的消息。

于是三军戴孝为萧绎举哀，派别将侯平率水军攻后梁萧詧。长沙藩王萧韶及上游诸将共推王琳为盟主，谋划光复梁朝，但战事不利，无奈遣使通齐，又因为妻子被于谨俘虏，又遣使通魏，王僧辩立梁主后，王琳又称臣于梁主。

向三方低头，王琳实在有不得已的苦衷，没办法，活下去是第一位的。

陈霸先杀王僧辩，立萧方智为帝，遣使征王琳入朝，许以侍中、司空，王琳拒不从命。

陈霸先执政后，王琳请求高洋把萧庄送回江南，延续梁朝的国祚，高洋愉快地答应了。从此，王琳一直以自己的方式跟陈霸先作对。

萧庄是梁元帝萧绎的孙子，江陵陷落的时候才七岁，幸运的是他当时躲在民间逃过一劫，后来被王琳所救送到建康，又被萧方智作为人质送到邺城。

王琳跟高洋做了一笔交易，高洋归还永嘉王萧庄为帝，王琳送兄子王叔宝率十州刺史子弟到邺城。于是，高洋遣使拜王琳为梁丞相，都督中外诸军、录尚书事，奉萧庄于郢州称帝，大齐派扬州道行台慕容俨驻军临江声援。

陈霸先派侯安都、周文育讨伐，大军刚出发不久，陈霸先就取代梁朝变成了陈武帝。侯安都大惊，自己本来是讨伐梁朝的反叛，现在自己的主公却篡位了，师出无名，这仗没法打了。果然，王琳大胜，擒获侯安都、周文育等，杀周铁虎。

一锅端掉了陈霸先最能打的几员猛将，王琳声威大震。

王琳带甲士十万，练兵于白水浦，开始为讨伐陈霸先做准备。但是王琳疏忽大意，也是侯安都、周文育命大，两人竟然买通看守逃走了。陈霸先并没有为难两位，而是一如既往地信任和使用，毕竟人才难得。

王琳的大军出发了。陈朝大将侯瑱等吓坏了，跑到芜湖躲避王琳。这时候西南风忽至，王琳大喜，顺风直取扬州。侯瑱等尾随其后，王琳放火燧攻击侯瑱，这是个致命的低级错误，西南风把火燧吹回，反而将王琳的船队点着了。陈军乘势杀过来，王琳的船舰溃乱，兵士投水死的十之二三，侥幸弃船上岸的，也为陈军所杀殆尽。王琳遭遇了一生中第一次惨败，不但丢了队伍，也丢了地盘，连带萧庄丢了皇帝位子。无奈之下王琳带着萧庄向北齐投降，此时正是第二次霸府时代，丞相高演遣王琳出镇合肥，召集部曲，等待机会进攻陈朝。

然而，王琳的身份决定了北齐对他并不是完全信任，北齐以卢潜为扬州道行台尚书，与王琳一起经办南讨事宜。卢潜跟卢柔、卢叔虎一样出自范阳卢氏，他曾被高澄称为“东魏的王思政”，可见也是个人物，但他跟王琳合作得却不好。

王琳接受任命后开始造船舰，招募义勇，淮南之人都知道王琳的大名，都愿意麾下效命。陈朝合州刺史裴景晖，是王琳兄王珉的女婿，暗地里跟王琳商量愿意带部曲接应齐兵。王琳将这一情况向高演做了汇报，高演让卢潜和王琳率兵响应，卢潜谨慎，迟迟未见行动，王琳又不能自作主张。

裴景晖左等右等齐兵不到，担心时间长了自己的事就泄露了，于是决定归降齐军。这件事让王琳对卢潜非常不满。

后来，王琳数次要南侵，卢潜不同意，陈朝派人送来了愿意建立友好关系的书信，卢潜转奏朝廷，他是主张求和的。不久，陈齐结盟，互通使团，这下把王琳复仇的念头给压制住了，王琳很不痛快。

在求和这个问题上，两人意见不一，矛盾越来越多，最后发展成了有你没我的地步，于是双方的陈情表飞至邺城。

然而，此时朝廷已经是新朝初开，高湛的理想还不如高演，这是个喜欢享乐的人，喜欢享乐的人一般进取心不高，所以高湛立即命王琳火速赶回邺城，命卢潜为扬州刺史，维持得来不易的和平局面。

高湛倒也没有把王琳怎么样，到邺城后王琳挂名侍中住了下来。

到目前为止,高湛对国事处置还算得当,但接下来,其禽兽本性开始暴露了。

101. 再现禽兽

青州刺史上奏祥瑞，浑浊的黄河居然变清了，这可是大吉兆。高湛很高兴，特别派遣钦差大臣去祭拜河神，然后改元河清，这样太宁二年，也就是公元562年，变成了河清元年。

有句话说得挺好：“淫人妻女笑哈哈，妻女被淫意如何？”当高洋让自己的卫士们轮奸高氏宗族妇女的时候，不知道他想没想过因果报应同样适用于他这个不合格的佛教徒。

当李祖娥出现在高家宴会上的时候，她的风采压过了皇室所有贵妇人，大将军高澄当时就晕了。那时候，还有一双小眼盯着风华绝代的极品女，内心充满了渴望，他就是小步落稽高湛。

高湛八岁时曾经娶了柔然王庭庵罗辰太子的女儿，六岁的邻和公主。一对娃娃像模像样地完成了盛大的婚礼，让人们对这个小娃娃刮目相看。不幸的是，小公主没等长大就病死了。后来高湛娶了胡延的女儿，在登基为帝后，又将高洋的妃嫔王氏、任氏、彭氏拥入怀中。

李祖娥一直是高湛挥之不去的影子。

但是，李祖娥是动不得的，因为在南北朝时期，正妻有很高的社会地位，而侧室地位低下，在普通人家，甚至侧室生的儿子都作为奴仆一样看待。所以，高湛可以光明正大地娶高洋的那些妃子们，却不可以娶高洋的皇后，因为李祖娥是自己正宗的二嫂。

现在，高洋死了，高演死了，母亲也走了，已经没有人敢拦自己实现儿时的心愿了。何况，二哥高洋已经给自己做过示范，他强奸高澄妻子时说过："吾兄奸吾妇，现在我来报仇。"高洋开无遮大会的时候，自己的老婆胡氏还不一样被二哥上了。现在，自己去找二嫂也是报仇，哈哈。

当高湛来到昭信宫的时候，李祖娥坚决不从，毕竟出身于赵郡大族，礼义廉耻是汉人家庭教育的必修课。那一刻，高湛凶相毕露，他恶狠狠地对李后说："若不从我，我就杀了你的儿子。"高洋跟李后生了两个儿子，济南王高殷已经死在高演的手里，只剩下小儿太原王高绍德与自己相依为命。儿子是自己的心头肉，到了现在，李祖娥还能如何？也只有投怀送抱，任由高湛这个禽兽凌辱。从此，昭信宫成了高湛最常临幸的地方。那时候可能避孕技术不高，李祖娥不久就怀孕了。你说丈夫死了两年多了，自己却怀孕了，这事传出去好说不好听。李祖娥从此待在宫里羞于见人，连儿子也见不到母亲了。

高绍德急了，人一着急就犯傻，宫门口卫兵们把守着进不去，高绍德站在宫门外大喊："你当儿子不知道怎么回事吗？妈妈的肚子大了，所以不敢见儿。"

李后又羞又恼，等到孩子产下当场弄死了。高湛大怒，"你敢杀我的女儿，我为何不能杀你的儿子！"

高绍德被召至昭信宫，高湛提着刀指着他骂道："你老爹打我的时候，你也不帮我。"说完，以刀环筑杀高绍德，然后亲手把他埋在游豫园里。①

这就是忍辱屈从换来的结果，李后号啕大哭。高湛更加气恼，上前把李后衣服扒光，胡乱掌击，李后哀号震天。打累了，高湛命人取来一个绢做的口袋，把鲜血淋淋的李祖娥包在里面扔进渠水里。也是李祖娥命大，受此毒打居然不死，高湛终于放过了她，让人用牛车把她送到妙胜寺做了尼姑。

李祖娥的事严重刺激了高湛，自此，高湛更是整日酒不离口，对和士开的

① 笔者注：刀环是环首刀刀柄上的环，挂刀用的。

依恋越来越深。只要皇帝喜欢，官帽子算什么，和士开不断升职，很快做了侍中、开府仪同三司。高湛对和士开有一种复杂的感情，似有龙阳之癖，断袖之欢，无论上朝还是下殿，一会儿看不见和士开就心情烦躁。到了什么程度？史书记载和士开入宫会一连几天不回家，有时候刚刚到家太监就来传唤，有时候一天要到宫里好几次，两个人好得恨不得穿一条裤子，言语暧昧，毫无君臣之礼。

和士开也乐得顺水推舟，又善于揣摩高湛的心意，曲意承欢，不断把高湛引向昏君之路。在和士开看来，自古帝王，无论昏庸或贤明，最终都逃不过成为灰土的命运，尧舜这样的贤王跟桀纣这样的暴君又有什么不同？所以，做人就要及时行乐，好好过一天胜过千年。和士开的思想里道家味道很浓，又包含了佛家的珍惜当前，厌世而不弃世。

高湛被和士开这段话深深打动了。和士开说的不无道理，但是自己身为君主，朝中大事怎么办？和士开道："这些还不好办，要那些大臣们做什么？"

高湛大喜过望，这下为自己的享乐主义找到理论根据和知音了。于是，高湛以赵彦深执掌吏部，元文遥掌管财政，唐邕执掌外兵省和骑兵，冯子琮、胡长粲管理东宫事务，从此，高湛三四日一朝，自觉轻松不少，愈发觉得和士开所言句句皆真理也。

和士开待在后宫里的时间越来越多，越来越像高湛的后宫妃嫔。皇帝的皇后、妃子们跟他朝夕相处，一起玩耍，混得厮熟，了无避讳，碰巧胡皇后也是个棋迷，和士开跟胡氏握槊的时候，高湛就在旁边观战，大家玩得很开心。然而高湛此刻忘了，和士开是男人，而且是个正常的男人。最终，高湛的女人也成了和士开的女人，胡皇后成为和士开的秘密情妇。高湛对和士开是无比信任的，没有人敢提醒皇帝，更没有人敢随便诋毁和士开。

终于，有人看不惯了，看不惯压在心里倒也罢了，非要强出头，就意味着要倒霉了。碰巧，这个人自以为一向跟高湛处得不错，怀着一腔忠心向高湛进谏。高湛从小玩到大的好朋友高孝瑜劝高湛说："皇后母仪天下，怎么可以跟臣子下棋呢？"高湛老大不高兴，管得太宽了吧，和士开又不是外人！

和士开为此对河南王恨之入骨。

高孝瑜自以为处处为九叔着想，心里想什么就说什么。他犯了一个更大的错误，为自己树了另一个强敌。赵郡王高睿因为有迎立之功，加上本人又是干练能臣，因此深受高湛的器重。高孝瑜看不惯，又劝高湛说高睿的父亲死于非命，高睿这个人不可太过亲近。高睿的父亲高琛因为跟高欢的妃子小尔朱氏私通被高欢活活打死，高琛死后，高睿成了孤儿，高欢把他养在家里，以游氏为母。高睿因为聪颖过人和生性至孝为高欢看重，母丧之时年仅十岁，不吃不喝，形容消瘦，疼得高欢让高演跟他同起同卧，日夜劝解方才进食，此后高欢吃饭必让他一起吃。

高睿娴熟吏事，有知人之明。高孝瑜将矛头对准高睿，却不无私心。过去高湛倚重的是自己，现在对自己宠遇越来越少，所以高孝瑜对高睿心生嫉妒。嫉妒害人不浅，在这点上，高孝瑜跟高元海差不多。

和士开得罪不得，高睿也不是省油的灯，听说高孝瑜在高湛面前说自己的坏话，两人立即组织了反击。

和士开告高孝瑜奢华僭越，这个高湛知道，因为高孝瑜本来在高家亲王中就以会玩著称。他在自己的后园里当初高澄修筑的水池上起龙舟，将幡架插在船上，召集弟兄亲王们宴射为乐，后园之玩就是从他这流行开的。高湛当初还挺欣赏河南王的创意，和士开说这些等于白说。

高睿善于把握人性的弱点，他知道怎样让高湛动怒。对于皇室宗亲，最好的诋毁方法不是说他不行，而是说他很行，皇族中的傻子要比天才活得更久。高睿告诉高湛的是，河南王太能干了，山东一带的百姓都知道河南王，却不知道陛下。

高湛嘴上不置可否，心里却对高孝瑜有了防备。六哥和自己的故事证明了一个真理，如果留下任何一个皇室中的能人，江山社稷的传承就会受到威胁。

在和、高二人的不断努力下，高湛对高孝瑜越来越不满。

尽管没有对高孝瑜下手，但高湛对他已经谈不上感情了，剩下的，只需要一个理由。

高湛后宫妃子尔朱御女本是娄太后宫里的宫女，自小跟高湛、高孝瑜生活在一起，也算青梅竹马，一来一去就跟高孝瑜私下里好上了。后来高湛称帝后把尔朱氏纳入后宫充当御女，高孝瑜从此跟她分道扬镳，但这事高湛显然是知情的。

高湛太子高纬跟斛律光的女儿大婚之夜，举国欢庆，皇宫里大摆酒宴，宴请诸王和群臣。高孝瑜见到尔朱御女，忍不住多说了几句话，没承想被人密报给了高湛。高湛震怒，逼着高孝瑜连饮了三十七杯酒。敢说他有这酒量吗？没有也得喝，君叫臣喝臣敢不喝吗？高孝瑜本来生得极为壮观，这下肚子胀得滚圆，撑得站都站不住了，高湛命左右把他架上牛车，又灌了一杯毒酒。

车子出西华门，毒发，高孝瑜烦躁难耐，一头扎入护城河而亡。

宫中众人陡闻此变，一个个吓傻了，没人敢出一点动静，只有高孝瑜的弟弟河间王高孝琬大哭而出。

就在不久前，高湛在晋阳，高孝瑜在邺城，高湛一道手敕传到邺城："吾饮汾清二杯，劝汝于邺酌两杯。"颇有高季式与李元忠的酒友风度。

但转瞬之间，友爱化作仇雠，皇帝翻脸快得跟翻书一样。

事实证明，大齐朝形成了一个规律，即得罪和士开的人都没有好结果。因为，得罪了和士开就是得罪了皇帝，得罪了皇帝有好结果吗？

当初，高元海的小圈子向和士开开炮，结果高乾和被皇帝踢到了一边，毕义云反水，小圈子解散，幸运的是，高湛放过了高元海。

高元海虽然总是摆出一副高深莫测的样子，时间长了高湛也看出来了，这个人虽然自命不凡，实际上不过是庸俗之辈，所以高湛对高元海越来越疏远。

投靠和士开，并蒙和士开照顾，当上了兖州刺史的毕义云跟高元海仍然保持通信，议论朝廷大事。这是犯忌的，朝廷大臣跟地方大员随便通书是不允许的。谁知高元海糊涂，竟然把书信随身带着，碰巧又掉了，碰巧又掉在皇宫里，碰巧又被跟自己不对付的给事中李孝贞捡到了，李孝贞赶忙把书信上缴，高湛对高元海更加不满。

和士开又在旁边不动声色地煽风点火，惹得高湛火气上来，把高元海叫进宫，亲自拿马鞭子抽了高元海六十鞭子，边抽边骂："过去你教我造反，以弟反兄，几许不义！何况以邺城兵马对抗并州，如何能有胜算？你太没有脑子了。"

呵呵，言多必失，高湛的话表明造反不是不想，而是成功的概率小。

不久，毕义云被召回，又被翻出以前的种种不法行为，如高归彦造反时，毕义云在兖州大阅兵，想干什么？要响应高归彦吗？在兖州任上争夺本州大中正，并且为人许官，还到处放风说自己不过暂时在州，很快就会回朝。

不知道是高湛念旧还是和士开帮忙，回到京城的毕义云不但没有问罪，反而重新起用为七兵尚书。而高元海到兖州做了刺史。

毕义云的结局很不幸。家中丑闻不断，儿子毕善昭跟自己的婢女通奸，毕义云给他戴上畜生笼头拴在院子里的树上，喂他牛马饲料，一连养了十余天才放下，从此父子反目成仇。不久，毕义云被害，经勘问乃毕善昭所为，鉴于毕义云乃当朝贵臣，不得不顾惜名声和影响，最后将毕善昭秘密处决，尸体扔在了漳水里。

高湛总算做了一件正确的事情，以太原王段韶兼领并州刺史全面负责对突厥的北线防务，派司空斛律光到平阳组织对北周的西线防务。

102. 落雕都督斛律光

斛律光（字明月）这几年官运亨通，自任并州刺史后不到三年的时间，已历经尚书仆射、太子太保、尚书令、司空，也算出将入相了。

斛律光的老爹斛律金自尔朱荣时代就跟高欢交好，又是信都建义的参与者，深受高家两代恩遇。高欢对他的朴直忠心深信不疑，曾经警告高澄："你喜欢用汉人，如果有人诋毁这个老爷子，万万不可相信。"高洋称帝后，虽然当初老爷子曾经反对代魏，但高洋依然对斛律家族信任有加，多次带宗亲权贵到斛律金家夜宴，并以结儿女亲家的方式把两家从战友转化成了亲戚。一直到北齐灭国斛律一门出了一个皇后，两个太子妃，娶进三个公主，可谓恩荣无比，成为北齐除皇族外最强大的家族。高演当国的时候，斛律金七十多岁了，为了照顾老爷子，高演特别允许他可以一直坐车到皇宫台阶不能继续行车为止。

古代食物不是很丰富，现在我们一家普通百姓的饭桌上的美食恐怕是那个时代皇帝连想也想不到的，跟皇帝关系好的臣子得到了美食一般不敢吃独食，要先请皇帝尝尝。李元忠得到了几串葡萄就曾作为贡品送给皇帝品尝。话说某天斛律金家做了些美食，派人送到宫里让皇帝品尝，中书舍人李若头天晚上没睡好，迷迷糊糊地听成了斛律金要到宫里送东西，赶忙报告给高演。高演一听老爷子亲自来，立即出昭阳殿准备迎接——皇帝一般不能出宫门，等在殿外已经是极高待遇了。并且，高演还让侍中元文遥驾自己所乘的羊车出宫门迎接。羊车是宫里皇帝专用的交通工具，是载着皇帝到后妃们的寝宫用的。羊车自然没接到人，李若知道闯祸了，吓得不敢回报。可皇帝还在殿门外傻等，元文遥只好回去跟皇帝复命，把高演气得大骂李若这个"空头汉"该死。但高演到底不是个嗜杀的君王，这件事就这样过去了。

斛律金获得如此恩宠，难得的是依然头脑清醒，他常常教育子孙们：作为外戚没有什么可骄傲的，女儿若得到皇帝宠爱，就受到其他妃嫔的妒忌，时刻处于暗箭瞄准之中；倘若得不到皇帝的宠爱，天子讨厌会连累外家。我们要靠自己建立功勋谋取富贵，裙带关系是靠不住的。斛律金没读过书，见识却高人一等，常让那些饱读诗书身居高位怡然自得的高官们汗颜。

有文化的常常嘲笑没文化的人见识短，殊不知，没文化不一定没水平。

斛律光在这样的家庭里长大，自小不苟言笑，擅长骑射，少年时代随高欢出征于阵前，驰马冲入敌阵生擒宇文泰长史莫孝晖，因功提拔为都督，授子爵。

有一次斛律光跟高澄出行，一箭射下一只车轮般大的大雕，从此有了落雕都督的外号。郭靖那些射雕英雄是虚构的，斛律光这个是真的。斛律光曾经做过侯景和慕容绍宗的部下，在侯景和慕容绍宗师徒对决的时候，斛律光还是个不怕虎的初生牛犊，转眼十多年过去，愣头青已经长成为胸有万千兵机的军事天才，官位也做到了三公之一的司空。

斛律光的弟弟征西将军斛律羡（字丰乐）同样不是等闲之辈，也是位善骑射的勇将。对于两个儿子的骑射本领，斛律金自有评价，原来两人出猎的时候，总是斛律羡收获的猎物多，但老爷子却知道小儿不如大儿，赏赐明月却责罚丰乐，因为斛律光的猎物都是背上中箭，而斛律羡却射到哪算哪。斛律金常常忧虑地说："儿子射箭不如我，孙子又不如儿子，一辈不如一辈啊。"

兄弟两个处事态度也不同，斛律光个性耿直，炮筒子脾气，有什么说什么，斛律羡却为人稳重谨慎。

为了加强西线防务，斛律光奉命督步骑二万，在古关隘轵关筑勋常城，沿山筑长城二百里，设置了十二个戍所。轵关为太行八陉第一陉，地势险要，到处都是两山相夹的地形，最窄的路只有八米。

斛律光刚刚把工事修好，便迎来了北周的第一波攻击。

公元 563 年冬，已经十多年未曾开战的周齐再次燃起战火。过去，东强西弱，长安基本处于守势，经过北齐君主十多年的折腾，北齐的国力一直在走下坡路，而强敌北周却励精图治，国力一天天强大起来，终于打破了双方势均力敌的态势。

北方草原霸主突厥的态度对周、齐很重要。周人无时不想讨伐北齐，于是想到了联合突厥的主意。但突厥自从被高洋在朔州打败后，对北齐一直心存畏惧，加上这些年东西两国都争着给自己送礼，所以乐得在双方中间得渔翁之利。

为了拉拢突厥，由大冢宰宇文护做主，许突厥木杆可汗女为宇文邕的皇后，条件是联手攻击北齐，出使突厥的是御伯大夫杨荐。

消息传到邺城，高湛大惊，但他很快就有了主意。突厥人野蛮而无信，贪利而忘义，咱也要求通婚，只要送给他们更多的财帛，还不知道突厥人的弯刀要指向谁呢！

103. 晋阳之战

突厥现在是三可汗共治，以木杆可汗为首，靠近北齐的是地头可汗。

北齐使者带着大批财物来了。果然，地头可汗阿史那库头见到北齐送来的多于北周几倍的财物后，答应跟北齐结盟。地头可汗又劝说木杆跟北齐通好，木杆被说动了，打算把杨荐扣下送给高湛做见面礼。在如此不利的状况下，杨荐不想坐以待毙，他要做最后的努力，于是来到王庭责备木杆可汗道："当初太祖跟可汗友好，柔然数千人来投，太祖将他们交给可汗处置。今天背恩忘义，难道不怕鬼神在看着吗？"

杨荐义正词严，慷慨激昂，说得木杆可汗羞愧不已，"不要再怀疑了，等我们共同平定东贼后，就把女儿嫁过去。"突厥三可汗以木杆为首，木杆的话地头只能服从，于是木杆、地头、步离三可汗共同出兵助北周东伐。

高湛偷鸡不成蚀把米，白白浪费了大批财物。

已经成为随公的杨忠率兵一万与突厥的十万精骑组成联军越过冰封的大河突入北齐长城，拿下北齐二十余城。

太保达奚武率三万骑兵进攻东雍州和晋州，相约会师于晋阳。

北路的突厥兵所向披靡，一路长驱直入，直奔晋阳而来，高湛也急匆匆赶到晋阳。领左右大将军綦连猛率三百精骑去侦察敌情，行至城北十五里，正碰上突厥前哨先锋营。綦连猛见突厥兵人多势众，于是勒马退避，这时候突厥队伍中蹿出一员骁将，催马冲向齐军。綦连猛见来人来得迅速，也甩开队伍催战马迎了上去，两人交手，俯仰之间，綦连猛即斩敌于马下。突厥人见綦连猛勇猛，不敢进逼，綦连猛从容退回晋阳。綦连猛带来周突联军即将兵临城下的消息，高湛吓坏了，身着戎装率领宫人就要撤离晋阳到冀州避难。

大敌当前，皇帝要跑，无疑会重挫军心，关键时刻，赵郡王高睿和河间王高孝琬拦住了高湛的马头。高孝琬是高澄的嫡子，魏冯翊长公主所生，倘若不发生兰京刺澄事件，大概坐在高湛位子上的人该是他了。

高孝琬说明利害关系，请求高湛委任高睿督军迎敌，高湛被打动了。高湛命高睿节度六军，并州刺史段韶为副，共同御敌。高湛亲自登上晋阳城头，高睿、段韶分列左右，六军将士见皇帝亲自督战，士气高昂，高呼万岁。

突厥人远远望见齐军军容严整，开始害怕，并说了一句非常具有诗意的话："齐人眼中亦有铁！"突厥当初被高洋一顿痛扁，终高洋一朝不敢南下，这次听了杨忠的忽悠，以为齐朝动乱，才敢乘乱来攻。

正是三九严寒季节，大雪连月不止，南北千里的地面上，平地积雪数尺。周突联军以步兵为前锋，从西山下来到离城二里多远的地方，北齐诸将欲与突厥交战，段韶下令严阵以待，天寒地冻的，运输线断了，敌人的后勤保障根本跟不上，困也能把突厥人困死。段韶性格稳重，喜欢以静制动，寻找机会一击成功，因为这点，斛律光给他取了个"段婆"的外号。

杨忠出兵的时候，以山胡供给军需，山胡不干，杨忠扬言要把十几万大军带到山胡的营地去，山胡害怕了，于是继续负责周军的补给。现在，大雪封道，山胡自然乐得停留，很快周突联军便陷入困境。

机会到了，段韶挥军杀出，高澄的两个儿子高孝琬和高肃一马当先冲了上去。突厥人见齐兵势盛，一股脑儿退回西山，让周人先上吧。杨忠率步兵接战，周军死者十之四五，联军大败。段韶率军追击，一直追到塞外，联军人畜死者蔓延数百里。突厥兵退到陉岭，道路冻滑举步维艰，在雪路上将搭帐篷和睡觉用的毛毡铺在地上，这才勉强通过。一路上草料补给不及，战马瘦得不成样子，膝盖以下的毛都掉光了；等退到长城一线的时候，战马死得也差不多了，突厥兵们就把槊柄截断了做手杖。但突厥人到底凶悍，一路退一路抢，北齐北部诸州遭到了洗劫。

达奚武一路在平阳遭到斛律光三万步骑的顽强抵抗，双方处于相持状态。杨忠败退后，由于道路不通，达奚武毫不知情，斛律光于是亲自为达奚武赋诗一首："鸿鹤已翔于寥廓，罗者犹视于沮泽也。"意思是鸿雁和仙鹤已经飞到了辽阔的天空，张网的人还在监视着沼泽地的动静。

达奚武见书，率军退走，斛律光随后过境追杀，俘获两千人。

此役西军虽然失利，但损失不大，达奚武部基本全军而还，而杨忠只带了一万周兵，真正损失惨重的是突厥人。而且，此战让杨忠看到了突厥的弱点，突厥人貌似强大，但内部管理混乱，无组织无纪律，是个吓人的纸老虎。杨忠把自己的见解跟别人说，可没有人肯相信，最后只有一个人记在了心里，他将成为突厥人的真正克星，他的名字叫杨坚，杨忠的儿子。

斛律光回到晋阳，高湛此次可谓九死一生，抱住斛律光号啕大哭。旁边高湝看不下去了，劝高湛道："至于这样吗？"

斛律光眼见北部百姓被突厥劫掠的惨象，愤愤不平地说："段婆子只配当送亲客。"他这是怪罪段韶没有主动出击阻止突厥人南下。高湛听了斛律光的话，不免对段韶有些不满，心中更加器重高睿，毕竟晋阳一战是高睿和段韶共同的功劳。

河间王高孝琬和兰陵王高肃的表现给高湛留下了深刻的印象，虎父无犬子，还是大哥行，高湛任命高肃为并州刺史。

晋阳之战暴露了齐军边防力量的衰弱。过去，周兵害怕齐军冰封时过境，所以专门成立了破冰军；现在，周人唯恐大河不封，轮到齐兵开始破冰了。

斛律光私下叹道："朝廷常有吞关、陇之志，现在到了这个地步，还一味陶醉于声色犬马！"事实上，高湛并没有仅仅停留在声色犬马上，为了让这样惬意的日子长久下去，他还要思考怎样除掉那些对自己的威胁。

在高湛的思维里，内部的敌人比外部的敌人更可怕。

104. 高百年也不能留

对北齐来说，河清三年是个制度建设年，在皇帝高湛的大力支持下，在广大文化人的齐心努力下，刑法、土地法、税法的修订取得了辉煌的成就。

高洋即位之初，励精图治，命令群官以东魏法《麟趾格》为蓝本修订为《齐律》，但这项工作非常繁杂，历时几年也没有完成。后来王朝多事，高洋后来（三十岁）又嗜杀成性，法制涣散，断案很少有法律依据。

高湛即位后，重新把这件事捡起来，尚书令、赵郡王高睿牵头继续组织修订律法，到河清三年，终于完成，这是一部在当时水准很高的法律。

"十恶不赦"就出自这个法律文本。《齐律》包括《律》十二篇，《令》四十卷，刑名五种，即死、流、刑、鞭、杖。每一种又根据情节轻重划分不同的等级，比如死刑，有车裂、枭首、腰斩、绞刑四种。又列重罪十条：一曰反逆，二曰大逆，三曰叛，四曰降，五曰恶逆，六曰不道，七曰不敬，八曰不孝，九曰不义，十曰内乱。不在大赦范围之内，这就是“十恶不赦”的由来。

《齐律》颁布后，北齐朝廷下令官宦子弟进行学习，这是必须的，守法首先就得知法，执法首先也得知法。《齐律》后来成为隋唐法的蓝本。

除了对法制建设上的贡献，高湛还对北魏传下来的均田令进行了修订，这又是中国经济史上的一件大事。

在万恶的旧社会，大地主兼并土地，农民种地，地主收租子，受地主的剥削，每一次农民大起义都是打着均田地的旗号聚拢人气的。我一直以为统治阶级都是大地主，土地都是大地主的，老百姓都是贫下中农。事实上，均田地不仅是农民起义者的口号，也是每一个封建王朝的理想。一句话，朝廷以及朝廷的代表皇帝是不希望土地兼并的。

北魏孝文帝颁布了均田令，按人口将国有土地分配给百姓，注意是国有土地，不包括私有的部分。然而，孝昌年开始天下大乱，人们流离失所，均田令成了一纸空文。在这种情况下，鼓励农民开荒种田，对增加税收提高综合国力有着积极的意义。北齐均田令规定老百姓年满十八就可以领取田地，男子受露田八十亩，女子受四十亩，有牛的可以受六十亩。同时开始交租调，年满二十充兵，年满六十免力役，六十六把田地交回，免租调。

总之就是要达到耕者有其田。老百姓是最容易满足的，只要手里有土地，能养家糊口，忍受再多的剥削也能坚强地活下去。

然而，弱肉强食的丛林法则同样适用于土地占有，大地主豪强们通过合法的和非法的手段将土地占为己有，失地的农民活不下去了就去逃难，因此形成了流民大军，然后就造朝廷的反。

土地是拴住农民的枷锁，只要有一亩三分地养家糊口，没有人会想着去造反。流民问题是古代社会动乱的根源。

北齐的制度建设水平达到了相当高的程度，隋唐制度多采用齐制；然而，制度再好，执行力不够，也不过是摆设罢了。北齐不缺制度，缺的是落实。

河清三年对大齐来说又是个多事的年份，三月太师、录尚书事高湝遇害。高湝在高欢家排行第五，大尔朱的儿子，从小聪明过人。八岁的时候上书房，博士韩毅上书法课，高湝字写得不漂亮，韩毅开玩笑说：“五郎字怎么写成这样，现在已经常侍开国了，以后得用用心。”谁知高湝一本正经地回答道：“甘罗位相，没听说他的字写得好。看人是看他是不是有才识，又何必盯着笔迹不放？博士您书法当世无双，为什么不去做三公？”一席话说得韩毅羞愧难当。

高家的孩子们长大后，高澄让他们分别到各地熟悉政事，高湝出镇沧州。

公元548年，沧州迎来一件新鲜事，新任州长一上任就搞了个新鲜玩意儿，要求所有沧州下属的官吏往来或者下乡一律自己带饭，禁止公款吃喝，禁止吃老百姓的白食。各级官吏们很不理解，咱们官员到老百姓家吃顿饭那是眼里有你，现在居然要付钱，可新任刺史下令，谁敢不听？

偏偏隰沃县主簿张达不信邪，依然我行我素，他到沧州办事，夜宿于百姓家中，晚饭吃了一只鸡。张达仗着自己好歹也是个九品官，继续吃白食。

高湝可不是闹着玩的，他建立了一个监察信息举报网。张达这事很快传到了刺史府，高湝召集沧州的所有文武百官训话："有人喝了人家的鸡汤为什么不给钱？"

张达一听，吓得赶紧出列伏地认罪。一时州郡官员们大惊失色。

领导如此神明，谁还敢不听话？一时境内肃然。

高湝还是个神探。有个幽州人到沧州来，用驴子驮着鹿脯，因为脚疼走得慢，被半路结识的伙伴把驴和肉脯偷走了。幽州人到刺史府报案，高湝不动声色，让左右及府内僚吏分别到市场上大量收购鹿脯，不限价格。因为价钱好，惹得偷肉贼心动了，把自己偷盗的鹿脯拿出来卖，幽州人认得自己做的鹿脯，盗贼落入法网。

后来，高湝转任定州刺史，开府长史韦道建对中从事魏道胜说："听说使君神断，大约言过其实，现在州内发生了一起盗牛案子，如果把这个贼抓住了，那就是真神。"

魏道胜报告给高湝，高湝从中得知被偷的是只黑牛，背上有白毛。高湝于是在定州贴出告示，说皇上要一批牛皮，黑底间白的最好，符合条件的价格翻倍。果然，盗贼见利润高，冒险来卖，于是被捉。韦道建一下服气了。

州中王老太太是一个孤寡老人，以三亩菜地为生，谁知道她种的菜还经常被偷。高湝令人悄悄到菜地，在菜叶上写上字，然后到市场查菜叶，偷菜贼现出了原形。

在高湝的治理下，定州从此无贼，官吏不敢再欺压百姓，百姓也不再以认识官吏为荣，定州成为州郡治理的楷模。高湝后来升任侍中，老百姓自发结队相送。

高湝神断的传奇还没结束，后来又任司州牧。这个官跟包拯的开封府尹一样，在京城离权贵们近，不法之徒多，但高湝明练世务，果于断决，亲自选拔了一批有文化会办案的下属，处理沉寂多年的案子五百余起。

高洋杀死高湝的母亲后，高湝也被免官，但不久又被起用。高湛朝升为太师、录尚书事。

俗话说，名声大了容易招祸。

江洋大盗白子礼以高湝名动天下，欲劫持为主，遂诈称皇帝特使进入高湝的府第，一直走到内室，把高湝劫持上马，以刀相迫，要让高湝到南殿称帝。高湝大呼不从，白子礼见事情不成，便将他杀害，时年三十二岁。

一帮子强盗，突然有一天想改邪归正，想到了成王败寇的道理，如果自己拥立一个皇帝，那我们这帮世人眼中的匪徒就漂白为拥立皇帝的大功臣，不但可以继续大块吃肉，大碗喝酒，还可以名垂青史。倘若白子礼真是这么想的，那他的智商一定属于幼儿园级别的，幼稚得令人发笑。此事真是史书所说的这么简单吗?

按照高湛的薄情寡义，按照北齐建立以来皇位的争夺，按照高欢曾经打算立高湝为世子的故事，名动天下的高湝无疑逐渐成为高欢儿子中对皇位最有威胁的人，高湛摆脱不了幕后策划的嫌疑。

不久，另一个威胁高百年也被除掉了。

对于高湛的为人，高演是知道的，干脆就没敢让太子登基，本来想通过这种方式换取高百年母子平安，然而，高演的一番苦心并没有换来应有的回报。

毕竟，高百年曾经是太子，皇位的合法继承人，那么，只要高百年一日不死，就有威胁高湛地位的可能。

高湛一直在寻找机会，现在机会来了，高百年的老师贾德胄送来了高百年意图谋反的证据，那是一张写满“敕”字的大白纸。这还了得，只有皇帝才能下敕书，高百年这是贼心不死，还幻想着有朝一日荣登大宝啊。高湛命高百年来晋阳。

高百年接到命令，知道九叔要对自己下手，割下衣服上的玉夬送给爱妻斛律氏，洒泪相别。

晋阳凉风堂内，高湛命高百年当堂书写“敕”字，跟贾德胄送来的证据比较，准确无误，于是一声令下，左右冲上前对高百年一阵胡乱捶打，又拖着他绕堂而行，边走边打，所过之地，留下的全是鲜血。高百年被打得奄奄一息，口中不断求饶：“饶儿一命，愿意给阿叔做奴仆。”高百年的求饶并没有打动高湛,最终高湛下令将高百年杀死,尸体随便扔到池中,满池的清水染成了红色。

斛律氏听到高百年的死讯，握着丈夫送给她的玉夬哀号不已，从此不吃不喝，很快就死了。临死还紧紧握着玉夬，直到父亲斛律光到了才给她掰开。

好一个重情重义的奇女子，她的可贵之处在于她跟高百年之间的情意。顺便交代一下，当年斛律氏十四岁。

女儿的不幸命运并没有让斛律光对朝廷有任何不满，斛律家族让斛律金调教成了高家的大忠臣。斛律家的事告诉我们，有知识不一定能教育出好孩子，没文化也不一定教育不好下一代，关键是以身作则带好头。

与高洋相比，高湛更热衷于政治斗争，与人斗其乐无穷。他不喜欢真刀实枪地在战场上一分高下，也没有统一天下的雄心壮志，只要安安稳稳地坐好自己的位子就好，但事情偏偏不如意。

战争的阴影再次逼近。

105. 宇文老太回家

在北周，宇文护以大冢宰辅政，军国大事不经过他的手就不能办。好在皇帝宇文邕看起来对政事一点也不热心，一门心思研究一门新的棋类游戏，还打算出书，书名也想好了，就叫《象经》，握槊毕竟是属于西方来的胡戏，咱要弄个咱自己的东西。见宇文邕心存如此大志，宇文护很高兴。君臣之间和平共处，相安无事。

宇文护现在富贵逼人，但每当夜深人静的时候，他总是辗转反侧难以入睡。

孩想他娘，儿子有今天的成就，当娘的却看不到儿子的成功，孩子富贵了，母亲年纪大了，孩子却不知道母亲能不能吃饱穿暖。

原来，当初宇文家不少亲属都住在晋阳，然后东西突然分家，关中和晋阳音讯不通，从此宇文护母亲、姑姑、婶婶等下落不明。碰巧宇文护是个大孝子，自从执政以来，不断派人打听她们的下落。

为了寻母，宇文护向北齐抛出橄榄枝，同时又把突厥一再要求跟北周联手报晋阳会战之仇的消息送到晋阳。

宇文家族的悲欢离合是战乱年代老百姓深受战争之苦的一个典型。宇文护的母亲阎氏十九岁嫁给宇文家老大宇文颢，先后生了三个男孩，即宇文什肥、宇文导和宇文护。六镇兵变后，宇文家族掌门宇文肱跟贺拔家族掌门贺拔度拔一起卷了进去，后来武川、怀朔相继陷落，大家四散逃跑。宇文肱逃往中山，不得已投入鲜于修礼叛军中，鲜于修礼倒是很器重他，让他统领部众驻扎在博陵一带，没多久定州官军来剿，宇文肱和次子宇文连战死（长子宇文颢死于同卫可孤之战）。宇文连妻贺拔氏和儿子元宝、宇文洛生妻纥干氏及儿子菩提、宇文颢妻阎氏和儿子萨保（宇文护）一行六人被掠入定州城中。

不久阎氏等被送到元宝掌营中，元宝掌将所得俘虏六七十人一起押往京城，当夜宿于定州城南。宇文家的柔然家奴望见鲜于修礼营火，悄悄逃出见到了宇文洛生，第二天宇文洛生带人截击，宇文一家重新团聚。后来一家人定居晋阳，宇文泰随贺拔岳经略关中，将宇文护接走。谁想东西成仇，高欢与宇文泰开始了十几年的争斗，留在东边的宇文元宝、宇文菩提被杀，阎氏、纥干氏、宇文氏（宇文肱第四女）等发配中山宫为奴，姐妹们相依为命，活了下来。

到现在，宇文家的老人只剩下阎氏和周皇姑（北周皇帝的姑姑），阎氏业已八十岁了。

北齐皇帝高湛得到这个消息后非常高兴，在他看来，两位老人家就是自己的和平使者，将会承担起东西交好的重任。

周突联军兵临城下的阵势把高湛的胆吓破了，他那脆弱的神经已经不能承受再一次的战争洗礼。在和平和战争中，他当然会选择和平，和平多好啊，可以饮酒作乐玩女人，可以继续美好的新生活。

既然北周的实际掌控人有心示好，何乐而不为？高湛这一刻忽然不坏了，他忘了留下这两个女人做人质更管用，这正是宇文护为什么没有通过正常的外交手段交涉的原因，他担心北齐要价太高。求和心切的高湛立即派人知会北周，告知宇文护的母亲和姑姑安好；现在先把周皇姑送回去报个平安，两国要进一步发展更亲密的关系，接下来的事好商量。

周皇姑到了长安，带去了阎氏的书信。要说还是北齐有文化，这封未注明作者的书信写得声情并茂，即使我一个现代人读来仍觉悲苦心酸。

书信以老人的口气，诉说自己自十九岁嫁到宇文家，到现在已经八十岁了，膝下三男三女，一个也见不到。幸好得到齐皇室的照顾，跟宇文护杨家姑姑、叔母纥干、嫂子刘新妇等住在一起，相互照顾，除了耳朵背外，行动饮食无恙。接着老人又回忆起当年宇文家族漂泊流浪的日子以及跟宇文护离别时的情景，讲到宇文护小时候因为老师严厉，联络同学四人要加害老师，被老人知道后揍了一顿的往事，最后老人说："假汝贵极王公，富过山海；有一老母，八十之年，飘然千里，死亡旦夕，不得一朝相见，不得一日同处！"

果然，宇文护见到书信，思母心切，悲不自胜。

但阎氏的回归并非一帆风顺，北齐很多人把老人看作一个很大的筹码，哪能轻易遂了西人的愿望？这些人里包括段韶，段韶更多是从两国交往礼仪上看到了问题。他认为宇文护虽然名义上是宰相，实际上就是周朝的主人，现在为了母亲请和，却不派正式使者，倘若就这样把护母送回去，有示弱之嫌，让人家小瞧，不如先答应着，等两国合约签订后再遣送不晚。

段韶还是那个深谋远虑的段孝先，但他又怎么能够说服高湛？高湛太渴望和平了。但他不知道，和平不是通过讨好得来的，国与国的交往，话语权掌握在强者手里，谁有实力谁说了算。

高湛以为只要自己帮宇文护办成这件大事，无论如何他也不会恩将仇报，至少在一段时间里，自己可以从容玩乐不用操心打仗的事。所以，即使是段韶的话，高湛也听不进去。于是宇文护母亲阎氏被护送到长安。

阎氏到了长安，北周举朝大庆，周武帝宇文邕为此专门进行全国大赦。自己伯母娘回来了，重要的是，他这个皇帝必须去讨好自己的宰相大哥，这可是个机会啊。宇文邕决定，以后每逢节日，自己要亲自率领宗族亲戚们对老太太行家人之礼，老太太在人生的最后一段日子里享受到了一辈子做梦也没有梦到的荣耀。

北周欢天喜地过团圆节，北齐高高兴兴等着和平幸福生活的到来。一直等着跟北周联手报仇的突厥等不及了，集诸部兵马准备出兵，同时派人到长安要求北周方面履行约定尽快进攻北齐。

宇文护刚刚把母亲接回来，要说对北齐对高湛毫无感激之情那是假的，于情于理一百个不愿意出兵。但是，突厥势大，这是个不能得罪的盟友，万一突厥人一生气把攻击北齐的军队转而发向长安，那麻烦就大了。宇文护权衡再三，最后决定出兵。

既然不占理，要把没理变成有理，唯一的办法就是一战而让北齐亡国——面对失败者，胜利者永远是有理的。

同时，从高湛急不可耐一心求和的态度里，宇文护读出了两点：其一北齐害怕跟自己打仗；其二北齐方面认为和平已经到来。所以，现在出兵有出其不意的效果，加上北路突厥的十万精骑，或许可以一举成功。宇文护征集二十四军，及左右厢散隶秦、陇、巴、蜀之兵并羌、胡内附者，组织了二十万人，把家底全部押上了，皇帝宇文邕亲自送行。宇文护要完成宇文泰统一东西的理想。

跟高欢西伐一样，宇文护东征也分三路进攻，主攻方向依然是洛阳。洛阳的正统地位和故都的名头永远对地方军阀有超常的吸引力。

第一路，柱国大将军尉迟迥率精兵十万为前锋，宇文宪、达奚武、王雄殿后，直趋洛阳。第二路，大将军、江陵防主权景宣率山南荆襄兵趋悬瓠，悬瓠是北齐豫州首府。第三路，邵州刺史、少师杨檦兵出轵关，几个月前，斛律光带着几万人在轵关附近修筑了勋掌城。另外，宇文护命泾州刺史杨忠出沃野接应突厥，将自己的司令部安在了弘农。

106. 周齐开战

三路主帅皆非等闲之辈。

尉迟迥的母亲是宇文泰的姐姐，有个好亲戚比什么都好，是亲三分向，所以尉迟迥起点高，从大丞相帐内都督起家，跟宇文泰复弘农、破沙苑，因功做到领军将军（禁军首领，负责宫廷侍卫），后为大将军。

侯景之乱时，梁武陵王萧纪在蜀称帝并威胁江陵，坐镇江陵的湘东王萧绎向西魏求援。宇文泰大喜，认为取蜀在此一举，与众将相商，众人大都不同意，理由是：蜀道难，易守难攻，不是那么好打的。唯独尉迟迥认为萧纪挥师东下，蜀中空虚，必然有征无战。于是宇文泰将伐蜀任务交给了尉迟迥，尉迟迥带甲士一万二千，马万匹，平路倍道兼行，险途则缓兵渐进，出其不意，破安州、潼州、益州，巴蜀遂平。宇文泰以尉迟迥为大都督，益潼等十八州诸军事、益州刺史。

权景宣是天水人，《周书》说他“晓兵权，有智略”，十七岁即做了轻车将军，参加了历次东西战争，因功授广州刺史，后从王思政图河南，颍川陷后，留镇荆州。后来，权景宣随于谨破江陵擒萧绎，被任命为基郡硖平四州五防诸军事（大军区司令）、江陵防主，加大将军。

杨檦也是北周骁将，镇守周齐边疆二十年，与齐军开战从未输过。当年玉壁大战的时候，高欢命侯景策应，侯景遇杨檦竟然伐木六十里塞道而退。这里面固然有侯景保存实力的私心，但高欢竟然没有责怪侯景，也反映了高欢知道诸将畏惧杨檦的事实。

宇文宪善兵谋，长于抚御，冲锋陷阵，为士卒先，是宇文泰的儿子中最能打仗的，他十六岁以大将军身份出镇蜀地，留心政术，深受蜀地人民的拥护。

达奚武、王雄位列第一批八柱国十二大将军之列，自然不是等闲之辈。

南北两路出兵的目的主要是为了牵制洛阳南北附近的北齐州郡，让他们自顾不暇，自然分不出精力援助洛阳，主攻方向仍然是洛阳。

宇文宪、达奚武、王雄列军邙山，尉迟迥率部包围攻城。

宇文护打算一次把北齐解决掉。然而，战事并没有预想中的那么顺利。

杨檦轻敌冒进，直入齐境，二十年跟齐军作战不败的经验让他变得自信而骄傲。他料定齐军不敢跟自己正面交锋，所以抱了攻城略地之心，孤军深入却没有设防，咱是来找仗打的，难道害怕齐军主动找死？

北齐方面派出了一路奇兵。太尉娄睿率轻骑倍道兼行突然出现在杨檦面前，打了杨檦一个措手不及，结果很意外：周军大败，杨檦投降。北路攻势被北齐轻松化解。

南路进展顺利，权景宣围悬瓠月余，北齐豫州刺史王士良、永州刺史萧世怡开城投降，权景宣分兵驻守两城，将士良、世怡及降卒千人送往长安。

侧面进攻一胜一负，主攻方向却遇到了大麻烦。

得到周军要大举进攻洛阳的情报后，北齐河阳道行台尚书独孤永业担心洛州刺史段思文顶不住，直接跑到金墉城以行台尚书的名义接管了洛阳防务，独孤永业的这个决定对战局起到了决定性作用。

独孤永业本是匈奴人，匈奴人以大汉外甥自居，多改姓刘，并以刘姓为骄傲，但刘永业跟着母亲姓了独孤。独孤家族不知道跟独孤信有没有关系，但独孤永业对独孤信流落在北齐的儿子很照顾。独孤永业善出奇兵，惯于声东击西。在洛州任上时与西魏韩木兰、陈昕等骁将对抗，经常大张旗鼓地声言西伐，秋天出兵，春天就造势，用的是高欢破败秀容川的计谋，这是个有勇有谋的硬茬子。

独孤永业成功地遏止了尉迟迥的进攻。

洛阳攻坚战打得很艰难，尉迟迥没能复制平蜀故事，独孤永业守城有方，加上洛阳城经过几代的经营，城墙厚而结实，周军一连攻了二十多天，甚至起土山、挖地道这些招式都用上了，洛阳城依然纹丝不动。更让尉迟迥恼火的是，洛阳没拿下不说，自己的心腹大将新平郡守韩盛却阵亡在城下。

洛阳战事不利的消息传到弘农，宇文护坐不住了，他担心一旦双方打成拉锯战，北齐晋阳援军一到，里外夹攻，尉迟迥就危险了。于是，宇文护给攻城部队下达了一道指令，遥控指挥诸将将河阳路破坏，以防止北齐救兵突袭。宇文护的主意算是老成谨慎之举，然而，目前战场上的形势是周军求战心切，齐军被动挨打，周将们认为齐兵一定不敢主动决战。再说援军也不是一时半会儿能来的，宇文护的命令没有得到落实，这些骄兵悍将们只是多派了些侦察兵监视各路齐军的动静。

北齐方面派出了第一路救兵。兰陵王高长恭、大将军斛律光率领步骑五万赴援洛阳，五万对十万，兵力上少了点，两人到了黄河北岸就停下了。敌人实在太强大，两人不敢贸然轻进。

斛律光的谨慎并非怯敌，他这支队伍以步兵和轻骑兵为主，而对方阵营兵分两路，摸不清情况，恐怕很容易陷入敌人两路夹击的困境中，斛律光可不想打没有把握的仗。不蛮干是常胜将军修炼的一条重要原则。事实上，斛律光并非多虑，此战他还差点上了北齐阵亡名单。

斛律光屯军不进，远在邺城的皇帝高湛着急了，他可不想史书上记录一条洛阳在他手里丢了，皇帝再混蛋也不想承担失领地的责任。

然而，连明月大将军都不行，还能指望谁呢？也算急中生智，高湛想到了晋阳保卫战的主将段韶，他要向段韶讨一个方略。

段韶此刻正在北塞防备突厥，突厥人知道段韶的厉害，绕开朔州转而向幽州进攻。在幽州，突厥人同样遇到了一个强大的对手。

高湛想让段韶跑一趟洛阳，又怕突厥再次进攻并州，所以犹豫不决。段韶却请旨南下，在段韶的眼里，突厥就是抢抢东西，不过疥癣小疾，而真正的心腹大患是北周，洛阳不能丢，河南更是不容有失。

段韶的话让高湛吃了一粒定心丸。

高湛认同，于是段韶督精骑一千赶往洛阳，高湛率领大军随后出发，同时以斛律金的次子、斛律光的弟弟斛律羡为幽州刺史，都督诸军严密监视突厥的动向。

五日后，段韶与高长恭、斛律光会合。恰好那几天连日大雾，在段韶的指挥下齐军借着大雾的掩护悄悄渡过了河桥。斛律光五万人不敢渡河，为何有段韶的一千人胆子就壮了呢？段韶的个人魅力是一个方面，再说斛律光从来也不是胆小之人，事情的关键是段韶带来的这一千生力军是北齐最精锐的百保鲜卑军团。

从段韶的行军速度看，晋阳到洛阳不到一千里，骑兵跑了五天，每天行进二百里，速度实在不快。因为段韶带的是重甲骑兵，即所谓甲骑具装的机械化部队。根据文献研究，重甲骑兵人和马都被包裹得严严实实，马铠由保护马头的面帘、保护马脖子的鸡颈、保护马胸的当胸、保护躯干的马身甲、保护马屁股的搭后以及竖在马尾巴上的寄生六部分组成，战马基本上能武装的地方全部武装起来。骑手也一样，从头武装到脚，头盔和侯景的铁面人一样，只露出两个眼睛。骑兵的武器是一丈八尺长的马槊（丈八蛇矛）和弓箭。冷兵器时代，这样的骑兵就是古代坦克，刀枪不入，冲击力和杀伤力都非常强。仿若现代战争中一个步兵师里忽然加入了一个坦克营，对军心的振奋可想而知。

齐军悄无声息渡过黄河来到洛阳城外河阴一带，大战一触即发，然而周军却毫无觉察，该围城的围城，该侦察的侦察，对齐军的动作竟然一无所知。

段韶率帐下三百骑，与诸将登邙山山坡观察周军形势，在太和谷与周军不期而遇。段韶已经心中有数，立即下令众将各自集结骑兵，准备进攻。

107. 第二次邙山大战

段韶为左军，高长恭为中军，斛律光为右军。

段韶大声道："宇文护才得其母，就来进犯，如此忘恩负义，为什么？"周人无言以对，遂狡辩道："是老天遣我等前来让尔等受死，有什么可问的！"段韶曰："天道赏善罚恶，是让你们送死来了！"

很显然，周军理亏，从心理上先输一局，齐军士气正旺。

周军步兵在前，开始向山上进攻，段韶且战且走，诱惑周军紧紧追赶。齐军骑马，周军步行，空着手爬山都能累死人，何况还带着兵刃，穿着甲胄，一会儿工夫，周军士兵已是气喘吁吁，满头大汗。段韶见周军力竭，火候差不多了，命令所部下马，准备反攻。齐军可谓以逸待劳，周军正在那喘着，忽然发现齐军调转方向开始进攻，一下慌了手脚，哪里还有心情抵挡？半山上的周军顿时乱作一团，掉头就往山下跑，慌乱中掉下山谷摔死的不计其数。

洛阳城外，中军兰陵王高长恭带五百铁甲猛兽突入周军，似一团红色旋风一直冲杀到金墉城下。周军四面包抄上来，高长恭命城上齐军立即接应。然而，城中守军担心中了敌人的诡计，因为这五百人都是从头武装到脚，根本看不清面目。城中士兵虽然盼援军如饥似渴，却不敢掉以轻心，万一是周军的诈城之计，洛阳城岂不危哉？

兰陵王摘下头盔，露出一张艳丽的脸。高长恭抬头向城上望去，城中士兵们这下看清了：兰陵王！城里城外一片欢呼。兰陵王高长恭，名肃，又名高孝瓘，高澄第四子，生母不详，生得如花似玉，貌若天仙，可惜，性别男，不然又是一绝代佳人。高长恭的身世颇为曲折，在高澄的五个儿子中，他是史书上唯一没有记录母系的人，说他来历不明并不过分。微妙的身世，加上父亲的早逝，养成了高长恭要强的性格。长得美不是错，让高长恭烦恼的是走到哪都引来男人色眯眯的目光和女人嫉妒的眼神。他下决心要向世人宣告他不是个娘儿们，所以他苦练骑射武艺，力求在战功上取得突破。他成功了，他的战力在北齐诸王中首屈一指。这次高湛让他随斛律光出兵，可不是拿来做花瓶的。

城中士兵们欢呼雀跃，弓弩手万箭齐发，高长恭入城，独孤永业知道援军杀到的消息，立即组织城内精兵开城杀了出来，周军在内外齐军的两面夹攻下，终于溃败。所谓兵败如山倒，现在周军开始比赛逃命了，自邙山到谷水，三十里的范围内，到处都是周兵丢弃的枪械兵仗。

战场上的情况变化莫测，就在北齐中军和左军取得重大胜利，周军溃败之际，右军斛律光却陷入危险之中，一代名将差点丢了性命。

在北周的大溃败中，尉迟迥在左右十余骑的拼命保护下算是逃出生天，周军十万人眼看着就要全军覆没，关键时刻，驻扎在邙山的宇文宪、达奚武、王雄三人发挥了名将风范，勒部众殿后，拼死顶住了齐军的进攻。

王雄更猛，五十九岁的老将军打起仗来比年轻人还冲，周军主力已经败退了，但王雄不但不后退，反而领部曲主动进攻，率左右亲兵纵马直冲斛律光的军阵。正在向前冲杀的齐军冷不防见敌军不要命地冲过来，大家有点吃惊，也就在一愣神的工夫，齐军被冲开了一个口子。王雄充分贯彻了擒贼先擒王的战略思想，跃马挥槊直奔斛律光，斛律光不敌回马退走，王雄紧追不舍。斛律光左右都被冲散了，身边只剩下一个亲兵相随，马槊也不知道丢哪里了，手中只剩下最后一支夺命箭。死神是那样近地靠近了斛律光。

王雄挺大槊，紧紧追赶，两马相距不过丈余，眼见斛律光性命难保，王雄笑道："斛律明月，我可惜你是个人才，不想要你的命，就生擒你去见天子，投降吧。”

对敌人的仁慈就是对自己的残忍，王雄是个英雄，却注定成为悲剧英雄。

斛律光并不答话，暗暗将自己最后一支箭搭在弦上，忽然马上一个转身将这支箭射了出去。王雄没料到斛律光还有这么一手，猝不及防，来不及躲避，利箭正中额心。

王雄觉得头一晕心知不好，下意识掉转马头。马通人性，这匹马蹽开蹶子奋力往回跑去，刚到营门口，王雄一头栽倒在地，气绝身亡，大周的一员猛将就这样死掉了。

王雄早年随贺拔岳入关，追随宇文泰南征东讨，立下了赫赫战功，在北周众将中，能和他平起平坐的老一辈的英雄们在世的已经不多了。

王雄的阵亡让周军如丧肝胆。

还是宇文宪年轻气盛，莫名其妙就被收拾了，感到很不服气，他开始收拢败退下来的残兵败将。在他的努力下，一大批北周将士重新聚集到一起，见主将如此镇定，大家的心放了下来。天黑了，宇文宪收兵打算明日再战，达奚武悄悄地说："军心已散，若不趁夜撤退，到了天明想跑也跑不掉了。我达奚武久在军阵，请相信我对形势的判断。公子年少，请考虑一下数营将士的性命吧。"

宇文宪听达奚武说得有理，想想大势已去，单凭自己一腔热血，想要翻盘实在不是件容易的事，再者，连达奚武这样的猛将都已失去斗志，再打下去当真危险了。

宇文宪、达奚武连夜拔营撤走。

108. 大战余波

东征部队两路折翼，权景宣孤军在南方，知道再坚持下去等齐军集结起来，自己也就完了，于是弃豫州撤退。宇文护轰轰烈烈的东征就此以失败告终。

有人欢喜有人愁，西边愁云惨淡，东边举朝庆贺。

洛阳的仗打完了，高湛也到了，胜利的消息总是让人振奋，大喜之下进斛律光为太尉，段韶为太宰，高长恭为尚书令，算是对三人守土有功的嘉奖。

既然已经来了，顺便检阅检阅河南诸军吧，于是高湛巡视虎牢、滑台、黎阳防务后高高兴兴返回了邺城。

对北齐来说，洛阳保卫战开局不利，但有一个大团圆的结局。当然，这之中也有一个不和谐的插曲，一向洁身自好的斛律光看上了独孤永业的两个婢女，便向独孤永业讨要，没想到独孤永业根本不买斛律太尉的账，弄得斛律光愤愤不平。斛律大将军居然假公济私，开始对独孤永业进行报复，后来把独孤永业从洛州赶走了。这是斛律光一生中唯一的污点，名将也是人，也有人性的弱点。

洛阳大战让兰陵王一战成名，五百骑兵冲阵的故事越传越神，甚至兰陵王免胄的那一幕也成了北齐百姓茶余饭后聊天的兴奋点。唯一不服气的是高肃的五弟高延宗，他扬言："倘若我是四哥，必当会乘胜追击直取长安。"然而，大家当笑话听了，实际上，高延宗也不完全是吹牛，他的战斗力当真不在高肃之下，只不过，命运只给了他一次表演的机会，就是这一次，差点改变了中国历史的进程。

战后，将士们创作了歌颂兰陵王的曲子《兰陵王入阵曲》，这首曲子当之无愧地入选当年十大金曲之首，成为齐国征伐必备的曲目。兰陵王故事的传奇色彩越来越浓：传说中的兰陵王因为长得太美，担心不足以威慑敌人，所以每当上阵杀敌就戴上一个面目狰狞的铁面具，铁面成了兰陵王的特征。

当然传说不过是传说，战场上厮杀还有谁有工夫看对手的模样，高肃用不着专门戴个东西吓唬人，拼杀靠的是实力。另一个戴青铜面具的宋朝将军狄青更多的是为了掩饰脸上的刺字，宋朝为了防止士兵逃跑就在士兵脸上烙字，跟囚犯似的。

北路的杨忠出沃野镇接应突厥，大军的军粮仍然由北方稽胡提供，这些人是能拖就拖，粮草很快就要断顿，饥饿的威胁让军士们忧心忡忡。

杨忠有办法，他把稽胡酋长们叫到帐中开会，这时候营门外传来阵阵鼓声，鼓声是进攻的信号，大家不知道发生了什么事，一个个满怀疑虑。杨忠告诉大家是河州刺史王杰勒兵而至，大冢宰宇文护已经平定洛阳，现在派兵过来要与突厥一起讨伐那些不听话的稽胡人。稽胡首领们一听，一个个吓得面如土色，争先跟杨忠表白说自己是服从命令的，杨忠让大家放心，说自己会跟大冢宰解释的。回到领地，稽胡首领们争先恐后地给杨忠送给养，一时军中粮草堆积如山。

邙山失利的消息传过来，杨忠看没什么戏了，领兵退回周境。至于突厥人，在幽州遭到斛律羡的迎头痛击，听到周军败还的消息后，不打招呼就退回了大草原。

斛律羡手下有三千高车部族战士，战力非凡，从此，突厥人再也不敢到幽州做客了，他们送给斛律羡一个“南可汗”的称号。突厥人对北齐一直心存畏惧，这都是高洋当初一战给他们心理上留下的阴影。

宇文护丧师辱国，带着众将向宇文邕请罪，皇帝倒是没有怪罪，但周人对他的信心受到了空前的打击。宇文护的人望降到了冰点，国内支持宇文邕亲政的力量借机壮大起来。宇文护浑然不觉，他太大意了，在他的心中，宇文邕就是个喜欢下棋这类奇技淫巧的庸人，自己根本不用担心。

洛阳保卫战胜利后没多久，北齐皇帝高湛忽然宣布退位，继位的是十岁的太子高纬，皇帝不到三十岁就要当太上皇，的确让人觉得不可思议。而十岁当上名誉元首，关键是有个好爹。

这件事的总策划是祖珽，就是在玉壁为高欢写招降文告的祖孝征。祖珽是北齐乃至南北朝最具传奇色彩的宰相，他的传奇很另类，因为，祖珽除了一大堆光鲜的头衔外，还有个“偷儿”的身份。他才华横溢却品行低下，陷害忠良却不愧为干练能臣，身为贵族高官却偷窃成癖。太多不相容的东西融合在一起，让你很难判断这究竟是个怎样的人。祖珽就是这样，把不可能变成了可能。

祖珽在历史上的名声跟他制造的一起著名冤案有关，他是斛律光的大对头。祖珽，字孝征，范阳遒人，和伟大的数学家祖冲之同宗。他出身贵族世家，父亲就是当初带头赞成高欢迁都的祖莹，三字经里有句“莹八岁，能咏诗”，说的就是这位。祖珽天性放纵，却聪明过人，学而有术，在文学、音乐、语言、占卜、医学等方面都有很深的造诣。文学素养高，写一手好文章，文辞华丽，举世闻名，这是他在朝廷混的本钱，几次大难不死靠的都是这个。曾经为芒山寺、定国寺书写碑文，时人称绝。魏兰陵公主出塞，著名文学家也是《魏书》的作者魏收赋诗二首，一群附庸风雅的权贵和诗，唯独祖珽的诗广为时人传咏。音乐水平高，搁在今天可以称为音乐大家。身为大臣的祖珽抱琵琶奏乐，和士开跳胡舞助兴，成为高湛宴乐上的一道风景。语言天赋高，精通鲜卑语，这是出入上流社会的资本，因为鲜卑语是北朝皇族显贵们的通用语，按照颜之推的说法，要想获得权贵们的青睐，说几句胡话是必须的。通阴阳占卜，善于相人，通过骨相看到了长广王高湛的潜力，于是倾心相交，储备了不菲的政治资本。

还有一个爱好是给人看病，一不小心成了名医。

然而，就是这么一个样样通样样精的大才子，却贪财好色，贪污受贿，风流放纵，道德败坏。

109. 高湛做了太上皇帝

祖珽曾经跟一个老寡妇通奸，人前人后公然肉麻地叫“娘子”。平常所乘老马，常常自称“骝驹”。时人凑成一联绝对：“老马十岁，犹号骝驹；一妻耳顺，尚称娘子。”成为人们的笑谈。

他流连娼门，好为声色之游，为了女人，不惜一掷千金。参军元景献的妻子出身高贵，他能有办法让她给大家做三陪，人们都知道，这都是拿钱砸的。

他的名言是：“丈夫一生不负身。”

他的另一个副业是小偷，可惜技艺不佳，穿帮的时候多，却赢得偷名远扬，因为偷的都是名人，且基本被抓现行。史书记载，在胶州刺史司马世云家的宴会上，祖珽看中了人家的铜迭，就顺手牵了两面揣到怀里。大概那时候铜制品很贵重，刺史大人一上火，全然不顾人权，让手下对客人们挨个进行搜身，最终从祖先生怀里取了出来。另一次，高欢宴请僚属，饮酒用的金叵罗丢了，这不是在太岁头上动土吗？不知道是不是有人告密，主持宴会的窦泰大怒，下令让所有人（肯定不包括高欢）都把帽子摘下来，所谓图穷匕见，在祖珽的发髻上赫然插着那个东西，弄得高欢啼笑皆非。

后人据此成诗：“左氏讥怀璧，杨公却袖金；安知机巧者，藏得叵罗深。”

祖珽玩火甚至玩到高洋的头上。有人向时为太原公的高洋出售一本叫《华林遍略》的珍贵书籍，不知道是嫌价钱高还是存心跟卖书的开玩笑，高洋犯了傻劲，居然召集秘书们用了一天一夜把书抄了下来，然后留下抄本，正本完璧归赵。本来这个段子设计得滴水不漏，谁想祖珽竟然从中盗取了数卷书页到当铺换钱赌博，卖书的自然不干，弄得高洋尴尬不已。

还有更龌龊的，高澄遇刺的时候，陈元康冒死相救负了重伤，临终交代祖珽捎信给家人取回存放在祖喜那里的东西。祖珽私下打听到有二十五锭金子，于是连哄带骗将金子收入了自己的腰包，送给祖喜两锭做封口费。这还不算，他又装着怀念老朋友借到人家吊唁的机会偷了陈元康数千卷书籍。陈家人一怒之下告到杨愔那里，事情闹大了，但杨愔爱祖珽人才难得，把这件事压了下来。

后来，祖珽又利用提拔令史的机会，收受了十几个人的贿赂。事情败露后，本应死罪的祖珽被法外施恩留了一条命，回家做老百姓了。

虽然做了皇帝的高洋从来不把别人的命放在心上，但祖珽是个例外，尽管他屡次做出这些令人不齿的事情挑战高洋的极限，但高洋还是放过了他。倘若这些事放别人身上，早就大卸八块了。

不久，高洋再一次起用祖珽，而且安排的是起草诏书的工作，这个活一般只有皇帝的亲信才有福气做。高洋对祖珽又气又爱，看见他就亲切地招呼“贼来了”，弄得祖珽心里很不舒服。

小人是会记仇的，最终，祖珽以一种非常特别的方式报了仇。

面对高洋嗜酒如命、杀人如麻、奸淫宗室、荒唐不堪的行为，祖珽敏锐地意识到现任皇帝没有多大的活头，他开始为自己谋出路了。

在高洋十几个弟兄中，他选择了长广王高湛，应该说这是个有眼光的选择。

要跟高湛套关系，祖珽自有办法。原来高湛多少有点艺术品位，而祖珽发明的胡桃油涂画技术在当时很出名，于是借着研究艺术的名义，他就和长广王拉上了关系，然后用阴阳相法忽悠了长广王一阵，预测高湛将来贵不可言，把高湛哄得心花怒放，大喜之下允诺两人共富贵。高湛即位后没忘了这个曾经给过自己极大鼓励的人，毫无悬念，祖珽迎来了宦海生涯的一次高潮，不久他就做了自己引以为傲的两件大事，改高洋的谥号和传位东宫。

高洋对弟弟们非打即骂，说杀就杀，高湛内心非常不满。高洋死后谥号为文宣，祖珽就引经据典地按照谥号的含义对高湛说：“文宣帝性情粗暴，怎么能称‘文’？又没有开创基业，怎么能称‘祖’？”祖珽的话说到了高湛的心坎里，不久高洋就变成了威宗景烈皇帝。平心而论，对高洋而言，谥号景烈是很恰当的。

高湛以子高纬为太子，皇后却更加喜欢少子高俨。祖珽看到了太子地位的危机，他要为自己收集一个天大的政治砝码。但他自己办不成这件事，他需要和士开的帮助。于是祖珽私下找到了和士开。

“先生危险了。”这就跟当前一些管理培训师一样，先给你来个当头一棒，让你不得不继续听下去。

和士开吓了一跳，“何出此言？”

“您受到君主的宠爱，自古无二，但一旦皇帝去了，您该怎样保全自己呢？”

和士开听祖珽所言有理，就向祖珽讨主意。祖珽说：“我们可以劝说圣上禅位太子，那未来的天子必然会感激您，还有什么可担忧的呢。”

“皇帝能听吗？”

“能，只要你给皇帝说明一个道理，为什么襄、宣、昭帝的儿子都做不成皇帝？只有太子早早即位，定下君臣名分，地位才能稳固。你先私下里跟皇帝说说，等我再正式提出，一定可以成功。”

于是和士开就委婉地向高湛说了这事。

碰巧天象有变，彗星出，太史报告说是“除旧布新”的征兆。祖珽一看机会难得，于是上书：“陛下虽贵为天子，却非极贵。宜传位东宫，令君臣之分早定，且以上应天道。”有了和士开的铺垫，高湛就采纳了他们的意见。

二十九岁的高湛做了太上皇帝，这个可不是虚衔，仍然是王朝的主人，高纬暂时充当了父亲的傀儡。不过，这件事的意义在于，早定了名分，其他诸王不敢再觊觎天位，也算是保持皇室团结消除钩心斗角的一大绝招。

汉刘邦即位后尊父亲为太上皇，这是史上第一个太上皇，北魏朝献文帝十七岁即传位给五岁的儿子做了太上皇，这个是史上最年轻的太上皇。

胡闹啊，简直是拿大事当儿戏。

晋阳宫，由太宰段韶主持，皇帝玺绶传到了十岁太子高纬的手里，以高湛为太上皇帝，太子妃斛律氏为皇后。黄门侍郎冯子琮、尚书左丞胡长粲做小皇帝的辅导老师。冯子琮是高纬的姨夫，胡长粲是高纬同族的舅舅。

祖珽也遂了心愿，官拜秘书监，加仪同三司，离宰相位子仅一步之遥。谁知道，这一步祖珽用了很长很长时间才跨过去。新皇登基，开门见喜，突厥来人表示祝贺，突厥人就是势利眼，两次联周攻齐无功，于是倒向北齐这边。

崇尚武力是突厥人的传统，谁厉害就跟谁好，这也是生存法则之一。

110. 向侄子开刀

和士开、祖珽得志，惹恼了河间王高孝琬。可是这两人深得高湛的信任，高孝琬无计可施，有事还得跟两位请示汇报。高孝琬憋屈得没法，就在自己家后院扎了个草人，当成练箭的靶子，边射边念叨：“和某人，我射死你。”从心理学上讲，这是排解压力的有效办法，不然能把高孝琬憋死。但这个行为却是取祸之道。

这件事传到了和、祖二人耳中，两个人交换了一下意见：既然高孝琬这么恨我们，留着他迟早是祸害，不能做朋友就灭了他。于是两人轮着班在高湛面前说高孝琬的坏话。和士开来了个移花接木，一口咬定高孝琬射的草人是高湛。

高湛相信和士开就跟相信自己一样，和士开说是那一定就是。更何况，高湛一直对高孝琬耿耿于怀，当初自己处死高孝瑜的时候，满朝文武权贵没有一个敢吱声的，唯独这个高孝琬从宴会上大哭而出。当时真想一块儿收拾了，又顾虑别人说闲话，才留下他一条性命。他这是因为高孝瑜的原因跟自己结仇了，要说高孝琬想要自己死并不奇怪。

嫌隙的种子在高湛的心里种下了，但还没有生根发芽。祖珽知道，只是这样还不足以置高孝琬于死地，毕竟只是发发牢骚，还没有证据。祖珽还有更厉害的后招。河清三年突厥围晋阳的时候，高湛吓得要逃跑，是高孝琬拼死拦住了他的马头，鼓励高湛拼死一战。为了鼓舞士气，高湛一身戎装登上晋阳城头督战。与此形成鲜明对比的是，同样为了鼓舞士气，高孝琬冲锋前却把头盔摘下来扔在地上，对左右说："我又不是老太太，用得着这东西吗！"高孝琬的意愿是通过自己的努力，让大家感受到不怕死的激情。

祖珽却拿这件事做文章，君臣闲谈时他想方设法引着把这件事端出来，高湛叹道："还是河间王勇敢啊。"祖珽接茬道："河间王这是把陛下比做了老太太啊。"临战胆怯，高湛本来就羞于出口，现在听祖珽这么一说，联想到高孝琬拦住自己马头的情景，原来自己在侄儿眼里是如此不堪之辈，念及此，高湛有点恼羞成怒。

要让一个王爷倒台最好的途径就是让皇帝相信王爷觊觎皇帝的位子，这才是皇帝最忌讳的。所以祖珽开始研究谋反方面的杀招了。

过了些日子，和士开告诉高湛，现在齐境内流传着一首童谣，"河南种谷河北生，白杨树端金鸡鸣。"高湛不解，明白先生祖珽来了：河南河北说的就是河间，皇帝登基大赦要树立金鸡，这是河间王要称帝的暗示。

在中国古代，大赦是皇帝发布赦书，一般要在京城举行大赦仪式——树立金鸡，因为古人相信天人感应，天象上天鸡星一动就要有大赦。史料记载，皇帝要大赦的日子里，宫门前要放一根粗木杆，顶端立木鸡，木鸡披五色彩衣，下面放彩盘，用红绳系着，盘内放着敕书。京城附近的囚徒们来到现场，跪地听候敕令。

大赦只有皇帝才有资格，经祖珽这么一解释，河间王这是要造反啊。

高湛对此深信不疑，如果没有那一场意外，现在坐在大位上的恐怕就是这个侄子了。因为，高孝琬是高澄跟冯翊公主的儿子，虽然排行第三，却是高澄的嫡子，倘若高澄不出事，高孝琬就是世子，那么怎样也轮不到高洋、高演、高湛等一路走下来的皇帝轮流做了。高孝琬要真做了皇帝，我这个太上皇好得了吗？

经过和士开、祖珽等这么轮番上阵诋毁，高湛内心已经起了干掉高孝琬的念头，只是，他还要有个合适的理由。恰巧高孝琬得到了一个佛牙，供奉在王府内，一到晚上就闪闪发光。别人劝高孝琬将这个宝贝献给皇帝，高孝琬没舍得。舍得舍得，有舍才有得，舍不得就招祸了。高湛听说了，就向高孝琬讨要，高孝琬矢口否认自己有这个宝贝。高湛这个叔叔也忒差劲了，当即派人到高孝琬府中去搜，想不到却有了意外收获，在高孝琬的库房内搜到了数百条槊幡，这是私藏武器啊，这是要谋反啊，这能容忍吗？高湛立即命令将高孝琬收监。

高孝琬有个歌伎陈氏，一向不得宠爱，眼见高孝琬要倒台，跟着他倒霉太不应该了，为了撇清自己，这时候站出来指证："孝琬常常画陛下的画像号哭。"

我还没死呢，这是咒我死啊，高湛勃然大怒。

事实上，高孝琬画的是高澄，高澄死的时候年纪跟现在的高湛差不多，弟兄两个一母所生，模样很有几分相似，陈氏虽然是诬陷，高孝琬却无可辩驳。

高湛让武卫将军赫连辅玄倒提着鞭子抽打高孝琬，鞭子把打在身上，疼痛欲裂。别人挨打都叫娘，高孝琬却叫阿叔。

高湛吼道："谁是你的叔叔，你居然敢称我为叔？"

高孝琬回道："臣是神武皇帝的嫡孙，文襄皇帝的嫡子，魏孝静皇帝的外甥，怎么就没有资格称呼叔叔？"

高湛更加愤怒，几个嫡字又犯了他的忌讳，冲上前硬生生折断了高孝琬的两胫。高欢的嫡子嫡孙就这样被活活折磨至死，死尸被胡乱埋在西山上。

至此，高澄的五个儿子被高湛消灭了两个。

安德王高延宗哭得血泪交加，又亲自扎了个草人，拿鞭子边抽边拷问："是什么原因杀我兄长！"高延宗的家奴向高湛告密，高湛命人把高延宗拖在地上，亲自用马鞭抽了二百下，高延宗几乎被打死。但高湛对高延宗没有那么多的忌讳，他太了解这个混蛋侄子了，这是个要人望没人望，整天就知道胡作非为的家伙。高延宗母亲陈氏原是广阳王妓，他小时候为高洋所养，深得高洋的宠爱，大约高家数这两个叔侄长得丑。十二岁的高延宗还骑在高洋的肚子上撒尿，这爷俩还真相似，要说高洋是混世魔王，高延宗就是混世小魔星，其胡闹也是令人咋舌。高演时代高延宗为定州刺史，他最喜欢的游戏就是作贱人。高延宗的随从不是人干的活，所以家奴逮个机会反戈一击太正常了。高延宗的事迹传到晋阳，高演非常生气，派赵道德到定州杖之一百，高延宗不服气，边受杖边胡说八道，赵道德一生气又加了三十下。高湛时代，高延宗更加骄纵不法，他喜欢收集刀，每次得到一把好刀，就抓囚犯来试刀。囚犯的命也是一条命，如此草菅人命，御史们不干了，状子告到高湛这里。高湛可没有高演那么多的人情味，他有办法调理高延宗，除了狠狠地打他一顿外，还把他最亲近的经常跟他一起胡闹的左右九人全部杀了。至此，高延宗知道九叔不是二叔，也不是六叔，那是相当的无情，高延宗怕了，从此变老实了。混在社会必须有背景，当高延宗知道自己的胡闹会给自己带来杀身之祸的时候，他不再混了。

二百鞭子没有让高延宗送命，这是个命硬的孩子，他还有两日天子的命。

111. 祖珽失势

公元566年，陈朝皇帝陈茜去世，太子即位，中书舍人刘师知、扬州刺史安成王陈顼、尚书仆射到仲举受遗诏辅政。陈朝一样上演了一幕北齐高殷朝的故事，不久陈顼除掉了刘师知、到仲举，从此大权落入陈顼一人之手。

阴谋家不用学习，天生的，命催的。

陈顼遣吴明彻进攻跟后梁勾结的湘州刺史华皎，华皎向北周求援，后梁王亦上书，都要求北周派兵。宇文护不顾大家的反对，决定出兵，以襄州总管宇文直督柱国陆通，大将军田弘、权景宣、元定等出兵相助。

一场混战，周军大败，吴明彻乘胜攻占后梁的河东，自此北周与南陈成为仇家。

北齐左丞相八十二岁的斛律金去世，老人那一代的人基本上走光了，北齐全面进入第二代、第三代掌权时期。

被两代皇帝宠爱，秘书监祖珽又想进步了，这一次，他瞄准了宰相的位置。要达到这个位子，必须将侍中尚书令赵彦深、侍中左仆射元文遥、侍中和士开踢走。可自己干这事太露骨，于是他找到了跟自己要好的黄门侍郎刘逖，拟好上面几位的罪状，让刘逖向皇帝奏一本。毕竟是告上级的状，刘逖有点害怕，居然泄露给了几位，于是赵彦深等先跑到皇帝那告了祖珽一状。

祖珽低估了和士开和皇帝的关系。祖珽只知道皇帝跟和士开关系不正常，祖珽不知道的是，皇帝一天看不到和士开饭都吃不香。

跟和士开过不去就是跟皇帝过不去。果然，龙颜大怒，“为什么诋毁和士开？”祖珽豁出去了，大声说：“士开对我有提拔之恩，本来不该说他，但陛下既然问，我也不敢不实话实说。士开、文遥、彦深等专弄威权，与吏部尚书尉瑾相互勾结，控制朝廷，卖官鬻爵，政以贿成，陛下不以为意，臣恐大齐要亡了。”和士开、尉瑾官声不佳，尉瑾是原北魏肆州刺史尉庆宾的儿子。但是，元文遥和赵彦深无论在政事方面还是在廉政方面都做得还不错，祖珽这里面存有私心。

高湛又说：“听说你还诽谤我！”

祖珽说：“不敢诽谤，不过说陛下把个姑娘弄到宫里了。”

高湛说：“我可怜她挨饿，所以接过来。”

祖珽说：“为什么不开仓赈粮，却把她养在后宫？”

两人唇枪舌剑，你来我往就这样掐上了，高湛说一句，祖珽就有一句在那等着。高湛的辩论水平哪里是祖珽的对手，三下两下就被祖珽弄得张口结舌说不出话来。

高湛气急败坏，嗖的一声拔出佩刀，拿刀柄上的铁环捣祖珽的嘴，又命左右鞭杖齐下，要立马结果了他。

祖珽一看不好，这么下去命可就保不住了，大丈夫能屈能伸，先过了这个坎再说，他急中生智，大声呼道：“不杀臣，陛下得好名；杀了臣，臣得好名。陛下若想得好名，就不要杀臣，我可以给陛下炼金丹。”

通常，大臣进谏，皇帝发怒，如果臣子被杀，人们一定说这是个忠臣，相对而言皇帝就是昏君；反之，皇帝压住怒火采纳臣子的建议，则是主明臣忠的双赢结果。另外，大概祖珽炼丹的技术名声在外，不然这时候也不会冲口而出。不知道是哪句话打动了高湛，祖珽再一次死里逃生。

本来以为这事就算过去了，哪知道临走祖珽又嘟囔了一句：“陛下有一范增却不能用。”

皇帝闻言火又上来了，“你以范增自诩，以为我是项羽吗？”

祖珽道：“项羽一介布衣，五年而成霸业。陛下您不过借父兄资，臣以为项羽也不能小看。至于臣自比范增也算不了什么，纵然是张良也不一定比得过我呢。张良作为太子师傅，请出来四个德高望重的老人才保下太子。臣位非宰相，但凭一片忠心，劝陛下禅位，使陛下尊为太上皇，保全了两代君主。就是张良，又算得了什么呢？”

祖珽到底水平高，就凭他对项羽的这番评论也可以看出他见识过人。

高湛更加愤怒，让左右抓一把土塞到祖珽的口里，祖珽边吐边喊，一副死猪不怕开水烫的架势。于是皇帝抽了他二百鞭子，发配到光州。

光州别驾张奉礼按照和士开的意思，挖个深坑建造了一座地牢，把祖珽关在里面。曾经的风流才子过上了披枷带锁暗无天日的生活，任何人不得探视。

作为文化人，现在唯一的消遣就是读书写字了，祖珽用芜菁子当蜡烛照明，不想却熏了眼睛，从此双目失明。你看，这哪里像是个佞臣啊，简直是直臣！其实，祖珽这是兵行险招，死里求生之策。

祖珽还有东山再起的那一天，因为高纬还记着他的好处，只要高纬亲政，祖珽的苦日子就到头了。问题是，太上皇三十出头，正是春秋鼎盛的年龄，只要他一天不死，高纬就没有亲政的可能，高纬就是个挂名皇帝。然而，年轻并不意味着身体好，跟高洋一样，酒色无度很快掏空了高湛的身子骨。高湛得病也跟一般人不一样，他眼前总产生幻觉，经常看见观音菩萨，这不是好现象。

幸运的是，北齐并不缺少名医。

112. “四大名医”

北齐的李元忠、崔季舒、祖珽、徐之才四人是朝廷重臣，同时也是名医。行医是业余爱好，但往往有个特长不吃亏。

崔季舒就是个例子，在高洋时代，崔季舒做到尚书仆射，位列宰仆，但杨遵彦一直不喜欢他的不学无术，高洋一死，杨遵彦就借口高洋的遗命让崔季舒回家抱孩子去了。但崔季舒的政治生命还远远没有结束。有一次高湛病了，高洋知道崔季舒医术高明，就让崔季舒去瞧瞧。崔季舒尽心诊治，高湛痊愈，从此崔季舒在高湛的心中挂了号。高湛即位后，就想起了这位医学专家，便把他重新起用了。这就是崔季舒研究传统医学的好处。

“四大名医”中以徐之才名气最大，他的医术在北齐已成为传说。

徐之才的父亲在南朝为官，也是以医术出名。徐之才小时候就是四乡八邻有名的神童，五岁背诵孝经，八岁对孝经的研究已经小有成就。长大后成为梁萧综的部下，萧综因为母亲身世的原因怀疑自己的亲父是被父亲萧衍所杀，故弃梁入魏，徐之才也辗转到了北魏；后来在高洋称帝的过程中立功不少，深得高洋的喜爱，再后来见高洋政令转严，为了自保请求到赵州做刺史，但终究未能成行。

高演即位后，徐之才被任命为西兖州刺史，还没有上任，娄太后病危，徐之才为老太太诊治，几副汤药喝下去，太后竟然康复。从此，徐之才的医术声名大振，成为编外御医，不管他到了哪里，有需要便立即请回。

徐之才受到皇帝的宠爱，不仅因为他医术高明，更重要的是他天生会说话，为人诙谐幽默，让皇帝很开心。高湛二十多了生牙，疼得不可开交，问太医们这是怎么回事，这些医生们以实相对，把高湛气得赏了他们一顿打。后来高湛又问徐之才，徐之才说："贺喜陛下，这属于智牙，生这种牙的人长命百岁。"明摆着说瞎话骗人，然而有人就是爱听谎话，高湛大喜之下，赏赐是不用说的。

高湛酒色过度，精神恍惚，经常出现幻觉，动不动就看见有五彩物在空中，一会儿变成美女，一会儿变成观音。徐之才告诉高湛这是纵欲过多身体虚弱所致，随即开了一个方子，一剂药下去，美女走了，再服一剂，美女又变成了五色物，喝了几天汤药，病竟然好了。此后，高湛只要看见观音，便立即派快骑把徐之才请过来，徐之才总是药到病除。徐之才受到高湛的特别器重，以中书监转为尚书右仆射，成为北齐宰相班子成员。

在徐之才的妙手诊治下，高湛发病的次数越来越少，再后来过了很长时间也没有发病。和士开担心徐之才的宠幸盖过自己，同时也不想继续再无所事事地在中书省混了，就琢磨着让徐之才离开，空出来的位子自己好补上去。

在和士开的不懈努力下，徐之才外放为兖州刺史，胡长仁为左仆射，和士开为右仆射。和士开实现了自己更上一层楼的志向。

公元 568 年十月，高湛又一次看到了美女观音，高湛命人快马加鞭追徐之才回来，但兖州距离晋阳并不近，过了两日徐之才还没到，高湛却挨不过驾崩了。第二天徐之才到了，可一切为时已晚。临终，高湛紧紧握着和士开的手，把一切后事都托付给了自己这个说不清的好友。

顺便交代一下徐之才的结局。徐之才知道自己要继续在高层混，就必须跟皇帝亲近的人搞好关系，于是对以和士开为首的权贵们曲尽卑狎，只要是和家的事，他都尽心尽力，百般救护；徐之才的妻子是魏广阳王的妹妹，和士开知道这些，于是刻意勾搭终于成奸，有时候让徐之才碰上了，他竟然故意避开，还对人说：“不要妨碍了少年人的嬉笑。”靠着这个，他成了以和士开为首的恩幸集团外围成员，官位也一直做到尚书令。祖珽执政后，免除了徐之才的尚书令，挂了侍中、太子太师的名号，不过，政事不用他费心。徐之才一直活到八十岁。

言归正传。高湛死后，和士开密不发丧，过了三天，黄门侍郎冯子琮问其故，和士开说：“神武、文襄之死都密不发丧，现在皇帝年少，恐怕王公中有二心的人会作乱。我想把大家一起召集到凉风堂，商量看如何处置。”冯子琮知道和士开之所以不敢胡作非为，主要是忌讳太尉录尚书事赵郡王高睿及领军娄定远，他怕和士开弄一套遗诏出来把高睿外放和解除娄定远的兵权，当今之计就是不给和士开思考的时间。所以，冯子琮劝道：“大行早已传位给皇上，群臣的富贵都是至尊父子给的，但令在内大臣们一如既往，大家一定不会有想法。时间地点条件变化了，怎么能与霸朝时相提并论？且公几天不出宫，太上皇升天的事早已传遍京师，如不早发布消息，恐怕会有他变。”和士开到底谋略少,让冯子琮这一忽悠,也不敢再有别的行动,于是发布了太上皇驾崩的消息。

冯子琮算计了和士开，谁想螳螂捕蝉，黄雀在后，也有人在算计冯子琮。太上皇帝驾崩，元文遥等怕皇帝年幼胡太后干政，又因为冯子琮是胡太后的妹夫，怕冯子琮参与，于是跟高睿、和士开合谋把冯子琮出为郑州刺史。

小皇帝高纬打心里不情愿，自己刚要亲政，姨夫就要外放，但元文遥、和士开和高睿这三个人的力量和影响力太大,小皇帝还真不敢随便驳大家的面子。高纬对冯子琮赏了不少东西，那意思明摆着：别怪我，没办法。冯子琮也不是傻子,自然心领神会,知道自己总有回来的时候,于是高高兴兴到郑州上任去了。

高纬亲政的第一个命令是将高湛的百工细作全部解散，各宫中宫人老病者放出，因为连坐流放的，全部放回。

作为高家第三代的高纬，自小生长在深宫里，习惯了锦衣玉食的日子，高湛在位慑于父亲的威严尚不敢放肆，现在自己一下成了皇帝，对一个十三四岁的孩子来说，担子委实太重。但高纬举重若轻，居然轻轻松松地过起了幸福的皇帝生活。

113. 勋贵集团与和士开的一次较量

陈朝也发生了大事，安定王陈顼废掉侄子亲自做了皇帝。他的名气远没有自己的儿子大,他有个著名儿子就是以玉树后庭花闻名千古的陈朝后主陈叔宝。

晋阳方面，太上皇高湛还没下葬，高纬先派人将定州刺史高济杀了。

高欢和娄昭君一共生了五个儿子，四个儿子成了皇帝（高澄被追为文襄皇帝）。高湛在祖珽的游说之下，早早地把皇位传给儿子高纬，断绝了觊觎大位的弟弟们的念头。最不满的是高济，作为高欢的嫡子，高济算是对高纬的皇位最具威胁的人。偏偏高济自不量力，高湛死后，高济跟左右说：“轮也该轮到我了。”左右将这些话传到晋阳，高纬更加惶恐不安。自己父辈们夺位的故事就在眼前，几个太子哥哥的下场也看得见，倘若有朝一日高济真的跟自己争，那么自己将死无葬身之地。

于是，高纬派人悄悄到定州把高济杀了。小孩子亲政先干掉了自己的叔叔，也算出手不凡，高纬为作死的王朝再添一份罪孽。

高纬抓紧时间除掉对自己有威胁的王爷，邺城的权贵们也开始密谋要对和士开下手了，高湛的死打破了以往的权力平衡。

高湛时代，侍中、尚书右仆射和士开，领军娄定远，录尚书事赵彦深，侍中、尚书左仆射元文遥，开府仪同三司唐邕，领军綦连猛、高阿那肱，度支尚书胡长粲八人把持朝政，号称“八贵”。

元文遥做了件有意义的大事。魏末以来，县令因为贴近百姓，琐碎事务多，不管是掌握权力的勋臣贵族还是掌握文化的中原大族子弟都不愿意充任，于是县令多用权贵家的奴才充任，这样的人统治县政，受罪的是百姓。而郡县治则天下安，元文遥最先认识到了这点，秘密选择了大批贵族子弟，让皇帝发敕令任命为县令。怕他们反悔，就让大家齐集皇宫门前，由赵郡王高睿亲自唱名，命令一下容不得考虑立即上任。士人做县令从此开了头。

高湛临死的时候把后事托付给和士开，而和士开秽乱宫禁也早已是公开的秘密，高睿、高润、高延宗这些宗室亲王与娄定远、元文遥等要一起把和士开拉下去。

他们知道扳倒和士开的关键在于胡太后。胡太后在前殿宴请朝中权贵。高睿等一起向胡太后揭露和士开的罪状。不出所料，胡太后反应很强烈，对大臣们对情夫的指控非常不满，她指责大家是欺负孤儿寡母，让大家好好喝酒，不要再生事端。高睿根本不管胡太后这一套，胡太后对和士开越袒护，问题就越严重，于是他再三请求胡太后和皇帝将和士开治罪。

高睿越说越激动，越说越严厉。众大臣也随声附和，一时殿中乱成一团。

仪同三司安吐根说："臣本起自西域商胡，蒙受皇帝隆恩列于权贵之中，我不敢爱惜自己的性命——和士开不出，朝野不定。"

胡太后见大家紧紧相逼，众怒难犯，但让自己舍了心肝宝贝，又于心不忍，口气软下来，"改天再讨论吧，大家散了吧。"大臣们见太后如此，莫不气愤不已，他们有的把帽子狠狠地摔在地上，有的起身拂袖而去，弄得小皇帝高纬目瞪口呆。

第二天，高睿等再次来到云龙门，让元文遥进去找太后，元文遥来回跑了三趟，胡太后就是不出来。胡太后找来段韶，让段韶先帮着平息风波，段韶让胡长粲传太后话对大家说："太上皇正在准备出殡，请大家三思。"高睿等拜谢而退。

亲王大臣们逼得紧，太后和小皇帝高纬一筹莫展，他们把和士开叫过来，想听听他的主意。和士开知道这次关乎自己的生死存亡，现在皇帝和太后给了自己这样一个机会，正可谓机会难得。和士开道："先帝对臣最好，先帝去世，大臣中图谋不轨的大有人在，现在这种形势让臣走，正是为了剪除陛下的羽翼。"

太后觉得和士开的话有道理，可是眼前众王逼得急，如何应付当前的事情？

和士开说："这个好办，就对高睿等说，'元文遥和和士开都是先帝托孤之人，岂可一去一留，可都到地方，等太上皇丧事办完，就让他们一起走。'拉上元文遥是增加可信度，高睿等以为我真心要出，必然高兴，他们放松了警惕，我们的机会就来了。"

高纬照计行事，宣布以和士开为兖州刺史，元文遥为西兖州刺史，高睿等人对此深信不疑，大家开始一门心思办丧事。丧事办完了，见和士开仍然没有动静，大家又一起前来催促。太后告诉高睿自己要留和士开过百日，高睿不答应。

有个太监知道太后的真实意图，劝说高睿："太后既然如此，殿下何苦相逼？"

高睿道："皇帝现在年幼，留这样的奸佞在旁边太危险了。"

高睿再次面见太后，苦苦相求。太后令赐酒，高睿道："现在是商量大事，不是为了喝酒。"高睿等让宫廷侍卫们禁止和士开入宫。

和士开开始行动了，他送给娄定远两名美女和一个珠宝帘子，答谢道："听说大家要杀我，多亏您的照顾才留下我一条命，还能到地方做刺史，太感谢了。"

娄定远大喜，道："还想回来吗？"

和士开见有门，于是说："其实在内也不安心，现在出去正好遂了我的心愿，再不想回来了，只是请求大王保护，能够到大州做刺史。"

娄定远见和士开如此说，以为和士开是打定主意要出去做刺史了。

临走，和士开又说："现在要远出了，请求向二宫辞行。"娄定远答应了。

娄定远是领军，掌握宫廷保卫工作，如果他封住宫门，和士开也只有乖乖离开。

就这样，和士开再次见到了太后和皇帝，他痛哭道："先帝升天我愧不能一起去死，主要是放心不下陛下。臣走后，京内必有大变，臣有何面目见先帝于地下。"

太后、皇帝一起放声大哭，"还有什么办法吗？"和士开见皇帝如此问，眼泪一抹，道："臣已经来了，还有什么可担心的？只要几行诏书就够了。"于是宫内传出旨意，娄定远出任青州刺史，同时斥责赵郡王高睿有不臣之罪。

形势陡然急转直下，娄定远一出，宫内的策应一下消失，从此亲王们进出宫殿都没有了安全感。高睿知道不好，但他还要努力一搏，家人们都劝他不要再去。高睿道："社稷事重，我宁死见先帝，也不忍朝廷颠沛。"

到了殿门，有人好心提醒："殿下不要进去了，恐怕有变。"

高睿已经抱了必死的决心。见到太后，两人还是谈不到一块儿，太后也下了最后的决心。

高睿出殿门，走到永巷被刘桃枝带领卫士们捉住。高睿被刘桃枝捕杀。

一场斗争最后以和士开的完胜结束，和士开再次做了侍中、尚书左仆射。娄定远不但归还了和士开送的美女珠帘，还另外赔上了不少好东西。娄定远输得很惨，最终他还要搭上性命。

114. 恩幸集团的崛起

在同勋贵们的斗争中，和士开意识到结党的重要性，关键时刻大家蜂拥而上，就是凭气势也能吓死人。于是北齐政坛一股新的力量崛起了。

和士开作为父亲的男人和托孤重臣，受到了高纬的继续宠幸。另外，陆令萱因是高纬奶妈的缘故，和儿子穆提婆一起成为高纬的红人。到底是个孩子，跟谁亲也不如跟奶妈亲。恩幸集团初步结成，所谓恩幸集团就是受皇帝高纬信任而身居高位的人，这些人整体素质不高，但和皇帝合得来。

恩幸集团还有两个得力干将韩长鸾和高阿那肱。

说起来陆令萱的经历也很坎坷，丈夫骆超因为谋反被杀，一家人被充入宫中为奴。但人的境遇很难说，正好这个时候高纬降生，陆令萱变成了保姆兼奶妈。陆令萱天生会说话，把胡太后和小高纬照顾得很好，深得胡太后的信任，从此，后宫之中，一人之下，万人之上。高纬以其为宫内侍中，此为女侍中第一人。陆令萱既得宠，遂把儿子提婆引荐给高纬，偏巧这提婆也是个可人儿，跟皇帝一见如故，从此专职陪伴君王左右。

韩长鸾出身勋臣故旧，爷爷韩贤战死洛阳，姑姑年幼被高欢养为义女，加了公主封号，父亲韩裔又是高欢张罗着娶了代北豪族鲜于家的女儿，从此跟段韶一家也沾上了亲戚。有这些关系在，韩长鸾起点很高，很小就被选入宫内做事，高湛为高纬挑选了二十名东宫侍卫，韩长鸾也在其中，高纬跟他特别投缘，两人成了要好的朋友。

高阿那肱时为武卫将军，属于禁军将军，他打仗不怎么样，但善于结交人，很早就跟高纬拉上了关系。在高纬的亲切关照下，恩幸集团诸人都跃居高位，成为北齐的名誉重臣。

话说宫中有个宫女穆舍利，小字黄花，是斛律后的婢女。斛律后跟高纬关系一般，高纬却看上了黄花小丫头，两人眉来眼去，免不得做些苟且之事。陆令萱虽受宠，但知道自己的得宠出于高纬的恋母情结，天长日久，自己又怎么能斗得过这些二八少女？她从穆黄花这儿看到了机会，就把黄花叫过来，认黄花做了养女。在陆令萱的安排下，穆黄花正式成为高纬的妃嫔，号为弘德夫人，两人也不用再偷偷摸摸了。从此，陆令萱就让提婆改姓穆了，名正言顺做了国舅，列为外戚一员。

在恩幸集团中，和士开因为得宠最早，资格最老，毫无争议地成为核心。

高纬从签字木偶成为真正掌舵人后，想到自己有今天，有一个人功不可没，要不是祖珽出了这么一个高明的主意，自己说不定早就步高殷、高百年的后尘到阎王爷那报到去了。高纬还是个懂得感恩的人，所以祖珽被放出来，做了海州刺史。祖珽早想到这一天了。此时，他开始规划自己的第二次人生。从哪里跌倒就从哪里爬起来，经过上次的教训，祖珽明白，恩幸集团拥有得天独厚的资源，地位是不可动摇的，自己要东山再起，就不能一条道走到黑。瞎了眼的祖珽决定来个曲线救国，走恩幸集团的路子往上爬。

祖珽经过冷静的思考，决定从陆令萱下手，因为他看出恩幸集团虽然一个个高高在上，但实际权力并没多少，究其原因主要是赵彦深在主持尚书省具体做事。说起来，赵彦深也是五朝元老了，以他的做事原则又怎么会给这些宠幸小人以机会。他们之间天然存在着不可调和的矛盾。祖珽正是想利用这一点。

祖珽写给陆令萱的弟弟仪同三司陆悉达一封密信，信中分析朝中的局势，指出赵彦深这个人，表面一套，背后一套，是个难缠的人物，他要做伊尹、霍光，那么你们姐弟还能平平安安过好日子吗？为什么不引入智士帮忙。当然，这个智士就是他祖珽了。陆悉达跟姐姐一讲，陆令萱也觉得祖珽说得太对了，但这事还要跟和士开商量，毕竟祖珽是让和士开撵走的。

两人一碰头，和士开也觉得赵彦深不好对付，而祖珽智谋过人，确实是个不错的狗头军师人选，早年的事过去就过去了，只要有共同利益，捐弃前嫌不是没有可能。两人一起来到高纬跟前，和士开说话，陆令萱帮腔，两人一唱一和开始为祖珽说好话："皇上啊，文襄、文宣、孝昭三帝的儿子都没有坐稳江山，而陛下不然，这都是祖孝征的功劳啊。"

高纬对此太赞同了，他从来就没忘记这个对自己有恩的人。

和士开接着说："人有功不能不赏赐。孝征这个人虽然为人不好，但智慧谋略过人，关键时刻能出上力。再说，现在他眼睛瞎了，一定不会有异心。"

男女宰相力挺，小皇帝顺水推舟，祖珽的运气来了。

吃尽苦头的祖珽从海州回到邺城，出任老本行秘书监。

祖珽是个不安分的人，他的到来将掀起北齐高层的惊天骇浪。

祖珽还没有出手，权贵中的外戚们却开始窝里斗了。胡太后的从祖兄胡长粲一直混得不错，位列执政，成为事实上的宰相。自八贵中的元文遥、娄定远被赶走后，八贵的地位发生了变化，唐邕专门负责外兵事，綦连猛、高阿那肱负责京畿和皇宫的保卫，只有胡长粲一天到晚跟在高纬的左右，宣读诏命，权倾一时。

胡长粲这个人很有意思，自己跟一个侍女相好，没想到老婆王氏比较凶悍，残忍地将侍女杀害了，胡长粲一怒之下跟妻子分居，数年不相见，后来娶了个小妾。按照北朝的规矩，小妾地位低下，早晚要对正妻问安，胡长桀也不让去。有个寡妇公孙氏，传说中前三任丈夫都是她害死的，胡长桀不信，强行把她娶到家中，并让她跟王氏同住，结果没多久王氏就死了，史称公孙悍妇。

胡长桀这个外戚相对疏远，胡太后的亲哥哥胡长仁对他越来越不满。

高湛死后，胡长仁觉得自己是皇帝的亲舅舅，就想冲击宰相，入尚书省做事，但执政大臣们不同意，胡长仁认为是胡长桀从中作梗，于是在胡太后面前不断地诋毁胡长桀。胡太后头发长见识短，经不住哥哥一再请求，只好出面；小皇帝高纬还没有能力拂逆母亲的面子，只好让胡长桀出任赵州，胡长桀气愤不已，没多久就一命呜呼了。

说起来也是胡长桀心胸太窄。当初跟他同为东宫师傅的冯子琮就跟他不一样，冯子琮为元文遥等忌讳出为郑州刺史，他养精蓄锐，准备东山再起。两人本都是小皇帝器重之人，假以时日还有出头的机会，但胡长桀太经不起挫折。

胡长仁如愿以偿地入主尚书省，参与朝政，但他很快本性显露，在省内与左丞郦孝裕、郎中陆仁惠、卢元亮勾搭结党，三人整天屁颠屁颠地跟在胡长仁的后面，对胡长仁唯命是从。对于胡长仁的步步高升和结党，和士开是不满意的，毕竟人家是皇亲国戚，自己是靠自己能力，所以非常顾忌他。和士开有自己的办法，很快一纸委任状下来，郦孝裕、陆仁惠、卢元亮出任外州。胡长仁知道是和士开算计自己，恨得牙根疼，郦孝裕给他出了个主意，装病。按照礼节，和士开一定过来探望，然后乘机把他弄死。有没有风险？风险跟收益成正比，事成后赶快找太后帮忙，有太后做主顶多丢官百日。这事最终没办成，和士开知道了他们的阴谋，快速地把郦孝裕等撵出京城。胡长仁位列仆射，却仍不满足，又要做领军将军，对于这个想法，执政大臣集体反对，胡长仁这才作罢。

毕竟，胡长仁是胡太后的亲哥哥，和士开不知道自己这个情夫和亲哥相比到底哪个分量更重些，所以暂时不敢贸然出手，但和士开一直在准备着。

机会偏爱有准备的人，机会很快就来了。

高纬从并州返回邺城，当夜在滏口稍作停顿。胡长仁按例随驾，但出发晚了没跟上，等他赶来的时候看见道旁停着大批人马，就派门客程牙前往打探。程牙作为胡长仁的人平日作威作福惯了，放眼天下没有谁能放在眼里，打马如飞，疾驰而来。

高纬见有人骑马直冲而来，让近侍陈德信问问是何人大胆敢闯圣驾。陈德信高声断喝，程牙知道是皇帝的队伍，心说惹祸了，也不答话，顾自回马而去。

陈德信跟高纬回报，高纬大怒，命随行卫士前去抓捕。程牙被抓后被打了二百马鞭，当夜就死了。和士开看到机不可失，赶紧让陈德信把胡长仁骄横不法之事一一上奏，有程牙飞扬跋扈的样子作参照，高纬没有不相信的理由。

亲舅舅也不行，高纬决定把胡长仁赶出京都出镇齐州，胡长仁无奈离开了自己辛苦得到的相位，内心一百个不愿意，跟高纬辞行的时候，他禁不住痛哭流涕，但高纬视而不见。

胡长仁在齐州没多久就上书请求返回京城，但没有人愿意转奏，令他越发愤怒。

胡长仁有才，他知道自己的仇人是和士开，于是想到了一个好主意——找人刺杀和士开。这种手段哪里该是朝廷大臣应该做的？跟某教授雇佣杀手锤砸某学者的行为异曲同工，一点技术含量也没有。杀手还没上路，自己兄弟窝里反把胡长仁给告了。和士开和祖珽给他定了个谋害宰辅的罪名，经过高纬批准派刘桃枝到齐州对胡长仁执行死刑。

这事祖珽出力不少，有了这份见面礼，祖珽从此被接受为恩幸集团的一员。

在祖珽的策划下，赵彦深很快也被赶跑了，和士开成为尚书省的头，享受到封王的超级待遇。一时，朝中大臣们纷纷投入和士开门下，有的甚至不知廉耻地认他做干爹。和士开的母亲去世，天下举哀，甚至那些商贾们都托言跟令王有旧而去吊唁。有的人为了巴结和士开无所不用其极，和士开患了伤寒，医生开出一味黄龙汤。这玩意儿是大粪汁泡的，和士开面有难色，关键时刻他的孝子贤孙举起杯子一饮而尽为他做出了示范。

连名动天下的老才子魏收也对和士开倾心巴结。高纬即位后，鉴于小皇帝年轻对赦令多有疑问，大臣们共推魏收执掌诏书的起草工作，提拔为尚书右仆射，总议监一礼事。混了一辈子半截入土的人再次居此大位，魏收对执政大臣们自然是感激涕零，立马上书要求跟赵彦深、和士开、徐之才共监仪礼。

这事吓了老和一跳，“我肚子里那点墨汁，哪里能干这么文化的活？”魏收一脸谄媚，“天下事都是大王定的，五礼非王不决。”

古代五礼指吉礼、凶礼、军礼、宾礼、嘉礼，说白了就是祭祀典礼、丧吊忧患之礼、军队操演征伐之礼、待客之礼和婚嫁宴饮之礼。

魏收这样，让我们着实为之难为情，给人以晚节有亏的感觉，因为再过三年，六十五岁的魏收就作古了。北齐灭后，魏收被人从坟墓里请出来，尸骨抛在野外。

魏收的结局告诉我们，写史真的不是一件容易的事，有的人被砍头，有的人遭宫刑，有的人被灭族。

每个人都有自己的历史观。

115. 东西争宜阳

洛阳一带已经很久没有大战了，但小规模冲突一直不断。洛阳大战北周军队虽然败走，但随即在洛阳西北附近的函谷关设置了中州，先后有贺若敦、韩雄、梁士彦任刺史，几位都是北周方面的名将。贺若敦有个儿子叫贺若弼，大隋猛将，就是他灭掉了南陈结束了南北对峙局面；韩雄就是当年在洛阳造反并间接弄死韩贤的韩木兰；梁士彦的故事将继续下去。

在宜阳以西，北周又在同轨城、孔城、仁寿等地设防主，另设宜阳郡以巩固齐周边疆。对于河东一带的统治，北周基本任用当地豪强领部曲防守。如韩雄、裴宽、陈忻等，这些人在地方群众基础好。北齐方面对他们无可奈何。

北齐洛州刺史独孤永业足智多谋，颇有政声，一般的州郡兵大约编制在两三千人，而独孤永业统精兵两万，这是北齐方面镇守河南地的主要精锐。

独孤永业无时不想拔掉北周在河东的这几颗钉子，多次扬言要西讨，但一直兵马未动，目的就是让敌人懈怠，取出其不意的效果。但裴宽、陈忻也非等闲之辈，尤其是陈忻，善于使用间谍，在洛阳城布下了很多眼线，不管独孤永业如何摆迷魂阵，西魏诸将就是不上当。

宜阳一线就成为双方虎视眈眈争夺的焦点。事实上，从东西分家至今，宜阳已经几度易手，北齐在这设阳州，北周夺过去后又设熊州。当前，宜阳还属于北齐控制区。

终于，契机出现了，孔城发生内乱，防主被杀，独孤永业当机立断，出兵收复了孔城。就此，双方的平衡态势被打破，消息传到长安，北周很重视，齐王宇文宪、柱国李穆立即率兵渡河，踏上了河南的土地。

宇文宪决定先取宜阳，去掉洛阳的缓冲，他的最终目标仍然是洛阳。

公元569年12月，宇文宪采取步步为营的战略，占一个地方巩固一个地方，在宜阳外围先后修筑了崇德等五城，五城切断了洛阳向宜阳运送物资的交通线，宜阳陷入空前的危机。倘若宜阳失陷，洛阳立即成为前沿阵地，这是北齐方面不愿意看到的。朝廷命斛律光火速增援宜阳。斛律金去世后，斛律家众英雄去官守孝，但当月皇帝即夺情起用，斛律羡继续任职幽州防备突厥，斛律光升任太保，并继承了父亲的咸阳王和第一领民酋长的爵位。公元570年正月，斛律光带步骑三万杀向宜阳，大军到了定陇，周将张掖公宇文桀、中州刺史梁士彦、开府司水大夫梁景兴屯兵鹿卢交道。挡我者死！斛律光立即指挥齐军冲杀过去。斛律光打仗的特点是没有阵形，但他善于抓战机，往往一击成功。

当下，斛律光身先士卒，直冲周军阵形。宇文桀大约没见过这么打仗的人，接手即溃，现场留下了两千颗脑袋。初战告捷，斛律光长驱直入，在宜阳城下跟周军主力交手，周军屡战屡败，屡败屡战。宇文宪拼命抵抗，双方相持三月有余，斛律光就地修筑统关、丰华二城，打通了宜阳粮道。

从斛律光可以从容组织筑城看，宇文宪基本处于守势。

宜阳暂时无忧，斛律光突然挥师北上，向平阳开拔。宇文宪见斛律光退走，尾随追击，没想到正中了斛律光的计策，斛律光半路杀了个回马枪，掉头进攻周军，周军再次惨败，开府仪同三司宇文英、都督越勤世良、韩延被俘，周军阵亡三百人。

宇文宪不愧是宇文宪，虽然三番五次着了斛律光的道，仍然斗志不减，他再次命宇文桀、梁景兴、梁士彦等步骑三万于鹿卢交道塞断要路。

斛律光与韩贵孙、呼延族、王显等合击，再次大破周军，梁景兴阵亡，缴获战马上千匹。至此，宇文宪彻底无语，老老实实据崇德等五城防守，再也不敢主动出击。斛律光据统关等城与宇文宪相对，周、齐大军在宜阳呈胶着状态。

就在宜阳战役打成持久战、拉锯战的时候，周、齐两大高手开始了更高层次的较量。镇守玉壁的北周勋州刺史韦孝宽陷入了思考：两国围绕宜阳争来争去，到底有没有意义？斛律光突然北上，是诱敌之计还是另有所图？倘若齐军放弃宜阳转而来占汾北，周军在此兵力薄弱，几乎没有布置防守，那么损失就大了。韦孝宽被自己的想法吓了一跳，亡羊补牢为时未晚，他立即修书请求宇文护下令在汾北的华谷及长秋筑城戍守，以抢先机。韦孝宽这就叫未雨绸缪，防患于未然。这就是韦孝宽跟王思政的区别，王思政筑玉壁何曾请示过，韦孝宽比王思政要谨慎，但王思政更有效率。

然而，不是谁都能用发展的眼光看问题，也不是谁都有韦孝宽的战略眼光。

当宇文护看了韦孝宽的报告以及韦孝宽费心画出的地图后，不以为然地对韦孝宽的特使说："韦公子孙虽多，也不过百人。汾北筑城，派谁去防守？"

很快，事态的发展教育了宇文护。正如韦孝宽所担心的，同样具有战略眼光的斛律光果然瞄上了汾北广大的土地。广大天地大有可为，何必老盯着一个地方，所谓天涯何处无芳草，哪能一棵树吊死？

这年冬天，在宜阳打了近一年的斛律光果然弃宜阳不顾，北出晋州，领步骑五万在汾北修筑了华谷、龙门二城。斛律光接着又包围了汾州首府定阳，修筑了南汾城与北周汾州对峙。慑于斛律光大军的威势，附近胡汉百姓近万户归附。转眼过了年，斛律光一口气又修筑了平陇、卫壁、统戌等十三所镇戍，分兵把守，把齐国的土地拓展了五百里而没有费一兵一卒。与此同时，北齐段韶出兵定陇，切断了宜阳军北上的道路，配合斛律光在汾北的行动，段韶在定陇修筑了威敌、平寇二城。等斛律光在汾北行动完成，段韶留下部分人马驻守，率大军返回晋阳。

斛律光步步紧逼，镇守玉壁的韦孝宽能听之任之吗？不是不想管，而是没办法。俗话说巧妇难为无米之炊，斛律光动辄步骑三五万，而玉壁守军不过几千人，双方实力相差悬殊。韦孝宽凭玉壁的地理优势坚守城池可以对抗高欢的十万大军，可要短兵相接进行野战，韦孝宽早就让高欢给收拾了。

所以，不管韦孝宽名声有多么响亮，斛律光根本没把他放在眼里。

韦孝宽向来两条腿走路，这边跟斛律光对峙没占着便宜，那边就派人到邺城请求缔结合约，保持两国友好往来。高纬求之不得，派已经重新起用的侍中冯子琮到前线接洽。在汾东，大家坐在了谈判桌上。

斛律光笑道："宜阳这个小地方，久劳争战。现在我不要了，打算在汾北占点地盘补偿一下。"

韦孝宽心说，斛律光你得意什么，你这招我早看破了，不过让宇文护给拦住了而已。

这话他不能说，到这时也只有打碎牙齿咽在肚子里，只能逞口舌之争，于是韦孝宽也笑道："宜阳，是你们的战略要地。汾北是我们不要的地方，我丢了的你们占去，补偿在哪里？"

韦孝宽又诚心诚意地说："君辅翼幼主，位望隆重，不好好安抚百姓却穷兵黩武，贪图这些平常地方，我私下里为你不值啊。"

双方缔结盟约，韦孝宽承认了斛律光修筑的城池的合法地位，双方保持现状。冯子琮回朝复命，高纬大喜，升其为右仆射。

然而，韦孝宽行的不过是缓兵之计，他在等待援兵的到来，盟约不过一张纸而已。周柱国大将军辛威奉命领本部精锐八千救援汾北，与韦孝宽合兵一处，以步骑万余进逼平陇。斛律光从容接战，周军大败，齐军俘虏、杀死周军千余人。辛威、韦孝宽退守玉壁，等待救援。

116. 梦幻组合

韦孝宽和辛威兵败的消息传到长安，北周上下震动。

宇文护这会儿老实了，对汾北战事彻底没辙，以辛威的资历和韦孝宽的能力尚且不敌，这仗还能指望谁？宇文护问计于仍在宜阳的宇文宪，宇文宪给出的答复是：“以弟看来，兄长出同州虚张声势，弟以精兵为前锋，随机攻取，如此不但边境可宁，说不定还能另有所获。”宇文护表示同意。

陆路不好走，交通要道定陇附近还有段韶的两个碉堡守着，宇文宪转而西行到了龙门，他要从这里的渡口过河去汾北。

宇文宪督精兵两万（柱国宇文盛、柱国宇文会各领一军）自龙门渡河，齐将王康德见敌军势众，竟然吓破了胆子不战而逃。宇文宪没有乘胜追击，而是西行挖汾河，汾河改道，水南的城堡再次落入齐军手里，如此一来齐军以为宇文宪打算以汾河为天然屏障与齐军相对，便放松了警惕。没想到宇文宪突然渡河，两天时间接连攻下斛律光修筑的伏龙、威远、临秦、统戎四座城堡，接着攻下张壁，将军用物资收为己用，拆除了城堡。此时斛律光远在华谷，眼睁睁看着宇文宪夷平了自己新筑的五城。

北齐方面亮出家底，二月，段韶和高长恭领军两万前往汾北，三大名将再度联手，这可是北齐的梦之队，超豪华阵容。三月段韶到了柏谷城，此柏谷城在汾北，是一座地势险要的石头城，众将以其易守难攻都不愿意攻打。

段韶说：“朝廷对河东汾北志在必得，柏谷就是一块毒瘤，必须拔掉。且周军已经被阻在南道，柏谷城已是一座孤城，城池虽然高大，但里面并不宽敞，倘若用火弩射击，拿下来也就是一天半日的事情。”

段韶说的话还有谁敢不听，再者，段韶说得有道理。于是，齐军鸣鼓而进，果然，柏谷城根本不像想象的那么难打，一切皆如段孝先所言。柏谷城破，守将仪同薛敬礼被擒，段韶留下部分士兵防卫华谷，继续进军。

此时，宇文宪自两乳谷袭击齐柏社城，又派宇文盛运粮到汾州，宇文会修筑石殿城与汾州遥相呼应，在齐城以西挖了一道深沟大堑，组织起一道防线。

段韶开始进攻，周大将韩欢阵亡，周军后退。关键时刻，宇文宪亲自督战，大将刘雄领部曲二十人据大堑力战，段韶见占不到便宜，便退军了。

就此，宜阳、汾北战役暂时告一段落。

不久，北周军队开始反攻，周将宇文纯夺取了宜阳等九城。

斛律光率步骑五万出讨，段韶也再次请战。这次三将有明确的分工，斛律光救宜阳，段韶取汾北。

宇文护让参军郭荣在姚襄城南、定阳城西筑城，又挖掘深沟大堑，断绝了道路。段韶派精兵从北面袭击，又让人暗暗渡河入姚襄城作为内应，千余人渡河后才引起周军的觉察，但已经晚了，里应外合，姚襄城城破，周仪同若干显宝被俘。诸将踊跃请战要攻打郭荣新城，段韶因为新城一面阻河、三面绝险而没有同意，不同意不表示没办法，段韶开始转攻定阳。定阳守将是北周汾州刺史杨敷，杨敷拼命死守，段韶率军急攻，很快拿下了外城。

战事正紧的时候，段韶突然病了，毕竟是上岁数的人了，不服老还真不行。

好在军中还有另外一驾马车，是兰陵王高长恭。高长恭虽然身为大将，出身高贵，但性格随和，一点架子也没有，跟士兵们打成一片，就是得到一瓜两果也不肯吃独食，一定要与将士们一起分享，因此深得将士们的爱戴。

然而，随着高长恭战功的叠加，他的威望越来越高，本来高纬跟这个哥哥关系还不错，哥俩有时候还在一起拉拉家常什么的，坏就坏在关系好了说话就随便，说话随便了就容易说错话，高纬对高长恭的感情也逐渐从欣赏过渡到猜忌。有一次兄弟二人在一起闲聊，高纬说："哥哥你太猛了，带五百人深入敌阵，这万一出点什么事怎么办？"

高长恭说："我一直把朝廷的事看作自己的事，所以当时根本没有想更多。"

说者无心听者有意，当时高纬就不乐意了：天下是我高纬的天下，啥时候成了你高长恭的天下了？见高纬不高兴，高长恭自知失言，默默退走。从此，高长恭收敛行迹，夹起尾巴做人，不再出风头了。后来在任司州牧、青瀛二州刺史的时候，为了减少皇帝的猜忌，高长恭跟别的权贵们一样开始收受贿赂，以此作为自保之计。瀛洲代理参军阳士深上了一道奏章，把高肃贪污受贿的事向皇帝做汇报，高纬据此将高长恭免职。此次高长恭受命随段韶西伐定阳，恰巧阳士深也在军中，这下把阳士深吓坏了，军中军令如山，将在外，君命有所不受，随便找个借口就能弄死自己。然而高长恭根本没往心里去，对阳士深弹劾自己的事，不但不怪罪，反而心存感谢。眼见阳士深心怀恐惧，为了打消他的疑虑，高长恭找了阳士深一点小错，责罚二十杖，就此让阳士深放了心。

段韶对定阳城的地形了然于胸，此城三面都是高山深涧，只有东面有一条道路可走，如果杨敷要突围，必定从此经过，所以段韶让高长恭带千名猛士伏兵于东南涧口。

宇文宪领兵前来救援周军，但由于害怕段韶不敢贸然出击。

定阳城断粮了，北周将士们从来不肯总结经验教训。论守城没有一个比王思政有经验，王思政守城是大量储藏粮食，而现在定阳才被包围了几天粮食就没了。不能坐以待毙，当夜，杨敷率军突围，至涧口遭遇兰陵王的伏兵，全军覆没，主帅被擒。杨敷最终在齐郁郁而终，他有个儿子叫杨素，未来大隋朝的风云人物。

此战，齐军夺取了汾州及姚襄城，周军只保住了郭荣新修的城池。

斛律光与周师战于宜阳城下，夺取了周建安等四戍，俘虏上千人，双方言和，斛律光要求周军归还七年以来掠夺的北齐百姓，周军照办，斛律光班师回朝。

然而，胜利的喜悦还没有从脸上消失，猜忌已经接踵而来。斛律光大军还没有到达邺城，高纬已经派来了解散大军的圣旨，斛律光一下蒙了。

全军将士征战多年，至今方凯旋，大家心里自然有一份盼望，怎么着朝廷也会慰劳一下，嘉奖一下，现在的情况宛如被当头泼下一盆凉水。倘若大家一怒之下要讨个说法，那么这支军队就危险了。斛律光悄悄地把圣旨压了下来，一面命大军放缓行军速度，一面将自己的想法写成奏折火速发往邺城请示。

高纬听到斛律光抗旨不遵大军继续开往邺城的消息，不由得心中一寒。放眼天下，能够干过斛律光的人还真不多。倘若斛律光有想法，自己还有命吗？

斛律光驻军邺城郊外，静静等待皇帝旨意的到来。高纬紧急召见了斛律光，然后派特使到军中宣慰，随后大军解散，各回各的驻地。

斛律光一片忠心和苦心，有几个人能够理解？尽管君臣表面上恢复了往日的亲近，在高纬的心中却留下了抹不掉的阴影。

北齐上层的斗争已经白热化，和士开突然被杀。

117. 诛杀和士开

北齐政坛三大力量，皇室功臣、汉官集团和恩幸集团，彼此争斗不已。

皇室功臣主要是代北勋贵后人以及皇室成员，汉官集团掌握着文化，恩幸集团是高湛父子培养的特别力量。

三派中以汉官力量最薄弱，严格来说他们还算不上集团，只是一个松散的联盟，他们除了文化什么都没有。没办法，选官制度决定了这个集团还没到强大的时候，因为政权主要是代北勋臣之后和皇帝亲近之人控制着，一直等到隋唐科举制度成形后大量优秀人才才从民间走向政坛，一个力量超强的文官集团才会形成。

皇室功臣掌握着军队，而恩幸集团则掌握着皇帝，两派的斗争最为激烈。

本来，在皇帝的关照下，恩幸集团的力量稍强，但一个人的出现改变了局面，那就是胡太后的妹夫冯子琮。当初，冯子琮在和士开、元文遥等的排挤下，远走郑州，这本来就不是出于高纬的本意，不久高纬找了个机会把他调到沧州做别驾，看上去是降职了，但离京城近了。胡太后为齐安王高廓娶冯子琮的长女为王妃，冯子琮因此向沧州刺史告假专程到邺城商量婚事，谁知道，冯子琮来到邺城没几天，突然被任命为侍中，兼任吏部尚书。

冯子琮的妻子胡氏是胡太后的妹妹，跟她太后姐姐一样也不是个省油的灯，仗着姐姐掌管大齐后宫，丈夫负责官吏的升迁，把公权当作牟利的工具，大肆收受贿赂，以至于太守这些官都是先定下价钱，然后才上奏。冯子琮本身就是依靠老婆才有了现在的地位，也不敢制止，胡氏越发放肆。

庄稼汉有俩钱就要翻修房子，胡氏也有暴发户心态，有钱就开始修房子。

不久，冯子琮因为在汾北协助斛律光谈判有功，被升为尚书右仆射，仍然兼任侍中、吏部尚书。

冯子琮这次回京后开始跟和士开相处得还不错。冯子琮办事有眼色，和士开的弟弟娶媳妇，冯子琮忙前忙后帮着张罗，跟和士开的下属一样。但时间长了，矛盾就出现了。因为和士开受两代皇帝恩遇，位高权重，京官和外官的任命必须通过他上奏，开始冯子琮倒也不以为意，但随着冯子琮跟皇帝越走越近，觉得自己既是皇亲国戚，又是法定的吏部主事，和士开不应该掺和吏部的事啊。

对于女侍中陆令萱作威作福并且凌驾于太后之上的行为，冯子琮非常不满。

而太后跟和士开间的奸情也让冯子琮很担心，一旦事情败露，皇帝降罪，靠山倒了，自己还有好结果吗？于公于私这事都得管。所以，冯子琮开始计划除掉和士开和陆令萱，甚至，打算废了皇帝另立琅琊王高俨。

高俨，字仁威，是高纬的三弟，高湛夫妇最宠爱的儿子。如果不是祖珽从中作梗，也许登上帝位的就是此人。在高湛还活着的时候，高俨就被封为东平王，拜开府、侍中、中书监、京畿大都督、领军大将军、领御史中丞、大司徒、尚书令、大将军、录尚书事、大司马这一堆军衔和职务。

高湛对高俨很偏心，但是就因为他晚生了那么一会儿，就没有皇帝命，高湛就想方设法补偿他。对于父亲来说，高湛这么做无可厚非，但对于皇帝来说，这么做的后果很严重。

按照大魏制度，为了给御史立威，御史中丞出行，要清出一里地的道路，与皇太子相遇可以各行各路，互不干涉；其他王公贵族必须远远地停下车子，把牛卸下来，车头触地，等御史的车过去了才能收拾牛车继续上路。如果稍有违反，御史卫队就可持赤色棒当头即打。这个规定自东魏迁都邺城就已经名存实亡。高湛因为宠爱高俨，鉴于高俨领御史中丞，就恢复了这套制度。

这下高俨出行的排场大了，由京畿步骑、领军府的僚属们随行，司徒的仪仗队开路，声势浩大，比皇帝还威风。高湛和胡太后偷偷躲在华林园东门外以幔帐遮挡偷看儿子，为了试试儿子的魄力，高湛命太监骑马去冲高俨的队伍，高俨严阵以待，钦差马不得入，于是宣敕是奉皇帝的命令，话音未落，一记赤色棒打了下去，马受惊，把钦差掀在地上。高湛哈哈大笑。

高湛夫妇溺爱高俨，允其穿的用的玩的跟高纬一样，一切开支同太子一样列入国库预算，养成了高俨飞扬跋扈的性格。有一次他在太子宫里见到了用冰保鲜的李子，回来后生气了，“太子哥哥有的我为什么不能有？”

不管什么事高俨都要跟太子看齐，属下们如果让太子占了先机，挨打受骂是必须的。在父母的娇惯下，高俨越发有恃无恐，曾经直接跟高湛说：“兄长软弱，如何能服众？”

高湛也有废立之心，但终究没有成行。高湛死后，高俨改封琅琊王，他非常看不惯和士开、穆提婆等人把持朝政，恰巧两人大修宅院，高俨愤愤不平，离得老远就拿眼恶狠狠地瞪他们，吓得和、穆二人汗流浃背。

两人觉得继续让高俨这么搞下去，早晚没有自己的好果子吃，于是两人在高纬面前使劲，让高俨出居北宫，只准五天上一次朝，使高俨失去了随时拜见太后的自由。不久，他们又把高俨的兼职砍了，暂时保留太保、中丞和京畿领军，接下来又打算让他出镇刺史，夺其兵权。

出了北宫，那就是彻底远离权力中心，高俨左右的人不干了，治书侍御史王子宜与开府仪同三司高舍洛、中常侍刘辟强一起劝说高俨除掉和士开。高俨找到姨夫冯子琮商量，冯子琮早有此意，两人一拍即合，于是一场阴谋开始了。

按照冯子琮的谋划，高俨让手下写好弹劾和士开的奏章，由冯子琮把它夹在一大堆文件中让高纬批阅，高纬一向对姨夫信任有加，也没有细看，稀里糊涂签署了照准的意见。高俨命领军将军库狄伏连带队捉拿和士开。库狄伏连看了皇帝高纬亲自签署的文件，心里充满了疑问：皇帝没有理由突然要动和士开啊，更何况，太后和和士开的关系也是公开的秘密。

按照北齐制度，对于大事可以复奏，就是再落实一遍的意思。库狄伏连没有资格直接求见皇帝，走这道手续需要通过侍中转达。这一步也在冯子琮计算之内，当库狄伏连见到冯子琮，说明来意后，冯子琮装模作样地看了文件，对库狄伏连说："御笔亲批，琅琊王领的命令，哪里需要复奏？"

库狄伏连觉得冯子琮言之有理，不敢不办，当夜埋伏五十名宫中武士在神兽门外。天亮后，和士开照常来上班，刚到神兽门，就被伏兵抓到御史台，高俨正是这一亩三分地的头儿。公元571年7月，恩幸集团首领和士开被矫诏杀死。

高俨本打算就此罢手，可冯子琮等人不想就这么拉倒，何况，斩草不能除根，参与的人就会死无葬身之地。于是，高俨勉强率领京城卫戍部队的三千军士杀向皇宫，包围了千秋门。

高纬正在宫里，有人来报说库狄伏连反了，高纬一摆手道："一定是仁威。"于是命刘桃枝带八十名宫廷侍卫召高俨来见。刘桃枝见到高俨，高俨命人把刘桃枝抓住，扬言要杀了他，刘桃枝的左右一哄而散。

高纬又让冯子琮去宣高俨入宫。

高俨大叫道："和士开罪该万死，他阴谋废陛下，还想把家家（指胡太后）的头剃了做尼姑，臣为此假传圣旨诛杀了他。皇兄要杀臣，臣不敢逃罪；若不想杀臣，请姊姊（指陆令萱）来迎臣，臣一定入宫见驾。"

高俨早就打算好了，只要陆令萱一出宫，就立刻发难杀了她。

118. 政变的后果

女侍中陆令萱本是聪明人，如何猜不出高俨的用意，她提把刀站在高纬的身后，吓得浑身簌簌发抖。高纬不忍心让乳母出去，又让韩长鸾去召高俨。

韩长鸾的面子不小，这次高俨真的要随他进宫，刘辟强拽住他的衣角，警告他说："如果不杀穆提婆母子，殿下不能进去。"

这时候，高澄的两个儿子广宁王高孝珩、安德王高延宗恰巧经过，两个人也过来凑热闹。

高延宗问："怎么不进去？"

刘辟强道："担心人太少了。"

高延宗环顾左右，鼓动大家说："孝昭皇帝诛杀杨遵彦，只用了八十个人，现在你们有上千人，怎么还说人少？"

军士们一阵聒噪，就要冲进宫里。韩长鸾只好自己回宫复命。

高纬感觉自己的末日到了，怎么办？只有用最后一招了，请母亲出面帮忙，毕竟高俨也是胡太后的亲生儿子。高纬见到胡太后，泪眼婆娑地说："有缘的话，还有再见母亲的机会；无缘，今日就永别了。"

胡太后见高纬说得可怜，不再袒护高俨，她有主意，"赶紧找人去传斛律光，他一定有办法帮你化解。"

高纬一听，对啊，怎么把这茬忘了，再怎么说，斛律光是自己的老丈人，军中又多是他的部将，只要斛律光一到，一切就迎刃而解了。与此同时，高俨也派人去联络斛律光。在北齐众人的心中，大将军斛律光是军中一面旗帜，他的态度很重要，如果斛律光支持，政变不成功也得成功，反之，就危险了。

斛律光听说高俨杀了和士开，禁不住拍掌大笑：龙子做事就是跟凡人不一样。但是斛律光骨子里有一种愚忠的思想，高俨矫诏，做得对也不对，所以不管斛律光内心是多么支持高俨，他还是要帮助高纬，因为高纬才是他的君主。

斛律光从小门进宫，在永巷见到了高纬。此时高纬与领军将军皮景和已经召集宫中宿卫四百余人，顶盔贯甲就要冲出去跟高俨决一死战，形势千钧一发。

斛律光一摆手道："不可，一旦双方交手，定是一场混乱。俗话说，奴才们见到主子也就死心了。只要陛下亲自到千秋门，琅琊王一定不敢轻举妄动。"

皮景和认为斛律光所言有理，高纬点头称善，于是众人护着皇帝缓缓向千秋门而来。斛律大将军走在前头，来到宫门口，高声断喝：“陛下驾到。”

参与叛乱的京畿士兵们闻声大惊，不由自主刷的一下向后退开。

高纬驻马桥上，招呼高俨入宫，高俨仍然犹豫不决。斛律光道：“天子的弟弟只不过杀了一个汉人[①]，有什么可担心的。”

斛律光上前抓住高俨的手，半拉半扶地把他拉引到高纬面前，高俨已经吓得说不出话来。斛律光代他对高纬说：“琅琊王年少，头脑简单，办事冲动，长大了一定不会这样了，请陛下恕罪。”高纬上前拔出高俨的佩刀，以刀柄胡乱敲打高俨的辫头，打够了解气了就把他放了。

主犯可以饶恕，从犯就没有这么幸运了。厍狄伏连、高舍洛、王子宜、刘辟强、都督翟显贵等被高纬抓到后园做了射箭的人体靶子，射死了还不算，几个人的尸体被肢解，扔在了大街上。高纬还不解恨，鉴于政变主力来自御史台和领军府，他一气之下要把御史台和领军府一网打尽，一个不留。斛律光知道这两个官署中任职的多是京城勋贵之后，要是如此大事杀伐，牵涉面太广，恐怕乱子会越闹越大，所以不同意高纬的想法。赵彦深赞同斛律光的看法，于是根据个人参与的程度定罪。

胡太后责问高俨，高俨竟然说：“冯子琮教儿。”太后大怒，遣使就内省以弓弦绞杀了冯子琮。装冯子琮尸首的大车到了冯府，冯家的儿子们正在下棋，眼见大车进门以为是朝廷送来的封赏，高高兴兴前来迎接，等到近前一看，原来父亲死了，喜事变成了丧事。

漏网之鱼高俨看到这个结局，知道兄长是不会轻易放过自己的，于是躲在宫里不再出来。为了防止有人下毒，太后亲自为他验饭。

恩幸集团此番损失一员大将，几乎全军覆没，他们知道留下高俨就如同是放虎归山，早晚有一天会卷土重来，一定要痛打落水狗。陆令萱利用自己的身份，不停地说高俨的坏话，她告诉高纬，高俨聪明雄勇，当今无敌，一定不是做臣子的材料，必须早早除了这个祸患。何洪珍一向跟和士开友善，自然对高俨恨之入骨，每欲除之而后快。有这两位在高纬耳边唠叨，高纬自然心动，他不是不想杀高俨，但他有个心结，到底是读过书的人，他怕担上杀弟的恶名。

最后是祖珽的一番话让高纬彻底卸下了思想负担。

祖珽回到京都后，一直在冷眼观察着高层间的倾轧。他看出了高纬对高俨的态度，决定帮高纬一把，帮皇帝就是帮自己。于是，祖珽秘密上奏，请求诛

①笔者注：和士开虽然来自西域，但其做派与汉人无异，所以在代北勋贵们的眼里他就是一个汉人。

杀高俨，他举了两个例子：周公把弟弟管叔杀了，季友逼兄长庆父自尽。周公、季友仍然受到后人称颂，因为他们是为国忘私，大义灭亲，管叔死了周朝才会安定，庆父不死，鲁难未已。

高纬下定决心要向自己的亲弟弟开刀了。

自从出事后高俨一直随胡太后住在宫里，高纬计划让高俨到晋阳，由右卫大将军赵元侃负责解决掉高俨。赵元侃知道这不是个好差事，过去，高湛夫妇对高俨的态度他很清楚，万一将来太后怪罪或者皇帝反悔，自己可就吃不了兜着走，弄不好还落个替罪羊的命。权衡再三，赵元侃宁死不领命，高纬就把他出为豫州刺史。抗命可以保命，走错一步可就没命了，赵元侃比账房先生算得还准。

一计不成，再生一计，高纬决定亲自动手。

九月下旬的一天，秋高气爽正是围猎的好季节，高纬告诉母亲明天要跟高俨一起去打猎，打算早去早回。胡太后没有理由不答应。

四更天，高纬派人召高俨入宫。高俨躲在母亲宫里，心里害怕不敢去。陆令萱劝道："尊兄召唤，儿有什么理由不去？"

无奈高俨入宫，刚走到永巷，刘桃枝便带人冲上前把他绑了起来，高俨大叫："我要见我哥和我娘！"

刘桃枝见他声音大，怕惊动了太后，一把扯过他的袖子裹了裹塞在他的嘴里，然后掀起身上穿的袍子蒙住头，把他扛在身上出永巷，到了大明宫，高俨已是鼻血满面。刘桃枝杀了他，然后拿个席子一裹，就在室内挖个坑埋了。说到底，高俨还是个孩子，不过这个孩子早熟，十四岁便留下了四个遗腹子，很不幸，高纬一个也没留。一直到第二年三月，才把尸骨挖出来重新安葬，为了安慰胡太后，高纬赠高俨为楚恭哀帝，高俨也算是死后过了一把皇帝瘾。

胡太后自从和士开死后，寂寞难耐，跟和尚昙献勾搭上了，和尚们都戏称昙献为太上皇。太后的丑事风言风语传了不少，高纬也有耳闻，但他选择了不相信。有一次，高纬到太后宫中问安，见胡太后身边有两个小尼姑长得楚楚可怜，高纬动了心思，把两个尼姑叫到自己的宫中，就要霸王硬上弓。

高纬没有得逞，不是因为尼姑的定力强，而是因为尼姑原来是和尚。这下真相大白，昙献的事也暴露了，高纬又惊又怒，把这帮和尚一股脑儿抓起来全杀了。

然后，高纬把太后从晋阳接到邺城，把她幽禁在北宫中，任何人不得相见，太后亲自为儿子做了些好吃的，高纬也不敢尝。

从定阳前线回来后不久，平原王段韶去世了。段韶是一个有谋略深得将士爱戴的名将，他文武兼备，虽然功劳卓著，但生性温和，有宰相风度，是北齐军中的一面旗帜。段韶的死是北齐的一大损失，从此，大齐三驾马车只剩其二。

北齐这边恩幸集团得势，北周却发生了一次政变。忍了十二年的宇文邕终于发难，联合弟弟们杀死宇文护，英明神武的宇文邕终于恢复了本来面目，周朝将在他的带领下从胜利走向胜利。因为斛律明月的存在，北周方面一直不敢对北齐有所动作，连宇文宪、韦孝宽都不是对手，还有谁敢跟明月大将军较量？

世事难料，谁也想不到高纬和他的领导班子也开始帮宇文邕了，在双方的共同努力下，斛律光被以谋反罪诛杀。大齐最能打的三驾马车又折了一驾。

119. 斛律光被谋反

斛律光案是史上著名的冤假错案之一，同岳飞案、袁崇焕案齐名。

冤案的制造者是祖珽，北齐后主高纬负有不可推卸的管理责任。

祖珽靠着恩幸集团，终于爬上了自己梦寐以求的宰相位子。虽然官居尚书右仆射，但他办事能力强，有决断，很快就成了尚书省的中心人物，势倾朝野。咸阳王斛律光位居左丞相，但按照体制只有决定大事的时候丞相、太师等才参与最高决策，普通政事就由尚书省处理。这里面就有个问题：什么样的事算大事？这是由尚书省决定的，如果尚书省的主人不民主，那么这些高官们就形同虚设。

赵彦深做尚书令的时候，对军旅之事不是非常在行，遇到军事上的事都要先跟斛律光通气，斛律光的意见很重要。现在祖珽当政，碰巧祖珽又是个文武双全的全能人才，赵彦深眼里的军国大事，到他这里都成了小菜一碟。祖珽觉着自己就可以做决定，不必花费精力去征求别人的意见。斛律光为此对祖珽非常不满。

碰巧斛律光跟他老爹一样也是个直肠子，有什么不满并不避讳，每次远远看见祖珽，他就高声喊："你这小人又在想什么鬼主意害人？"

斛律光坐在尚书省北省的大堂里，眼瞎的祖珽没有注意到左丞相坐在里面，骑马径直走过，令斛律光更加气恼，连跟自己打个招呼都没有，真没把自己放在眼里啊。他指着祖珽的背影气呼呼地说：“这个人竟然敢这么干！”

还有一次，祖珽在尚书内省高声呵斥，恰巧斛律光经过，见祖珽如此耀武扬威，斛律光当时就火了。

政治高手最重要的一个素质就是喜怒不形于色，斛律光却有什么心事都挂在脸上。不懂政治的斛律光，注定会成为政治斗争的牺牲品。

祖珽虽然双目失明，心却不瞎，再者，坐在他的位置上，巴结他的人多了去了，斛律光的不满通过各种渠道传到了祖珽的耳内。

祖珽还买通斛律光的贴身家奴做眼线，家奴告诉祖珽：“自从先生执政以来，相王每夜都抱膝长叹，‘盲人掌权，朝廷要灭亡了。’”相王竟然对自己如此讨厌，祖珽感到脊背一阵阵发凉。必须消除这个威胁，祖珽打定了主意。那一刻祖珽的眼里没有朝廷，只有自己。要扳倒树大根深的斛律家族，没有点硬货是行不通的。祖珽找到了同盟军，恩幸集团头领穆提婆，这家伙对斛律光意见不少。

原来，穆提婆想跟斛律家族拉关系，请人说媒要娶斛律光的庶女，但斛律光从来就瞧不上这些靠关系爬上高位的所谓权贵，哪里肯把女儿嫁给他？说起来斛律光不答应也有道理，他的一个女儿是高演太子高百年的太子妃，另一个女儿是当今皇后，穆提婆既非豪门大族出身，又不是勋臣宿将之后，要文化没文化，要武功没武功，斛律光如何肯把女儿嫁给这样的人？这件事让穆提婆很郁闷。

接下来的一件事彻底把穆提婆推向了斛律光的对立面。

高纬把晋阳田赏赐给穆提婆，斛律光在朝堂上当场反对，因为那块地自高欢主政以来就用来种庄稼饲养战马，属于军队所有，没有了地，战马还养不养？高纬又把邺城郊区官家用来种菜的清风园租赁给穆提婆，于是百官的免费蔬菜没有了，大家只好到市场上去买，前后亏损了三百万钱。有人向斛律光告状，斛律光再次在朝堂上劝高纬收回菜园。这样一来，穆提婆恼羞成怒，心里恨透了斛律光。

按照斛律光马面彪身的长相，他的女儿估计长得也不怎么样，虽然因为政治原因位列皇后，高纬对她也是客客气气，却一点跟爱情不沾边。让一个男人整天对着一个不喜欢却要装作喜欢的女人，也是一种折磨。

正如老斛律金所言，女人在宫里不是幸运，得宠了其他女人妒忌，不得宠就会连累外家，老爷子总是教育孩子们要靠自己真刀实枪地打天下。斛律家的孩子们很争气。斛律光自不必说，那官职爵位绝对是自己打下来的。斛律家的老二斛律羡也是个打仗的好手，坐镇幽州，兼管军事、行政，官居行台尚书令，突厥人知道他的厉害，称他为南可汗。斛律光的长子斛律武都为开府仪同三司，梁、兖二州刺史。斛律金没有想到的是，尽管他的家庭教育很成功，斛律家族还是没有逃脱覆灭的命运。

国内倒斛律的联盟已经结成，国外的敌人也开始使阴招对付斛律光。

经过汾北一战，韦孝宽知道自己要想在战场上打败斛律光，可能性基本没有。但韦孝宽是一个全面发展的人，阳谋阴谋样样精通，战场占不到便宜，他就开始琢磨些阴谋诡计。韦孝宽有一个组织健全的谍报网，对北齐内部的事他比北齐皇帝可清楚得多。当斛律光和祖珽间闹得不可开交的情报送到玉壁的时候，韦孝宽笑了。他决定以实际行动响应祖珽和穆提婆。于是，北齐首都邺城忽然流传开两句童谣："百升飞上天，明月照长安。" "高山不推自崩，槲木不扶自举。"

古代的流言经常以童谣的形式出现，大抵是人为的结果，这两句就是韦孝宽通过他的谍报网发布的。

祖珽听到了，心说想什么就有什么，他感觉扳倒斛律光的机会来了。可是他转念一想，这两句力度还不够大，一定要把恩幸集团全部拉下水。于是他亲自秘密炮制了一条，"盲老公背受大斧，饶舌老母不得语"，让人悄悄地教给街头小儿唱。穆提婆听到了童谣，就告诉了母亲，陆令萱倒是聪明人，立即从中嗅出了味道：这不就是预示着自己和祖珽两人要倒霉吗？

陆令萱跟祖珽坚定地站到了一起。

120. 连根拔起斛律家族

皇帝在深宫里，没有人传话不行，祖珽把小舅子郑道盖叫来，让他赶快把这些传言报告给皇帝。高纬看了这些东西，不是太懂，就把祖珽叫来，谣言的解释权落到了发布谣言的人这里，还有好吗？祖珽做了详细的讲解："一百升等于一斛，明月是斛律光的字，高山指的是我们大齐朝，盲老公就是老臣，饶舌老母似乎说的是女侍中。斛律家族累世大将，斛律明月声震关西，斛律丰乐威行突厥，不得不防啊。”陆令萱在旁边帮腔：“这些谣言在京城已经路人皆知了。”

经祖珽这么一解释，意思再明白不过：高家倒了，斛律家起来了，祖珽完蛋了，陆令萱也不能说话了。这不是摆明斛律家族要取而代之吗？

谋反？高纬震惊了。

但高纬还是不敢轻举妄动，毕竟事情太大，于是把韩长鸾叫来想听听韩长鸾的意见。韩长鸾虽然是恩幸集团的大将，却出身将门，他的爷爷就是阵亡在洛州的韩贤。韩长鸾虽然为人奸佞，但多少还是有些见识的。他认为万万不可随便因为一句两句谣言就要对功劳卓著的斛律家族动手。韩长鸾做了一件正确的事，这件事就暂时搁置下来。

斛律光虽然侥幸躲过一劫，但他根本不知道自己曾经在鬼门关口走了一遭。斛律光依然是斛律光，看见不顺眼的事张口就说，从来没有想过祸从口出。斛律大将军也很自信，凭自己对高家的忠心，凭自己南征北战立下的赫赫战功，又有谁敢对自己下手呢？

关公失荆州，大意害死人。

朝廷对军队补给粮饷不是克扣就是拖延，皇帝却对后宫侍从们赏赐无度，斛律光为此愤愤不平。斛律丞相是个将喜怒挂在脸上的人，于是他的牢骚话一字不漏地传到了皇帝幸臣们的耳内：“军人们连条裤子也没有，而后宫的宦官们一次就赏万匹布，弄得国库空虚，这是什么道理！”

宦官们很生气，都说：“天子赏给我等，关相王什么事！这不是没事找事吗？”这些人少不得在高纬面前搬弄是非说斛律光的坏话。

再说祖珽本以为搞定了皇帝，用不了几天就该斛律光倒霉了，哪曾想回去眼巴巴等了几天，高纬没有采取任何行动。祖珽沉不住气了，便到宫里探听消息，高纬倒也老实，告诉祖珽自己本来打算照着既定方针办，但韩长鸾认为相王谋反证据不足，不可轻举妄动。祖珽听说原来是韩长鸾搞的鬼，心念一转正想接话，一直在旁边的宠臣何洪珍插了一句：“倘若本来就没有这个谋划还行，既然有了这样的想法却犹豫不行，万一泄露出去，局面就不可收拾了。”

高纬本来就胆小，听何洪珍这么说，竟然吓得出了一身冷汗。侯景的故事殷鉴不远，谋虎不成，反为虎伤，这方面的教训有先例可循。

祖珽见皇帝还在犹豫，他知道皇帝还有顾虑，既担心斛律家族枝大伤干，又担心自己杞人忧天冤枉好人。祖珽觉得既然皇帝对斛律光还没有死心，自己就有义务帮助皇帝下定决心。祖珽立即做了两件事：一是让斛律武都小妾的哥哥颜玄告斛律光图谋不轨——那时候小妾的地位跟奴婢差不多，对颜玄这个舅子哥斛律武都就从没有拿正眼瞧过，因此颜玄在祖珽和斛律光之间选择祖珽毫不奇怪；二是令曹魏祖上奏上将星盛，不杀大将恐怕朝廷会有灾难。

一方面是斛律光的亲戚大义灭亲，一方面是天象示警，拿老天爷吓唬高纬算是找对路子了，不怕高纬不重视。

压在驴背上的稻草越来越多，现在就缺最后一根了。最终，左丞相府的下属封士让的反水给了斛律光致命的一击。因为，封士让点中了高纬的软肋，同时抓住了斛律光的死穴。

斛律光一生行事光明磊落，公而忘私，他又跟他老爹一样是个直筒子脾气，自以为凭自己一片忠心什么都能搞定。宜阳大捷后为了安抚数万西征将士的心，他曾经置朝廷解散军队的命令不顾，擅自将军队带到了邺城郊区，把高纬吓得够戗。

斛律光赤胆忠心，处处为朝廷着想，高纬却不能不怀疑他的用心。虽然最后大家沟通好了，表面上皇帝对斛律光恢复了信任，但实际上高纬心中的阴影已然难以抹去。

封士让很有政治头脑，他眼见斛律光四面楚歌，为了避免自己落个树倒猢狲散的命运，也为了找个更好的靠山，他秘密上了一道奏章，将斛律光宜阳班师的事又翻了出来。按照封士让的说法，斛律光本来就是打算谋反的，不过因为时机不成熟而停止了行动。封士让又进一步揭发斛律家库房里藏有弓弩铠甲，家里奴仆上千，还经常联络丰乐、武都，一起图谋不轨。朝廷若不早作打算，前途就危险了。以其相府亲信的地位，说出的话不由人不相信。

高纬对何洪珍说："我的感觉是很灵的，前次的事情我怀疑过，现在看来我的怀疑是正确的。"皇帝相信了，并且定了调子。显赫一时的斛律家族陷入空前的危机中，但危机中心的人却仍然蒙在鼓里浑然不觉。

高纬跟祖珽商量，如果突然召斛律光进宫，会使他怀疑而不服从命令，甚至铤而走险事情就难办了。

祖珽说："这好办，陛下马上派人送他一匹骏马，让他明天骑着跟陛下一起出游东山。斛律光一定会入宫谢恩，到时候抓住他就是了。"

高纬依计而行，果然，斛律光收到骏马后立即赶到宫里向皇帝致谢，他哪里知道，一张大网已经织好等着他了。

斛律光走进凉风堂，刘桃枝带人突然从后面扑上来，以斛律光的武艺，即使是偷袭，刘桃枝也未必能够得手，但斛律光并未反抗。凉风堂是什么地方？敢在这里下手，没有皇帝的旨意谁有这个胆子。刹那间斛律光心如死灰，他扭头对刘桃枝说：“你桃枝常干这样的事，但我不想有负朝廷。”言外之意，既然刘桃枝是奉诏命行事，我就不为难你了。饶是如此，刘桃枝依然不敢掉以轻心，跟左右三名武士一起将斛律光死死抱住。接下来，刘桃枝以弓弦紧勒斛律光的脖子，顿时血流满地，斛律光气绝身亡。一代名将就这样悄无声息地被活活勒死了。

斛律光出将入相，是北齐政坛的重量级人物，所以高纬要对天下人有所交代。高纬下诏称斛律光谋反，诛杀了他在京的两个儿子。又派人到兖州斩了斛律武都，又派中领军贺拔伏恩前往幽州捉拿斛律羡，以独孤永业取代斛律羡为幽州刺史。独孤永业怕斛律羡据幽州抗命，与大将军鲜于桃枝发定州兵马相随。

独孤永业多虑了，斛律家的人没有谁想过会抗拒朝廷的诏命。

一行人到了幽州境内，斛律羡从容相见，贺拔伏恩把他抓起来杀了，同日，其五子并死。斛律家族被连根拔起，成为北齐遭到灭族的极少数家族之一。顺便交代一下，斛律光的小儿子斛律钟因岁数小被免一死，一直活到了大隋开皇年间，算是承续了斛律家族的香火。

要让天下人信服，就要把斛律光案办成铁案，虽然先入为主下了结论，证据还是要找的。祖珽派二千石郎邢祖信到丞相府抄家，完事后祖珽问所得何物。邢祖信回答道：“十五张弓，一百支箭，七把刀，皇帝赐给的人槊一件。”祖珽心道：堂堂的左丞相府就这么点东西，打死我也不信啊。于是厉声道：“还有什么东西？”

邢祖信道：“枣木杖二十。斛律光的家规，如果家里的奴仆与外人争斗，不管有没有理，先打一百下。”

祖珽这下真有点挂不住了，声音也放低了，“朝廷已经加重刑了，郎中还为他掩盖什么？”

祖珽走后，邢祖信叹道：“贤宰相尚死，我何惜余生！”

最高兴的是北周，斛律光的死讯传到长安，周朝实施大赦，敲锣打鼓一片欢庆。这就叫亲者痛，仇者快。在国内外敌人的共同努力下，大齐朝三驾马车再去其一。

121. 皇后之争

干掉了斛律光，在军事问题上再也没有人敢对祖珽指手画脚了。

现在的朝政由祖珽和高元海共同打理。高元海娶了陆令萱的外甥女，有了这层关系，高元海被重新起用并得以进入陆令萱的生活圈子，听到了许多不会在公共场合说的话。为了巴结祖珽，高元海又将探听到的这些消息告诉给祖珽，这样一来，祖珽和陆令萱的合作更加紧密无间。往往祖珽所做的正是陆令萱所想，在女侍中看来，这就是传说中的英雄所见略同。

祖珽想进一步谋求军事上的发展，要求做领军。领军将军掌握宫廷的防卫，是一个最敏感的职位，因为这个位置直接关系着皇帝的安危。换言之，掌握了禁军，就等于扼住了皇帝的咽喉。通常这个职位都是由皇帝最信任的人担任。

现在，祖珽的宠信正是如日中天，高纬连想都没想就答应了。

正式下委任状需要侍中签名，正好侍中斛律孝卿轮值，斛律孝卿赶紧把消息秘密传给了高元海。见祖珽把手伸到了禁军中，高元海切实感觉到了威胁，他立即找到穆提婆，“祖孝征是汉人，两眼又瞎，他哪里能做领军？”

第二天，大家一起面奏皇帝，陈述了祖珽不宜为领军的理由，并且提到祖珽跟广宁王高孝珩关系不一般，请皇帝收回成命。

高孝珩是高澄第二子，在高家弟兄中以通经史、好文章、有艺术特长著称。他在自己照壁上画的苍鹰，往往让初次看到的人吓一跳，可见的确是丹青妙手。高孝珩在汉族文化人中很吃得开。后一条理由很关键，在自己这些文武双全的堂哥们面前，高纬是自卑的，也是顾忌的。真要是祖珽做了领军，高孝珩要是有所动作，自己哪里还有反抗的余地？高俨造反的时候，自己只剩下四百多个大内侍卫可以调动。高纬就此打消了让祖珽做领军的念头。

祖珽见任命迟迟没下来，就知道有人从中作梗。一打听，原来是高元海在背后捅了自己一刀。祖珽气坏了，高元海两面三刀，居然算计到自己头上了，你不仁我不义，就不要怪我翻脸不认人。祖珽见到高纬，苦口婆心地对高纬说，自己想当领军，只是出于一片忠心，想解除陛下的后顾之忧，自己一个瞎老头，又能做些什么。老臣我跟高元海有仇，一定是高元海在陛下面前进谗言了。

高纬脸皮薄，答应好的事反悔了本来就觉得理不直气不壮，让祖珽这么面对面地一问，将实情和盘端出。

祖珽又说：“我为什么跟高元海有矛盾？主要是他跟司农卿尹子华等结为朋党，在朝堂上以人多势众要架空我，朋党可是朝廷的大忌。”

高纬虽然糊涂，却也深知官员结党的危害，有了朋党，朝廷的法度和公正便无从谈起。高纬自己不公正，他却不允许别人不公正。

祖珽搞定了高纬，接着又找到陆令萱，将高元海为了巴结自己将陆令萱的秘密告诉自己的事情坦白，果然，陆令萱恼羞成怒。

三方结盟，高元海的倒霉日子来了。没办法，高元海只好拍屁股走人，跑到郑州当刺史去了，他的同党们也同时被罢免。

从此，祖珽内主政，外主兵，成为北齐最有权势的人。高纬对其更是宠幸有加，常常让中官扶着他进出，让祖珽到自己的御榻前讨论政事。

事实上，高纬喜欢祖珽还有一个不为人知的理由，因为祖珽是个瞎子，碰巧高纬特别腼腆，腼腆到了不敢跟人对视的地步，群臣奏事是不准抬头的。

鉴于斛律家族已经败亡，斛律皇后的好日子也到头了，落了个废为庶人的下场。想一想不久前，为了巴结斛律家族，高纬将斛律后生的女儿硬是发布为男孩，并以此为借口大赦天下。时过境迁，失去了娘家强大外援的皇后竟落得如此下场。

斛律后被废，马上引出了一个问题，皇后的位子让谁补上成了一件大事，宫里的空气登时紧张起来。最有希望顶上去的是穆夫人和胡昭仪，因为胡昭仪背后有胡太后撑腰，穆夫人背后有女侍中做靠山。

当初，胡太后为了巩固自己家族的地位，让兄长胡长仁把女儿送到宫中。这个孩子长得亭亭玉立，非常讨人喜欢，高纬一见便生了爱慕之情，胡太后要的就是这个效果，于是赶紧张罗着让高纬娶了这个孩子，封为昭仪。

胡太后想让胡昭仪顶上去，但陆令萱的人选却是穆夫人。小皇帝一边是母亲，一边是乳母加女侍中，这样皇后就难产了。

穆夫人的母亲轻霄本是穆子伦的侍女，后来被送给了宋钦道，与宋钦道相通生了黄花，哪想宋钦道的夫人是出了名的悍妇，妒忌之下将轻霄脸上刺上了个“宋”字。宋钦道被杀后，黄花被送入宫里当了一名宫女，成为斛律皇后的婢女。后来被高纬相中，后来被陆令萱认为养女，正式纳入高纬后宫，封为弘德夫人。

在高纬的后宫中，穆夫人第一个生子，是为高恒，陆令萱想立高恒为太子，但按照祖制只有皇后生的儿子才算嫡子，所以陆令萱就走了一步棋，让穆夫人把儿子送给斛律后抚养，这样就奠定了高恒的名分，不久，高恒顺理成章被封为太子。

胡太后知道陆侍中实在不是普通的乳母，在高纬的心中，她的地位跟自己是差不多的。没办法，要想办事就要先送礼，胡太后又是礼物，又是好话，甚至要跟陆令萱结为异姓姐妹。陆令萱心里也知道跟胡太后弄得太僵也不行，毕竟那是皇帝的亲生母亲，何况，皇帝对胡昭仪宠爱有加，思量之下，跟祖珽商量，决定妥协，于是胡昭仪终于成了胡皇后。但陆令萱咽不下这口气。高纬立穆昭仪的儿子为太子，陆令萱借着拉家常的时候给高纬灌风，“哪里有儿子是皇太子，而母亲却是婢妾的？”

但是胡皇后是高纬的最爱，他听了奶娘的话也就是笑笑而已。

陆令萱明白，要想让穆昭仪做皇后，先得想法把胡皇后干掉。胡皇后有两大靠山，丈夫高纬和姑姑胡太后，要想把她从皇后宝座上拉下来也不是那么容易。虽然有难度，但难不倒女侍中，成功有方法，只要肯用心。

按照史书上的记载，陆令萱动用了厌蛊，把胡皇后弄得整天精神恍惚，心智失常，说话、大笑不由人意，慢慢就把高纬闹腾烦了。

陆令萱又让穆昭仪穿上皇后的朝服，坐在一间精心设计的宝帐内，然后去告诉高纬说圣女来了，赶快去看。等高纬见到昭仪，果然如仙女下凡，看上去端庄秀丽。陆令萱说：“这样的人不做皇后，什么人还配做？”

在陆令萱的连番攻势下，高纬不胜其烦，激发出巨大的创造力：我爹爹当年搞过左右丞相，为什么我的皇后就不能增加编制，弄个左右皇后？办法是人想出来的，俗话说，办法总比困难多，只要敢想敢做，没有过不去的坎儿。

皇帝发话了谁敢反对，就这样北齐后宫增加了左右皇后编制。以胡皇后为左皇后，穆昭仪为右皇后。

弄了半天，一下弄出俩皇后，陆令萱算是取得了阶段性的胜利，但她并不满足，光有荣誉称号还不行，她要乘胜追击。

要把左皇后弄下台，首先得过太后这一关。陆令萱故意在太后面前愤愤不平地说：“还算是亲侄女吗？竟然说出这样的话。”

太后纳闷就问怎么回事。陆令萱说不能说。太后更加好奇，非要问个明白。

陆令萱假装不得已回答道：“皇后跟大家说，太后多行不法，不可以不吸取教训。”这下戳到了太后的痛处，一股火气腾一下冲到脑门，太后命左右把胡皇后叫过来，也不听她的辩解，让人上去大剪刀一挥咔嚓几下把皇后弄成了尼姑，然后派人把她送回家去了。不久，朝廷旨意传出，废左皇后为庶人。高纬还是个有情人，这次被动地休掉了皇后，心里总觉过意不去，时不时送些东西给胡氏表达自己的心意。

既然障碍清除了，也用不着左右皇后这些名号了，穆氏成为正牌皇后。穆皇后以陆令萱为母，于是为陆令萱上号为“太姬”，位在长公主之上。然而，穆皇后的生母轻霄却被陆令萱软禁，终生不能见女儿一面。从此，陆令萱和穆提婆母子的权势达到了顶峰。宫内陆令萱在胡太后一人之下，万人之上；朝廷中穆提婆权倾一时，生杀予夺，随意所为，即使是唐邕这样的老臣也不敢随便说话了。

就在北齐王朝自毁长城的时候，北周派特使杜杲到了陈朝，使命只有一个，联手对付北齐。陈朝皇帝也不是省油的灯，要跟我联合，先拿出点诚意来，把从我国夺走的荆襄的樊城、邓县还回来吧。杜杲见陈顼狮子大开口，只好说：“联手对齐，哪里只是一城一地的好处。要是真要城，也得等拿下齐后再说，兵马未动，先求汉南之地，臣不敢复命。”周陈联手计划夭折。

但这是一个信号，说明北周又开始算计北齐了。

122. 恩幸集团发威

高纬爱好文学，祖珽投其所好，设置了文林馆，选拔文学青年在馆内任职，谓之待诏，以李德林、颜之推负责馆务。文林馆的成就是撰写了《修文殿御览》。

文林馆大约就是唐代翰林院的前身，但设置之初目的就是陪皇帝吟诗作赋。

祖珽执政以来，北齐开始重上轨道。和士开佞幸无才，政体紊乱。祖珽虽然谄媚，却是个治国的良臣，祖珽的政绩很快得到了大家的认同。在这种情形下，祖珽决定甩开膀子大干一场。天保以来，官号服装制度混乱，祖珽开始援引故事，逐步恢复旧制。

要想治理好朝政，就得任用贤人，阉人奸佞之辈是不能继续用的，祖珽开始有意识地废黜这些占着位子不做事的小人。这下触动了恩幸集团的利益，陆令萱、穆提婆不干了。

祖珽，别忘了你是怎么上来的，怎么可以过河拆桥呢？

你们只是我的跳板，我现在已经有能力单干，到了实现理想的时候了。

祖珽决定对恩幸集团反戈一击。他暗示御史中丞丽伯律弹劾主书王子冲收受贿赂，王子冲是个小角色，但王子冲后面连着一个强大的恩幸集团。因为，王子冲跟穆提婆一直有勾结，从王子冲这里打开缺口就可以扳倒穆提婆，接下来就是陆令萱了，祖珽打算将恩幸集团一网打尽。为了扳倒陆令萱，祖珽开始结交后党，以胡太后的哥哥胡君瑜为侍中、中领军，又打算以胡君瑜的哥哥胡君璧为御史中丞。

这下彻底惹恼了陆令萱，陆令萱立即在高纬面前吹风。高纬还真听奶妈的，一场较量下来，祖珽大败，胡君瑜的中领军被解除，胡君璧继续回梁州做刺史，王子冲的事情也不了了之，更重要的是，从此高纬开始疏远祖珽。

众宦官们一起诋毁祖珽，三人成虎，众口铄金，原来高纬看这个瞎子宰相怎么看怎么顺眼，现在却怎么看怎么不顺眼。那些宦官们看出门道，于是一起向皇帝进谗言，诉说祖珽的不是。高纬决定罢免祖珽，因为祖珽是陆令萱引进的，所以他还要最后征求陆令萱的意见。

陆令萱默然，高纬再问，还是一言不发，高纬三问之后，陆令萱从胡床上下来拜倒在地："老婢该死，举人不当。当初听和士开说祖孝征博学多才，以为他是善人，所以才把他举荐到朝廷，现在看来，他真是个大大的奸臣。人心隔肚皮，看人真的很难，老婢该死。"看上去陆令萱处处自责，却句句要祖珽的命。

高纬让韩长鸾负责调查祖珽，这下可真要了祖珽的命。在恩幸集团中韩长鸾是典型的大鲜卑民族沙文主义者，是民族成见最深、最恨汉人的代北权贵，要他来调查，哪里还有什么公正可言？韩长鸾骨子里最烦自诩有文化的汉人博士，手下的文臣出一点小差错都被他胖揍一顿，每每说："汉人大不可耐，实在该杀。"而大字不识几个的鲜卑武士们犯了错他都能包容。

也是祖珽太自以为是，任上有十余事没有通过皇帝过目就以皇帝的名义办了，韩长鸾找到这些把柄又怎会放过，于是在高纬面前揭露了祖珽的罪行，并给出了量刑意见——论罪当诛。

高纬还不错，没有赶尽杀绝。想起当初跟祖珽许诺过永不相负的话犹在耳边，所以也没有听韩长鸾的建议，最后免除祖珽朝廷内一切职务，出为北徐州刺史。

高纬本打算让祖珽在刺史任上养老，他哪里想到恩幸集团根本就不肯放过祖珽，让祖珽出任北徐州却大有深意。

一转眼什么都没有了，祖珽心有不甘，请求再见皇帝一面。韩长鸾哪里肯给他机会，让人把祖珽赶出柏阁办公室；祖珽坐着不肯起来，韩长鸾让人把他拖出门外。好的坏的，酸的甜的，苦的辣的，是忠是佞，朝堂或是地牢，祖珽什么都经历了。祖珽知道以自己的状况，不会再有翻盘的机会了，这次是真的离开了。离开了凶险的风暴中心，前面等待他的是什么呢？

祖珽离开后，穆提婆、段孝言主政。段孝言虽然是段韶的亲弟弟，跟哥哥却有天壤之别，为人贪得无厌，他所提拔的官员不是亲戚故旧就是花了钱的。不久，北齐的恩幸集团全面把持朝政，并省尚书令高阿那肱录尚书事，总知外兵及内省机密，与侍中城阳王穆提婆、领军大将军昌黎王韩长鸾共处衡轴，号曰“三贵”。

韩长鸾一家也得到前所未有的殊荣，弟弟韩万岁，儿子宝行、宝信，都成为享受三公待遇的开府仪同三司，韩万岁兼侍中，宝行、宝信都娶了公主。韩家受此殊荣，九泉之下的韩贤算是欣慰了。高纬对韩长鸾视为心腹，群臣有事找皇帝都要先经过韩长鸾。军国要密大事，必须过韩长鸾的手才能实行。

韩长鸾虽然自称籍贯为昌黎，实际上来自代北，十有八九也是冒充汉姓。他对汉族知识分子充满了仇恨，经常在高纬面前搬弄是非，平常带刀骑马，动不动瞋目张拳，好像随时要吃人。朝中官员请求政事，不敢仰视，动辄遭到呵斥。

这样的高手治国，效果可想而知。

123. 南陈北伐

突厥的木杆可汗死了，儿子没有顺利继承，家业传到弟弟佗钵手里，突厥进入了佗钵可汗时代。当初，图门可汗死后，舍太子摄图而传位于俟斤，即是木杆可汗，到了现在，佗钵以摄图为尔伏可汗，统治突厥的东面；又以其弟褥但可汗之子为步离可汗，统治突厥西面。

宇文邕纳突厥女为后，为阿史那后。为了讨好突厥，每年从不宽裕的财政中挤出十万段缯絮锦彩送给亲家。突厥人在长安的使者动辄千人，北周不敢怠慢，把他们当作神人供着，锦衣玉食，生活奢华。北齐这边，因为突厥动不动就越过长城劫掠，也不时给突厥人送来大批厚礼，以求一时之安。佗钵更加骄纵，他对部下们说："只要南边这两个儿子孝顺，我不用担心贫困了。"

这就是巴结讨好的结果。

阿史那后姿色平平，一点也不招人喜欢，宇文邕因为突厥的原因，对她只有尊重没有爱情，也不经常到皇后宫里去。神武公窦毅娶了宇文泰的女儿襄阳公主，窦毅的女儿还小，经常出入宫中，宇文邕也很喜欢这个聪明的小外甥女。哪知道小孩子虽小，见识却不同寻常，她见舅舅不怎么喜欢舅妈，就偷偷劝说舅舅想一想三国鼎立，突厥是三国之外的强大力量，突厥的倾向非常重要，千万不要依着自己的性子，而要好好抚慰皇后，这样能结好突厥这个强大的外援。一个小孩子说出这样的话，宇文邕非常惊讶。

后来，杨坚篡位，已经成人的小女孩恨恨道："倘若我是男儿，一定替舅舅家报仇。"这个孩子长大后嫁给了李渊，生了个儿子叫李世民。

北齐每况愈下的国情，通过各自的谍报系统，源源不断地传到北周和南陈。比起北边的两个庞然大物，南陈是一个袖珍小国，曾经的南朝已经被邻居们蚕食殆尽。陈朝是南朝最小的一个朝代，巴蜀、江陵归了周，淮南地成为齐的领土，自己偏安一隅，太窝囊了。

陈顼决定伐齐，既然北齐从根子上烂掉了，此时不取，更待何时？

公卿们大多不愿意开战，和平来之不易，只要过好眼前的日子，管那么多干什么，只有镇前将军吴明彻赞同。陈顼也是个有决断的君主，眼看发扬民主造成了这样的局面，脸一沉就翻脸了。既然民主不行咱就集中吧，陈顼以一种不容置疑的口吻对大家说："我已经决定了，大家讨论元帅的人选吧。"

皇帝乾纲独断，没人再敢反对。既然吴明彻赞同，就让吴明彻领兵吧，文臣中裴忌支持吴明彻，俩人一起上。以吴明彻为都督征讨诸军事，裴忌为监军，统兵十万向北齐宣战。这是陈朝建立以来第一次大规模的北征。陈军出师顺利，前巴州刺史鲁广达在合肥以南历阳以北的大岘大破齐军。齐人在秦州江水中树立大木栅栏，被吴明彻大将程文季一举攻破。

江淮震动。

军情战报传到邺城，高纬紧急召集御前会议商量对策，大家七嘴八舌莫衷一是。开府仪同三司王纮说："倘若出兵江淮，恐怕西贼和北狄会乘虚而入，那么就危险了。当下之计，不如薄赋省徭，息民养士，使朝廷协睦，民众归心，那么天下自然归顺，陈氏当然也不在话下。"王纮另有所指，原来当初北齐借着侯景乱梁的机会将淮南地收过来时，曾经许诺免除十年的赋税，淮南人们得到了喘息的机会，加上北边两个大国忙着开战，淮南战事稀少，生产经济得到恢复，人们过上了好日子。然而，免税大限已到，北齐的各路人马便都瞅上了淮南这块肥肉，谁都想过来刮点油水。北齐连年战争，加上日子大手大脚，不免觉着手紧，于是加倍在淮南征收赋税，弄得老百姓怨声载道，现在开始盼望南方的陈朝大军了。这也是陈顼敢于向北齐叫板，吴明彻出师顺利的一个重要原因。王纮算是个有见识的人，他看到了问题的根源。但王纮说的好比是急病遇到慢郎中，病人病得都要死了，医生却说要进行食疗，慢慢养增加抵抗力。王纮的方子对，但提得不是时候。齐廷自然不会采纳，先遣军去救历阳，结果很快就被陈将黄法𣰰击破。

高纬的御前会议继续召开，一连开了十几天，最后决定派开府仪同三司尉破胡、长孙洪略领军前去救秦州。

秘书监源文宗曾经做过秦、泾二州刺史，对江淮地区的情况比较熟悉，散会后已经调回京城的司空宜阳王赵彦深私下里征求源文宗的意见。

源文宗说："朝廷派兵一定不肯派出多少精兵，如果数千人去，正好被吴人当作饵料了。尉破胡人品，王爷你是知道的，兵败是早晚的事情，淮南地保不住了。依我的看法，不如任用王琳经略淮南，他在淮南影响力大，振臂一呼，三四万人是不成问题的。朝廷再派忠臣老将镇守淮北，则南面的事可以不用担心了。陈顼在王琳眼里不过无名小辈，他是肯定不会投降称臣的。这是上策。对王琳不能推心置腹，让别人掣肘，这是取祸之道。"

赵彦深叹道："你说得太对了，但我已经争了十余日，没有人肯听。事已至此，也只有听天由命了。"

二人相顾流涕。

高纬也不是一点也听不进大家的意见，因为侍中王琳熟悉南边的情况，所以让他随军协助尉破胡。一路上王琳一再劝尉破胡不要轻易出战，以避开南军的锋芒，但尉破胡求战心切，哪里肯听？

尉破胡不服气有他的底气，他的军队人数虽然不多，但有秘密武器。前队由军中挑选的大力士组成，分为苍头队、犀角队、大力队，而且军中还有个神射手西域胡人，百步穿杨，箭无虚发。有了这些本钱，尉破胡急于同陈军一战定胜负。

在一路南行的小遭遇战中，陈军将领往往被一箭毙命，西域胡的箭术震慑了陈军。吴明彻对手下勇将萧摩诃说："北军全仗着这个西域胡，如果把他干掉，一定会沉重打击齐军的士气，你就是赛关公了。"

萧摩诃说："给我画出他的模样，我就来个关公纵马斩颜良。"

齐军列队挑战。

吴明彻让投降的齐人把西域胡的模样指给萧摩诃，然后斟酒一杯。萧摩诃一饮而尽，纵马直冲齐军军阵，西域胡见陈将勇猛，出阵前十余步打算一箭射死他。可还没等他张弓发箭，萧摩诃隔老远突然一甩手把铣鋧（短矛）扔了出去，铣鋧带着劲风正中西域胡的额头，西域胡当场毙命。齐军大力士十余人一起围了上来，萧摩诃舞动大槊，格杀数人，众人见陈将锐不可当，一下退了下去。吴明彻下令进攻，齐军大败，齐军三位主将中尉破胡、王琳逃走，长孙洪略战死。

王琳逃到彭城，很快北齐朝廷的任命书到了，以王琳为特进、江陵王，立即赴寿阳组织防线，同时以卢潜为扬州道行台尚书。

本来王琳和卢潜就不和，这次大敌当前，他们能够同心对外吗?

陈军继续扩大战果，南谯太守徐槾拿下石梁城、瓦梁城、阳平郡、庐江城。黄法氍占领了历阳、合肥。南齐昌太守黄咏克齐昌外城，庐陵内史任忠克东关、蕲城（今安徽宿州南）、谯郡（今安徽蒙城）、秦州城、瓜步、胡墅。陈军在淮南取得了一系列骄人的胜利。

在后方，高纬正努力成为宇文邕的助手，宇文邕战场上解决不掉的人，高纬亲自在内部进行处理。祖珽前脚刚被踢走，高纬以皇帝的名义赐给了兰陵王高长恭一杯毒酒。高纬一直对高长恭很忌讳，定阳代段韶为将胜利回朝后，高长恭一病不起。高长恭的病是心病。在定阳的时候，针对高长恭收受贿赂的做法，他的好朋友尉相愿明白其中缘故，但他不得不提醒高长恭，倘若朝廷真的对他有所顾忌，这正好给了人家一个收拾自己的借口。高长恭如梦初醒，当时眼泪就下来了，请好朋友给自己出个主意。尉相愿让他称病不出，不要再管朝廷的事。从此，高长恭托病不出，打算就此远离高纬的视线，淡出北齐政坛，平安度过余生。

南陈大举北伐，诸将出师不利，高长恭担心朝廷会再次起用自己南征，那么自己装了这么久的病就白费了，所以，他有病也不医治。然而，装病没有救他，反而让高纬更加心疑。高长恭没有算错，朝廷来人了，不过不是让自己挂帅出征，而是为自己送终的。既然哥哥不想帮弟弟打仗了，那还留着哥哥这个祸患做什么？

高长恭对妻子郑氏说：“我忠心为国，何辜于天而遭鸩也？”

郑氏劝道：“何不求见天颜？”在郑氏看来，误会可以通过沟通消除。

高长恭叹道：“天颜哪里可以见到！”高长恭知道高纬的心病，事到如今，他又如何会突发善心放过自己，现在去求饶，不过自取其辱罢了。

一代传奇名将就此仰药而亡。临终，高长恭烧掉了千金债券。从这里我们知道，高长恭绝不是个贪财的人，然而，作为天潢贵胄，没有缺点才是最大的缺点。

大齐最能打的三驾马车现在全折了，晋阳无大将，先锋也勉强，南方的战事能好得了吗？在吴明彻的步步紧逼下，北齐的滠口城、淮阳、沭阳郡、合州、仁州失守，淮南地陷入危机。不能眼睁睁看着敌人来去自如，高纬遣尚书左丞陆骞将兵二万救齐昌，遭遇西阳太守周炅，周炅用计大破陆骞。吴明彻军至峡口，克其北岸城，南岸守者弃城走。周炅克巴州，淮北、绛城及穀阳士民杀其戍主，降了。

北齐特进、巴陵王王琳与扬州刺史王贵显保寿阳外郭，吴明彻认为王琳虽然厉害，但刚刚入主寿阳，整合臣僚百姓还需要时间，越早发起进攻越有利。果然，寿阳外城没能挡住陈军的攻击，王琳带齐军退据相国城及金城。兵败如山倒，淮南的山阳、盱眙、海安城、青州东海、阳平城、马头城、安城、广陵楚子城很快落入陈军之手。寿阳成为北齐在淮南地的最后一座堡垒。

自从高洋朝辛术借侯景乱梁的东风经略淮南，北齐统治淮南地区近二十年了。当初，高洋看着传国玺一高兴，许下淮南地区十年免除赋税的政策，淮南人民算是享受了十年，十年期满，各种苛捐杂税纷至沓来，淮南成了唐僧肉，各路妖魔都想吃一口。举个例子：商人们做齐陈间国际贸易，欠了不少官债，他们走了宦官陈德信的门路，陈德信就授意他们把这笔账无来由地算到江淮富户的头上，让州县官衙管他们去讨债，这属于巧取豪夺。又有人送到扬州一千匹突厥马，让江淮富户们出钱购买，等到大家把银子缴齐，官府突然下了一道命令，江淮民间不得私藏马匹，所有马匹必须送到官府统一饲养，这简直就是抢劫了。

让江淮人民更加痛苦的是，高元海执政又禁止渔猎，这等于断了江上人家的生活来源。江淮地区成了人间地狱，官民矛盾尖锐，反抗随时都会爆发。之所以淮南地没有发生动乱，这归功于行台尚书卢潜跟在后面擦屁股，他好言相劝，尽自己所能帮助大家减少损失，大家感激卢行台，一口气便忍了下来。现在南陈大举北伐，江淮人民自是再不甘心继续受北齐的盘剥，所以人民群众拥护吴明彻。人心向背决定了战争的成败，陈军势如破竹的攻势也反衬出北齐江淮统治的失败。

南方战事不利，北齐管理层不但没有反思自己的执政得失，反而继续搞内部倾轧。这一次，恩幸集团将矛头对准了汉官集团，他们要借着淮南失利的南风将汉官一网打尽。

124. 寿阳之战

祖珽为政时，所引汉臣有张雕、崔季舒、封孝琰等人。

张雕本为北齐国立大学校长，做过高纬的经文老师，深受高纬的器重，后来被提拔为侍中，高纬开口闭口叫他博士。张雕同志出身寒族，位列大臣，心中感激万分，满腔忠心，只要对朝廷有利，无所回避。这下又得罪了这些大臣权贵们，每欲除之而后快。封孝琰是封隆之的亲侄子，与侍中崔季舒，一起被祖珽看好。封孝琰由衷佩服祖珽，曾经发自肺腑地说祖珽跟别人不同，吹捧祖珽是衣冠宰相。这些话引起了别人的不满。

寿阳被围的当口，高纬又要摆驾到晋阳，崔季舒和张雕商量，认为这个时候皇帝北巡，容易被大家认为是躲避南方的贼人，恐怕人情骚动不可收拾。所以，从驾的文官们联名向皇帝进谏。

然而，崔季舒有点小题大做了，晋阳作为北齐的别都，皇帝在两地之间往来，都是大家习以为常的事情，崔、张等人书生之见，以己度人，确实错了。连赵彦深、唐邕等汉人高官也不同意崔季舒的看法，崔季舒据理力争。

韩长鸾乘机误导高纬说汉大臣们联名上书，名义上是阻止车驾向并州，实际上是结党，弄不好是要造反，干脆都杀了算了。韩长鸾是高纬最信任的人之一，韩长鸾说话好使。高纬把联名的人一起召到含章殿，全部杀掉，家属们充军北疆，财产没收，妇女配给权贵们为奴，小孩子阉了当太监。

车驾向晋阳的既定政策不变，淮南最后一座堡垒也不能轻言放弃。北齐朝廷接连派出了两路援兵。第一路援军由河南道行台皮景和率领，早在吴明彻刚入淮南时已经出发。皮景和当初随高欢征讨步落稽，以区区十几人对敌百余人而毫无惧色，射杀山胡十几人，令敌军丧胆，说起来也是一员虎将。为了给皮景和鼓劲，北齐将他升职为领军大将军，文城郡王。皮景和军至祖口，碰上当地人陈暄作乱，皮景和开始平叛，陈暄哪里是正规军的对手，很快就平定了。

按说打完了小股土匪，应该快马加鞭赶赴淮南，毕竟那边战事正紧。皮景和不这么想，他把大军开到南兖州去了。去干吗？继续平定叛乱。阳平人郑子饶创立邪教，居中数千，称王反叛，攻占了乘氏县，目标直指西兖州城。皮景和数百精骑与郑子饶大战一场，毫无悬念，斩首二千余人，郑子饶被生擒活捉。皮景和把他送到邺城，高纬让人把郑子饶烹了。

就在皮景和大军磨磨蹭蹭往前赶的时候，吴明彻已经连战连捷，淮南只剩下寿阳孤掌难鸣。没办法高纬任命王长春为南路都督，率军赶奔寿阳。

谁知道，王长春还不如皮景和。王长春是个捞钱的好手，他领兵不是来打仗的，而是乘机发国难财。王长春生财有道，他让大军在河南带足粮食，然后突然鸣角班师，士兵们粮食吃不了，带着又费力，王长春就做主出钱收购。等大家粮食卖光了，王长春却命令继续往前线开拔，士兵们粮食都卖了，本来盼着回家，这下没辙了，只好加价买回自己的粮食。王长春通过这样一种方式，将自己的士兵盘剥殆尽。跟着这样的主帅，还有人肯卖命吗？

吴明彻开始攻打寿阳，在肥水筑堰灌城，城内水汽转侵，人多患病肿泄，死者十六七，死病相枕。行台右仆射皮景和率兵十万前来相救，居然怯懦不敢前，将大军驻扎在淮河口不动了。经过高纬再三派钦差督促，这才渡过淮河，然而到了离寿阳三十里的地方，再次屯军不进。皮景和因为畏惧陈军不敢前进，他哪里知道陈军诸将面对十万齐军却更害怕，他们担心王琳和皮景和里应外合。见大家如此胆怯，吴明彻笑了，“兵贵神速，齐军却结营不进，我知道他们是不敢跟我们交锋的。”吴明彻算准了皮景和只是虚张声势，因此一门心思攻打寿阳。他亲自指挥攻城，果然皮景和作壁上观，拥兵不救，终于寿阳城破，王琳、王贵显、卢潜、可朱浑孝裕一道做了俘虏。皮景和见寿阳陷落，吓破了胆，匆忙带着自己的十万大军踏上了逃跑之路，丢下了无数驼马辎重，为吴明彻增加了不少战利品。

见皮景和好欺负，萧摩诃率步骑于淮北仓陵城截之。皮景和见已经无路可退，没办法整顿兵马迎战萧摩诃，萧摩诃没占着便宜，只好退走。

吴明彻一向佩服王琳，按现在话说属于粉丝级别的，他打心眼里想保全偶像的性命。没想到吴明彻的部下大多是王琳的门生故吏，知道王琳被擒的消息后，大家争相为王琳求情，吴明彻算是见识了王琳的影响力。这样的人能留吗？王琳不得不死。王琳在城东北二十里被吴明彻杀死，时年四十八岁，观刑哭者声如雷动。有一不知名的老人带来美酒肉脯来祭法场，收集起王琳一腔热血抱着走了。王琳被传首建康，悬之于市。

后来经王琳故吏朱玚的周旋，开府仪同主簿刘韶慧等持其首级还于淮南，葬于八公山侧，当日自发参与会葬者数千人。扬州人茅知胜等五人又密送葬柩来到邺城，北齐对王琳进行了封赠。

被吴明彻送到建康的北齐诸将命运各不相同，卢潜、李騊駼等汉人名士受到了礼遇，可朱浑孝裕、王贵显等代北胡人被杀。陈顼向卢潜探听北齐的虚实，卢潜着实把陈顼忽悠了一顿，他说："我家在幽州，幽州在河北属于最小的州，大约有五十万人口，这次兵败流落江南的就我和郦伯伟俩人。"按照卢潜的说法，北齐最小的州就有五十万人，要知道大陈朝不过二百万人口，陈顼自然不会相信，就此打消了起用卢潜的念头。对于这些文化名人，陈朝看管得比较松，李騊駼拉着卢潜一起逃跑，卢潜不肯，李騊駼胜利大逃亡回到了邺城。卢潜不肯逃走的原因是已经怀了必死之心，当初寿阳城破他就打算以身殉节，但佛教徒的戒律禁止自杀，他才活到了今天。李騊駼逃后不久，卢潜像高僧大德一样突然闭气而亡。

寿阳陷落的消息传到邺城，丝毫没有影响穆提婆和韩长鸾握槊的心情，两人说："本来就是他们的，任他们取走吧。"高纬有些担心，显得忧心忡忡，穆提婆等劝解道："即使黄河以南全部丢失，仍可作一龟兹国。人生苦短，还是及时行乐的好，何苦愁闷！"左右这些嬖臣一起劝解，高纬转忧为喜，继续喝酒跳舞。

倒是皮景和带十万人出去又带十万人回来，东西丢了，人还在。说不好听叫怯战善逃，说好听点叫保存了实力，碰上高纬这位爷，也是皮家老祖宗烧了高香，不但没有降罪，反而受了表扬，居然升官为尚书令，封西河郡开国公，赐钱二十万，酒米十车，令皮景和停军西兖州，阻挡南陈军队。

这么个搞法，谁还会死心眼死守城池？不久淮阴城降，济阴城破，徐州也被拿下。大陈朝尽收淮南诸州，并将疆域扩张到淮北。在北徐州，陈朝大军遇到了意外抵抗。

不久前，北徐州迎来了一位史无前例的盲人刺史，穆提婆把祖珽发到北徐州，他要借陈人之手除掉祖珽。陈军突然就杀到，城外百姓纷纷倒戈，城内慌作一团。北徐州平时守军不过上千人，主要任务是维持社会治安，属于地地道道的警察部队。众人眼望着他们的瞎长官，怎么搞？祖珽下达了一号命令：四门大开，守城兵卒全部下城楼待在屋里，大街上禁止任何人出入，禁止全城一切动静。大家彻底无语，这是什么命令？开城门还不让出动静，倘若陈军进城该如何应付？但大家又没有更好的办法，也只有服从命令听从指挥。当陈军摩拳擦掌准备攻城的时候，他们惊奇地发现，迎接他们的是一座冷冷清清的空城，眼看天色将晚，陈军就地扎营。夜半时刻，祖珽下达了二号命令，让鼓噪呐喊，恰如平地起惊雷，唬得陈军惊慌失措，还以为被包饺子了，登时各顾各四散而逃。天亮了，追兵的影子也没见着，陈军将士们反过闷来了，好不容易整顿队伍再次来到城下，祖珽已经秣马厉兵恭候多时。

陈人早先听说新刺史是个瞎子，这时候看到祖珽亲自指挥，纵马如飞，听风辨音，弯弓射箭，哪里像个瞎眼人？心里先怯了三分，就这样，祖珽且战且守十余日，陈军见得不到什么便宜，居然退走了。

祖珽善终在北徐州刺史任上。

写到这里，我忽然明白了，祖珽不过是混迹于庙堂的隐士罢了，所谓贪色、贪财、偷盗、谄媚不过是掩人耳目的幌子。君不见，整个北朝，多少才华横溢者，多少功业成就者，遭人忌，遭人馋，在帝王们的眼里，有威胁的是忠勇无私的斛律光，而不是德行欠佳的祖孝征。然而，当祖珽真正掌握了权力，他的本性才暴露出来，真正的他同和士开、陆令萱、韩长鸾辈并不是一路人，然而，他还是斗不过这些真正的佞臣。因为他们更懂得皇帝的心思，大齐朝的兴亡好似与他们无关，而祖珽却觉得有责任不让大齐烂掉。

然而，一将无能累死千军，皇帝烂了，王朝能不烂吗？

125. 无愁天子

高纬的运气不好，两个邻居的主政者都是英明神武之辈。

西边的宇文邕亲政后，从文化上开始摆脱鲜卑旧俗，努力吸取汉文化精华，整顿吏治，政治清明。他生活俭朴，关心民间疾苦，自己在后宫不过十余人服侍，穿布袍，盖布被，并一举灭掉了自北魏以来越来越强盛的佛门。僧侣们还俗既增加了耕作的农人，也增加了兵源。北周一天比一天强大起来。

宇文邕的谥号为武，史称周武帝。

而南方的陈顼庙号为宣宗，担个宣字的大都是中兴之主，陈顼也不是等闲之辈。另外他的生育能力特强，生了六十多个儿子，一举改变了陈氏香火不盛的局面。

北齐的高纬却根本无视国际形势的变化，依然我行我素，从小锦衣玉食，把一切富贵当作理所当然，真以为自己的皇帝是天命所归。后宫里做一件裙子价值万匹普通布，又不爱惜，衣服穿一次就扔了，咱有！穆后的一件珠裙裤光珠子采购就要耗费锦缎三万。宫殿也是不断修建，往往毁了再建，建了再修，劳民伤财。又在晋阳西山雕刻大佛，一夜燃油万盆。

历史上大凡被称作后主的，大都有些歪才，高纬也是如此，正经事不行，却弹一手好琵琶，自己亲自作了一首《无愁》。每当皇帝的无愁曲响起，周围这些幸臣们随之起舞的不下百人。民间给他送了一个称号：无愁天子。

穷极无聊，高纬又突发奇想，要体验一下乞丐生活，在御花园建立了一座贫儿村，亲自换上破衣服在里面要饭，以此为乐子。真正的乞丐在民间受苦，无愁天子却以此为乐。乞丐生活体验够了，又想学学买卖人，就在宫中建一个市场，大家假装是开店的、买东西的，其乐无穷。

花样翻新，再新奇的玩意儿时间长了也就够了，碰巧其兄长高绰被锁拿进京，又给他增添了新的乐趣。原来高绰更不是个好东西，生性特别残忍。举个例子，这小子有次外出，看见一个妇人抱着小孩，竟然让手下把小孩夺过来喂狗，在这个坏蛋的眼里狗命要比人命值钱。孩子被人夺走喂狗，当妈妈的肝肠寸断，号哭不止，惹得高绰生气了，把小孩的血涂在妇人身上，纵狗去咬。如此残忍不仁，却有一个好借口：我这是学文宣伯伯做人，原来他要做高洋第二。

有人把这些事上报朝廷，朝野震惊，舆论大哗，高纬下令抓高绰回京。

弟兄相见，高纬没有指责的意思，却好奇地问高绰在南阳都玩些什么，玩什么最有意思。两个人算是对了脾气，高绰说在一个容器里多放些蝎子，然后把猴子放进去，特别好玩。想一想猴子在蝎子的包围下痛苦挣扎，让人不寒而栗，好残忍！高纬立即命宫内一干人等全部给他找蝎子去。古时候没有人工养殖，只有天然品，宫人们折腾了一夜，抓了三两升。高纬命人把蝎子放在浴缸里，然后找个人扒光了卧在里面，那人一时惨叫连连，高家兄弟看得兴高采烈。

高纬非常高兴，责怪高绰说：“有这么好玩的事，怎么不早早上报？”

皇帝高兴，那一切没问题了，高绰的罪也没有了，反而被拜为大将军，两人从此形影不离。然而这两个活宝在一块儿研究的主题只有一个，即如何取乐。

天有不测风云，高绰没想到的是，自己跟哥哥的关系引起了别人的嫉妒。韩长鸾不断找机会诋毁他，在亲情和友情之间，显然高纬更看中友情，何况，新鲜劲一过，高绰的价值就消失了，于是高绰被出为齐州刺史。

齐州是大州，韩长鸾怕高绰再弄些像南阳任上的荒唐事，也怕这个残暴的东西将来会反扑，没等高绰上任，一道道密告高绰要谋反的举报信就飞到了朝廷里。韩长鸾劝高纬说高绰犯的是谋反大罪，是不能赦免的。高纬对弟弟的感情还是有的，毕竟曾经一起玩过游戏，所以不想光明正大地诛杀他，就让高绰跟自己的力士角力，暗地里交代好，假装失手掐死高绰。

皇帝如此，宠臣更是肆无忌惮，陆令萱、穆提婆、高阿那肱、韩长鸾等控制朝政，宦官邓长颙、陈德信、胡儿何洪珍等参与政事，各自把自己的亲信、亲戚提拔起来，官由财进，狱以贿成。为了补充空虚的财政，高纬亲自卖官，为了获得左右的支持，不管是宦官、胡儿、歌舞人、见鬼人、官奴婢，滥得富贵者不下万人，像刘桃枝这样出身家奴的都能开府封王，庶姓封王者以百数，开府千余人，仪同无数，领军一时达到二十多个，侍中、中常侍数十人。

到了后来，高纬的封赠更加荒唐，他博爱的胸怀关怀到了动物，以至于狗、马及鹰亦有仪同、郡君之号，有斗鸡，号开府，当然这些畜生的采邑都归皇帝所有。

高纬对身边的人真是没的说，随便出口就赏赐巨万，可是财政早就没有钱了，当皇帝金口玉言，不兑现怎么行？办法总比困难多，高纬就赐给这些人三两个郡或者六七个县，让他们用这些官位去换钱。这样一来，齐国各地越来越多的商人充任郡守县令，这些人深谙投资之道，花去的钱没有回报不是他们的作风，所以他们变着法子捞钱。老百姓赋税加重，简直活不下去了。

高纬如此荒唐却又自我感觉良好，跟高洋有点像的是，高纬的第六感也特别强。高俨逼宫的时候有人错误地汇报成了厍狄伏连谋反，高纬一口认定，“一定是仁威。”宗族朔州行台高思好骁勇善战，在边关经营多年，甚得人心，有人曾经举荐高思好为领军，高纬一口拒绝：“思好有反骨。”后来高思好真的反了，一切验证了高纬的判断，高纬不究原委，反而为自己的神算沾沾自喜。高思好的叛乱很快就被唐邕平定。之前曾经有人举报过高思好谋反，高思好的儿子娶了韩长鸾的女儿，韩长鸾当然没有上奏，以诬告罪把来人杀了。高思好败亡的时候，手下两千战士不屈而死，也透露出北齐人心丧失的讯息。

反观西边的周朝，宇文直诋毁宇文宪，即遭到宇文邕一顿训斥。家和万事兴，宇文邕深得此意。

126. 更请君王猎一围

公元 575 年，宇文邕准备再次伐齐，在边关频繁调动军队。北齐方面得到消息后，也提高了边关防务级别，开始加强边防军的力量。

这时候，韦孝宽送来了著名的伐齐三策。

上策：趁齐国和陈国争淮南失利的时候，大军出轵关直奔邺城，广州义军出鲁阳关，山南部队沿河而下，北部山胡隔断并州至晋州间的交通，诸军沿途招募义勇，厚加赏赐，用为前锋，百道俱进，一举可成功。

中策：若朝廷不想现在出兵，可与陈国结盟，在鲁阳以北，万春以南广置屯田，储备粮食，招募骁悍之徒组成军队；齐国同东南之敌相持之时，我出奇兵突袭；齐国若是派来援军，我军坚壁清野，待来敌走后，我军再次出击，这就是用我们边防部队引诱敌人的精锐部队，我们的作战半径小，敌人疲于奔命，一两年间，他们不战自溃。（活脱脱卢叔虎平西策的北周版。）

下策：继续跟齐国友好往来，积攒力量，伺机而动。

三策自然以上策为主，其余两策不过是陪伴。韦孝宽动脑子了，他否定了过去的攻齐路线，主张从北路绕过洛阳直取晋阳、邺城，这的确是上上策。韦孝宽一向是有战略眼光的名将。然而，宇文邕对韦孝宽的观点并不认同，在他的脑子里，老爹宇文泰就是一尊神，神会出错吗？他没有跳出宇文泰的旧框框，还想沿着老路继续进攻。彼时无功，都是因为齐国强大，现在的齐国早已不是当年的齐国，小小的陈国都能渡江北伐，打得齐国毫无招架之力，何况大周现在政通人和，国力强盛。宇文邕在内殿单独召见纳言伊娄谦，让伊娄谦谈谈对伐齐的看法。伊娄谦认为齐帝沉溺倡优，常胜将军斛律光已经被小人陷害致死，上下离心，道路以目，取之容易。宇文邕大喜，让伊娄谦出使北齐观察动静和搜集情报。

伊娄谦带着大批钱帛和秘密使命上路了，然而，很不幸，使团中有人叛变，一个叫高谦的下属向北齐告密，北齐将伊娄谦扣了下来。

宇文邕继续做着伐齐的准备，他秘密约见宇文宪和王谊，共同商讨伐齐之策，又派人问策于安州总管于翼（于谨的儿子）。于翼建议宇文邕取消边境增兵的行动，外修邻好，瞅准机会，出其不意，或可一袭成功。

一切都布置妥当，宇文邕在大殿召见大将军以上众臣，宣告伐齐。

以柱国陈王纯、荥阳公司马消难、郑公达奚震为前三军总管，越王盛、周昌公侯莫陈琼、赵王招为后三军总管。齐王宇文宪率众二万趋黎阳，随公杨坚、广宁公薛迥将舟师三万自渭入河，梁公侯莫陈芮率众二万守太行道，申公李穆率众三万守河阳道，常山公于翼率众二万出陈、汝。

对此次攻齐，一些有识之士提出了不同的看法。

内史宇文弼认为河阳有齐国重兵把守，不如出兵汾曲，从北路进攻。中大夫赵煚也认为洛阳四战之地，就是拿下了守起来也困难。不如从河北直指太原，或可一举而定。下大夫鲍宏也说："先帝多次出洛阳，敌人有备，所以无功。进兵汾州、潞州，直冲晋阳，出其不意，方为上策。"

宇文邕不听，以杨素为先锋，亲自率六万之众杀向河阴。开局顺利，河阴大城很快被攻下。宇文宪又占领了武济，然后进围洛口，攻克了东、西二城，纵火焚毁了浮桥，这样河北同洛阳的交通只剩下了河桥。北齐镇守永桥的大都督傅伏，当夜率部退保河桥中潬城，周军攻了二十多天愣是没有拿下。

洛州刺史独孤永业镇守金墉，宇文邕亲自指挥攻城，仍然没能得手。独孤永业连夜命手下打造了二千马槽，周人间谍将这一情报传到周营，周人以为独孤永业这是为援军准备喂马的器具，以两千马槽计算，援军数量不少，周军开始害怕了。

说到就到，高阿那肱自晋阳率兵来到河阳，恰巧宇文邕生病了，周军无奈撤退。

傅伏请求追击，但北齐诸将眼见周军退走已经大喜过望，哪里还有胆子追击。主力部队退走，宇文宪、于翼等攻克的三十余城也不要了，唯独认为王药城战略地位重要，令仪同三司韩正镇守。宇文宪前脚刚走，韩正便在齐军的压力下投降了。

齐国方面朝政更加败坏，宜阳王赵彦深也死了，朝中大事的决策团队从此为恩幸集团把持，只剩下一个斛律孝卿在坚持。

经过一年的休养，宇文邕决定再次出兵伐齐。

随着对北齐的了解，宇文邕感觉高纬的作风实在不可理喻，朝中大事形同儿戏，这是天要我完成统一大业，天予不取，恐贻后悔。这次，宇文邕接受教训，重新审视了韦孝宽的平齐策，他知道，韦孝宽是对的。从宇文泰开始，每次出兵都是攻击洛阳一线，每次都无功而返，因为洛阳与晋阳遥相呼应，所以洛阳不可图，得之很快便会失去，也是因为洛阳为四战之地的原因。晋州是高欢起步的地方，战略地位显著，如果直接从北路出兵晋州，齐军一定前来救援，围点打援，齐军必败，然后乘胜追击，天下一统就在眼前。

宇文邕将自己的想法跟众将军们一说，大家竟然没有同意的。眼见这般情形，宇文邕恼了，“机不可失，倘若有人阻我出兵，军法从事。”这下宇文邕乾纲独断，没有人敢反对。

宇文邕亲自出征，越王宇文盛、杞公宇文亮、随公杨坚为右三军，谯王宇文俭、大将军窦泰、广化公丘崇为左三军，齐王宇文宪、陈王宇文纯为前军。

周军到达晋州，驻军汾曲，以宇文宪率精骑两万守雀鼠谷，宇文纯步骑二万守千里径，达奚震步骑一万守统军川，大将军韩明步骑五千守齐子岭，焉氏公尹升步骑五千守鼓钟镇，凉城公辛韶步骑五千守蒲津关，赵王宇文招步骑一万自华谷攻齐汾州诸城，柱国宇文盛步骑一万守汾水关，内史王谊监诸军攻平阳城，齐行台仆射海昌王尉相贵婴城拒守。

晋州军情传到晋阳，当时高纬同其新宠冯小怜正在天池（在离晋阳西北一百七十多里的静乐县）打猎。晋州使者一上午的工夫到了三拨，但都没有见到皇帝，因为右丞相高阿那肱在那拦着，在这位丞相的眼里，晋州的军情不过是边境发生的小乱子，根本没有必要扫皇帝的雅兴。

宇文邕亲自督战，周军猛烈攻城，平阳危在旦夕。齐行台左丞侯子钦投降，守卫北城的晋州刺史崔景嵩派人跟周军接洽投降，周将王轨响应。当夜，周将段文振与数十人登上城墙，与崔景嵩一起来到尉相贵的住所，将尉相贵劫持，然后在城上一起呐喊，齐兵大败，甲士八千被俘。尉相贵只好投降。晋州搬救兵的使者传来了晋州已经陷落的消息，高阿那肱再混蛋也知道事情紧急了，赶忙向皇帝启奏。晋州，高欢起步的地方，落入了周国的版图。晋阳、平阳、洛阳是齐国防卫的铁三角，三地互为犄角，现在铁三角被打破，让齐国上下感到震惊和恐慌。

高纬也知道事情很严重，立即下令回晋阳。但这时候，冯小怜意犹未尽，请高纬再杀一围。在军国大事和美人面前，军国大事终究敌不过美人撒娇，高纬妥协了，北齐皇家禁军部队又进行了一圈围猎。

冯小怜不着急，高纬不着急，周军却没有放松，平阳得手后，宇文宪立即乘胜攻占了洪洞、永安。齐军将通往晋阳的木桥全部焚毁，据险死守，宇文宪的前进步伐才慢了下来，大军驻扎永安，以大将宇文椿屯兵鸡栖原，伐柏树建庵为营。

高纬终于回到晋阳，在晋祠大集诸军，以万人向千里径，又分兵出汾水关，自己亲自率军进攻鸡栖原。宇文盛抵挡不住齐军的反攻，向宇文宪告急，宇文宪亲自领兵救援，里应外合，齐军大败。

这时候，宇文椿顶不住了，也向宇文宪告急，宇文宪只好回师救援。两军相持，都在寻找合适的机会进攻。当夜，宇文邕召宇文宪回去，宇文宪引兵悄悄撤走，齐军一直到了天亮才发觉周营已空，于是高纬命高阿那肱率军前进。

原来，宇文邕见齐国大军势众，打算撤回关中避其锋芒，宇文忻等一班人再三劝阻，情急之下大将梁士彦拦住了宇文邕的马头。怎奈宇文邕主意已定，不过，关于平阳他倒有了主意，既然梁士彦认为晋州可守，那就把他留下来吧，晋州若是守住了，那就作为以后再次出兵伐齐的基地。于是，梁士彦以开府仪同大将军的身份领晋州刺史，领精兵一万镇守，另以宇文宪部断后，掩护大军撤退。

齐军追击至高梁桥，宇文宪阻水为阵相迎。齐领军段畅来到桥头，宇文宪隔水召段畅上前答话。

宇文宪问道："来将通名！"

段畅道："领军段畅是也，汝是何人？"

宇文宪笑答："我虞侯大都督也。"

段畅道："观你言语不凡，定非平常人等，今日相见，如何不敢报上真名？"

宇文宪道："某乃天子太弟齐王也。"宇文宪索性指着诸将一一介绍：陈王宇文纯、侯莫陈芮、王谊、越王宇文盛、大将军尉迟迥、开府宇文神举……段畅闻言，不由得一阵发冷，北周最能打的人都聚集在这里。段畅不再言语，回马回归本队。

宇文宪领军撤退，齐军冲过高梁桥追了上去。宇文宪和宇文忻各率百骑接战，斩北齐骁将贺兰豹子等，齐军退下，宇文宪引军渡过汾水，在玉壁跟宇文邕会师。

宇文邕回到长安，留下宇文宪继续在周齐边境伺机而动。

127. 平阳攻防战

齐军包围了平阳，昼夜攻击，城中的楼堞都被摧毁。双方苦战有日，周军援军不来，但梁士彦慷慨自若，对将士们说：“死在今日，我当带头。”士兵们受他的激励，头脑一热，早把生死置之度外，无不以一当十。齐军没占到便宜，稍微退了一步。借着这个空当，梁士彦发动城中的男女老少一起上阵，连夜修理损坏的城墙，不到三天，城墙就修好了。

宇文宪率六万大军屯兵涑川，声援平阳。

齐军再次使出了地道战，城墙塌陷，撕开了一条十余步的口子，齐军大喜，喊着号子就要冲进去。突然一阵锣响，传来了暂缓攻城的命令。居然是高纬下达的最高指令。让人啼笑皆非的是，高纬要求齐军暂缓进攻的目的是要他的爱妃冯小怜前来观赏齐军破城的壮观景象，而那一刻冯淑妃正在那对镜贴花黄，看表演得注意形象——彻底无语了。等到冯娘娘收拾好了，缓缓地来到前沿阵地时，城上的周军已经用大木塞住了城墙缺口，齐军的进攻再次受阻。

冯小怜又出新花样了，她要高纬陪她去访古探幽。原来，晋州城西相传有圣人遗迹，但到城西的桥离战场太近，有点危险，不小心就会被流矢击中。高纬有办法，他命令攻城部队抽调部分人马充当工兵，把攻城的云梯拆几架在离战场更远的地方造桥。桥修好后，两人兴致勃勃地去参观，一直到深夜才回大营。要知道，晋州城下战事正紧，也难为无愁天子超强的心理素质。

晋州城在高纬的帮助下硬是打成了持久战。当然，我们相信，假以时日，晋州一定会破的，前提是，北周方面不打算要晋州了。但是，宇文邕已经认识到自己的失误，他开始亡羊补牢。周军主力从长安火速赶到涑川，宇文邕跟宇文宪会合。宇文宪早就忍不住要出兵跟齐军决一死战了。宇文邕率领八万大军杀到平阳，沿城外列阵二十里。

高纬也针锋相对列阵相迎。不过，两军之间隔了一条鸿沟。原来，围城的齐军为了防止周人救援，围攻晋州的同时在城南挖了一条深沟，自乔山将汾水引入，至此果然起了作用，宇文邕的大军被阻挡在了沟外，两军隔水相望。

宇文邕亲自巡视检阅队伍，随口叫着将士们的名字，跟各军将领们打招呼，鼓励大家英勇杀敌立功。将士们见皇帝能一口喊出自己的名字，无不深受感动，跟着这样的主子，死了也愿意！

宇文邕命宇文宪打探敌情，宇文宪回报说："等破了敌军再吃饭吧。"

高纬对高阿那肱说："打还是不打？"

高阿那肱本无谋略，眼见宇文邕大军来到，心里是一百个不愿意继续打，于是对高纬道："别看咱们看起来人多，实际上能参战的不过十万，伤病者又占三分。过去神武皇帝打玉壁，西边援军刚到便撤退了，现在我们的军马怎比得上神武军勇猛，不如退守高梁桥。"

安吐根道："这是什么话？这一把子贼兵，马上刺死扔到汾河里去。"

高纬犹豫不决。

偏偏有人把高纬往火坑里送："他人是天子，您也是天子，他能率军远来，我们为什么要守着堑壕示弱？"

是啊，谁怕谁啊！那一刻，高纬忽然胆气上来，责备高阿那肱贪生怕死。

然后，高纬下令将堑壕填上，搭桥进军。宇文邕大喜过望，自己正愁着这条堑壕阻挡了自己前进的步伐，没想到自己朝思暮想的事让敌人给办成了，宇文邕立即勒兵迎战。

高纬和冯小怜两骑并排着观战，双方交手，东边部分人马抵不住退下，冯小怜惊叫："败了败了。"穆提婆也吓坏了，"陛下快走，陛下快走！"高纬让宠臣爱妃这么一嚷嚷，下意识地回马带着女人就要跑，大将奚长乐追上来劝道："打仗中进进退退都是常事，现在大军全整，未有伤败，陛下丢下大家算什么？御马一动，人情惊乱，愿速速回去安定军心。"武卫将军张常山也赶上来，"军马已经整顿，围城的兵马未动，陛下应该回去。不信的话，请派内侍前去探听。"

高纬感觉大家说得有理：还没败呢，跑什么跑？

穆提婆拉着高纬的胳膊说："这些话能信吗？"

跟谁亲也不如跟提婆亲，喝一个娘的奶长大的关系就是不一般，高纬就此扔下正在作战的齐军继续北逃，临走传旨让高阿那肱留下来继续打。高阿那肱是最不愿留下来的人，让最不想打的人留下来，战争的结局可想而知。

果然，皇帝一跑，齐军军心大乱，加上周军士气正旺，齐军真的败了！齐军撤围败退，军资甲仗扔得到处都是，连绵数百里。高阿那肱所部万人退守高壁，余众退保洛女砦，只有高延宗部没受什么损伤，全军而还。在逃跑的路上，冯淑妃也没忘了照镜子，可巧，镜子照到了周军的旗帜，冯小怜大惊之下声音都变了，于是齐军加快了逃跑的步伐。早先，高纬因为冯小怜伺候得好，功劳大，早就有意把她封为左皇后，衣服都准备好了，一开战这块没顾上；现在在逃跑路上，冯小怜又立了这样一个天大的功劳，高纬觉得再不给冯美人更高的名分实在说不过去。正好派出去到晋阳取皇后礼服的人回来了，于是高纬在逃跑路上举行了盛大而简单的皇后加冕仪式，然后接着跑。美人属于头脑简单型，简单得令人心疼，难道她想不到，一旦国破家亡，等待她的命运将是什么？有人考证说冯小怜是后三国时代的西施，但从她后来的命运看，这显然属于胡氏的说法。

平阳城迎来了久违的和平，宇文邕进入平阳，梁士彦死里逃生，见到皇帝也顾不得君臣体面，两人抱头大哭。经过短暂的休整，宇文邕在晋州召开了动员大会，要一鼓作气直奔晋阳。将军们不干了，东西战争留下的阴影太多，见好就收吧。

宇文邕恼了，“大家要是有疑问，我将独自领兵前进。”这下没人敢说话了。

见周军继续进攻，高阿那肱没开打就跑了，高壁失守。周国大军直奔晋阳。

高纬见宇文邕来得快，他溜得也不慢，打算留高延宗主持并州，自己带着亲兵卫队向邺城方向逃。高纬不知道，倘若晋阳不守，邺城能守得住吗？当初高欢把京都安置在邺城，就是坐镇晋阳便于控制的原因。邺城除了城池本身外，无险可守。这时军士雷相前来告密：“高阿那肱派臣去招引西军，走到文侯城，恐怕事情没有结果，所以回来报告。”高纬命侍中斛律孝卿处理，斛律孝卿认为高阿那肱断无投降之理，回奏说雷相自己要投敌，在文侯城迷路，胡说八道罢了。这事就这么算了。到了晋阳，高阿那肱的心腹马子平又来告主子谋反，跟上次一样，马子平以妖言惑众被处决。

高阿那肱得罪谁了？是领军大将军尉相愿。原来尉相愿从平阳失败中得出一个结论：如果继续让高纬、高阿那肱领导大齐，大齐亡国指日可见。所以，尉相愿开始行动了，他的计划是先把高阿那肱扳倒，然后扶持高澄的儿子高孝珩取皇位而代之。在北齐很多人的眼里，高孝珩才是希望所在。

128. 两日皇帝高延宗的挣扎

面对周国大兵压境，高纬这回民主了，召开大朝会商量对策。都这会儿了，还有什么法子？具体主意没有，从大政上看只有省着点花钱，废除徭役，安慰安慰民众受伤的心；收拾残兵，背城死战，或可死里求生。

这些主意都很大众化，高纬有自己的主意，但他的主意一说出来，便遭到了大家的反对。原来，高纬见大势已去，觉得保命要紧，他打算留下高延宗和高孝珩坚守晋阳，自己率队退到北朔州，倘若晋阳守不住，那干脆到突厥去避难。

群臣哗然，当此危急存亡之计，本应该上下一心同仇敌忾，皇帝却要在这个当口开溜，皇帝跑了，那军心还有吗？

怎奈高纬主意已定，谁劝也不听。高延宗急火攻心，泪如雨下，可高纬铁石心肠，毫不为之所动。高纬秘密先送皇太后和太子到了北朔州。宇文邕和宇文宪在介休会师，齐国介休守将韩建康举城投降。眼看周军就要兵临城下，高纬又要跑，但众将坚决不肯。无奈，高纬颁布大赦令，改元隆化，以高延宗挂相国、并州刺史，统领山西兵马。事实上，所谓山西，也就剩下晋阳几千守军了。

高纬对高延宗说：“并州就交给兄长了，我要走了。”

高延宗道：“陛下为社稷着想，千万不要轻举妄动，臣为陛下死战，一定可以大破贼军。”

穆提婆吼道：“陛下主意已定，大王就不要再阻拦了。”

当夜，高纬不告而别，斩五龙门出走，直奔突厥。跟着他的本来就没有多少人，现在看皇帝要奔突厥，霎时大部分散去。照这个情形，不等到达代北，皇帝就成了真正的孤家寡人了。领军梅胜郎苦苦劝说，终于说动了高纬回马向邺城奔去，这时候身边只剩下高阿那肱等十余人相随，半道上，高孝珩等赶上来，大家一起向邺城逃去。跑着跑着，高纬忽然发现穆提婆不见了。不久，周国的文书就到了，原来穆提婆见情况不妙，也顾不得在邺城的母亲，离开皇帝一溜烟投奔周军去了。

宇文邕虽然不耻穆提婆的为人，但此时他考虑更多的是如何安抚齐人，于是以穆提婆为柱国、宜州刺史，并且宣告天下，齐臣只要投降，不分贵贱，一律封赏。

连穆提婆都能身居高位，还有什么可犹豫的？齐军投降者络绎不绝。

高纬总算回到了邺城。陆令萱得到儿子投降的消息后，自杀身亡。高纬也不客气，喂奶的恩情也已经选择性遗忘，下令将陆令萱的家属全部咔嚓。

再说留在晋阳的高延宗，加紧布置晋阳防务，这时并州将领唐邕、段畅、莫多娄敬显等劝高延宗即位。到了这个时候了，谁还肯为高纬卖命，倘若高延宗自己当了皇帝，那就另当别论，齐国的将士们也有奔头了，这算是一线生机。

高延宗打心里并不想当这个皇帝，现在当皇帝，就如同树起靶子让敌人攻击，但大家说的不无道理，无奈，高延宗宣布即位，以唐邕为宰相。唐邕也是老资格了，统领外兵曹多年，一度做过录尚书事，但后来受到高阿那肱、斛律孝卿的排挤，一直不太得志，高纬离开的时候他选择留在晋阳。

高延宗对大家说："皇帝孱弱，政事为宦竖小人把持，现在斩关夜逃，不知道到哪里去了。既然大家推逼，我就暂代大宝了。"消息传开后，远近将士不召而至的前后相属。可见，只要高纬下台，齐国还是有希望的。也有不以为然的。高延宗派人联络瀛洲刺史高湝，说明了自己迫不得已权代大位的原因，并许诺事成后让高湝为主。然而，高湝并不领情，把高延宗的使者送到了邺城。

高延宗没让大家失望，上台后做的第一件事就是把霸府库房打开，把珠宝财物和后宫美女赏赐给众将士，然后查抄太监宦官十余家。

高纬得到高延宗另组班子的消息，对左右说："我宁肯让周国得到并州，也不愿意让高延宗得到。"左右同声赞同。

不管高纬如何想，高延宗在其位谋其政，积极地履行着皇帝的职责。高延宗亲自接见守城将士，每见一人都拉着人家的手，呜咽流涕，"感谢大家为我高延宗保家卫国。"皇帝不称朕而称名，也是旷古未有之事，众人深受感动，为这样的主子死了也值！受高延宗的感染，晋阳城彻底发动起来，兵民一家，就连妇女儿童也上了战场，没有武器，把房子拆了，砖头瓦块也可以打得敌人头破血流。一天的工夫，高延宗把晋阳城变成了一座铁血孤城，一座悲情城市。

周军包围晋阳，一袭黑衣的周兵密密麻麻，恰如一团黑云笼罩着这座古城。

高延宗以莫多娄敬显、韩骨胡守南门，和阿干子、段畅守东门，自己亲自在北门迎战宇文宪。不是说宇文宪能打吗，咱俩对阵。

高延宗是个超级大胖子，有多胖？从前面看就像往后仰着，从后边看又像向前趴着，过去人们背地里常常笑话他。但是，高延宗的事迹告诉我们，大胖子不一定是废物，胖并没有影响高延宗的战力，只见他手提大槊往来督战，劲捷若飞，所向无前。两军正在胶着状态，出事了。守卫东门的主将和阿干子、段畅带领一千骑兵出城投降了，并且引着周军攻下了东门。宇文邕、宇文宪等率领周军杀入城内，齐军部分人马退到附近的佛寺里，周军一把火点着了佛寺，大火烧了起来，齐军仍是拼死抵抗。

烧佛寺对周军而言毫无罪恶感，因为不久前他们的皇帝就已经下令在周境内灭佛，并且宇文邕告诉质问他的佛门高僧："要是因此下地狱，我下。"

得到东门失守的消息，高延宗自北门、莫多娄敬显自南门赶过来救援，佛寺内的齐军开始反攻，内外夹击，周军大乱，大家一股脑儿冲向城门，想要跑出去。周军人太多，城门生生给挤死了，齐军从后追过来拼命砍杀，周军阵亡两千余人。

宇文邕也在乱军之中，左右或被杀或走散，自己也迷了路，眼见一代大帝就要被平凡地干掉。上天不想让宇文邕就这么死掉，北齐降将贺拔伏恩和皮子信跟了上来。有这两位熟客做向导，宇文邕穿街越巷走小道向城外逃跑，路上几次遇到齐军阻击，好几次差点要了他的命，但他总算平安撤出了晋阳城。

高延宗以为宇文邕已经为乱军所杀，让手下在尸体中寻找长髯者，但没找到。高延宗打算关上城门，但城门口死尸堆积如山，城门根本关不上。大战刚过，大家一口气松下来，居然连打扫战场的精力也没有了，城门关不上就开着吧，反正周军已经败退。多么来之不易的胜利，多么久违了的胜利，齐军太兴奋了。当夜，大家开怀痛饮，陷入狂欢之中，一个个醉得东倒西歪，高延宗已经没有能力将大家再次整顿在一起了。

十二月的北方寒风刺骨，恶劣的天气也给周军带来了极大的困难。周军一路杀来，长驱直入，势如破竹，但是军队补给一直是个问题。由于粮草运输跟不上，周军业已断粮，原指望打下晋阳抢顿饱饭吃，谁想又意外遭遇惨败。宇文邕又冷又饿，打算赶紧撤兵回去，诸将经此一败也知道高延宗不好惹，所以也都打了退堂鼓，大家劝宇文邕尽快退兵。只有宇文宪、宇文忻和王宜坚决反对。宇文忻勃然道："陛下自克晋州，乘胜追击，伪主奔波逃命，自古兴兵，没有这么顺利的。昨天破城，将士们轻敌，所以微有失利，何足为怀？丈夫当死中求生，败中取胜。现在已成破竹之势，奈何轻言放弃？"

北齐降将段畅跟大家汇报了晋阳城内的情况，告诉大家晋阳城内空虚，今日之胜纯属侥幸而已。经大家这么一说，宇文邕回过味来了：是啊，此时退兵岂不异于前功尽弃？于是宇文邕抖擞精神，鸣角收兵，很快将人马组织起来，周军在饥寒交迫中挨了一夜。

天亮了，宇文邕指挥大军继续攻打东门，然而，东门是洞开的，也看不到几个北齐兵。令周军感到惊讶的是，城中根本没有几个人抵抗，原来齐军军民一夜狂欢，大部分人酒还没醒，根本没法打仗。晋阳城成了一座不设防的城市。到了这个时候，高延宗就是再厉害，也是巧妇难为无米之炊。毫无悬念，高延宗被擒。

宇文邕看着高延宗肥大的身躯，突然觉得眼前的对手是如此的可敬，于是翻身下马握住高延宗的手，以示亲近。高延宗却不领情，没好气地说："死人手，不敢跟至尊相握。"

宇文邕不以为意地笑道："两国天子，没有私怨，只是为百姓罢了。我不会害你的，不要害怕。"宇文邕让手下给高延宗穿戴好衣帽，对他始终礼遇有加。打仗打到能让对手尊敬的份儿上，高延宗也算是牛人一个。

唐邕等并州守将全部投降，只有跟西边有杀父之仇的莫多娄敬显不肯投降，丢下老婆孩子单骑逃走投奔邺城去了。

129. 邺城的形势

莫多娄敬显带来了晋阳失守的消息，邺城陷入恐慌之中。怎么办？

按照惯例，以现在的形势，只有破财悬赏招募勇士这招了。过去朝廷官职值钱的时候，可以悬赏官职，但北齐走到今天，官职爵位已经没人稀罕，所以只有花真金白银买命了。高纬让大家贴出悬赏告示，然而令人失望的是，皇帝一分钱也不想出。在这一点上，高纬的确不如高延宗，他没有想到，倘若王朝都没了，那些金银财宝还是自己的吗？皇帝带头当铁公鸡，这人还怎么招？又有谁肯卖命？

高孝珩建议让高湝率幽州兵攻土门，虚张声势攻并州，独孤永业率洛州兵攻潼关，扬声夺长安，自己率京畿兵出滏口迎战南下的周军，南北同时开战，周人顾此失彼，加上担心老窝丢了，一定会溃逃。高孝珩的办法有一定的可行性，综合了声东击西、围魏救赵等计，北周精锐一路南下，长安空虚，此时洛州发兵向西，一定会让宇文邕有所顾忌。只要宇文邕撤兵，光复并州就不是难事。

然而，高孝珩接下来的建议却让高纬很不高兴。因为，高孝珩让高纬发动宫中的娘娘宫女们把珠宝首饰捐出来充当军饷，这好比是剜了高纬的心头肉。高纬很生气，高孝珩的一番努力就等于瞎子点灯。

邺城守军士气低落，大家都觉得没有希望了。侍中斛律孝卿觉得怎么着领导也得出面动员一下，鼓舞一下士气，于是亲自捉刀代皇帝写了一篇慷慨激昂的发言稿，让高纬亲自召集六军将士们开一个动员大会。斛律孝卿一再嘱咐高纬一定要表现得慷慨悲壮，必要时可以痛哭流涕，以此打动六军将士，让大家同仇敌忾，共同御敌。一切准备妥当，六军将士集结在一起静静地等待皇帝发表演说。

斛律孝卿这次真给高纬出了个大难题，皇帝陛下平时连跟人目光对接都心虚害怕，更别说大庭广众之下演讲了。皇帝很紧张，事情很难办。高纬鼓足勇气走上主席台，瞄了一眼台下红彤彤的人海，一颗心怦怦直跳。他定定神，咽了口唾沫，准备开口说话。关键时刻，嘴巴张开了，却没发出声音，坏了，忘词了！早先背了几百遍的演讲词这时候全忘到脑后去了，场面一下就僵在那里，这叫什么事？高纬竟然笑了，左右看着高纬的窘态，早就憋不住了，现在见高纬大笑，都忍不住笑了，一时主席台上笑声不断。

台下的六军将士们没有笑，他们没有想到皇帝竟然如此不堪，跟这样的人混下去还有什么指望？动员会开成了泄气会，齐军已是斗志全消。

钱舍不得出，对官位高纬毫不吝啬，反正就是弄张纸盖个印的事，于是什么太宰、三师大将军等过去名位崇高的官职开始滥授，官职贱到不如白菜。

与高纬形成鲜明对比的是，宇文邕将晋阳宫中的珍宝服玩及宫女两千人，全部赏赐给了立功的战士——跟着这样的人混才有奔头。

宇文邕问高延宗取邺城的策略，高延宗推辞道："这不是亡国之臣所能做的。"宇文邕不依不饶，非要他说。高延宗无奈地说："倘若我十叔守城，我不知道；倘若皇帝亲守，陛下兵不血刃即可取得邺城。"高延宗对高纬很了解，皇帝于兵事就是个大傻瓜。于是，宇文邕以宇文纯为并州总管守晋阳，以宇文宪为先锋，大军补足粮草装备后直扑邺城。

面对严峻的形势，高纬在朱雀门摆酒席大宴众权贵，喝酒只是因子，目的还是为了商量御敌之策，然而，大家各抒己见，谁也说服不了谁，都觉着自己的策略高。其实大家都是云里来雾里去，根本没有多少正经主意，本来高纬就是个没有主心骨的人，这下更加不知所从。

大臣们都开始为自己打算，偷偷跑出去投降的人越来越多，就是从晋阳逃出的莫多娄敬显都悄悄派人跟周军联络，为自己准备后路。高纬眼见众叛亲离，懊恼不已却束手无策。朔州行台高励想出了一个不是办法的办法："现在叛逃的人大多是权贵，普通士兵还没有完全离心，不如把朝中五品以上官员的家属都安置在三台之上，让大家出战。如果不能取胜，就纵火烧掉三台，这些人顾念妻子，一定会死战到底。现在我们一再败北，贼人轻视我们，背城一战，一定会胜的。"

高励是高岳的儿子，刚刚从土门护送太后、太子回到邺城。高励的主意很恶毒，恶毒到高纬也认为不可行。但倘若真这么干了，没准还真能爆一大冷门。

内外交困，二十岁的少年天子真的厌烦了，皇帝真不是人干的活。恰巧这时会望气的人说从天象上看有革易之相，意思是天下要改朝换代了，兆头大大不吉。高纬让高元海等议论一下，看看如何是好，高元海劝高纬按照他老爹当年的做法，把皇位传给太子。真是个高明的主意，难为了高人高元海的智商！

130. 大齐灭亡

公元 577 年正月，北齐在北周大军压境战事不利的情况下，八岁的太子高恒登基，改元承光，这样高纬升级为太上皇。都这时候了，不把心思用在如何对付周军上却搞这些名堂，朝中大臣们感到异常绝望：让大家去伺候一个八岁的孩子，开玩笑吧？司徒莫多娄敬显、领军大将军尉相愿头一个发难，计划伏兵于千秋门，伺机杀掉高阿那肱，然后立广宁王高孝珩为帝。在皇室宗亲中，高孝珩的威望人品足以成为齐人的希望。然而天不佑齐，恰巧当天高阿那肱没有走惯常走的路线，千秋门的伏兵白白等了半天，政变没有成功。

朝堂上，新任太宰高孝珩请求率军出城迎战周军，高阿那肱死活不同意，高纬也不放心把军权交给高孝珩。高孝珩恼了，"我知道大家担心我造反。如果我高孝珩破了宇文邕，一口气杀到长安，就是反了，又有什么损失？都火烧眉毛了，还如此猜忌，当真可恼！"高阿那肱和韩凤怕高孝珩搞兵变，干脆把他赶出邺城出为沧州刺史。尉相愿知道大势已去，拔出佩刀狠狠地砍在大殿柱子上。

朝中几乎没有能带兵的将军了，尉景的孙子长乐王尉世辩奉命带千骑出滏口侦察敌情。尉世辩不敢靠近，站在高坡上远远向西张望，这时候远处一群乌鸦飞起，尉世辩恍惚中以为是周军的旗帜，吓得立即打马逃回邺城，一直跑到紫陌桥都没敢再回头看看。这样的人如何能够领兵？古语说富不过三代，富三代确实太丢人了。

黄门侍郎颜之推、中书侍郎薛道衡、侍中陈德信等劝高纬到河外一带募兵，有了人就可以经营战事，倘若不行也可以跑到江南投奔南陈寻求政治避难。高纬一听，觉得这主意好，可进可退，万无一失，于是太皇太后胡氏、太上皇后穆氏直奔济州，很快高恒也离开邺城东行。大家刚刚撤出，周军便杀到了邺城郊外的紫陌桥。周军包围了邺城，火烧城西门。齐人出战，周师奋击，齐军大败。高纬带百骑东走，派慕容绍宗的儿子武卫大将军慕容三藏继续坚守邺宫。周军进入邺城，大齐的王公贵族们集体出降。慕容三藏起初不肯归顺，宇文邕亲自相见，礼遇有加，都这时候了，还有什么可说的？于是慕容三藏做了周朝的仪同大将军。

领军大将军鲜于世荣也不肯屈膝，宇文邕派人送来玛瑙酒盅，鲜于世荣扔在地上打碎了。周军入城，鲜于世荣在三台前鸣鼓不断，周军抓住了他，最终不屈而死。莫多娄敬显被俘，宇文邕没有给他机会，数落他："你有三条死罪：前自晋阳逃回邺城，抛弃母亲不管却带走了自己的小老婆，不孝也；表面上为齐人尽心尽力，私下里却跟我暗通款曲，不忠也；跟我合作，仍然首鼠两端，不信也。如此用心，不死更待何时！"于是莫多娄敬显就这样被杀了。宇文邕早就知道李德林的大名，入城后，把国子博士熊安生和中书侍郎李德林召到身边，宇文邕拉着李德林的手感慨地说："平齐之利，唯在于尔。"宇文邕把李德林引入宫中，派内史宇文昂访问齐朝风俗政教、人物善恶，一连三天才罢休。

周将军尉迟勤继续追击高纬众人。高纬渡河到了济州，他忽然又想到了一个好主意：自己跟儿子一个太上皇一个皇上，走到哪里都是焦点和周军追逐的对象，不就是因为皇帝的名分在我们这里，不如摆脱这些名号，把高恒的帝位禅让给任城王高湝。在如此多的禅让中，要说是真心让位，这还真是破天荒头一遭。高湝在瀛洲，那个时候不但没有无线通信，也没有有线，所以这个禅让文书的传送还真是问题。也顾不了许多，高纬让斛律孝卿亲自将禅文及皇帝玺绂送往瀛洲，然而，斛律孝卿没有去瀛洲，相反，他去了邺城。这是一个象征，大齐的家底交给北周了。

坏消息一个接着一个，斛律孝卿刚刚把玉玺送给周人，洛州刺史独孤永业投降了。独孤永业镇守洛州，手下有三万精兵，周军几次进攻洛阳，独孤永业都没有让西人进入。当听到晋州失守的消息，独孤永业请求出兵收复平阳。可朝廷里的这帮饭桶自己没本事，却怕有本事的人立功，他的奏折如石沉大海没有一点回音。独孤永业感到大势已去，不久，并州落入北周之手，独孤永业彻底绝望。独孤永业不是个只懂得愚忠的人，良禽择木而栖，既然朝廷无能，那咱就对不住了。独孤永业让自己的儿子独孤须达到周军中请降，周武帝大喜，自己花费了无数兵力没有得手的洛阳城，如今自己主动送过来了。宇文邕一高兴，独孤永业做了上柱国。

高纬知道一切都完蛋了，洛阳落入敌手，济州又哪里能守得住？于是，高纬命高阿那肱留在济州布置防务，自己带着老婆、妃子、儿子、宠臣等逃亡青州。走一步算一步吧。

高纬让太监田鹏鸾到西边探听一下周人的动静，不幸的是田鹏鸾落入敌人之手，田鹏鸾的身份决定了他无法伪装成普通一员，周人非要他从嘴里说出高纬的下落。一个太监在危急时刻却表现出不一样的勇敢，田鹏鸾对高纬十分忠心，他嘴里只有一句话：“圣上已经走了。”周人哪里肯信，拿大锤捶他的四肢，捶一下，田鹏鸾的腿就断了，但直到四肢俱折，田鹏鸾并无半点改口。惜哉，以高纬之昏，居然有如此人物为之尽忠。

俗话说，屋漏偏逢连夜雨，就在高纬仓皇逃往青州的时候，他最信任的高阿那肱却派人秘密进入周营，与周军暗通消息。太监田鹏鸾用生命保卫的秘密情报，被高阿那肱轻易地出卖了。周人让高阿那肱想方设法稳住高纬，绝对不能再让他跑了，只要高纬一天捉不住，齐人就保留着希望——捉住高纬是战争结束的契机。

于是，高阿那肱的消息不断传到青州：“周军离得还远。”“已经把路上的桥梁全部烧毁了。”这些消息让高纬稍微宽心。

高纬做梦也没想到的是，他已经被自己的宠臣出卖了。实际上这时周军已经到了济州城下，高阿那肱与周军兵合一处，随即，在高阿那肱的指引下，周军杀向青州。高纬把袋子里塞满金子放上马鞍后，与老婆孩子等十余骑向南逃去。然而，已经太晚了，周将尉迟勤追到南邓村，将一行人等全部抓获，并送到了邺城。

高纬再一次回到了邺城，自己坐镇十几年的旧都，物是人非，邺城已经换了主人，曾经的主人却成了阶下囚。宇文邕倒没有难为高纬，反而主动走下台阶跟高纬见面，显示了一个胜利者的博大胸怀。

周武帝为斛律光、崔季舒等平反昭雪，重新安葬，子孙们根据情况重新录用，家口财产能退的全部退还。同时，宇文邕下令将东山、南园、三台毁掉，拆下的瓦木能用的都赏赐给百姓，被齐人霸占的山园田产各还其主。在路过斛律光墓地的时候，宇文邕感慨道：“假设此人还在，我能在这里吗？”

是啊，倘若不是高纬自毁长城，任宇文邕如何雄才大略，要做蛇吞象的游戏谈何容易？

借一句古人的话：灭齐者非周，齐也。

历史记下了这个不寻常的事件：公元577年，周武帝灭北齐，结束了四十三年东西分立的局面，统一了北方。

从此，三国鼎立的局面变成了周陈南北对峙，但此时已与魏梁时不可同日而语，周朝的版图已经延伸到巴蜀荆襄，而南方四朝中势力最小的陈朝已经没有了跟北朝对抗的势力，北周统一已成必然之势。

131. 最后的抵抗

高孝珩到信都与已经先到的高湝会合，两人商量着匡复大齐祖业。这两位的号召力还是有的，振臂一呼，很快就组织起一支四万人的队伍。

宇文邕令高纬写信招降，高湝哪里肯依？宇文宪、杨坚出兵冀州，到了赵州，抓获了高湝派出的两个谍报员。宇文宪召集军中的大齐旧将，当着大家的面对两人说：“我所争的是大事，不是你们这样的小虾米。现在就把你们放回去，权当我的信使好了。”宇文宪在信中写道：“足下派出的间谍已经被我抓获，你们军中的情况我已经了解。战争不是上策，就是不用卜龟也能够算得出。坚守是下策，现在我已经勒令诸军分道而进。”

宇文宪到了信都，高湝在城南列阵相迎。高湝的心腹大将领军尉相愿请求出战掠阵，高湝大喜。尉相愿率领本部人马直冲敌阵，然而，他不是来打仗的，是来投降的。高湝大怒，将尉相愿的妻子全部杀死，一向洞察世事的尉相愿冲动了，难道事先没有想到这个结局吗？

第二天，两家正式开打，毫无悬念，高湝不是宇文宪的对手，齐军大败，三万人被俘被杀。齐国叛将乞扶令和一槊刺在高孝珩的身上，高孝珩坠马，乞扶令和第二槊刺出，高孝珩的贴身护卫白泽挡在了前面。高孝珩虽然躲过一死，但浑身是伤，再也无力反抗，就此做了俘虏。乞扶令和是乞扶贵和的弟弟，兄弟二人皆以军功在北齐封王，现在，投降北周的乞扶令和一心为新朝效力，对旧主痛下杀手。[①] 高湝被带到宇文宪的面前，两王爷见面，一个是胜利者，一个是阶下囚。

宇文宪道："任城王何苦如此？"

高湝道："下官是神武皇帝之子，兄弟十五人只剩下我一个了，生逢祖宗社稷颠覆，今天死了，无愧于祖宗。"高湝一席话慷慨激昂，令宇文宪肃然起敬，宇文宪很欣赏高湝这种视死如归的性格，把高湝的妻子送还给他，让他一家团聚。

宇文宪对高孝珩仰慕已久，对高孝珩更是礼遇有加，亲自给高孝珩洗伤口涂抹药物。高孝珩叹息道："自神武皇帝外，我的父辈和兄弟们没有一个活到四十岁的，这就是命啊。嗣君无独见之明，宰相非柱石之寄，最遗憾的就是不能带兵施展我的抱负！"

高湝、高孝珩战败被俘，周军兵锋所指，齐人望风而降。零星的抵抗还是有的，就在宇文邕忙着在南边打扫战场的时候，北朔州首府马邑叛变了，高洋的儿子高绍义在那里举起了反周的大旗。原来，宇文邕以齐降将封辅相为北朔州总管，镇守马邑，北朔州前长史赵穆、司马王当万等密谋软禁封辅相迎高湝共图大事，然而很快就传来了高湝被擒的消息，于是他们迎高洋的儿子定州刺史范阳王高绍义前来主事。高绍义到了马邑，肆州以北的二百八十城全部起兵响应，形势一片大好。高绍义头脑一热，就决定立即挥师南下，取晋阳夺并州。

周将宇文神举率军北上，肆州很快被夺回。高绍义的先头部队遭遇周军，战败投降，然后周军一鼓作气拿下了显州，继续北进，连下数城。此时，高绍义的光复大军刚到新兴，坏消息一个个传过来，高绍义无奈退保马邑。

宇文神举兵逼马邑，高绍义派大将杜明达迎战，齐军大败。高绍义一下又回到了起点，手下只剩下三千部众，他决定投奔突厥，并让手下自主选择去向，于是大半人离开，毕竟投奔草原过原始生活不是人人都向往的。

突厥是个尚武的民族，他们的风俗一向尊重战胜者，佗钵可汗对高洋从来都以英雄天子相称，高绍义是高洋的儿子，而且脚后跟跟高洋一样也长了个大

---

①笔者注：在南水北调工程中挖出了乞扶令和夫妇墓，按照墓志所书应为乞扶氏。

瘤子，所以佗钵可汗对高绍义非常喜爱，让逃亡在突厥的齐人全部归到高绍义的手下。

至此，大齐除了东雍州行台傅伏、营州刺史高宝宁还在作顽强抵抗外，其余的行台、州郡全部纳入大周朝的版图，大周一下增加郡一百六十二，县三百八十，户三百三万二千五百。

营州刺史高宝宁镇守黄龙多年，恩威并重，深受各民族兄弟的尊重，不管是契丹人还是靺羯人都肯为他效命。北周陷并州杀向邺城时，齐幽州行台潘子晃命高宝宁赴援，高宝宁当即率各族精锐万骑直奔邺城。由于路途遥远，等他到了北平，潘子晃已经到了蓟州，这时候传来了邺城失守的消息，无奈高宝宁返回营州。

原北齐故地纷纷降周后，营州方面一点动静也没有，宇文邕有点着急。先哲穆罕默德说过，既然山不愿意移动过来，我们就走过去。北周皇帝派人到营州劝降，哪知道高宝宁根本不买账。不但不投降，他还在做着光复大齐的梦，当得知高绍义流亡突厥的消息后，他立即派人前往劝高绍义称帝，担负起振兴高齐的大任。有了高宝宁真金白银的支持，高绍义底气壮了，在征得突厥可汗的支持后，组成了流亡政府，自己出任皇帝，遥拜高宝宁为丞相。

东雍州刺史傅伏当年以永桥大都督的身份坚守河阴，遏止了宇文邕从南路的进攻。宇文邕虽然不得已退兵，但傅伏给他留下了很深的印象，策反傅伏成为北周政治工作的重点，所以就有了后来对傅伏的一系列招降。晋州陷落尉相贵投降后，特地来招降傅伏，傅伏坚决不从。并州陷落后，傅伏的儿子投降，北周任命傅伏为上大将军。韦孝宽让人带着委任状和金杯、玛瑙杯作为信物送给傅伏，想以此打动傅伏，但在家国之间傅伏毫不犹豫地选择了朝廷。他直截了当地告诉韦孝宽："我这个儿子背主求荣，不忠不孝，还是早早杀了的好。"

宇文邕平定并、相后，回军长安，经过晋州时，再次让高阿那肱等北齐降将百余人一起前往招抚。傅伏听说高纬已经被俘，知道大势已去，再作无谓的抵抗只是徒增杀戮，当即率众回城，在自己的衙门前向北痛哭哀号，然后出降。

宇文邕亲自接见傅伏。

宇文邕道："何不早降？"

傅伏流着眼泪回答道："臣三世为齐臣，食齐禄，不能死节，羞见于天地。"

宇文邕听罢，上前拉住他的手说："为人臣子理应如此。"

宇文邕把自己吃的羊肋骨赏赐给傅伏，以傅伏为仪同大将军，宿卫宫廷。

宇文邕问傅伏："当初守河阴得到了什么赏赐？"

傅伏说："蒙一转，授特进、永昌郡公。"

宇文邕对高纬说："我准备了三年的时间攻打河阴，正因为傅伏的顽强抵抗才不得已退兵。这样天大的功劳，公赏得太少了。"是啊，家奴、太监甚至巫师都可以封王，劳苦功高的傅大将军只是封了个郡公。高纬受此奚落，唯有点头而已。

宇文邕回到长安后，在太庙举行了盛大的受俘典礼，高纬领着北齐这些王公贵族们列队投降。宇文邕封高纬为温公，齐诸王三十余人全部赏赐了爵位。

宇文邕与齐君臣饮酒，命高纬起舞助兴，高延宗看着自己曾经的君主沦落到如此境地，不禁悲不自持。高延宗此后多次要饮药自尽，被伺奉他的奴婢们劝止了，因为宇文邕有令，若高延宗自杀，那么这些伺候的人一并殉葬。高延宗从一个残暴不经的坏蛋变成了彻底的好人，环境的确能改变人啊。

借着宇文邕高兴，高纬郑重其事地提出了一个请求。大家也许以为高纬想家了，要回到齐国故地。但高纬的话让大家忍俊不禁，"请陛下把贱妾冯小怜还给我，照顾我的生活。"到了这个时候还想着对北齐亡国负有一定责任的那个女人，高纬这个多情种子成了人们的笑料。

不知道是受了感动还是动了恻隐之心，宇文邕还是让他们团聚了。

有君如此，北齐不灭，天理不容！

随着李德林在周朝受到重用，北齐的一大批文人入朝为官，诏书敕命全部由山东才俊们起草，大大提高了北周诏令的文化味。独孤永业以大司寇的身份与周朝勋臣们同列，也算是周朝对北齐降将们的一个安慰。可敬的是，宇文邕大胜之后并没有骄傲，他做了一件让大家都意想不到的事，让人把长安最奢华壮丽的五座宫殿拆了，拆下的木材砖瓦赐给贫民使用，并且邺城、晋阳照此办理。

宇文邕的作风显示出一代君主的伟大志向，向着统一阔步前进。

尾 声

北齐一代一代的皇帝作来作去，终于把一个在三国争霸中处于绝对优势的王朝作灭亡了。齐灭后，陈宣帝陈顼以为北方初定，人心不稳，正是收复河南的大好时机，于是以吴明彻都督诸军北伐。吴明彻水军船队到了吕梁，北周徐州总管梁士彦不是吴明彻的对手，退保彭城，吴明彻包围了彭城。

北周派上大将军王轨出兵相救，王轨跟王思政同族，是个跟王思政一样牛的人。王轨没有直接把队伍开到彭城，而是远远跑到清水进入淮河的入淮口，在水面上打木桩，以铁锁贯车轮数百沉在河底，然后开始在岸边筑城。王轨这招是关门打狗，入淮口就是清水通往淮河的门户，这里堵死了就等于切断了陈军的粮道和退路。

正在围城的陈军慌作一团。萧摩诃建议吴明彻立即回师，趁王轨新城未起进行突袭，保障水路畅通。吴明彻怒道："攻城陷阵是将军的事，运筹帷幄是老夫的事！"萧摩诃见主帅没来由地发怒，失色退出。吴明彻的表现让人觉得不可思议，他有主意吗？往深里挖，原来是经验主义害死人呀。当初，吴明彻围攻寿阳，面对皮景和十万大军的时候，陈军采用的战术就是置援军不顾加紧攻城，城破了援军也就退了。

然而，北周现在是主明臣忠，王轨也不是皮景和。一旬过后，王轨新城垒成，水路被隔断。原打算尽快攻下彭城的战略思想在周军的顽强抵抗下并没有实现，王轨大军进逼，吴明彻腹背受敌。

南陈诸将主张破堰撤军，借水涨之际越过王轨布置的障碍。而当时军中尚有骑兵数千，有人主张以船载战马一起撤退，但有人认为决堰后船必然倾斜，不如让骑兵走陆路。萧摩诃则请求吴明彻弃舟登车，自己率骑兵断后，保护吴明彻返回建康。吴明彻哪里肯丢下部队当逃兵，就让萧摩诃率骑兵走陆路突围。陈军最终决堰，乘着水势浩大自清水向入口冲去，然而大水到了入淮口，河面变宽，河水变浅，王轨埋伏的车轮挡住了大船的去路。王轨引兵杀来，陈军溃败，吴明彻被擒，三万人被俘，只有萧摩诃的骑兵全军而还。吴明彻到了长安，不久即忧愤而死，有义士将他的尸骨偷回江南安葬。

经此一战，本来很有希望列为名将的吴明彻也成了半截名将。陈朝元气大伤，再也没有能力可以与北朝对抗，眼看离宇文邕饮马长江的时间越来越近。

与此同时，北齐后主高纬也没有逃脱亡国之君的命运。入周不久，有人诬告高纬和穆提婆谋反，借着这个因由北周朝廷祭起了屠刀，北齐皇族宗室高氏满门全部被赐死。众人大多辩解，唯有高延宗泣而不言，以椒塞口而死。高家子弟中高纬的弟弟高仁英有精神病，高仁雅是个哑巴，得以保住性命，被流放到蜀地；只有高岳一脉获免，也算是老天对高岳屈死的补偿。

突厥佗钵可汗举兵帮助高绍义称帝，寇周幽州，杀掠吏民。宇文邕亲自率诸军伐突厥，派柱国原公宇文姬愿、东平公宇文神举等将兵，兵分五路大举进攻，不幸的是，宇文邕壮志未酬，病了，只好让诸军停止进攻。宇文邕把后事托付给宇文孝伯便去世了，三十六岁的一代英主英年早逝，大大延缓了中华大一统的步伐。

太子宇文赟即位，这是一个堪比高湛更没有人性的皇帝，在送葬的时候，宇文赟一点悲伤也没有，他摸着自己身上杖打的疤痕，对着宇文邕的棺材破口大骂："老东西死晚了！"一句话便暴露了宇文赟的本性，预示着大周朝跟大齐一样走上了一条不归路。宇文赟入继大统后的第一件事就是阅视大周后宫，逼为淫欲，提拔自己的亲信郑译为开府仪同大将军、内史中大夫，委以朝政。

按照大臣们劝谏书上的说法，宇文赟的罪状：一是大权独揽，把宰相们撇在一边；二是广征美女入宫，并规定仪同以上的女儿家不许出嫁；三是数日不出后宫，让太监们传信；四是刑法比前朝更加严酷；五是大兴土木建造豪华宫殿，等等。

在皇帝位子上玩了一年就腻烦了，二十一岁的周朝皇帝传位给七岁的太子宇文阐，自称天元皇帝，一口气立了四个天后。荒唐的宇文赟折腾了不到两年就死了，宇文阐又干了一年，被杨坚夺得皇位，大隋朝建立。高欢、宇文泰努力的一切仿佛都是为杨坚作嫁衣，杨坚才是终结南北朝的那个人。

突厥跟北周和好后，高绍义的小命就到头了。但高绍义虽然败亡，大丞相高宝宁仍不屈服，坚决跟北周作对到底，一直抵抗到北周亡国。大隋朝建立后，对高宝宁进行坚决打击，最后高宝宁兵败被杀。北齐剩下的最后一颗火种被扑灭。高宝宁算是把一生贡献给了北齐。

北齐的女人们各有各的际遇。高湝妻卢氏被赐给大将斛斯征，卢氏整天蓬头垢面，持长斋，不言笑，斛斯征觉得无趣，就把她放了，她出家为尼，开始了青灯古佛的平静生活。文宣皇后李氏、孝昭皇后元氏都被赶到了长安，大隋时被遣还故乡。后主皇后斛律氏、胡氏后都改嫁。冯小怜在高纬遇害后，被赐给代王宇文达，宇文达很喜欢这个尤物，便冷落了妻子李氏，李氏几乎因此丧命，但没有多久宇文氏遭到灭门之灾，隋文帝将她赐给了宇文达的大舅子李询。李家这下有了报仇的机会，让她穿粗布衣裙干舂米这样的粗活，不久又被李询的母亲逼令自杀。一代可人落了个凄惨的下场。高纬的母亲胡太后也来到长安，开始无所顾忌地做奸淫之事。按照野史的说法，胡太后跟儿媳妇穆氏在长安开了一家妓院，这可以算是娼妓史上级别最高的妓院了，皇帝玩过的女人谁不想尝尝，所以生意兴隆。胡太后高兴地说：“我感觉当妓女比做皇后还好。”

写到这里，我忽然想到，北齐为什么会灭亡?

我思考了很久，但没有一个答案能够让我满意。后来，我想到了那个“富贵传家，不过三代”的铁律，老子辛辛苦苦打天下，儿子坐享其成勉强守基业，孙子吃喝玩乐坐吃山空。如此这般，不亡也衰，若是统治者崇尚威权，一味高压，可不就是其兴勃焉，其亡忽焉吗?人说，不作死就不会死，那一刻，我似乎有点明白了。

图书在版编目（CIP）数据

兴亡忽焉：从霸府政治到无愁天子 / 张茂明著 . — 南京：
江苏凤凰文艺出版社，2020.10
ISBN 978-7-5594-5083-8

Ⅰ . ①兴… Ⅱ . ①张… Ⅲ . ①中国历史 - 北齐 - 通俗
读物Ⅳ . ① K239.249

中国版本图书馆 CIP 数据核字 (2020) 第 153702 号

兴亡忽焉：从霸府政治到无愁天子

张茂明 著

总 策 划	林时恭
责任编辑	白　涵
特约编辑	曲安娜
封面设计	水玉银文化
出版发行	江苏凤凰文艺出版社
	南京市中央路 165 号，邮编：210009
网　　址	http://www.jswenyi.com
印　　刷	北京铭传印刷有限公司
开　　本	700 毫米 ×1000 毫米 1/16
印　　张	25.5
字　　数	415 千字
版　　次	2020 年 10 月第 1 版
印　　次	2020 年 10 月第 1 次印刷
书　　号	ISBN 978 - 7 - 5594 - 5083 - 8
定　　价	88.00 元